Teoria Intercultural da Constituição
A transformação paradigmática da
Teoria da Constituição diante da integração
interestatal na União Européia e no Mercosul

G158t Galindo, Bruno
Teoria intercultural da Constituição: a transformação paradigmática da teoria da Constituição diante da integração interestatal na União Européia e no Mercosul / Bruno Galindo. – Porto Alegre: Livraria do Advogado Ed., 2006.
308 p. ; 23 cm.

ISBN 85-7348-434-9

1. Direito Constitucional. 2. Constituição. 3. Direito Comunitário. I. Título.

CDU - 342

Índices para o catálogo sistemático:

Direito Constitucional
Constituição
Direito Comunitário

(Bibliotecária responsável: Marta Roberto, CRB-10/652)

BRUNO GALINDO

Teoria Intercultural da Constituição
A transformação paradigmática da Teoria da Constituição diante da integração interestatal na União Européia e no Mercosul

livraria
DO ADVOGADO
editora

Porto Alegre, 2006

© Bruno Galindo, 2006

Revisão de
Rosane Marques Borba

Capa, projeto gráfico e diagramação de
Livraria do Advogado Editora

Direitos desta edição reservados por
Livraria do Advogado Editora Ltda.
Rua Riachuelo, 1338
90010-273 Porto Alegre RS
Fone/fax: 0800-51-7522
editora@livrariadoadvogado.com.br
www.doadvogado.com.br

Impresso no Brasil / Printed in Brazil

Agradecimentos especiais

É sempre uma tarefa impossível enumerar todos os que auxiliaram direta e indiretamente a consecução de um trabalho dessa natureza. Aos que porventura eu tenha esquecido, que perdoem esse amnésico amigo. Aí vão os lembrados:
A Deus, pela vida, força e capacidade intelectiva;
Aos Profs. Drs. Anna Cândida da Cunha Ferraz, Marcelo Navarro Ribeiro Dantas, Margarida Cantarelli e Gustavo Ferreira Santos, pelas valiosíssimas críticas e sugestões feitas quando da argüição da tese de Doutorado que deu origem a este trabalho;
Aos Profs. Drs. Lenio Streck, Nelson Saldanha, Ivo Dantas, Fernando Scaff, Michel Zaidan e Paulo Lopo Saraiva, pelas oportunidades de discussão das idéias que propiciaram a elaboração deste trabalho;
Aos amigos e eternos incentivadores de minhas trilhas acadêmicas (por ordem meramente alfabética, e não necessariamente de importância): Ademário Tavares, Alexandre da Maia, Alfredo Rangel, Ana Maria Barros, Antonieta Lynch, Artur Stamford, Carlos Alberto Brito, Catarina Oliveira, Cláudio Brandão, Eduardo Rabenhorst, Ernani Carvalho, Fabiano Mendonça, Felipe Negreiros, Gustavo Batista, Gustavo Rabay, João Paulo Allain Teixeira, Larissa Leal, Liana Cirne, Nelson Barbosa, Oswaldo Trigueiro Filho, Paulo Muniz, Ricardo Jorge Guedes, Roberta Cruz, Roney Souza, Yanko Xavier, pelo apoio de sempre;
A Albano Pêpe e Alexandre Costa Lima, queridos colegas e amigos tresloucadamente sérios, a gratidão pelo incentivo sempre generoso, comprovando a completude que se estabelece com a troca de idéias advinda do encontro de gerações acadêmicas;
A João Maurício Adeodato, amigo entusiasta e grande incentivador, a quem considero exemplo de intelectual e acadêmico, também agradecendo pelas críticas e sugestões feitas na argüição da tese;
A José Luís Bolzan de Morais, pela amizade e consideração de sempre e pelo empenho em publicar a presente obra junto à conceituada editora Livraria do Advogado;
À Associação Caruaruense de Ensino Superior (ASCES), minha querida e eterna Faculdade de Direito de Caruaru, que, com seu projeto educacional sério de excelência acadêmica, propiciou importantíssimo apoio à elaboração do presente trabalho;
À CAPES – Coordenação de Aperfeiçoamento de Pessoal de Ensino Superior –, pela Bolsa de Estudos concedida que viabilizou financeiramente os estudos empreendidos na Faculdade de Direito da Universidade de Coimbra/Portugal;
À Universidade Federal da Paraíba, pela calorosa acolhida, instituição à qual tenho profundo orgulho de integrar;

À Universidade Federal do Rio Grande do Norte, instituição à qual integrei até recentemente, assim como a seus gentis funcionários, especialmente Maria da Apresentação, Valdemar, Mirica e Alexandre;

Aos diletos e cordiais funcionários da Pós-Graduação em Direito da Universidade Federal de Pernambuco, especialmente Josi, Carminha, Joanita e Wando, que, mesmo diante das limitações pelas quais passa o serviço público brasileiro, nunca deixaram de agir com presteza e dedicação exemplar;

Aos funcionários do Centro de Estudos Sociais e da Faculdade de Direito da Universidade de Coimbra, especialmente Olga Canas, que colaboraram imensamente com as minhas pesquisas em Portugal;

A Manuel Lopes Porto, Presidente do Conselho Diretivo da Faculdade de Direito de Coimbra, pela encantadora gentileza e cordialidade que o cargo não obnubilou;

À minha família (mãe, Romeu, Marcos), pelo incentivo e compreensão sem medidas;

Aos meus queridos alunos (em especial da UFPB, da UFRN e da ASCES), pelo agradável convívio e fecunda troca de idéias e engrandecimento mútuo, agradecendo mais diretamente aos que fizeram parte do projeto de pesquisa sobre direito comunitário da UFRN (Arethusa, Benício, Fernanda, Isabel e Virgínia) que, com seu afinco e dedicação ao estudo deste novel ramo do direito, entusiasmam-me a renovar permanentemente as minhas investigações e reflexões acerca do mesmo;

E, *last, but not least*, a três pessoas imprescindíveis, sem as quais não teria sido possível a realização deste trabalho:

A Raymundo Juliano Feitosa, mais do que orientador de tese, amigo a quem muito prezo, notadamente pelo exemplo de profissional e ser humano que é, iluminando seus discípulos com seu saber e sua generosidade;

A José Joaquim Gomes Canotilho, Mestre de todos os estudiosos do direito constitucional, que me acolheu com solicitude na fascinante Coimbra, e cujas lições generosa e desinteressadamente expostas nos diálogos que travamos em seu gabinete na tradicional Escola jurídica coimbrana, propiciaram-me um redirecionamento da proposta deste trabalho, a partir das sugestões do grande Mestre que, por não terem sido inteiramente acatadas, não implicam obviamente co-responsabilidade nas imperfeições existentes;

À minha amada Ana Cláudia, amorosa companheira de todos os momentos e a maior entusiasta de todas as minhas aventuras acadêmicas e pessoais (somente ela sabe em plenitude o quão custoso foi chegar até aqui).

> "Tenro e flexível é o homem quando nasce,
> Duro e rígido quando morre.
> Tenras e flexíveis são as plantas
> Quando começam,
> Duras e rígidas quando terminam.
> Rígido e duro o que sucumbe à morte,
> Tenro e plasmável o que é repleto de vida.
> Quem julga ser forte só pelas armas
> Não vencerá.
> Árvores que parecem possantes
> Sempre se aproximam do fim.
> Pelo que vale isto:
> O que parece grande e forte
> Já está a caminho da decadência.
> Mas o que é pequeno e plasmável,
> Isto cresce"
>
> (Lao-Tsé: Tao Te Ching. *O Livro que Revela Deus*,
> trad. Huberto Rohden. São Paulo: Martin Claret, 2004, p. 175).

"Há apenas um caminho para a paz e para a segurança: o da organização supranacional. O armamentismo unilateral, em base nacionalista, apenas intensifica a incerteza e a confusão generalizadas, sem constituir-se em proteção eficaz."

(Albert Einstein, in: *Einstein: Vida e Pensamentos*, São Paulo: Martin Claret, 1997, p. 73).

"(...) E essas vitórias, único objetivo da existência humana, só conduzem a um fim: a busca pessoal de Deus. Em verdade, em verdade te digo que todo homem que se empenhe nessa suprema aventura encontrará meu Pai, até mesmo no desalento das dúvidas. A religião do Espírito significa luta, conflito, esforço, amor, fidelidade e progresso. O dogmatismo, ao contrário, só exige de seus fiéis uma parte ínfima desse esforço. Não esqueças, Jasão, que a tradição é um caminho fácil e um refúgio seguro para as almas fracas e temerosas, incapazes de afrontar as lutas do espírito e da incerteza. Os homens de fé viajam sempre pelos difíceis oceanos, à busca de novos horizontes. Os submissos limitam-se a navegar pela costa ou a fundear suas inquietudes ao abrigo de portos limitados, inadequados a "navios" construídos para audazes e distantes singraduras (...)"

(frase atribuída a Jesus Cristo em diálogo com Jasão, in: BENÍTEZ, Juan José: *Operação Cavalo de Tróia 3 – Saidan*, trad. Hermínio Tricca. São Paulo: Mercuryo, 2001, p. 304).

Prefácio

A Teoria da Constituição tem vindo a merecer por parte dos jovens autores uma atenção multifacetada. Com uma sofisticação teórica e meta-teorética cada vez mais notória, os vários temas da constituição e do direito constitucional são agora abordados com frescura e profundidade, não faltando, mesmo, rasgos de originalidade.

É o que acontece, a nosso ver, com o trabalho do Prof. Bruno Galindo em torno da teoria intercultural da Constituição. O nosso diálogo com o Autor começou precisamente com uma conversa centrada no carácter ambíguo da integração. O seu objectivo inicial era o de arrancar da teoria da integração de R. Smend para captar as dimensões principais dos fenómenos de integração estatais e territoriais das novas comunidades políticas supranacionais (União Europeia, Mercosul). O Autor rapidamente tomou consciência de que era necessária uma "desambiguação" semântica (e não só!) do vocábulo em causa.

A mudança de agulhas conduziu-o a uma teoria de interculturalidade, começando por uma aproximação ao interculturalismo constitucional e ao constitucionalismo intercultural. Com este pano de fundo – percorrido com agilidade e inteligência – o Prof. Bruno Galindo tenta problematizar e compreender os novos entes jurídicos supraestatais. Isso permite-lhe revisitar as teorias clássicas da Constituição (Kelsen, Schmitt, Smend) e discutir o "esgotamento teórico" e o "deslocamento comunitário" do modelo dirigente-vinculante. Não temos a certeza do êxito de "reinvenção" da teoria e do território agudamente perseguido pelo Autor. De qualquer modo, a tese é marcada pelo nosso "tempo intercultural" e fica a constituir, segundo cremos, uma marca crismada de alma na procura do rigor e saber académico.

Coimbra, Fevereiro de 2005.

José Joaquim Gomes Canotilho
Professor Catedrático da Universidade de Coimbra/Portugal

Sumário

Introdução: Em torno das incertezas teóricas existentes 15

Primeira Parte
A(s) teoria(s) clássica(s) da constituição: aportes epistemológicos e dimensões contemporâneas 23

1. Estado: o referencial da constituição moderna 23
   1.1. Necessidade de delimitação de um adequado conceito de Estado como ponto de partida 23
   1.2. Estado e soberania: o advento do Estado na modernidade ocidental .. 24
   1.3. Estado e nação: é razoável falar-se em um Estado nacional? 29
2. Teoria da constituição e constitucionalismo (I): pré-modernidade e polissemia do termo "constituição" 32
   2.1. Os antecedentes remotos da teoria da constituição: Aristóteles e Cícero . 32
   2.2. Antecedentes medievais: um constitucionalismo insurgente? 37
3. Teoria da constituição e constitucionalismo (II): a Constituição liberal como marco fundante do constitucionalismo 41
   3.1. Constitucionalismo como processo político-jurídico, ... 41
   3.2. O constitucionalismo liberal: as efetivas raízes da teoria contemporânea da constituição, ... 45
      3.2.1. A teoria política liberal e as primeiras experiências constitucionais . 45
      3.2.2. Assistematicidade das perspectivas teóricas dos séculos XVIII e XIX . 54
4. Teoria da constituição e constitucionalismo (III): a constituição social e a autonomia da teoria constitucional 55
   4.1. O advento do constitucionalismo social 55
      4.1.1. Parâmetros ideológicos da constituição social 55
      4.1.2. As experiências constitucionais do Estado social 57
   4.2. A sistematização da teoria da constituição no século XX: formulações teóricas como tentativas de uma epistemologia organizada da constituição 59
      4.2.1. Hans Kelsen e a constituição como norma hierarquicamente superior: a perspectiva normativista 61
      4.2.2. Carl Schmitt e a sistematização epistemológica: a perspectiva decisionista e a *Verfassungslehre* 67
      4.2.3. Rudolf Smend e o papel integrador da constituição 75
      4.2.4. Gomes Canotilho e o dirigismo constitucional como teoria da constituição do estado social 80

4.3. A teoria da constituição tal como é ensinada: comodidade dos *topoi* dogmaticamente preestabelecidos e ocultamento do desconforto teórico contemporâneo 85

Segunda Parte
Teoria da Constituição e interculturalismo constitucional 91

5. Constituição e cultura 91
   5.1. Cultura, multiculturalismo e interculturalismo: notas definitórias ... 91
   5.2. A inserção do interculturalismo na constituição: entre diversidade e homogeneidade 96
   5.3. A constituição como produção cultural 100
   5.4. A(s) teoria(s) da constituição como teoria(s) cultural(is) 103

6. Interculturalismo constitucional e constitucionalismo intercultural: elucidação da discussão 112
   6.1. Constitucionalismo intercultural: uma constituição culturalmente includente? 112
   6.2. Interculturalismo constitucional: a diversidade de culturas constitucionais 116
      6.2.1. Culturas constitucionais clássicas em uma perspectiva ideológica: liberal e social 116
      6.2.2. Culturas constitucionais clássicas em uma perspectiva sistêmica: Romano-Germânica (romanista) e Anglo-Americana (*common law*) 120
      6.2.3. Culturas constitucionais em formação: niilista e supra-estatal .. 126
      6.2.4. Insuficiência do culturalismo constitucional unívoco e necessidade de abertura ao interculturalismo constitucional 131
      6.2.5. O fundamento teórico da pluralidade constitucional: a teoria intercultural da constituição 134
         6.2.5.1. Os pressupostos filosófico-jurídicos: o racionalismo crítico de Karl Popper e o possibilismo constitucional de Peter Häberle . 135
         6.2.5.2. Os princípios fundamentais de uma teoria intercultural da constituição 139

Terceira Parte
Teoria intercultural da constituição e novos entes jurídicos supra-estatais (I): Constituição e União Européia 149

7. Evolução da integração européia: das comunidades à união 149
   7.1. Tipos de integração interestatal: delimitação teórica 149
   7.2. A idéia de integração européia: antecedentes e a fase da cooperação .. 154
   7.3. A integração propriamente dita 156
      7.3.1. A criação da Comunidade Européia do Carvão e do Aço (CECA): o Tratado de Paris 156
      7.3.2. A criação da Comunidade Econômica Européia (CEE) e da Comunidade Européia de Energia Atômica (CEEA): o Tratado de Roma 158
      7.3.3. Os sucessivos alargamentos: da Europa dos seis à dos vinte e cinco 160
      7.3.4. O aprofundamento comunitário 162
         7.3.4.1. O Ato Único Europeu 162
         7.3.4.2. O Tratado de Maastricht e a União Européia 163
         7.3.4.3. Os Tratados de Amsterdã e de Nice 165
         7.3.4.4. O Projeto de Constituição Européia 166

8. Constituição e direito comunitário: uma discussão acerca de suas relações . 169
   8.1. A tentativa de caracterização dogmática do direito comunitário a partir da teoria da constituição 169
   8.2. Direito comunitário como um novo direito constitucional de base federalista heterodoxa: o recurso à dogmática constitucional 172
      8.2.1. A "Constituição" da União Européia 172
      8.2.2. A "Federação" européia 175
      8.2.3. Ponderações críticas 177
   8.3. Direito comunitário como direito internacional regional: ainda a teoria internacionalista tradicional, ... 184
   8.4. Direito comunitário como um novo ramo jurídico: possível saída para o impasse teórico?, ... 191
      8.4.1. Originalidade do direito comunitário: trata-se realmente de um direito *sui generis*? 191
      8.4.2. Os caminhos do direito comunitário: substituição dos/ou coexistência com os direitos constitucionais dos Estados? 192

9. A transformação paradigmática da(s) teoria(s) clássica(s) da constituição diante da integração européia a partir da proposta de uma teoria intercultural da constituição 195
   9.1. A constituição kelseniana, a constituição schmittiana, a integração smendiana e o paradigma dirigente-vinculante: o que pode subsistir desses modelos? 195
      9.1.1. O paradigma normativista de Kelsen e a modificação do posicionamento hierárquico da constituição 195
      9.1.2. A inadequação da sistematização epistemológica de Schmitt para a compreensão da situação atual da constituição 199
      9.1.3. A teoria de Smend e a transferência do papel integrador para a "Constituição" da União 201
      9.1.4. O modelo dirigente-vinculante: esgotamento teórico ou deslocamento para o direito comunitário? 203
   9.2. Possíveis construções teóricas em torno das novas indagações feitas por Canotilho 209
      9.2.1. Papel da constituição com o esvaziamento das pretensões de universalização da(s) teoria(s) clássica(s) da constituição 209
      9.2.2. Território reinventado: o espaço constitucional contemporâneo . . 212
      9.2.3. Nacionalismo *versus* europeísmo: a Europa das velocidades diferentes 213
      9.2.4. A interconstitucionalidade como uma proposta em aberto: é plausível um constitucionalismo em rede? 217
   9.3. A teoria intercultural da constituição como proposta para reduzir a insuficiência teórica dos paradigmas clássicos no caso europeu 220
      9.3.1. A União Européia como integração interestatal de uma diversidade de culturas constitucionais: dificuldades existentes . 221
      9.3.2. A necessidade de uma abertura teórica ao interculturalismo constitucional para a compreensão contemporânea da Constituição. Possibilidades e limites da teoria intercultural da Constituição no caso da União Européia 226
         9.3.2.1. Teoria intercultural da constituição e a "Constituição" da União Européia: uma constituição supra-estatal sem povo? 227

9.3.2.2. Teoria intercultural da constituição e as Constituições dos
Estados-Membros da União Européia: Constituições sem
supremacia hierárquica? 235

Quarta Parte
**Teoria intercultural da constituição e novos entes jurídicos supra-estatais (II):
constituição e integração interestatal no continente americano** 247

10. O Brasil e os modelos de integração no continente americano 247
    10.1. Considerações iniciais 247
    10.2. Associação Latino-Americana de Integração (ALADI) 249
    10.3. Mercado Comum do Sul (Mercosul) 252
    10.4. Área de Livre Comércio das Américas (ALCA) 256

11. Teoria intercultural da constituição e integração americana 260
    11.1. Integração interestatal na América: abertura ao interculturalismo
          constitucional? 260
    11.2. A inevitável subsistência de paradigmas constitucionalistas do
          Estado nacional clássico e o afastamento teórico dos modelos
          constitucionais europeus da atualidade: permanência das raízes
          européias de "outrora"? 265
    11.3. Os caminhos da integração americana: inclusividade ou incorporação? . 270
    11.4. O Mercosul como integração inclusiva 273
    11.5. Mercosul e constituição: o debate nos direitos constitucionais
          argentino e brasileiro 275
    11.6. Possibilidades e limites de uma teoria intercultural da constituição
          no caso americano 282

Referências
    1. Livros e artigos, ... 289
    2. Legislação e jurisprudência 307
    3. Internet 308

Introdução:
em torno das incertezas teóricas existentes

> "Um período de transição sistêmica é um período dominado pela confusão e pelo medo. O principal papel dos intelectuais é contribuir para a redução da confusão, também e sobretudo entre os ativistas com uma transformação progressista. Dessa maneira, pode-se contribuir para diminuir o medo e seus reflexos impulsivos. Sem dúvida, isso não é fácil de alcançar, porque os intelectuais compartilham com os ativistas a confusão e o medo. Os intelectuais não estão isentos das condições humanas em que vivem o resto das pessoas" (Wallerstein: 2004, p. 54).

A época em que vivemos, para muitos denominada pós-modernidade, é marcada por contradições e incertezas quase insolúveis em praticamente todos os setores da vida social. A partir da intensificação do fenômeno da globalização, as sólidas instituições construídas na modernidade entram em crise, chegando muitos a cogitarem o seu colapso (Kurz: 2004, p. 15).[1] Este se torna realidade a partir da erosão dos paradigmas modernos, sobretudo os construídos no "breve século XX", chamado por Hobsbawm de "era dos extremos" (Hobsbawm: 1997).

Para o famoso historiador inglês, o século XX paradigmático (não cronológico) teria iniciado com a Primeira Guerra Mundial em 1914 e terminado com a dissolução da União Soviética em 1991, juntamente com a queda do socialismo real em todo o leste da Europa. De fato, com o fim da Guerra Fria, intensifica-se um processo de globalização econômica e ideológica, tendo por base uma maior liberalidade mundial de capitais a partir de um paradigma ideológico obscuro e im-

---

[1] Segundo este autor, "a filosofia do Iluminismo está historicamente acabada. Não tem nenhum sentido invocar mais uma vez o idealismo da liberdade burguesa, pois para essa espécie de liberdade não há mais nenhum espaço de emancipação. Isso se aplica também às regiões mundiais que nunca foram além dos começos ditatoriais de uma universalização da forma moderna de sujeito. Como a produtividade econômica, também a subjetividade burguesa é medida pelo standard global homogêneo, em que não cabe a maioria dos seres humanos". Como se verá adiante, divergimos em boa medida da concepção esboçada pelo sociólogo alemão.

preciso com algumas semelhanças com o liberalismo clássico e por esse motivo denominado de "neoliberalismo" (Azevedo & Andrade: 1997, p. 55ss.).

Com a inexistência (ou quase inexistência) de contraposições ideológicas, surgem nos anos 80 e 90 (principalmente) precipitadas doutrinas escatológicas falando em fim da história, fim das ideologias, fim da economia, fim do emprego, fim do Estado-Nação, fim da ciência, fim do dinheiro etc. Tais doutrinas de inspiração neoliberal não subsistem intocadas por muito tempo, pois antes mesmo do final da década de 90 são veementemente contestadas, não somente em termos doutrinários, mas derrotadas nos próprios pleitos eleitorais em vários países como Alemanha, França e Reino Unido (Dantas: 1999b, p. 103-108; Godoy: 2004, p. 90).

Contudo, a eleição de tendências consideradas politicamente mais progressistas não resulta em um concreto enfrentamento do postulado doutrinário neoliberal. Antes, ao contrário, os governos eleitos com propostas de mudanças nos rumos políticos e econômicos neoliberais têm mesmo aprofundado algumas medidas condizentes com aquele ideário, o que causa, notadamente em casos como o brasileiro, uma profunda crise de identidade ideológica das forças políticas relevantes existentes, tornando os governantes gerenciadores de interesses dissociados dos da maioria da população e cada vez mais parecidos entre si, desconsiderando obviamente as diferenças mais pontuais (Faria: 2003, p. 1; Godoy: 2004, p. 93-97; Leys: 2004, p. 91ss.).

A semelhança apontada tem ocasionado mais recentemente em alguns países uma nova guinada eleitoral, desta feita para forças ideologicamente mais conservadoras. Na França, a derrota do Partido Socialista do ex-Primeiro Ministro Lionel Jospin na disputa para a Presidência da República; na Alemanha, a derrota, ainda que por margem ínfima de votos, da coligação liderada pelo Partido Social Democrata do ex-Primeiro Ministro Gerhard Schröder, sendo substituída pela União Democrata Cristã, liderada por Angela Merkel; no Reino Unido, a permanência do Primeiro Ministro Tony Blair no cargo, graças aos votos do Partido Conservador e da manutenção de políticas muito semelhantes às conservadoras (inclusive o apoio irrestrito à invasão do Iraque, liderada pelos EUA), a ponto do sempre citado Hobsbawm classificar o líder trabalhista inglês como "Thatcher de calças" (Hobsbawm: 2000b, p. 114-115). No Brasil, o governo do Partido dos Trabalhadores também parece titubear entre micropolíticas socialmente abrangentes e uma macropolítica econômica bastante conservadora, com prevalência desta segunda e de certo modo continuando medidas do ideário do governo anterior.

A crise das ideologias (perceba-se que falamos em "crise", e não "fim") gera uma postura social niilista e uma apatia política, a partir da grande incerteza em termos de paradigmas ideológicos a serem seguidos. Apesar da crise, a intensificação do processo de globalização, neoliberal ou não, parece ser irreversível, embora não se possa dizer que seja algo definitivo e imutável.

Com a irreversibilidade de tal processo, configura-se uma substancial ruptura com os paradigmas clássicos estabelecidos. Conceitos como os de constituição, constitucionalismo, soberania, Estado-Nação, obrigações internacionais dos Estados, organizações políticas supra-estatais, organizações regionais e outros sofrem grandes modificações, inquietantes e de problemática assimilação pelos cientistas políticos e juristas. Estes precisam modificar a sua tradicional análise dos fenômenos que trabalham para construírem novos paradigmas e novas teorias que possam explicar adequadamente os mesmos e influenciarem na sua conformação.

O trabalho ora apresentado tenta enveredar por esse caminho, qual seja, a construção de novas perspectivas teóricas, para que o direito constitucional possa sair da "encruzilhada" em que se encontra (Verdú: 1993b, *passim*; Verdú: 1995, *passim*). A essa altura, já se torna possível, sobretudo no continente europeu, falarmos em um direito constitucional supra-estatal, o direito comunitário como algo distinto tanto do direito internacional como do direito constitucional estatal. O direito comunitário como nova perspectiva jurídica provoca rupturas paradigmáticas consideráveis em ambos os ramos do direito, segmentos que os juristas mal se acostumaram a trabalhar, tendo em vista que os mesmos são relativamente recentes no mundo jurídico (sobretudo se levarmos em conta direitos milenares, como o civil e o comercial). Também nos modelos americanos, em boa medida influenciados por suas matrizes européias, há, por outros motivos, é verdade, uma profunda inquietação teórica diante de tantas mudanças em tão pouco tempo, diante de propostas integracionistas completamente diversas em suas perspectivas, e diante de profundas modificações de ordem material no seu constitucionalismo, apesar de preservarem os arquétipos formais clássicos.

Com a realidade constitucional extremamente difusa e variável espácio-temporalmente, inúmeras indagações surgem para a teoria contemporânea da constituição: se há uma variabilidade complexa nas concepções atuais de constituição, pode-se ainda falar na sobrevivência de aspectos teórico-constitucionais clássicos, como a supremacia da constituição frente a outras normas jurídicas e as teorias do poder constituinte, poder de reforma e controle de constitucionalidade das normas infraconstitucionais? Com o predomínio ideológico neoliberal, pode-se ainda falar em constitucionalismo social e dirigente, como no *welfare state* tradicional? Deve-se aceitar que os doutrinadores constitucionais ignorem o desconforto teórico e permaneçam trabalhando apenas com base nos arquétipos teóricos constitucionais clássicos? O hermetismo teórico deve permanecer por razões de rigor lógico e científico ou a abertura crítica aos influxos teóricos da diversidade constitucional pode ser uma saída para os impasses? Como adequar uma universalidade teórica própria do racionalismo ocidental a realidades constitucionais tão distintas entre si, apesar de as raízes teóricas serem semelhantes? Em que medida isso poderia ser dimensionado nas perspectivas específicas da União Européia e do Mercosul, assim como de outros entes de integração, como a ALCA e a ALADI?

Dentre outras, são indagações como estas que o presente trabalho pretende responder, ainda que parcialmente, através de uma abordagem teórica intercultural da constituição.

Na primeira parte, pretendemos firmar uma base conceitual e epistemológica adequada para servir de referencial à nossa proposta de tese. Sem um conhecimento apropriado dos fundamentos teóricos aludidos, não se pode estabelecer uma visão crítica e evolutiva da teoria da constituição, nem construir teses que realmente propiciem um novo tratamento temático das constituições. Para justificar o nosso entendimento, os pontos de partida clássicos são essenciais e imprescindíveis, pois, como diria Popper, é necessário saber onde estamos para descobrir onde podemos chegar (cf. Magee: 1997, p. 310). Estes se estabelecem nos quatro primeiros capítulos que compõem a parte inicial do trabalho. Principiando por conceitos mais genéricos como os de Estado, nação e soberania, expomos os antecedentes antigos e medievais da constituição, chegando mesmo à primeira fase do constitucionalismo moderno, com a teoria política liberal e os fundamentos desta perspectiva de constituição, notadamente a partir dos teóricos políticos consagrados como Montesquieu, Locke, Rousseau e Sieyès. Em seguida, a demonstração da experiência do constitucionalismo social em seus desdobramentos político-jurídicos.

Ainda no capítulo sobre a segunda fase do constitucionalismo moderno, a delimitação epistemológica das teorias da constituição que pretendemos trabalhar. Em que pese a importância de inúmeros autores de diversas nacionalidades que poderiam encontrar-se presentes como principais no lugar dos escolhidos, estes são aqui trabalhados por duas razões: a primeira, o temor de sermos excessivamente enciclopédicos e não chegarmos a uma efetiva e inovadora proposta de tese ao priorizar uma exposição de caráter erudito (até porque não faltam opções expositivas dessa natureza de autoria de grandes constitucionalistas pátrios e estrangeiros), e a segunda, o fato de que os autores referidos tenham se tornado, cada um deles, a principal referência em seus campos teóricos propositivos. Daí nos concentrarmos em quatro autores e suas grandes teses: Hans Kelsen, célebre pela teoria escalonadora do ordenamento jurídico, que culmina na concepção normativista de superioridade hierárquica da constituição; Carl Schmitt, que, a partir de sua idéia decisionista, constrói a primeira sistematização epistemológica da até então dispersa e assistemática teoria da constituição; Rudolf Smend, com a pioneira proposta de um papel integrador para a constituição, apesar da diferença para a idéia de integração interestatal, predominantemente debatida neste trabalho;[2] Gomes Canotilho, com a teoria da constituição dirigente como proposta de teoria constitucional do Estado social, pensada em um ambiente socioeconômico e cultural mais aproximado com o do Brasil, haja vista sua vasta influência na doutrina brasileira e nos próprios trabalhos constituintes de 1987-1988.

A conclusão nesta primeira parte predominantemente expositiva se faz com uma crítica ao modo como a teoria da constituição vem sendo ensinada e debatida no Brasil e até mesmo em países envolvidos com um processo de integração mais avançado, como no caso de Portugal. O ocultamento do desconforto teórico causado pelas incertezas epistemológicas existentes tem sido a *praxis* no ensino do direito constitucional, sendo um dos objetivos deste trabalho chamar a atenção para o problema, além de propor mais adiante algumas saídas.

É de se considerar que, embora a primeira parte seja prevalentemente expositiva, não abrimos mão de uma leitura e análise própria dos referidos autores, debatendo criticamente as suas concepções, apesar de o aspecto crítico e reformulatório ser aprofundado somente nas partes posteriores do trabalho.

Na segunda parte, a nossa proposta começa a ganhar contornos mais precisos. Iniciando com esclarecimentos conceituais prévios acerca da cultura, explicitamos as diferenças entre multiculturalismo e interculturalismo, demonstrando o porquê da nossa opção pelo segundo vocábulo. Também temos a preocupação de demonstrar como a constituição e as teorias acerca da mesma são produtos da cultura política e institucional existente e como a questão cultural é importante para a construção de uma teoria da constituição "constitucionalmente adequada" (Canotilho: 1994, p. 154ss.).

Em seguida, pretende-se destacar a existência de uma diferença conceitual entre constitucionalismo intercultural e interculturalismo constitucional, situando o debate deste trabalho nesta última perspectiva. Com a diversidade de culturas constitucionais, entendidas estas como padronização de determinados aspectos predominantes nas constituições ligadas culturalmente a um determinado modelo, torna-se necessário perceber a existência de culturas constitucionais clássicas no sentido ideológico (liberal e social) e no sentido sistêmico

---

[2] Esses três primeiros autores estão entre aqueles que Häberle chama de "gigantes da época de Weimar" (cf. Häberle: 1997, p. 14).

(romano-germânica e *common law*). Para além dessas culturas clássicas, há também o culturalismo em formação do niilismo constitucional, com o desencanto "pós-moderno" com as constituições e o constitucionalismo, assim como o supra-estatalismo e suas concepções de constituição dissociada do ente Estado. A constatação é inevitavelmente a presença na complexidade constitucional contemporânea de uma pluralidade de constituições e de constitucionalismos, dificilmente apreensíveis cognoscitivamente pelas teorias mais tradicionais.

Com a constatação feita, começamos a delinear, em termos mais abstratos, a nossa proposta de uma teoria intercultural da constituição. Tendo por pressupostos científico-filosóficos o racionalismo crítico do filósofo anglo-austríaco Karl Popper e o pensamento possibilista do jurista alemão Peter Häberle (cujas bases filosóficas são explicitamente popperianas), estabelecemos em termos gerais qual a nossa idéia de interculturalismo constitucional e em que medida ela pode servir à epistemologia constitucional contemporânea no que diz respeito à diminuição do déficit cognitivo entre o que propõe classicamente a teoria da constituição e o que vem a ser esta última (a constituição). Obviamente, se pensarmos em termos popperianos, é uma proposta teórica na linha da epistemologia evolutiva, essencialmente aberta, crítica, plural e, por que não dizer, falseável, sem a menor pretensão de esgotar o debate, mas contrariamente ampliá-lo ainda mais (Popper: 2002, p. 88ss.; Popper: 2001a, *passim*).

A terceira parte é dedicada às relações entre a constituição e a União Européia (UE), ente supra-estatal mais desenvolvido em termos de aprofundamento do processo de integração. Em um primeiro momento, delimitamos teoricamente a questão da integração interestatal a partir de seus conceitos básicos, expondo a evolução histórica da integração européia e situando o leitor nos acontecimentos mais relevantes do ponto de vista político-jurídico. Segue-se uma tentativa de determinar epistemologicamente a natureza das relações entre as constituições dos Estados europeus e a "Constituição" européia supra-estatal, debatendo as principais propostas para tal discussão: a visão federalista, a doutrina internacionalista clássica, a questão da singularidade do direito comunitário, assim como os possíveis caminhos para este último nas dimensões relacionais supra-referidas.

O último capítulo desta terceira parte procura perceber as relações entre constituição e UE a partir de necessárias e urgentes reformulações teóricas, culminando na aplicabilidade da nossa hipótese intercultural de entendimento da constituição. Para isso, faz-se necessário revisitar as teorias de Kelsen, Schmitt, Smend e Canotilho, e verificar a sua plausibilidade atual diante dos fenômenos subjacentes, assim como as possibilidades de sobrevivência de seus paradigmas sedimentados. A continuidade é factível a partir das novas idéias discutidas por um dos pensadores revisitados: o Catedrático de Coimbra Gomes Canotilho. Este último faz por si próprio uma crítica às dimensões atuais de razoabilidade de suas próprias teorias, defendendo reformulações das mesmas e apontando novos caminhos. Estes são referenciais importantes do interculturalismo constitucional e permitem a edificação da teoria intercultural da constituição em termos concretos, articulando os constitucionalismos estatal e supraestatal, e estabelecendo proposições teóricas pretensamente redutoras da insuficiência das teorias clássicas da constituição. Consiste em uma tarefa de difícil envergadura, dada a diversidade intercultural entre constitucionalismos tão díspares como o alemão, o francês e o britânico, assim como o advento de um constitucionalismo supraestatal completamente heterodoxo em termos modernos.

Na quarta e última parte do trabalho, as preocupações se voltam para as relações entre a constituição e os modelos de integração propostos no âmbito americano (entendido este como abrangendo toda a América – do Norte, Central e do Sul – e não apenas os EUA). Por ser um trabalho feito no ambiente brasileiro, apesar de consideráveis subsídios intelectuais externos, não poderia o mesmo deixar de ponderar a teoria intercultural da constituição no Brasil e a partir dos processos de integração dos quais o nosso país faz parte. Daí principiarmos por uma abordagem expositiva, sem, no entanto, perder de vista a perspectiva crítica, dos três entes supraestatais que o Brasil integra: a Associação Latino-Americana de Integração (ALADI), o Mercado Comum do Sul (Mercosul) e a Área de Livre Comércio das Américas (ALCA).

O debate mais robusto termina por acontecer no capítulo final, no qual procuramos demonstrar a inexistência de um interculturalismo constitucional em processos de integração incorporativa, como parece ser a ALCA, e a plausibilidade desse mesmo interculturalismo em integrações inclusivas, como aparenta ser o Mercosul. A necessidade da manutenção de alguns paradigmas clássicos diante da inadequação dos modelos europeus atuais, assim como pela resistência constitucional imprescindível ao abandono do débil Estado social periférico, procurando manter o caráter dirigente da constituição social enquanto esta for necessária, o que parece ser o caso do Brasil e da América Latina. Por fim, as ponderações propostas pela teoria intercultural da constituição para a especificidade da realidade constitucional americana.

Em adendo, é necessária uma última nota: o debate aqui proposto está longe de ter fim. Como propõe Popper para a ciência em geral, a teoria aqui defendida tem a pretensão de ser aberta, crítica, plural e flexível, embora não se esquive de elaborar proposições universalistas e particularistas, procurando contextualizá-las adequadamente. O rigor lógico não pode dar lugar a qualquer dogmatismo, refutado explicitamente pela perspectiva popperiana, mas precisa ser ponderado em termos de racionalidade crítica, admitindo a possibilidade do equívoco e, a partir dele, a possibilidade da evolução epistemológica. Lembremo-nos que, como defende o filósofo anglo-austríaco, as nossas melhores teorias no passado viram-se falseadas e não se pode esperar outra coisa das teorias atuais. Os resultados científicos são geralmente relativos, pois possuem o caráter de hipóteses conjecturais verossimilhantes, e não de verdades absolutas. Por isso a necessidade de humildade por parte dos cientistas, porém, sem o temor de que suas teorias sejam falseadas e equivocadas, pois a intuição e a criatividade, quando permeiam argumentos lógico-sistemáticos, baseados em sucessos científicos anteriores e em partes de conhecimentos de base tomados como premissas, tornam-se aliadas imprescindíveis dos teóricos e pensadores de qualquer ramo do conhecimento (Popper: 1987b, p. 229; 252; Popper: 2001b, p. 41-42; Popper: 2002, p.162-165; Worral: 1997, p. 110).[3]

Com a humilde pretensão de contribuir com o debate da temática, propondo uma teoria explicitamente aberta à falseabilidade, ainda assim arriscamos a submetê-la à discussão, pois em torno dela, pensadores mais perspicazes talvez possam ir mais adiante, a partir das críticas exaradas e pensadas ao que é dito aqui, e, se o presente trabalho cumprir tal objetivo, sentir-nos-emos profundamente satisfeitos. Conforme o sempre citado Canotilho,

> compreenda-se a mensagem aqui insinuada. Sem as teorias de Newton não se teria chegado à Lua – assim o diz e demonstra Sagan; sem o húmus teórico, o direito constitucional dificilmente passará de vegetação rasteira, ao sabor dos "ventos", dos "muros" e da eficácia (Canotilho: 2002a, p. 18 – grifos do autor).

---

[3] Sobre a humildade científica: "Falando de modo mais geral, porém, pode realmente dar-se que os cientistas se estejam tornando mais humildes, pois o progresso da ciência caminha em ampla escala através da descoberta de erros e, em geral, quanto mais conhecemos, mais claramente nos convencemos do quanto não conhecemos (o espírito da ciência é o de Sócrates)" (Popper: 1987b, p. 252).

Primeira Parte

A(s) teoria(s) clássica(s) da constituição: aportes epistemológicos e dimensões contemporâneas

1. Estado: o referencial da constituição moderna

> "Um *Estado* é considerado *Instituído* quando uma *Multidão* de homens Concorda e *Pactua*, que a qualquer *Homem ou Assembléia de homens* a quem seja atribuído pela maioria o *Direito de Representar* a pessoa de todos eles (ou seja, de ser seu *Representante*), todos sem exceção, tanto os que *Votaram a favor dele* como os que *Votaram contra ele*, deverão *Autorizar* todos os Atos e Decisões desse homem ou Assembléia de homens, como se fossem seus próprios Atos e Decisões, a fim de poderem conviver pacificamente e serem protegidos dos restantes homens" (Hobbes: 2000, p. 128 – grifos do autor).

1.1. Necessidade de delimitação de um adequado conceito de Estado como ponto de partida

Não há como inserirmo-nos na discussão de uma teoria intercultural da constituição, se não estabelecermos alguns pontos de partida conceituais para que fique suficientemente esclarecido em que sentido utilizamos termos como *Estado*, *comunidade* ou *organização política*, *constitucionalismo* e *constituição*, já que são expressões de notória polissemia. Justamente por esta plurivocidade semântica, o esclarecimento dos pontos de partida se faz necessário para evitar, tanto quanto possível, o déficit comunicativo, algo lamentavelmente tão comum em nosso ramo do conhecimento. Com exceção da nossa proposta teórica de constituição, que ficará para o debate posterior, os esclarecimentos aludidos estão entre as finalidades desta primeira parte do nosso trabalho, começando pelo debate em torno do Estado.

Partindo de uma perspectiva histórica, percebemos que o termo *Estado* generaliza-se de tal forma na cultura política que faz com que, como muitas vezes acontece, o gênero seja tomado pela espécie. A teoria política e a teoria do Estado passam a chamar de Estado todas as organizações políticas de caráter oficial da História que apresentaram convergência para um centro superior de mando. Neste alargamento semântico da expressão *Estado*, esta passou a designar até mesmo as unidades tribais estudadas pela antropologia cultural, assim como as organizações políticas da Antiguidade Clássica e as da Alta e da Baixa Idade Média (Vilanova: 1996, p. 146).

As comunidades políticas existem em toda a história da humanidade, com maior ou menor grau de organização, ora sendo vistas como organismos (teorias organicistas), ora como complexos de relações intersubjetivas (sociologia relacional), ou ainda como construção normativa (normativismo) ou como complexo de condutas orientadas por um sentido (pluralismo, integracionismo etc.) (Zippelius: 1997, p. 35ss.). Nem todas elas podem ser classificadas como Estados, apesar de possuírem muitas das características que o Estado também possui, desde um domínio efetivo sobre determinado território e população até uma organização sistêmica ideal a partir de um ordenamento jurídico vinculante (Kelsen: 2002b, *passim*). Isso se explica pela simples razão de que todo Estado é uma comunidade política, embora o inverso não seja correto, em virtude da maior amplitude conceitual deste último termo.

Se precisarmos melhor o conceito de Estado, podemos perceber que o mesmo não pode ser aplicado a todas as formações políticas de que estamos tratando. O sentido contemporâneo do termo Estado aponta para um tipo de organização política surgida na Idade Moderna, e não antes.[4] Se definirmos Estado como o faz Ataliba Nogueira, não pode ser outra a nossa conclusão. Diz o Mestre da Universidade de São Paulo que Estado é uma "sociedade soberana surgida com a ordenação jurídica cuja finalidade é regular globalmente a vida social de determinado povo, fixo em dado território e sob um poder" (Nogueira: 1971a, p. 25). Com tal definição, pode-se afirmar que o Estado é uma organização política caracterizada pela existência de quatro elementos constitutivos: povo, território, poder político (governo) e soberania. Os três primeiros caracterizam também as demais organizações políticas. O quarto é que caracteriza especificamente a organização política denominada de Estado.

1.2. Estado e soberania: o advento do Estado na modernidade ocidental

Na tradição alemã, o vocábulo *Estado* é um termo jurídico que se refere, ao mesmo tempo, à *Staatsgewalt* (violência/poder estatal), ramo executivo assecuratório dos aspectos interno (supremacia intra-

---

[4] Cunha: 2002, p. 106: "É já uma *vexata quaestio* a de saber se o Estado é criação dos tempos modernos ou uma realidade anterior. Não se negará, seja como for, que o Estado, *tal como o conhecemos*, deve a sua génese à modernidade" (grifos do autor).

territorial) e externo (independência extraterritorial) da soberania, à *Staatsgebiet* (território/região estatal), território claramente delimitado e ao *Staatsvolk* (povo do Estado), a totalidade dos cidadãos. Do ponto de vista sociológico, Habermas acrescenta que o cerne institucional deste Estado denominado moderno é composto por um aparato administrativo legalmente constituído e altamente diferenciado, monopolizador dos meios legítimos de violência e obediente a uma divisão de trabalho com uma sociedade de mercado que dispõe de liberdade econômica. Apoiado por forças armadas institucionais (militares e policiais), o Estado preserva sua autonomia interna e externa. Para o filósofo de Frankfurt,

> a soberania significa que a autoridade política mantém a lei e a ordem dentro das fronteiras de seu território, bem como a integridade dessas fronteiras em confronto com o meio internacional, onde os Estados rivais se reconhecem mutuamente nos termos do direito internacional (Habermas: 2000, p. 297-298; Habermas: 1999, p. 84; cf. tb. Hasebe: 1999, p. 115-118).

É por esse motivo que não se pode chamar de Estado a todas as comunidades políticas que tenham os três primeiros elementos. Os Estados são espécies do gênero organizações políticas. Dentre estas, podemos falar em reinos, impérios, sultanatos, tribos, clãs, principados, *polis* e outras que não são necessariamente Estados (em que pese a opinião em contrário de autores consagrados como Jellinek, para quem a soberania não constitui característica essencial do Estado – Jellinek: 2000, p. 441ss.; *passim*).[5]

Nas teocracias do oriente próximo, os impérios não criaram um sistema de filosofia política, sendo atribuído o poder político a partir de dogmas religiosos inflexíveis e supersticiosos que afirmam a origem divina do poder e, por vezes, o poder político considerado como o poder da própria divindade, impedindo investigações sobre a origem, natureza e aperfeiçoamento possível do mesmo (Gettel *apud* Dantas: 1999a, p. 61).

No mundo greco-romano, temos o desenvolvimento de sistemas de filosofia política que inspiram experiências institucionais mais sólidas (Saldanha: 2000, p. 14).[6] No entanto, nem a *polis* grega, nem a república ou o império romano desenvolvem teórica ou praticamente a idéia de soberania. Na *polis* grega, a principal referência oficial é o

---

[5] Esclareça-se que não pretendemos estabelecer um conceito de Estado como único possível, mas apenas como referencial mais delimitado para os objetivos do trabalho. Concordamos com Bobbio quando afirma que "a questão de saber se o Estado sempre existiu ou se se pode falar de Estado apenas a partir de uma certa época é uma questão cuja solução depende unicamente da definição de Estado da qual se parta: se de uma definição mais ampla ou mais estreita. A escolha de uma definição depende de critérios de oportunidade e não de verdade" (Bobbio: 2003, p. 69). Como se pode perceber, optamos por uma definição mais estreita.

[6] Segundo este autor, "É com os gregos que se verifica a conjunção de uma experiência institucional extremamente variada com um teorizar idôneo e desenvolvido".

povo (*demos*), o grupo de cidadãos, desconsiderando o próprio território. Os atenienses, tebanos e coríntios são identificados completamente com as suas respectivas comunidades políticas. A comunidade de cidadãos corresponde à *polis* que muitas vezes é traduzida como cidade-Estado, mas que não possui um necessário vínculo com um território (para os gregos seria impensável um "Estado" com grande extensão territorial). O referencial é sempre a comunidade de cidadãos, o povo (Jellinek: 2000, p. 153).

Em Roma, prevalece a noção de civitas (comunidade dos cidadãos) ou de *res publica*, a coisa comum a todo o povo, sendo substituída no início da era cristã pela de *imperium*, também sem uma delimitação da idéia de soberania, embora as idéias de cidadania e nacionalidade estivessem presentes como vínculos entre o indivíduo e a comunidade política romana, vínculos que ao longo dos séculos são gradativamente estendidos aos habitantes das províncias de Roma.[7] Dentre os romanos, prevalece uma espécie de pragmatismo imperial que até certo ponto procura respeitar as instituições das diversas localidades conquistadas militarmente, desde que estas paguem determinados tributos e permitam a presença administrativa de um procurador ou governador que representa Roma nas instituições locais autônomas (Duverger: 1996, p. 14).

Se entre os antigos não se cogita de soberania, nas organizações políticas medievais, menos ainda podemos afirmar a sua existência. Na Idade Média, o poder político encontra-se bastante fragmentado e confuso, havendo pelo menos três esferas de poder, cada qual buscando uma maior efetividade do seu comando: os feudos, os reinos e a Igreja, representando respectivamente poderes locais, regionais e o que denominamos hoje de internacionais (mas pretendendo-se superior aos feudos e reinos, diferentemente dos poderes de coordenação das organizações internacionais contemporâneas). Cada um destes poderes políticos detém tropas, autoridades, tesouros e representações diplomáticas próprias, o que torna o ofício de governar um negociar contínuo, pois a dificuldade de submissão unilateral de uma comunidade política à outra é grande, já que há uma pluralidade de autoridades em uma mesma faixa territorial, além de pluralismos legal, cultural e, por vezes, mesmo religioso, como ocorre na Espanha, no período anterior ao início da "reconquista" (política de intolerância cristã para com os mouros) por Fernando II, rei católico de León (Zippelius: 1997, p. 72; Arnaud: 1999, p. 53).

Por outro lado, a idéia do território como referencial começa a surgir com maior nitidez na perspectiva do domínio político efetivo

---

[7] Também merece registro o fato de que Cícero e inúmeros jurisconsultos romanos defendem a idéia de que não há res publica sem um poder supremo (*summa potestas*) (Goyard-Fabre: 1999, p. 58)

sobre o mesmo. A referência política deixa de ser o *demos* e passa a ser o território, até em virtude da valorização da terra na Idade Média. A comunidade política é mais ou menos poderosa a partir da maior ou menor dominação territorial, o que possibilita a gênese da soberania como idéia política e a existência de comunidades políticas com grande extensão territorial, dando origem aos modernos Estados (Jellinek: 2000, p. 154-155).

Todavia, somente na Idade Moderna é que surge a teoria e a prática da soberania, bem como a noção contemporânea de Estado. O vocábulo *Estado* é utilizado no sentido moderno pela primeira vez, embora ainda com algumas imprecisões, por Maquiavel, no seu mais famoso escrito em que afirma que "Todos os Estados, os domínios todos que existiram e existem sobre os homens, foram e são repúblicas ou principados" (Maquiavel: 1977, p. 11).

A Idade Moderna é o período histórico em que se delineia o conceito atual de Estado, culminando na idéia de Estado nacional. Ainda assim, no final do século XVIII, temos a utilização do termo *Estado*, designando classes ou estamentos sociais, como nas obras de pensadores como Sieyès e na prática revolucionária francesa (alusão a estados gerais ou terceiro estado) (Sieyès: 1997; Bonavides: 1996, p. 66ss.). Mas o delineamento do conceito de Estado só é possível a partir do desenvolvimento da teoria e da prática da soberania.

Do ponto de vista teórico, o primeiro a trabalhar o conceito de soberania é Jean Bodin, no seu *De la République*. Para ele, todo poder inferior é subordinado a um poder superior e no ápice, há um poder que não tem sobre si nenhum outro, sendo este o poder soberano (*summa potestas*) (Malberg: 1998, p. 80ss.). Para Bodin, por soberania "se entende o poder absoluto e perpétuo que é próprio do Estado" (*apud* Bobbio: 1998, p. 95-96). A soberania surge como a característica essencial do poder do Estado sob dois aspectos: por um lado, a independência diante dos poderes internos reside no fato de que a regulação jurídica se torna efetiva, mesmo sem o consentimento dos súditos ou dos estamentos sociais; por outro, a faculdade de regulação soberana também independe de poderes externos, sendo delimitada apenas por mandamentos divinos, leis naturais e princípios gerais de direito (Zippelius: 1997, p. 75; Goyard-Fabre: 2002, p.130ss.).

A idéia de um poder com caráter absoluto e perpétuo também é pensada por Thomas Hobbes. O pensador inglês elabora a doutrina absolutista do Estado, desenvolvendo a concepção de soberania de Bodin, mas ampliando as justificativas do seu caráter absolutista a partir do momento em que os cidadãos, em nome da segurança, concedem o poder absoluto ao soberano, devendo obediência igualmente absoluta a este último. Para evitar o caótico "estado de guerra de todos contra todos", os homens precisam renunciar a todos os direitos perante o poder de mando absoluto e obedecer a este (Llorente: 1999, p. 125; Hobbes: 2000, *passim*; Hobbes: 1998, *passim*). Embora absolutista, a concepção hobbesiana não nega a existência de direitos dos súditos, mas defende a renúncia aos mesmos por razões de segurança, pois esta seria preferível à liberdade individual em um estado de coisas caótico. O valor segurança prepondera na cultura política de então em detrimento do valor liberdade.

Tais doutrinas, aliadas às profundas transformações ocorridas nos séculos XVI e XVII, propiciam a delimitação teórica e prática da soberania do Estado. Enfraquecem os poderes feudais locais com o desenvolvimento do capitalismo mercantilista e o poder eclesiástico com a fragmentação religiosa provocada pela reforma protestante. Com a Paz de Westfalen, em 1648, os Estados absolutistas soberanos apresentam-se na sua feição clássica. O Estado absolutista soberano, cujo poder pertence ao monarca, apresenta-se com suas duas principais características relacionadas ao seu poder: circunscrito a um território delimitado, ele é o mais alto poder dentro deste território, tendo supremacia sobre todos os demais, e é independente frente a poderes externos e vinculados a outras circunscrições territoriais (Llorente: 1999, p. 124-125, tb. Malberg: 1998, p. 80-82).[8]

Embora a soberania pertença ao Estado, a titularidade da mesma é do monarca que, por este motivo, é denominado soberano. A característica do Estado absolutista de atribuir a titularidade da soberania ao monarca faz com que se confunda o próprio Estado com a pessoa do soberano, a ponto de se atribuir ao Rei Luís XIV (Rei Sol), o mais célebre dos monarcas absolutistas, a famosa frase "O Estado sou eu" (*L'Etat c'est moi*).

No século XVIII, com as revoluções liberais estadunidense e francesa, temos modificações quanto à titularidade da soberania. A influência das idéias iluministas, sobretudo as de Jean-Jacques Rousseau, modificam a idéia de soberania quanto à sua titularidade que não mais deve ser atribuída a uma pessoa, mas a um ser coletivo possuidor da vontade geral (Rousseau: 1995, p. 38ss.).

---

[8] De acordo com o primeiro autor, "A noção de soberania surge no contexto das guerras religiosas, como uma categoria necessária para dotar o direito de um fundamento autônomo, desligado das crenças religiosas. O que dá unidade ao Estado, à *res publica*, é a existência de um poder soberano, definido como 'poder absoluto e perpétuo de fazer as leis', que dizer, como fonte única do direito (positivo) válido. Este poder, cujo titular é naturalmente o monarca, é um poder territorialmente circunscrito: a vontade soberana não pode se impor fora de suas fronteiras perante a lei, porém somente pela força e, no âmbito internacional, na relação entre os Estados, não existem mais normas obrigatórias além daquelas aceitas tácita ou expressamente, por estes Estados. A soberania é a característica típica do poder do monarca dentro do Estado, mas em virtude dessa conexão necessária entre o poder e o território também se qualifica como soberano o Estado propriamente dito em sua relação com os demais, enquanto, por estar sujeito somente ao próprio monarca, é absolutamente independente do exterior".

O ser coletivo ao qual é atribuída a titularidade da soberania em fins do século XVIII é a nação. Não mais o monarca, mas a nação é a titular da soberania, passando a sedimentar o paradigma de que a cada Estado corresponde uma nação. O Estado e a nação se fundem sob a forma de Estado nacional.

1.3. Estado e nação: é razoável falar-se em um Estado nacional?

Em torno das relações entre Estado e nação e da consolidação do termo Estado nacional, as dificuldades já se estabelecem em torno do controverso conceito de nação. Embora em geral se entenda que o vocábulo tem "conotações de uma comunidade moldada pela descendência, cultura e história comuns, e muitas vezes, também por uma língua comum", o conceito é bastante variável no tempo e no espaço. O seu radical etimológico latino *natio* indicava, no uso clássico dos romanos, a ascendência comum, mas houve uma grande modificação conceitual até a modernidade, quando se estabelecem conceitos aproximados com o que é colocado acima, designando por nação as comunidades de origem do indivíduo, sem um necessário atrelamento a uma comunidade política estatal (Habermas: 2000, p. 298; Habermas: 1999, p. 86; Habermas: 1997b, p. 282). Mas efetivamente não se consegue nenhuma definição cientificamente densa e aceitável. Por maiores que tenham sido os esforços engendrados, as indagações de Otto Bauer, feitas no início do século XX, ainda permanecem sem resposta (Bauer: 2000, p. 45-46).[9]

Além da dificuldade de se conceituar adequadamente nação, temos outros problemas como o das nações espalhadas por vários Estados como a nação árabe ou judaica (a despeito da existência dos Estados de Israel e da Arábia Saudita), assim como o dos Estados plurinacionais. De fato, se no Estado nacional a cada nação correspon-

---

[9] Bauer assim se expressa sobre a questão: "Bagehot diz que a nação é um daqueles muitos fenômenos que compreendemos, desde que não nos façam perguntas sobre ele, mas que não sabemos explicar em termos breves e sucintos. Porém, a ciência não pode contentar-se com uma resposta desse tipo; não pode abandonar a questão do conceito de nação, se quiser falar dela. Responder a essa questão não é tão fácil quanto, a princípio, parece. É a nação uma comunidade de pessoas que descendem da mesma origem? Mas os italianos descendem dos etruscos, dos romanos, dos celtas, dos teutônicos, dos gregos e dos sarracenos; os franceses de hoje, dos gauleses, dos romanos, dos bretões e dos teutônicos; e os alemães, dos teutônicos, dos celtas e dos eslavos. É a língua comum que une as pessoas numa nação? Mas os ingleses e irlandeses, os dinamarqueses e noruegueses, os sérvios e croatas falam, em cada um dos casos, a mesma língua, e nem por isso são um único povo. Os judeus, por outro lado, não têm uma língua comum mas são uma nação. Será a consciência de uma inserção comum num grupo que compõe a nação? Mas, nesse caso, o camponês do Tirol não seria alemão, já que nunca teve consciência de fazer parte do mesmo grupo que os prussianos orientais e os pomeranianos, os turíngios e os alsacianos. De que, exatamente, os alemães têm consciência quando se lembram de sua germanidade? O que os torna membros da nação alemã, pares de outros alemães? Sem dúvida, primeiro é preciso que haja um critério objetivo dessa parceria, para que se possa tomar consciência dela".

de um Estado e a cada Estado corresponde uma nação inteira, como afirma Mazzini, temos dificuldades de enquadramento de vários Estados neste perfil (Hobsbawm: 2000, p. 273). Só a título de exemplo, podemos citar o Reino Unido, com ingleses, escoceses, galeses e irlandeses; a Suíça, com cidadãos de origem germânica, francesa, italiana e reto-romana; a Espanha, com castellanos, galegos, catalães e bascos, para não falarmos na antiga União das Repúblicas Socialistas Soviéticas, com mais de cem nações distintas (Nogueira: 1971b, p. 85ss.; Venter: 1999, p. 21).

Para dificultar ainda mais a precisão terminológica, também as organizações políticas internacionais utilizam freqüentemente o termo *nação* com o mesmo significado de *Estado*, a exemplo da Organização das Nações Unidas (ONU) que, a despeito do nome, congrega Estados e não nações.[10]

Como se percebe, a denominação "Estado nacional" possui dificuldades intrínsecas. A perspectiva de correspondência entre um Estado e uma nação pode, por exemplo, dificultar a inclusividade das minorias nacionais em um Estado plurinacional com prevalência de uma nação específica que possa ser culturalmente dominante. Ao mesmo tempo, a idéia de Estado nacional pode ainda proporcionar a incorporação forçada de um determinado território ao Estado, sob o argumento nacionalista, como ocorreu com o *Anschluss* da Áustria por Hitler, fundamentado no discurso pangermanista.[11]

Apesar dos perigos apontados, não há dúvida de que o Estado nacional, a partir da sua caracterização iluminista no séc. XVIII, serve historicamente para resolver problemas importantes das comunidades políticas. Sobretudo com a passagem republicana (entendida no sentido de *res publica*, e não como forma de governo contraposta à monarquia) da soberania da realeza para a soberania popular, como afirma Habermas, o Estado nacional pôde solucionar dois problemas de uma só vez:

> 1) fundou um modo democrático de legitimação do poder político estatal; 2) fundamentou este modo democrático em uma forma nova e mais abstrata de integração social, substituindo as desgastadas formas tradicionais de integração da sociedade por uma integração através da cidadania democrática. O Estado administrador, fiscal e soberano torna-se também um Estado constitucional democrático (Habermas: 2000, p. 300; 303; Habermas: 2001a, p. 86).

A referência à democracia não deixa de ter, paradoxalmente, um caráter inclusivo das próprias minorias e da população em geral com

---

[10] "Aunque hoy algunas naciones todavía nos recuerdan a los viejos imperios (China), a las ciudades-Estado (Singapur), a las teocracias (Irán), a las organizaciones tribales (Kenya), o muestren rasgos de clanes familiares (El Salvador) o empresas multinacionales (Japón), los miembros de la Organización de las Naciones Unidas forman, a pesar de todo, una asociación de Estados-nación" (Habermas: 2001a, p. 85-86).

[11] Sobre o conceito de pangermanismo, cf. Goyard-Fabre: 1999, p. 422-425.

a abertura democrática aos direitos de cidadania, não mais pertencentes apenas a estamentos específicos, mas ampliados ao povo como um todo.

Não negamos os avanços políticos que o Estado nacional traz, mas contestamos do ponto de vista científico a terminologia utilizada que não corresponde ao objeto que procura definir.

Entretanto, embora etimológica e empiricamente falha, a denominação *Estado nacional* prevalece a partir das revoluções liberais do século XVIII e será aqui utilizada para evitarmos o déficit comunicativo, apesar da ponderação crítica que fizemos. As características básicas do Estado nacional, assim como os seus quatro elementos, permanecem com o advento das revoluções liberais, mudando a titularidade da soberania, não para a nação, mas para o povo como conjunto de cidadãos (o *Staatsvolk* da tradição alemã), ligados entre si por um vínculo jurídico.[12] Sendo atribuída ao povo, e não à nação, a questão da titularidade da soberania é mais bem explicada tanto nos Estados nacionais como nos plurinacionais, embora inevitavelmente precisemos fazer uso de um conceito jurídico de soberania em detrimento de conceitos sociológicos.

Delimitada a teoria do Estado nesta perspectiva em que estamos discutindo, podemos dela extrair inicialmente duas conclusões fundamentais:

a) só podemos falar em Estado como espécie do gênero organizações políticas, espécie esta surgida somente na Idade Moderna e não antes, sendo, portanto, um dado histórico-cultural (Dantas: 1999a, p. 54-55; Vilanova: 1996, p. 146-147);

b) o Estado nacional surge somente no final do século XVIII com a mudança de titularidade da soberania, que não pertence mais ao monarca e sim à nação (na verdade, ao povo). A partir desses elementos, pretendemos levar adiante a discussão proposta acerca da teoria da constituição que tem no Estado (pelo menos até o momento) o seu referencial por excelência.[13]

---

[12] Alguns autores entendem como povo em sentido sociológico o que designamos aqui como nação (Zippelius: 1997, p. 94).

[13] Os problemas referentes à insuficiência das teorias do Estado aqui esboçadas serão discutidos na segunda e na terceira partes deste trabalho.

2. Teoria da constituição e constitucionalismo (I): pré-modernidade e polissemia do termo "constituição"

> "Vivemos sob uma forma de governo que não se baseia nas instituições de nossos vizinhos; ao contrário, servimos de modelo a alguns ao invés de imitar outros. Seu nome, como tudo depende não de poucos, mas da maioria, é democracia" (Péricles: "Discurso em Homenagem aos Mortos na Guerra do Peloponeso", in: *100 Discursos Históricos*. Belo Horizonte: Leitura, 2002, p. 21).

2.1. Os antecedentes remotos da teoria da constituição: Aristóteles e Cícero

Como afirmamos anteriormente, também o termo *constituição*, objeto de nosso trabalho, é semanticamente plurívoco. Considerando este aspecto, necessitamos estabelecer um adequado entendimento desta plurivocidade para que o leitor compreenda o debate e o nosso posicionamento em relação a ele. A construção de uma teoria intercultural da constituição, como é proposta neste trabalho, perpassa necessariamente por uma análise da situação teórica clássica da constituição, referencial obrigatório para as tentativas reformulatórias.[14]

---

[14] Sampaio: 2004, p. 4-5 (grifos do autor): "O termo *Constituição* é um daqueles que possuem significados para todos os gostos. Seu legado mecanicista, e mais conhecido, assimila a idéia de fundação de um Estado limitado pelo direito e pelos direitos com a de constituição de um corpo biológico. Tudo movido ao vapor dos tempos modernos. Fora por aquela movimentada época de luzes e revolução que a gravidade de um mundo de deveres éticos e de um direito objetivo, gerada desde tempos imemoriais, se alterara em direção à subjetividade de um ser digno e portador de pretensões de vida anterior à qualquer organização política. Um ser-homem descolado de ser-Deus reinava com sua vontade livre e constituinte que se fincava de maneira duradoura num contrato quase sempre escrito de ordenação da vida comum. Se a palavra *constitutio*, já nas origens, remetia à dualidade do nascimento e do nascituro, do constituir-se limitado pela própria Constituição, sua ambigüidade se alargou com o passar do tempo pelo cultivo de uma antinomia entre o império normativo e a realidade viva. Sem falar de que o objeto de ordenação, mesmo sem o timbre de *Constitutio*, já ocupava o debate político e filosófico antigüidade adentro".

Não se pode desconsiderar que a constituição, tal como nós a concebemos hoje, como uma norma hierarquicamente superior que organiza as linhas mestras do poder político estatal e define o alcance dos direitos fundamentais, é um projeto da modernidade. No período que aqui denominamos pré-modernidade, não há essa perspectiva de constituição, sendo do entendimento comum a existência de normas que regulam a existência e o funcionamento do poder político sem ainda prognoses precisas de hierarquia, superioridade normativa ou direitos fundamentais como entendemos atualmente. Nas Idades Antiga e Média, assim como na maior parte da Idade Moderna, a constituição é um fenômeno muito diverso do que concebemos a partir das revoluções liberais dos séculos XVII e XVIII (principalmente este último).

A discussão em torno do conceito de constituição e de uma construção teórica em torno da mesma possui antecipações bastante remotas. Já na Antiguidade clássica, é possível percebê-las, apesar do conceito antigo de constituição ser bem diverso do contemporâneo.

Embora autores como Loewenstein falem de um constitucionalismo hebreu e de uma Constituição do Príncipe Botoku, do Japão, no ano 604 a. C., as raízes da teoria da constituição são geralmente atribuídas a Aristóteles (Loewenstein: 1964, p. 154-155). A grande maioria dos doutrinadores atribui ao estagirita as primeiras idéias para um teorizar consistente do fenômeno constitucional. Para René Marcic, por exemplo, é Aristóteles o primeiro teórico da constituição, considerando-a como a forma essencial do Estado. Assim também considera Kelsen, afirmando que "a 'Política' de Aristóteles é uma teoria da constituição". Verdú ainda afirma ter sido Aristóteles o fundador do direito constitucional comparado ao compilar para Alexandre Magno cerca de 158 constituições de diversas *polis* de seu tempo, apesar de quase todas elas terem-se perdido, à exceção da de Atenas (Verdú: 1994, p. 11-12; Cunha: 2002, p. 279-280).[15]

A referência teórica atribuída a Aristóteles pela doutrina decorre de alguns fatores relevantes. Primeiramente, os arquétipos da cultura política do ocidente contemporâneo têm sua origem na rica experiência institucional da *polis* grega. Em segundo lugar, o estagirita influencia, com a sua filosofia política, a conformação do funcionamento das instituições atenienses. E por último, ainda existem inúmeras construções teóricas contemporâneas acerca da constituição claramente influenciadas pelo pensamento aristotélico, como veremos adiante.

---

[15] Verdú: 1994, p. 11-12: "Desgraciadamente, solo se conserva la "Constitución de los atenienses", encontrada entre las arenas de Egipto en 1880 por Kenyon. El texto se hallo incompleto. Este escrito, como sostiene García Valdés, transparenta una sólida base teórica, y esa teorización se relaciona estrechamente con la experiencia".

A experiência institucional ateniense é de fato notável. A divisão de poderes, a organização relativamente democrática do exercício do poder político, a distribuição deste último pelos cidadãos ativos, as fórmulas da democracia direta são contribuições inegáveis da *polis* grega, apesar de não se poder esconder a base escravocrata e excludente na qual se erige a cidadania em Atenas. A aversão dos gregos à concentração do poder e à arbitrariedade faz com que construam muitos instrumentos de controle do poder político que influenciam o constitucionalismo até os nossos dias. Os mandatos temporalmente fixados, a rotatividade dos governantes no exercício do poder político, o acesso do cidadão comum aos cargos públicos em geral são instituições que extrapolam a *polis* e sobrevivem através da história da democracia no ocidente (Loewenstein: 1964, p. 156-157).

Em torno do desenvolvimento institucional grego, a filosofia política de Aristóteles é a maior contribuição teórica conformadora das instituições políticas de então. O estagirita é o primeiro a tratar explicitamente de uma divisão das funções políticas em deliberativa/legislativa, executiva/governamental e judicial e atribuí-las a pessoas ou grupos de pessoas distintas, cerca de dois milênios antes de Montesquieu. A defesa da eletividade dos governantes e detentores do poder político, a curta duração dos seus mandatos e as resoluções da assembléia dos cidadãos para decidir acerca dos negócios públicos de maior importância também estão presentes no pensamento aristotélico, tudo isso como uma tentativa de racionalização do poder político para que este não venha a se degenerar (para que a monarquia não se torne tirania, para que a aristocracia não se torne oligarquia e para que a democracia não se degenere em demagogia) (Aristóteles: 1998, p. 177ss.; Fioravanti: 2001, p. 22-23; 30-31).

Com a preocupação de criar estruturas políticas ao mesmo tempo democráticas e duradouras, gerando uma estabilidade institucional necessária à *polis* grega, Aristóteles procura construir uma forma de governo adequada a este fim, tendo em vista toda a problemática exposta. Para isto propõe a existência de uma *politeia*, geralmente traduzida como constituição. E é esta tradução que provoca controvérsias quando se discute a constituição dos pré-modernos em confronto com a constituição da modernidade ocidental. Em verdade, *politeia* não significa em Aristóteles o mesmo que constituição geralmente vem a significar na cultura político-jurídica contemporânea. Além disso, há uma substancial variação do significado do referido vocábulo mesmo entre os gregos antigos. Vejamos.

Desde o século XVIII, torna-se corrente traduzir *politeia* como constituição, mas anteriormente a preferência é, segundo Stourzh, pela palavra inglesa *government* ou ainda conceitos como *policie* ou *commonwealth*, lembrando que o vocábulo "governo" significava a organização e o exercício do poder político, não tendo sinonímia com poder executivo, como nas doutrinas modernas de divisão de poderes (Neves: 1994, p. 54-55; Canotilho: 1999a, p. 50). Outros, como Rolando Tamayo y Salmorán, vão mais adiante ao levantar várias acepções do termo entre os gregos antigos (*apud* Dantas: 1999a, p.103-105). Porém, a tradução corrente é mesmo *constituição* (cf. Aristóteles: 1998, *passim*; Aristóteles: 1995, *passim*).

O conceito aristotélico de constituição (*politeia*) é o de estrutura política da *polis* (daí a similitude com o conceito de governo que expusemos acima). É a ordem da *polis* em relação aos cargos governamentais, a como se dá sua distribuição, à determinação do poder governamental superior e à finalidade da comunidade política (Neves: 1994, p. 54; Craig: 2001, p. 126).[16] Corresponde em parte ao primeiro sentido dado por Schmitt ao conceito absoluto de constituição, entendendo esta como "*la concreta manera de ser resultante de cualquier unidad política existente*" (Schmitt: 1996, p. 30). Também é possível fazer aproximações conceituais com a constituição real de Lassalle (1998, p. 32), com a constituição em sentido material de Loewenstein (1964, p. 152), assim como a de Mortati (1998, p. 195ss.). A matéria constitucional (organização do poder político) é diversa das matérias das demais normas jurídicas, havendo, para Aristóteles, uma diferenciação material entre constituição e demais normas jurídicas, embora ainda não haja uma diferenciação formal em termos de supremacia hierárquica. As normas sobre a organização do poder político fazem parte da essência da *polis* (Jellinek: 2000, p. 457-458).

Apesar das aproximações, não se pode esquecer o forte conteúdo axiológico da teoria aristotélica. Além de discutir a forma de ser da *polis*, ele analisa valorativamente as formas de governo (o caso das degenerações acima descrito), além de estabelecer um *telos* para a constituição (Aristóteles: 1998, p. 105).[17] Em Aristóteles, a constituição contém elementos substanciais, ético-sociais e econômicos (Verdú: 1994, p. 19; Goyard-Fabre: 1999, p. 56). Neste particular, diferencia-se, sobretudo, de Lassalle.

Mais do que a estrutura política efetivamente existente, a *politeia* é a particular forma constitucional capaz de promover e realizar a justa medida entre dois extremos, em si mesmos negativos, como a aristocracia e a democracia, mas que, sendo equilibrados, produzem a constituição ideal (Fioravanti: 2001, p. 24).

---

[16] Tanto é assim que "A Constituição de Atenas", tradução corrente de *Athenaíon Politeía*, nada mais é do que uma obra detalhadamente descritiva em relação ao funcionamento do poder político em Atenas (cf. Aristóteles: 1995, *passim*).

[17] "A Constituição integral diz: 1º de quem e de que espécie de pessoas um Estado deve ser composto; 2º como deve ser governado para ser feliz e florescente".

O termo que utilizamos (*constituição*), entretanto, é de origem romana. É proveniente do vocábulo *constitutio*, também polissêmico como *politeia*. Tanto é utilizado para a tradução deste último termo como para assumir novas significações. Na evolução das competências em Roma, o imperador assume, gradativamente, o poder de emitir normas próximas das nossas atuais leis. E são estas normas oriundas diretamente do poder imperial, embora não necessariamente referentes à estrutura da *civitas*, que os romanos chamaram de *constitutiones*, não sendo, portanto, habitual entre eles o significado de *politeia*, corrente na historiografia contemporânea (Saldanha: 2000, p. 15-16).

A concepção predominante em Roma tem suas bases teóricas em Cícero. Inicialmente, com as discussões em torno do termo *res publica*, também de permanente oscilação semântica, e em virtude disso, cunhou o termo *constitutio*, embora continue associando este à *res publica* no sintagma *reipublicae constitutio*, sendo o primeiro elemento adjetival. Em conceituadas traduções da *De Re Publica*, o autor das Catilinárias justapõe os conceitos de *res publica* e *constitutio*, afirmando ser o primeiro equivalente à *civitas* romana, enquanto o segundo refere-se à organização desta última (Cunha: 2002, p. 271-272).[18]

Percebemos, portanto, que Cícero constrói um conceito essencialmente jurídico de constituição, afirmando que o termo *constitutio* corresponde à forma jurídica da unidade da *civitas*. Embora não ignore os valores, a preocupação de Cícero é predominantemente técnico-jurídica e formal (Verdú: 1994, p. 18-19).[19] É um conceito voltado para a idéia de ordem jurídica. A organização jurídica do poder político romano é o que Cícero considera como a *constitutio* da *res publica*, da *civitas*, que necessita de parâmetros jurídicos racionais de ordenação e controle do poder político para funcionar adequadamente. Afigura-se nítida aqui a influência das idéias gregas.

A *civitas* romana, segundo Loewenstein, é um exemplo clássico de uma sociedade política que sendo fundamentalmente constitucional, não se perde em excessos democráticos como sua predecessora Atenas, já que as assembléias são muito mais institucionalizações da estrutura social tradicional do que fóruns de deliberações democráticas. Sobretudo no período republicano, Roma possui um sistema político com complexos dispositivos de freios e contrapesos para dividir

---

[18] Ferreira da Cunha utiliza o vocábulo "Estado" em lugar de *civitas*, mas tal denominação não nos parece adequada, tendo em vista a nossa posição conceitual acerca do significado do termo "Estado". A nossa opção pela expressão *civitas* denota os nossos esforços para mantermo-nos coerentes e buscar uma razoável precisão terminológica. Sobre a oscilação semântica do termo *república*, cf. Kirsch: 2002, p. 208-209.

[19] O que não impede, assim como aconteceu com Aristóteles, que Cícero tenha suas próprias perspectivas axiológicas em torno da *civitas* romana, como quando faz seus famosos discursos contra Catilina, com o explícito objetivo de preservar a república romana e suas instituições, contra as quais, na visão de Cícero, Catilina investe (cf. Cícero: 1989, *passim*).

e limitar o poder político dos governantes, com estruturas legislativas e judiciais colegiadas, assim como a limitação na duração dos mandatos. A própria ditadura, que é uma espécie de direito constitucional de crise ou de legalidade extraordinária, é limitada na sua duração e nos seus fins, servindo para solucionar crises e rebeliões, não sendo, portanto, sinônimo de governo autocrático ou autoritário, como geralmente se concebe nos dias atuais. No período imperial, o constitucionalismo degenera, e a *civitas* se torna uma organização política despótica com nuances teocráticas (Loewenstein: 1964, p. 156-157).

2.2. Antecedentes medievais: um constitucionalismo insurgente?

Na Idade Média há, como vimos, uma fragmentação do poder entre as organizações políticas existentes (feudos, reinos, Igreja). Com tal dispersão do poder político, ocorre também uma espécie de "concorrência" pelo exercício do mesmo, já que não há monopólio da violência legítima por qualquer das referidas organizações políticas. Não havendo tal monopólio, que se configura como uma das características do poder político soberano, também não há organização política dotada de soberania. Com a dificuldade de subsistência de pretensões totalizadoras por parte das organizações políticas existentes, a maior parte da vida dos cidadãos medievais se desenvolve fora das previsões normativas oficiais, seguindo a força normativa do costume (Fioravanti: 2001, p. 35).

Portanto, temos aqui, como assevera Fioravanti, a primeira característica geral da constituição medieval: a intrínseca limitação dos poderes públicos. Obviamente não se trata de uma limitação com base na idéia moderna de separação de poderes, nem mesmo pode-se falar em uma limitação de ordem formal. A limitação é apenas de ordem fática: simplesmente não há, apesar do almejo universalista da Igreja e de alguns impérios, um centro irradiador de normas jurídicas que possam ordenar efetivamente o conjunto de relações civis, políticas e econômicas da sociedade (Fioravanti: 2001, p. 35-36; Arnaud: 1999, p. 58ss.). Os poderes das organizações políticas são limitados porque não conseguem se afirmar soberanamente, como acontece com o Estado, e concorrem entre si para se firmarem enquanto instâncias detentoras de poder político de fato.

A constituição medieval também possui uma segunda característica: a existência de relações substancialmente indisponíveis por parte dos poderes públicos em termos de uma ordem jurídica dada. É necessário preservar e defender o equilíbrio costumeiro existente de todos os que tentem fazer alterações arbitrárias no mesmo. As normas consagradas consuetudinariamente devem ser preservadas de modificações unilaterais por parte do poder político existente, evitando a tirania do detentor deste poder, notadamente do monarca (Fioravanti: 2001, p. 36-37).

De certo modo, temos aqui uma antecipação fática do que se consagra posteriormente no constitucionalismo liberal como os dois pilares da constituição: a separação de poderes (idéia de limitação recíproca dos poderes públicos) e os direitos fundamentais (idéia dos limites ao exercício do poder político pela existência de relações sociais indisponíveis por parte do detentor do poder).

É claro que não se pode pensar que há na Idade Média uma constituição no sentido contemporâneo. Ainda quando consubstanciadas suas linhas gerais em um documento escrito, a constituição medieval ainda é em boa medida uma constituição real (no sentido lassalliano), embora não se deva descartar a existência de um certo idealismo subjetivo proposto por autores como Tomás de Aquino quando defendem a existência, por exemplo, de um direito de resistência à tirania, autorizando a desobediência civil em certos casos.

Todavia, para além da antecipação fática que fizemos referência acima, é na Idade Média que são produzidos os primeiros documentos escritos que guardam uma maior semelhança com as constituições contemporâneas. É no período medieval que começam a surgir tais textos que servem de referência para a teoria da constituição como antecipações medievais do constitucionalismo. São as idéias de pactos normativos entre governantes e governados, limitações formais dos poderes políticos, direitos dos súditos (na verdade, apenas de parte destes) diante do monarca etc. que ganham contornos mais precisos nesse período histórico. Surgem a Bula Áurea de André II da Hungria (1225), as Ordenações portuguesas, o Privilégio Geral Aragonês (1283) (mais remotamente, há ainda uma referência à "Constituição" japonesa do séc. VII) e o mais conhecido desses documentos que é, indubitavelmente, a *Magna Charta Libertatum* dos ingleses (1215) (Cunha: 2002, p. 104; Fioravanti: 2001, p. 51).

A Magna Carta das Liberdades é basicamente uma carta de direitos, pactuada entre o monarca e os nobres ingleses. Para compreender o surgimento da mesma, não se pode esquecer das características peculiares do desenvolvimento do feudalismo inglês. Enquanto a fragmentação do poder político é característica intrínseca do feudalismo europeu continental, na Inglaterra do séc. XIII, já existe uma maior centralização, antecipando em alguns séculos caracteres do absolutismo da Idade Moderna. A centralização monárquica também antecipa as lutas antiabsolutistas, embora os direitos e as liberdades ainda sejam exclusivos para os "homens livres", em verdade, limitações do poder monárquico diante da aristocracia privilegiada (David: 1998, p. 285; Canotilho: 1999a, p. 65; García-Pelayo: 1999, p. 252).

Apesar do seu caráter aristocrático, a Carta inglesa é a mais importante referência histórica de um constitucionalismo insurgente na Idade Média. Surge a partir da insatisfação da nobreza feudal com as políticas implementadas pelo Rei João Sem Terra, em especial no que diz respeito à tributação. Não se trata de uma revolução classista ou de uma ruptura drástica com o modelo anterior; antes, diversamente, a nobreza deseja estabelecer documentalmente a confirmação de seus privilégios e liberdades já existentes em regras consuetudinárias e que se vêem ameaçados pelos decretos reais (García-Pelayo: 1999, p. 253). Direitos e garantias fundamentais surgem como limitações ao poder monárquico, e princípios como o da legalidade tributária e penal, assim como instrumentos de proteção da liberdade individual, como o *habeas corpus*, têm a sua existência formalizada a partir do célebre documento inglês. O próprio surgimento do Parlamento deita raízes na referida Carta, considerando a exigência do consentimento geral dos homens livres para o estabelecimento de um tributo, contido nos seus arts. 12 e 14 (López: 2001, p. 161).

De menor influência histórica, mas com um desenvolvimento certamente notável em termos de Idade Média, está o constitucionalismo histórico ibérico apontado por Ferreira da Cunha. Apesar de não possuir um documento referencial da dimensão da *Magna Charta Libertatum*, pode-se dizer, seguindo o Professor português, que há, ainda na Idade Média, o desenvolvimento de um constitucionalismo na Península Ibérica, em que há um sistema de proteção das pessoas e até de relativo controle do poder político. Possui características similares ao modelo britânico, tais como o tradicionalismo, a historicidade e a assistematicidade. Limita o poder monárquico ao permitir a intervenção das cortes no governo, na sucessão do trono, na guerra e na paz, no lançamento de tributos. Como destaca Teixeira de Pascoaes,

> Em plena Idade Média, enquanto outros Povos gemiam sob o peso do poder absoluto, impúnhamos à nossa monarquia a forma condicional: o rei governará se for digno de governar, e governará de acordo com a nossa vontade, expressa em cortes gerais, reunidas anualmente (*apud* Cunha: 2002, p. 124).

Temos, portanto, em vários quadrantes europeus, o desenvolvimento de experiências constitucionais pré-modernas, embora ainda não se chegue ao sentido contemporâneo do vocábulo *constituição*. Em termos teóricos, pode-se afirmar até que, não obstante as referidas experiências de fato, não há a articulação de teorias da constituição. Os autores medievais, como Tomás de Aquino, Salisbury, Bracton e Marsílio de Pádua, não se preocupam em teorizar acerca da constituição, optando por discutir questões pertinentes ao exercício concreto do poder político e suas limitações também concretas. É verdade que fazem algumas antecipações importantes, mas não é menos verdadeiro que as mesmas ainda têm em vista a realidade política fragmentária da Idade Média (e nem poderia ser diferente), ainda distante, de um modo geral, do centralismo do Estado soberano e da possibilidade, a partir do surgimento deste ente político, de articular um teorizar constitucional mais próximo do sentido contemporâneo. É o que se propõe no capítulo que segue.

3. Teoria da constituição e constitucionalismo (II): a constituição liberal como marco fundante do constitucionalismo

> "Ninguém me pode constranger a ser feliz à sua maneira (como ele concebe o bem-estar dos outros homens), mas a cada um é permitido buscar a sua felicidade pela via que lhe parecer boa, contanto que não cause dano à liberdade de os outros (isto é, ao direito de outrem) aspirarem a um fim semelhante, e que pode coexistir com a liberdade de cada um, segundo uma lei universal possível" (Kant: 1995a, p. 75).

3.1. Constitucionalismo como processo político-jurídico

Ao tratarmos de constitucionalismo e de teoria da constituição, tratamos de dois objetos distintos, apesar de sua estreita ligação. Não poderia ser diferente, já que ambos se referem a um mesmo fenômeno, a constituição, porém, em perspectivas diversas. Enquanto o constitucionalismo se refere ao direito constitucional como processo (promulgação e implementação da constituição, mudanças ou rupturas político-constitucionais, estruturação constitucional do Estado, etc.), a teoria da constituição trabalha com o direito constitucional como conhecimento (a análise científica e o estudo da constituição como "algo objetivo, simples realidade sobre a qual recairá a análise científica que, tanto quanto possível, deve ser neutra e desinteressada") (Dantas: 1999a, p. 37).[20]

Ao referirmos constitucionalismo como um processo político-jurídico, pretendemos fazer perceptível o caráter dialético da constituição, sobretudo na sua dimensão diacrônica, que permite ver, em torno da evolução constitucional temporal, um "percurso feito de influências e originalidades, de continuidades e rupturas, em genealogia"

---

[20] Temos restrições científico-metodológicas a essa idéia de neutralidade e desinteresse na concepção do citado constitucionalista do Recife que serão discutidas no capítulo referente aos princípios fundamentais da teoria intercultural da constituição, assim como no que se propõe o debate acerca da tentativa de caracterização dogmática do direito comunitário.

(Cunha: 2002, p. 328). Constitucionalismo é essencialmente movimento, sendo, em verdade, o próprio fenômeno direito constitucional e seus diversos desdobramentos, enquanto a teoria da constituição é a construção doutrinária em torno desse fenômeno, formulando explicações e entendimentos acerca dele com o fito de esclarecer o seu conteúdo e analisar os seus paradigmas e seu desenvolvimento, assim como suas perspectivas.[21]

O esclarecimento feito é pertinente em razão de que o fenômeno o qual pretendemos conceituar, a constituição, está relacionada com todos esses outros conceitos. A tarefa de conceituá-la implica uma articulação do referido conceito com outros que lhes sejam pertinentes, transformando tal empreendimento em uma permanente heterorreferência interconceitual, em outras palavras, o conceito que se refere a outros, resultando praticamente na formulação parcial de uma teoria da constituição, pretensioso objetivo do presente trabalho (no que diz respeito especificamente a uma teoria intercultural).

Um outro esclarecimento se faz necessário. Embora nosso trabalho não se pretenda ideológico e, para isso, procuramos, tanto quanto possível, traçar análises desideologizadas, as questões ideológicas estão nitidamente presentes. Isso porque o direito constitucional é pro-

---

[21] Nem todos os autores utilizam o conceito de constitucionalismo que adotamos. Cf. Fioravanti: 2001, p. 85: "El constitucionalismo es concebido como el conjunto de doctrinas que aproximadamente a partir de la mitad del siglo XVII se han dedicado a recuperar en el horizonte de la constitución de los modernos el aspecto del límite y de la garantía". Martin Kirsch, por sua vez, levanta a problematicidade semântica do conceito de constitucionalismo nos idiomas inglês, francês, italiano, espanhol e alemão. Segundo ele, é um conceito com um conteúdo relativamente vasto e de referência genérica à limitação do poder do governante por uma constituição (Kirsch: 2002, p. 196). Barberis ainda destaca três sentidos diversos para a palavra *constitucionalismo*: "En un primer sentido, muy lato, "constitucionalismo" reenvía al antiguo ideal del gobierno de las leyes, o más bién del Derecho; en un segundo sentido, más estricto, designa la traducción propia de los siglos XVIII y XIX de este modelo en la idea de Constitución como instrumento para limitar el poder político; en un tercer sentido – estrictísimo, y no del todo adecuado – indica (la doctrina de) el Derecho constitucional" (Barberis: 2003, p. 259-260). Por sua vez, Comanducci alude a duas acepções: uma primeira referente a uma teoria e/ou ideologia e/ou método de análise do direito, e uma segunda designando um modelo constitucional, conjunto de mecanismos normativos e institucionais, realizados em um sistema jurídico-político historicamente determinado, limitando os poderes estatais e/ou protegendo os direitos fundamentais (Comanducci: 2003, p. 75). Para Venter, os componentes elementares do conceito de constitucionalismo são: governo limitado e não-arbitrário, direitos legais vinculantes e dominação do direito (Venter: 1999, p. 15). Craig estabelece cinco significados distintos: 1) constitucionalismo como as questões filosóficas que circundam a existência da constituição; 2) constitucionalismo como investigação descritiva de um sistema jurídico específico acerca dos caracteres deste que possam ser considerados constitucionais; 3) constitucionalismo como o conjunto das mudanças nos sistemas jurídicos continentais pós-1945; 4) constitucionalismo como caracteres axiológicos de uma constituição, tais como preceitos de bom governo, responsabilidade governamental, princípios de boa administração e de direitos humanos, compondo uma cultura do constitucionalismo; 5) constitucionalismo designando as normas de natureza constitucional, como as que regulam as relações entre cidadãos e Estado, assim como dos cidadãos entre si (Craig: 2001, p. 127-128). Por sua vez, Russomano afirma que o constitucionalismo é o movimento político-ideológico de luta contra o despotismo, em favor da responsabilidade governamental, da liberdade individual, da divisão e harmonia dos poderes do Estado (Russomano: 1992, p. 357).

duto de ideologias socialmente consagradas. Como nosso objeto de estudo é produto ideológico, não podemos deixar de analisá-lo se não considerarmos as ideologias presentes. Ademais, as teorias construídas, por mais que não se pretendam ideológicas, sempre traduzem, em maior ou menor grau, as opções ideológicas de seus autores, embora muitos destes esbocem considerável esforço para teorizar de forma neutra e desinteressada, como tenta, por exemplo, Kelsen, com a bastante conhecida perspectiva de uma pureza teórica para tratamento do objeto jurídico (Kelsen: 1984; *passim*). Ainda em corroboração com o nosso pensamento, a discussão intercultural proposta pressupõe o ideário democrático e pluralista, oposto a qualquer hermetismo ideológico unilateral, o que, em última análise, não deixa de ser ideológico, por paradoxal que possa parecer.

Importante esclarecimento é dado por Ivo Dantas quando afirma que "Inegável é o fato – e já o dissemos – de que o Direito Constitucional é, nada mais, nada menos, que a consagração jurídico-positiva de uma determinada *Ideologia*, aquela socialmente aceita".

Continua o autor:

> Em conseqüência, cada período ou *ciclo* em que possa dividir a História do Constitucionalismo Ocidental (e ficamos adstritos a este por ser mais acessível) representa o predomínio de determinada forma de *idealizar a realidade*, sem que com isto pretendamos afirmar – e já o afirmamos – que o *constitucional* seja algo passivo na relação bipolar existente entre o *jurídico* e o *social*, onde se enquadram o econômico, cultural, histórico e geográfico. Existe, isto sim, uma inter-relação, com predominância destes sobre aquele e conforme o posicionamento quase unânime da Sociologia Jurídica Contemporânea (Dantas: 1999a, p. 87 – grifos do autor).[22]

Inevitavelmente, a questão ideológica está presente, por vezes até na gênese da escolha, por parte do autor, da temática a ser trabalhada. Um humanista tem geralmente predileções por trabalhar a temática dos direitos humanos; um procedimentalista, tratar de temáticas ligadas ao processo; um liberal, discutir o liberalismo; um socialista, discutir socialismo e, por vezes, no caso destes últimos, estudar a ideologia contraposta em uma perspectiva crítica mais contundente. O que não impede, todavia, de que o pesquisador que faça seu trabalho de modo cientificamente adequado, chegue a conclusões opostas àquelas que ideologicamente deseja, como, por exemplo, um pesquisador que seja contrário à pena de morte e resolva fazer uma pesquisa a respeito, e constate que em determinados lugares a pena de morte tenha tido impacto benéfico na diminuição dos índices locais de criminalidade. Embora não seja o resultado que ideologicamente desejava, como cientista ele não pode ignorar ou falsear dados desta

---

[22] Para Aguiló Regla, as características mais importantes da constituição são a forma constitucional e os ideais do constitucionalismo político, ou seja, a ideologia constitucional (Regla: 2001, p. 440ss.).

natureza, sob pena de comprometer a seriedade do seu trabalho. Mesmo assim, não se pode afirmar que a perspectiva ideológica esteja ausente, pois como no exemplo citado, ela está presente na raiz da própria investigação.

No nosso campo de trabalho, percebemos isso em inúmeras definições de fenômenos como o constitucionalismo. Por exemplo, autores de inspiração cultural liberal possuem a tendência de aceitar, como conceituação adequada para o constitucionalismo, definições como esta de Cardoso da Costa:

> Fala-se de constitucionalismo ou movimento constitucional para designar o movimento histórico-político que, sob o impacto da Revolução Americana e da Revolução Francesa dos finais do séc. XVIII, mas colhendo a sua primeira inspiração nas revoluções inglesas do século anterior e encontrando aí os seus pródromos (...) se traduziu na progressiva e generalizada substituição do regime de monarquia absoluta até então vigente na Europa Continental, por outro fundado numa Constituição escrita e obedecendo ao princípio da separação de poderes (apud Cunha: 2002, p. 251).

Como se percebe, um conceito tipicamente liberal que ignora, por exemplo, a substancial modificação que o constitucionalismo sofre a partir do advento do Estado social, que traz uma outra perspectiva ideológica e conseqüentemente uma nova maneira de encarar e analisar o constitucionalismo, agora com a roupagem do *welfare state*. Conceitos como este podem servir para caracterizar o constitucionalismo em seu nascedouro, mas não correspondem ao efetivo desenvolvimento constitucional ocorrido principalmente no século XX (Streck: 2002, p. 95).[23]

Em razão disso, a teoria contemporânea da constituição divide a história do constitucionalismo ocidental em duas fases: a liberal, que vai do século XVIII às primeiras décadas do século XX, e a social, que inicia na segunda década do século XX e vai pelo menos até a última deste. Neste século que se inicia, é duvidoso se o constitucionalismo social permanece, apesar das realidades serem bem diversas entre os Estados ocidentais, e as reviravoltas, ideológicas rápidas e freqüentes, tanto na Europa, como na América. Este último debate ficará para os capítulos posteriores.

Na parte que se segue, pretendemos analisar historicamente ambas as perspectivas clássicas, principiando pela primeira fase do constitucionalismo formal: a fase liberal. Lembramos que as referências doutrinárias presentes não têm o condão de analisar as doutrinas de

---

[23] Para este autor, "O constitucionalismo pode ser visto, em seu nascedouro, como uma aspiração de uma Constituição escrita, como modo de estabelecer um mecanismo de dominação legal-racional, como oposição à tradição do medievo, onde era predominante o modo de dominação carismática, e ao poder absolutista do rei, próprio da primeira forma de Estado moderno". Aqui Streck utiliza os conceitos weberianos de modos de dominação (tradicional, carismática e racional).

cada autor, mas apenas de ilustrar e pontualizar algumas questões da teoria constitucional que abordamos.

Um último esclarecimento neste ponto: a teoria clássica que aqui discutimos está relacionada essencialmente com o que nós denominamos na cultura jurídica ocidental, constitucionalismo formal de origem iluminista. Em determinados conceitos materiais de constituição, podemos perceber constituições em todo tempo e lugar, sobretudo se adotarmos um referencial lassalliano ou sociológico de entender por constituição as regras que efetivamente regem a organização dos poderes em uma dada sociedade política. Mas procurando delimitar epistemologicamente, daremos preferência aos modelos formais de constituições codificadas (denominadas muitas vezes constituições "escritas") de base européia continental, embora, em virtude da pretendida construção de uma teoria intercultural da constituição, não podemos excluir do debate a discussão acerca do paradigma constitucional do *common law* britânico, visto que o Reino Unido é Estado-Membro da União Européia, além de influenciar historicamente a importante experiência jurídico-constitucional dos Estados Unidos da América e, de certo modo, o constitucionalismo comunitário.

3.2. O constitucionalismo liberal: as efetivas raízes da teoria contemporânea da constituição

3.2.1. A teoria política liberal e as primeiras experiências constitucionais

O constitucionalismo formal nasce em fins do século XVIII, estreitamente vinculado com o Estado nacional. É verdade que podemos fazer referência ao disperso (não codificado) constitucionalismo britânico, mas na sua feição tipicamente ocidental e iluminista, o constitucionalismo nasce com a independência dos Estados Unidos e a Revolução Francesa, os dois principais movimentos liberais do século XVIII, responsáveis também pelo arquétipo constitucional do Estado nacional.

O constitucionalismo, na sua primeira fase, é um produto do arcabouço ideológico liberal. O liberalismo enquanto ideologia traz consigo um culturalismo libertário muito consistente, pois a idéia fundamental é a liberdade do indivíduo frente ao Estado. Embora tenha prevalecido no aspecto econômico, o ideário liberal traz consigo outros postulados da cultura iluminista como o racionalismo universalista e a democracia, calcada na idéia de soberania popular, que também têm a liberdade como idéia básica.

Como se sabe, a ideologia liberal vê no Estado o grande inimigo da liberdade do indivíduo. No entanto, não defende a aniquilação do

Estado, mas uma forma diferente em relação ao modelo estatal absolutista. O Estado deve deixar de interferir diretamente na vida dos cidadãos e permitir que os mesmos, livre e autonomamente, decidam suas vidas em todos os aspectos. O Estado deixa de ser o "leviatã", expressão da vontade real onipotente à qual só resta a obediência por parte dos súditos, e passa a constituir um Estado de direito, um Estado jurídico produto do racionalismo ocidental. Segundo Bonavides, com a construção deste tipo de Estado, os pensadores racionalistas acreditaram "haver encontrado formulação teórica capaz de salvar, em parte, a liberdade ilimitada de que o homem desfrutava na sociedade pré-estatal, ou dar a essa liberdade função preponderante, fazendo do Estado o acanhado servo do indivíduo" (Bonavides: 1996, p. 40).

O liberalismo, porém, deixa intacta a onipotência do poder soberano do Estado. O que ocorre com a sua ascensão é uma modificação estrutural e jurídica de finalidades estatais e a transferência do exercício e titularidade desse poder do monarca para o povo (pelo menos em tese). Como observa Saldanha,

Enquanto o liberalismo, como crença e como idéia, dominava as tematizações e justificava os comportamentos, o Estado se reestruturava, mantendo o arcabouço vindo do absolutismo e buscando uma ordem política "esclarecida", identificada com as renovadas noções de nacionalidade e de povo (Saldanha: 2000, p. 41 – grifo do autor).

A reestruturação do Estado de que trata Saldanha consiste precisamente nas reformas institucionais do poder político. Este é transferido ao conjunto de cidadãos que o exercem por meio de representantes eleitos. A classe burguesa, principal vitoriosa nas revoluções liberais, ascende ao poder, sobretudo pelo caráter censitário do sufrágio, substituindo o poder político da nobreza e do clero pelo da burguesia enquanto classe social. Em nome da liberdade, o poder do Estado é controlado pelos cidadãos; a liberdade de mercado pregada pela ideologia liberal erige-se em dogma, e torna-se finalidade essencial do Estado preservá-la. Para isso, é necessário submeter a ação estatal, antes praticamente incontrolável, a uma "norma positiva que deve vincular a existência mesma dos poderes e garantir a subsistência de previsões e certezas para o convívio com o poder" (Saldanha: 2000, p. 33). Esta norma é a constituição, surgindo com a finalidade essencial de limitar juridicamente o poder do Estado em relação às liberdades fundamentais, sobretudo a liberdade de mercado, e fazer lógica e racional a convivência com o poder.

Parece contraditório o que afirmamos no último parágrafo com o afirmado anteriormente quanto à permanência da onipotência do poder soberano do Estado. Mas a contradição é apenas aparente. O que pretendemos demonstrar é que as modificações essenciais dizem respeito aos titulares e exercentes do poder político e às finalidades estatais. Como vimos, o poder político passa às mãos da classe burguesa e dentre as novas finalidades do Estado estão garantir as liberdades individuais fundamentais e zelar pela manutenção da forma liberal de economia de livre-mercado. A onipotência do poder do Estado permanece. Vejamos.

O Estado nacional (enquanto tal) permanece com as mesmas características básicas do Estado absolutista: há povo, território delimitado, governo e soberania (independência externa e supremacia interna do poder estatal). Quando necessário, o Estado é forte o suficiente para cumprir com a sua finalidade.

Não se pode afirmar que o Estado liberal é fraco na defesa territorial e nas guerras externas, assim como na manutenção da ordem interna (basta observar os conflitos bélicos do século XIX, como nas Guerras Napoleônicas com o embate principal entre França e Grã-Bretanha, os mais representativos Estados liberais de então). O que ocorre é que muitos confundem Estado negativo com Estado fraco, o que não é a mesma coisa. O primeiro é o protótipo de Estado liberal, um Estado que atua basicamente permitindo que os indivíduos livremente concorram entre si, deixando que a *invisible hand* smithiana regulamente as relações econômicas, ou seja, não se intrometendo na vida social, a não ser para preservar a liberdade individual e a economia de livre-mercado. O segundo seria um Estado incapaz de cumprir razoavelmente suas funções básicas, não exercendo ou exercendo debilmente os poderes que lhe são atribuídos. É oportuna a lúcida observação de Neumann que, pelo seu conteúdo, merece transcrição:

> Seríamos, no entanto, vítimas de uma ilusão histórica se fôssemos identificar "negatividade" com "fraqueza". O Estado liberal tem sempre sido tão forte como exigia a situação política e social e os interesses da sociedade. Tem participado de guerras e esmagado greves. Com a ajuda de fortes armadas tem protegido seus investimentos e, com a de poderosos exércitos tem defendido e aumentado suas fronteiras, como também tem restaurado "paz e ordem" com a ajuda de sua polícia. Tem sido um Estado forte precisamente nas áreas em que tinha que ser forte e que desejava sê-lo. Esse Estado, em que as leis e não os homens deviam governar (a fórmula anglo-americana), isto é, o *Rechtsstaat* (a fórmula da Alemanha) tem-se apoiado na força e na lei, na soberania e na liberdade. A sociedade necessita de soberania para poder destruir forças locais e exclusivistas, para expulsar a Igreja dos assuntos temporais, para uma administração e um judiciário unificados, para proteger suas fronteiras e para conduzir guerras e também para financiar tudo isso. A liberdade política tem sido necessária à sociedade moderna para a conservação de sua liberdade econômica. Ambos os elementos são indispensáveis. Não existe uma teoria moderna de Direito e de Estado que não aceite tanto a força como o Direito, mesmo que a importância dada a cada um desses componentes tenha variado de acordo com a situação histórica (Neumann: 1969, p. 31-32 – grifos do autor, cf. tb. Saldanha: 2000, p. 125).

Portanto, o poder do Estado no liberalismo muda de titulares, de exercentes e de finalidades, mas não enfraquece.

A ideologia liberal necessita de um sistema jurídico que garanta a aplicação do seu ideário, sendo necessário uma conformação do Estado e da sociedade a esse sistema. A reestruturação jurídica e a conformação do Estado ao ideário liberal se dão através do surgimento do direito constitucional e de um novo conceito de constituição. Este conceito de inspiração liberal assim define a constituição: "ordenação sistemática e racional da comunidade política através de um documento escrito no qual se declaram as liberdades e os direitos e se fixam os limites do poder político". Desdobrando o conceito, Canotilho destaca três dimensões fundamentais que ele incorpora, sendo estas as seguintes:

1) ordenação jurídico-política plasmada num *documento escrito*;

2) declaração, nessa carta escrita, de um conjunto de *direitos fundamentais* e do respectivo modo de *garantia*;

3) organização do poder político segundo esquemas tendentes a torná-lo um *poder limitado e moderado* (Canotilho: 1999a, p. 48 – grifos do autor; tb. Canotilho: 1992, p. 197).

Este conceito exposto por Canotilho é tipicamente ocidental e de inspiração francesa, e paulatinamente consolida-se na cultura constitucional do ocidente, notadamente na Europa continental e na América Latina. Como o constitucionalismo britânico, em virtude de sua excessiva originalidade, é pouco inspirador dos demais, mesmo o estadunidense, e os constitucionalismos não-ocidentais são demasiadamente distintos dos ocidentais, optamos por restringir a nossa análise, por ora, ao constitucionalismo ocidental oriundo da simbiose das idéias francesa e norte-americana de constituição.[24]

Seguindo a ordem descrita pelo Mestre de Coimbra, a primeira dimensão fundamental está no fato de que a ordem político-jurídica fundamental do Estado constitucional deve ser estabelecida em um documento escrito, único e sistematizado. Para a nova classe ascendente, a formalidade de tal documento é necessária para que não volte o arbítrio e o casuísmo jurídico existentes no período absolutista. As relações sociais e políticas, os direitos e deveres dos cidadãos perante o Estado, tudo isso necessita estar suficiente e racionalmente esclarecido em nome da segurança jurídica trazida pelo Estado liberal. E nenhuma forma melhor de se estabelecer as diretrizes fundamentais dessas relações mediante um solene e sistemático documento escrito

---

[24] A prática do constitucionalismo em países não-ocidentais é por demais diversa (para não afirmar que inexiste, segundo os padrões axiológicos constitucionais ocidentais), tendo em vista ser uma importação cultural do ocidente sem relação sólida com as culturas orientais, sobretudo nas autocracias, embora mesmo nas democracias como o Japão, haja dificuldades substanciais de implementação dos valores constitucionais fundamentais, ainda que possuam constituições formais e codificadas (cf. Junji: 2002, *passim*; David: 1998, p. 485-496; *passim*).

que contenha os preceitos fundamentais das relações aludidas (Saldanha: 2000, p. 116).[25]

A segunda dimensão fundamental, declaração de direitos e garantias fundamentais na constituição, provém, assim como a terceira, do famoso art. 16 da Declaração dos Direitos do Homem e do Cidadão. Este artigo afirma a inexistência de verdadeiras constituições sem garantias de direitos e divisão de poderes, erigindo os direitos fundamentais e suas garantias como um requisito básico para a existência de um Estado constitucional.

As declarações de direitos contidas nas constituições visam, nesta fase de constitucionalismo liberal, a proteger primordialmente as liberdades fundamentais dos cidadãos. Tais liberdades são de caráter individualista e estreitamente vinculadas à economia de livre-mercado e ao direito de propriedade, sendo estruturadas no quadrinômio liberdade/propriedade/segurança/lei (Verdú: 1998, p. 25; Fayt: 1995, p. 7). A preservação deste quadrinômio, fruto do individualismo liberal, é a finalidade das declarações liberais de direitos. Na perspectiva individualista do constitucionalismo liberal, são geralmente consagrados como direitos fundamentais os seguintes: princípio da igualdade, liberdade, propriedade, segurança, resistência à opressão, associação política, princípio da legalidade, princípio da reserva legal e da anterioridade em matéria penal, princípio da presunção de inocência, liberdade religiosa e livre manifestação de pensamento, todos direitos de cunho individual (Galindo: 2003a, p. 41).[26]

A terceira dimensão fundamental se refere à questão da separação de poderes. A doutrina da divisão do poder do Estado é mais um dos dogmas fundamentais do Estado liberal referido pelo já aludido art. 16 da Declaração dos Direitos do Homem e do Cidadão. A inspiração da teoria é remota, pois já Aristóteles referia a separação de poderes na *polis*, mas o seu desenvolvimento deve-se a dois grandes pensadores modernos: Locke e Montesquieu.[27]

---

[25] "A mentalidade burguesa pedia o ordenamento escrito; pedia a clarificação verbal das relações possíveis entre poder e poder, entre poderes e povo, entre autoridades e sujeitos: dava-se por sentado que o conteúdo – sendo racional e 'esclarecido' – serviria a todos. Daí que a noção do jurídico tendesse agora ao *formal*, como a ética tenderia também (e modelarmente, nas mãos de Kant). Daí que a constituição se entendesse como *lei*; como lei dada por tal poder, com tal finalidade, com tal alcance" (grifos do autor).

[26] É importante, entretanto, salientarmos a observação de Guetzévitch de que, apesar do caráter tênue e quase insignificante dos preceitos, algumas declarações liberais já continham a previsão de obrigações positivas por parte do Estado, antecipando a idéia de direitos sociais. Cita como exemplo as Declarações revolucionárias de 1789 e 1793 que estabeleciam obrigações estatais no campo da escola e da assistência social, e também a Constituição francesa de 1848 que, além de repetir as previsões das Declarações, acrescentou o princípio da proteção ao trabalho (*apud* Dantas: 1999a, p. 92).

[27] Schmitt discorda da opinião majoritária da doutrina que atribui a Locke e Montesquieu o desenvolvimento moderno da idéia de separação de poderes. Para o teórico alemão, o autor efetivo de uma teoria constitucional da separação e equilíbrio dos poderes é Henry St. John

John Locke, no ambiente político inglês, defende a divisão dos poderes em legislativo, executivo e federativo, para que se possa "conceber métodos para restringir quaisquer exorbitâncias por parte daqueles a quem haviam conferido autoridade sobre si e para equilibrar o poder de governo depositando suas diversas partes em diferentes mãos" (Locke: 1998, p. 479; 514ss.).

O conjunto da obra de Locke é excessivamente utópico em termos de cerceamento do poder estatal, já que vê o poder limitado pelo consentimento, pelo direito natural, pela virtude dos governantes. Destaca Bonavides que de sua doutrina advém um otimismo ingênuo que não avalia a natureza negativa do poder do Estado.[28] Esta última é percebida por Montesquieu (Bonavides: 1996, p. 46-49).

O Barão de Montesquieu (de nome Charles de Secondat) é o principal ideólogo moderno do princípio da separação de poderes. Apesar de buscar inspiração em Locke, contrasta com o otimismo deste ao desconfiar profundamente do poder, cuja natureza seria intrinsecamente negativa. No Livro XI do "Espírito das Leis", quando trata da liberdade política, assevera que esta só existe nos governos moderados. Mas mesmo nestes, ela somente existe se não houver abuso do poder, pois todo homem que possui poder é levado a dele abusar. "Para que não se possa abusar do poder, é preciso que, pela disposição das coisas, o poder limite o poder" (Montesquieu: 1996, p. 166).

A partir dessas reflexões, Montesquieu enxerga que tal limitação aos abusos de poder só seria possível se o poder do Estado estivesse fracionado e entregue a pessoas ou órgãos distintos com funções diferentes e independentes entre si. Estes poderes que ficariam encarregados de exercer as funções próprias do Estado se dividiriam em três que, com algumas variações: é a divisão de poderes adotada na maioria dos Estados a partir de então. São os poderes legislativo, executivo e judiciário que, na linguagem do autor, são, respectivamente, "o poder legislativo, o poder executivo das coisas que dependem do direito das gentes e o poder executivo daquelas que dependem do direito civil" (Montesquieu: 1996, p. 167).

Tais postulados teóricos serviram como base ideológica para a estruturação institucional do Estado liberal. A partir dessa separação

---

Bolingbroke, responsável pela divulgação e defesa da idéia de um equilíbrio e controle recíproco dos poderes do Estado, embora o tenha feito de modo assistemático, diferentemente dos dois filósofos referidos. Cf. Schmitt: 1996, p. 187.

[28] É controverso se seria mesmo um otimismo ingênuo, tendo em vista que o discurso de Locke é legitimador do novo poder instituído a partir da Revolução Gloriosa. Seu legado teórico também é considerado contraditório, tendo em vista os diversos posicionamentos de pensadores posteriores em relação à sua obra (Voltaire, Montesquieu, Condillac, Rousseau), assim como o fato destacado por Theimer de que foi elevado à bandeira dos direitos humanos na França e nos EUA, enquanto na Inglaterra, os conservadores locais o fizeram pai do "tradicionalismo situacionista" (cf. Cunha: 2002, p. 146-152).

de poderes, torna-se factível uma técnica de organização estatal que propicie o respeito à vida, à liberdade e à propriedade dos cidadãos, pois os poderes podem e devem controlar-se mutuamente, não permitindo que nenhum deles fique sem controle e sem limites e, conseqüentemente, evitando os abusos e as arbitrariedades inerentes ao exercício do poder político.

Uma outra construção teórica relevante do constitucionalismo liberal foi a idéia de poder constituinte. Com o deslocamento da titularidade da soberania para o povo ou para a nação, o poder constituído do Estado liberal regulamentado pela constituição necessita de uma justificação legitimadora. A feitura da constituição liberal não pode ser atribuída aos poderes constituídos, pois estes são representantes do *status quo*, nem a nenhum poder jurídico, mas ao poder político do povo ou da nação, desprendido de limites formais ao seu exercício. É um poder novo, oposto ao poder absoluto decadente das monarquias de direito divino, e invocando a razão humana e atribuindo à nação ou ao povo a titularidade da soberania, cria algo igualmente novo: a constituição. Para Bonavides, "Nasce assim a teoria do poder constituinte, legitimando uma nova titularidade do poder soberano e conferindo expressão jurídica aos conceitos de soberania nacional e soberania popular" (Bonavides: 1997, p. 120).

O poder constituinte ao qual nos referimos é o poder de criar uma constituição. Apresenta-se como o poder que volitivamente cria uma constituição através da outorga ou promulgação nos Estados onde a legislação não é consuetudinária (Dantas: 1985, p. 22). Esta observação é importante para que ressaltemos o nosso enfoque específico na teoria da constituição dos países da família jurídica romano-germânica, embora o termo *poder constituinte* (*constituent power*) tenha surgido nos EUA, país vinculado ao *common law* (Klein: 1999, p. 31). Nos países de *common law*, o poder constituinte revela (caso britânico) ou simplesmente diz (caso estadunidense) a constituição. A criação de uma constituição é feita quando o poder constituinte está conformado como uma "fórmula fractal e projectante", de acordo com o modelo francês (Canotilho: 1999a, p. 64-67).

O modelo francês do poder constituinte corresponde a um conceito racional-ideal e estrutural-revolucionário cujas linhas mestras foram expostas por Sieyès em pleno processo revolucionário. Emmanuel Joseph Sieyès, importante pensador francês, é o iniciador da história constitucional européia e do processo de constitucionalismo moderno, discutindo três idéias fundamentais: uma teoria do poder constituinte, uma teoria da representação política e a organização do controle de constitucionalidade das leis (Baracho: 1979, p. 17; Fayt: 1995, p.48; Britto: 2003, p. 54ss.).

Na idéia de poder constituinte do abade francês, ele seria um poder inicial, autônomo e incondicionado (ou onipotente) exercido por representantes extraordinários da nação. Afigura-se como inicial pela inexistência, antes dele, de qualquer poder de fato ou de direito, nele se situando, por excelência, a vontade do soberano. Para os constituintes, "basta querer como querem os indivíduos no estado de natureza". É também autônomo por competir a ele se, como e quando se deve dar à nação uma constituição. E é incondicionado por não estar sujeito a nenhuma fórmula prefixada ou formas legais preestabelecidas ("eles não estão obrigados às formas constitucionais sobre as quais têm que decidir") (Sieyès: 1997, p. 97-98).[29]

O poder constituinte é legítimo por ser o poder da nação formado a partir do direito natural. Mas existem, para Sieyès, os poderes constituídos exercidos pelos representantes ordinários do povo. Os poderes constituídos seriam regulados pelo direito positivo, fiéis à constituição e leis impostas, poderes estes que corresponderiam aos poderes debatidos por Montesquieu. A distinção entre poder constituinte e poderes constituídos faz com que Sieyès seja considerado como o complemento de Rousseau e Montesquieu, aprimorando no sentido institucional as idéias de soberania popular e nacional e de separação de poderes em uma teoria da constituição, criando (e aí se encontra a parte substancialmente original) a teoria do poder constituinte. Segundo Saldanha, "Este constituinte (cuja descrição operativa e lúcida foi sua contribuição maior) se acha entre o fato vivo da atuação revolucionária como *poiesis* política nacional e seu resultado jurídico-constitucional como forma" (Saldanha: 2000, p. 77-78; Malberg: 1998, p. 1188-1191; Fayt: 1995, p. 50-51).

Todas essas doutrinas culminam no advento das revoluções liberais do último quarto do séc. XVIII. A Independência dos Estados Unidos e a Revolução Francesa fazem surgir as primeiras constituições codificadas da História e as primeiras que podemos referir como constituições no sentido contemporâneo do vocábulo na cultura ocidental iluminista. A Constituição dos EUA, de 1787, e a Constituição da França, de 1791, consistem nos primeiros documentos escritos e codificados que contêm as normas jurídicas fundamentais dos referidos Estados nacionais em relação à organização do poder político do

---

[29] Sobre os representantes do povo ou nação: "Os representantes *ordinários* de um povo estão encarregados de exercer, nas formas constitucionais, toda esta porção da vontade comum que é necessária para a manutenção de uma boa administração. Seu poder se limita aos assuntos do governo. Os representantes *extraordinários* terão um novo poder que a nação lhes dará como lhe aprouver. Como uma grande nação não pode, na realidade, se reunir todas as vezes que circunstâncias fora da ordem comum exigem, é preciso que ela confie a representantes *extraordinários* os poderes necessários a essas ocasiões. Se ela pudesse se reunir diante de vocês e exprimir sua vontade, vocês ousariam contestá-la, porque ela faz isso de uma forma e não de outra? Aqui a realidade é tudo e a forma nada" (Sieyès: 1997, p. 97-98 – grifos do autor; cf. tb. Canotilho: 1996, p. 94).

Estado, seus limites, e os direitos fundamentais dos seus cidadãos. A partir destes documentos é que se pode estabelecer o entendimento contemporâneo que afirmamos aqui.

No primeiro caso, a Constituição dos EUA nasce de sua libertação colonial da metrópole britânica. Mais uma vez a questão tributária está presente nos protestos contra a taxação sem representação (*no taxation without representation*), já que as Casas do Parlamento britânico não possuíam representantes das colônias, sendo, portanto, incompetentes para votar matéria de tributação, de acordo com o espírito do sistema. Os desentendimentos culminam na Guerra da Independência, sendo esta declarada em 1776, embora oficialmente a Guerra só termine anos depois. Somente em 1787 é que resolvem adotar uma constituição comum: os Estados confederados. Transformam a Confederação em uma Federação e estabelecem constitucionalmente uma filosofia garantística; a constituição é uma forma de garantir direitos e limitar poderes, bem nos moldes da cultura política liberal. Registra-se em um documento escrito as normas fundamentais afirmativas da autoridade superior do povo dos EUA, da subordinação de todos os poderes constituídos (legislativo, executivo, judiciário) à constituição, do sistema de freios e contrapesos (*checks and balances*) de organização equilibrada dos referidos poderes, e dos direitos constitucionais dos cidadãos oponíveis perante qualquer dos poderes constituídos, inclusive do legislador (Ackerman: 1998, p. 4-6; Canotilho: 1999a, p. 66; Cooley: 2002, p. 17-29; Cunha: 2002, *passim*).

No caso francês, a ruptura é mais profunda. A pretensão é criar mesmo uma nova ordem política e social, rompendo com o *ancién régime*. A tributação mais uma vez está na raiz do descontentamento, pois diante da grave crise econômico-financeira por que passa a França pré-revolucionária, o Rei se vê compelido a cobrar novos impostos, causando revolta nas classes produtivas pagadoras dos mesmos, notadamente a burguesia. Esta, a seu turno, deseja ascender politicamente. A convocação dos Estados Gerais que se tornam Assembléia Nacional demonstra a fraqueza da monarquia absoluta que capitula diante da Revolução que eclode em 1789, juntamente com a promulgação da Declaração dos Direitos do Homem e do Cidadão. Em 1791, é promulgada a primeira Constituição que dá ao poder legislativo primazia quase absoluta; o próprio rei aparece em posição de completa subordinação àquele poder. Apesar da famosa fórmula exposta no art. 16 da Declaração de 1789 (toda sociedade na qual não há separação de poderes e garantia de direitos fundamentais não possui constituição), os revolucionários franceses a entendem como uma palavra genérica de caráter político, essencialmente contraposta à fórmula anterior do Estado absoluto. O mais importante ainda é garantir a prevalência da *volonté générale*, e o legislativo é o poder representativo da mesma. As dificuldades deste modelo fazem com que os franceses tenham, no período de cinco anos, nada menos que três constituições distintas (1791, 1793, 1795). Embora sejam considerados os pais da cultura constitucional moderna, devido à amplitude de sua influência no ocidente, os franceses tiveram dificuldades até se afirmarem de maneira estável como Estado constitucional (Cunha: 2002, *passim*; Fioravanti: 2001, p. 116-119; García-Pelayo: 1999, *passim*).[30]

3.2.2. Assistematicidade das perspectivas teóricas dos séculos XVIII e XIX

Todo o arcabouço teórico referido no ponto anterior diz respeito à teoria ocidental da constituição predominante nos séculos XVIII e XIX. Como se percebe, ainda não há uma teoria estruturada em bases cientificamente sólidas, mas um conjunto assistemático de dogmas e de idéias orientadoras do constitucionalismo de inspiração liberal, dispersos teoricamente. Não se pode falar ainda em uma teoria da constituição ou mesmo em teorias da constituição, mas apenas em teorias que fazem referência à constituição. Aí a teoria da constituição consiste, na verdade, em fragmentos de teoria política, teoria jurídica, teoria social e filosofia política acerca do objeto constituição, só constituindo um saber mais sistematizado a partir de fins do século XIX e sendo efetivamente delimitada no século XX. Locke, Rousseau, Montesquieu, Hamilton e mesmo o Abade Sieyès não elaboram em nenhum momento uma teoria da constituição, apesar de contribuírem teoricamente para a formulação do conceito contemporâneo de constituição.

Em verdade, as perspectivas teóricas dos séculos XVIII e XIX são os antecedentes assistemáticos modernos da teoria da constituição, tendo em vista que esta última somente veio a estabelecer-se na segunda fase do constitucionalismo, como veremos no capítulo seguinte.

---

[30] Mesmo observando apenas pelo aspecto formal, a França teve pelo menos treze constituições em pouco mais de dois séculos (1791, 1793, 1795, 1799, 1802, 1804, 1814, 1830, 1848, 1852, 1875, 1946 e 1958), mais até que o próprio Brasil (1824, 1891, 1934, 1937, 1946, 1967 e 1988), tanto proporcional como numericamente.

4. Teoria da constituição e constitucionalismo (III): a constituição social e a autonomia da teoria constitucional

> "Nosso dia vai chegar, teremos nossa vez, não é pedir demais: quero justiça. Quero trabalhar em paz. Não é muito o que lhe peço – eu quero trabalho honesto em vez de escravidão" (Renato Russo: "Fábrica", in: *Legião Urbana – Dois*. Emi-Odeon, 1986).

4.1. O advento do constitucionalismo social

4.1.1. Parâmetros ideológicos da constituição social

A segunda fase do constitucionalismo inicia somente no século XX, mas o seu perfil teórico começa a ser traçado no século anterior, a partir da crítica política ao Estado liberal. Este havia sido um importante divisor de águas, substituindo o Estado absolutista autoritário por um Estado regulado pelo direito, onde a constituição garante direitos de liberdade e propriedade, a economia de livre mercado e a igualdade dos cidadãos perante a lei, tudo administrado e mantido por poderes rigorosamente separados nos moldes montesquianos (pelo menos em termos teóricos). É uma constituição essencialmente garantista, embora, esclareça-se, em um sentido diverso do que propõe atualmente o autor italiano Luigi Ferrajoli (Ferrajoli: 1997, p. 94; Maia: 2000, p. 89-105; Streck: 2000, p. 42-44; Galindo: 2003a, p. 53).

No entanto, o Estado liberal se caracteriza por ser um Estado essencialmente abstencionista, embora não seja um Estado fraco, como já o dissemos. Um modelo de Estado negativo que assegura com eficácia os direitos individuais civis e políticos, sem fazer o mesmo com os direitos sociais e econômicos, sem falar nos coletivos e difusos (Baracho: 1991, p. 278). Apesar de garantidas a livre iniciativa e as liberdades políticas, só quem as exerce são os que detêm meios e recursos para tal, ou seja, apenas a classe burguesa que se torna classe hegemônica no lugar da nobreza. Somente os burgueses possuem tais meios e recursos. A igualdade é meramente formal, verificando-se na prática uma situação de desigualdade fática (sobretudo econômica), não podendo os desiguais ser tratados igualmente com a pura e simples abstinência estatal em relação a eles. Vierkandt destaca que seria correto o conceito de liberdade do liberalismo se os homens fossem dotados de igual capacidade. Com a igualdade meramente formal, é encoberto um mundo de desigualdades de fato, terminando "a apregoada liberdade, como Bismarck já o notara, numa real liberdade de oprimir os fracos, restando a estes, afinal de contas, tão somente a liberdade de morrer de fome" (*apud* Bonavides: 1996, p. 61).

As condições sociais das classes menos favorecidas, sobretudo dos trabalhadores assalariados, são muito deficitárias, não adiantando as garantias legais de liberdade e igualdade, se na realidade o trabalhador é obrigado a vender a sua força de trabalho a quantias pecuniárias desproporcionalmente baixas, já que não é detentor de capital para exercer a apregoada liberdade de iniciativa, restando a ele submeter-se a salários muitas vezes irrisórios e condições precárias de trabalho. Como o Estado deve se abster de atuar em favor de quem quer que fosse, prevalece a denominada "lei do mais forte", ou seja, a burguesia capitalista, em detrimento do operariado que somente possui a própria força de trabalho.

Dessas contradições do Estado liberal, surge o Estado social e com ele o constitucionalismo correspondente.

Em termos teóricos, suas origens mais remotas estão em Rousseau e sua filosofia política contratualista. Ao contrário do que se possa apressadamente concluir, o filósofo genebrino não é um liberal, mas um democrata radical. Sua preocupação fundamental é com a questão da soberania popular na formação da vontade do Estado. Esta teria que ser reflexo da vontade geral. Rousseau não tem a preocupação de conter a soberania mediante a dissociação do poder decompondo-o em esferas independentes e separadas, mas transfere o poder do Estado intacto do rei ao povo. Para ele, importante é a igualdade e a soberania popular, e não liberalismo econômico ou separação de poderes (Rousseau: 1995, *passim*; Bonavides: 1996, p. 51; Habermas: 1997a, p. 122). Com suas teses, Rousseau influencia concepções decisivas do constitucionalismo francês, como a supremacia inicial do legislativo em detrimento da estrita separação de poderes apregoada na Declaração de 1789, como vimos no capítulo anterior.

Entretanto, a mais importante e profunda crítica ao capitalismo do Estado liberal foi feita por Karl Marx ao verificar a insuficiência desse modelo político-econômico para resolver as questões sociais, defendendo uma ruptura com a "democracia" burguesa que não seria verdadeira democracia, mas ditadura do capital. Com a conhecida parceria com Engels, suas concepções se desenvolvem a partir da reflexão crítica sobre as condições escravizantes às quais o homem estava submetido.

A originalidade da teoria marxista não está em ser uma teoria socialista ou uma teoria crítica do capitalismo liberal. Anteriormente, em um plano considerado como utópico, outros pensaram em mudanças e transformações do sistema capitalista liberal. Em Marx, o que se vê é não só uma crítica a tal sistema e a aspiração a um sistema diferente, mas uma refutação do capitalismo liberal em bases científicas, tanto que fica conhecida como teoria do "socialismo científico", algo certamente contraditório (ao menos terminologicamente), pois ideologia e ciência são esferas distintas do pensamento humano. A análise crítica do capitalismo liberal e a denúncia de suas mazelas são a mais fecunda parte da obra marxista, tanto que alguns autores da atualidade a consideram viva e bastante atual (Assmann: 1996, p. 35; Singer: 1996, p. 83). Suas idéias socialistas influenciam o advento do Estado social, sobretudo na versão socialista soviética.

Alguns outros Estados não seguem o figurino marxista, preferindo realizar o Estado social sem romper com o capitalismo, tentando conciliá-lo com as idéias socialistas e social-democratas do século XIX e início do século XX. O marxismo influencia tais Estados menos intensamente do que aos Estados socialistas propriamente ditos, onde o marxismo é venerado como um dogma quase religioso, e não como uma teoria econômica e filosofia política com seus acertos e erros, passível, portanto, de necessárias revisões e reinterpretações (Bobbio: 1999a, p. 24-25; Bobbio: 1999b, p. 251). Tiveram influência, além do marxismo, da Encíclica *Rerum Novarum* da Igreja Católica e de outras concepções críticas não-marxistas do capitalismo, assim como das concepções democráticas de Rousseau. É o caso do *welfare state* alemão, que é exemplo de um Estado que adota um pluralismo político que não ignora a luta de classes, mas tenta transformá-la em uma espécie de cooperação entre as mesmas (Neumann: 1969, p. 59).

4.1.2. As experiências constitucionais do Estado social

A célebre Constituição de Weimar é considerada para a história do direito constitucional o marco do constitucionalismo social, embora tanto a Constituição mexicana de 1917 como a Declaração de Direitos do Povo Trabalhador e Explorado soviética de 1918 já previssem direitos sociais e econômicos e prestações positivas por parte do Estado com a finalidade de realizá-los. A Constituição alemã de 1919 consagra em seu texto direitos sociais tais como a proteção à maternidade, à saúde, ao desenvolvimento social da família, educação pública gratuita, assistência e previdência social para os trabalhadores.

A bem da verdade, e para fazer justiça histórica, a Constituição francesa de 1793 já prevê disposições com deveres estatais e sociais de proporcionar auxílio, subsistência e trabalho aos cidadãos que necessitem, embora esta Constituição não tenha chegado a entrar em vigor (García-Pelayo: 1999, p. 466-467).

Para realizar esses direitos, o Estado não mais pode ser o Estado negativo apregoado pelo liberalismo. O Estado social volta a ser intervencionista, não com fundamento na vontade da autoridade onipotente, mas na necessidade de intervir na economia e na sociedade para ampliar o acesso dos cidadãos aos direitos que o liberalismo lhes negara, deixando ao talante do livre-mercado.

A principal dificuldade do constitucionalismo social é a conciliação de ideologias opostas: o liberalismo individualista de um lado e o socialismo coletivista de outro. O primeiro pugna pelos direitos individuais, enquanto o segundo enfatiza os direitos sociais. As dificuldades surgem a partir da aplicabilidade das normas constitucionais de direitos sociais. Enquanto para realizar os direitos individuais, basta o Estado abster-se de atuar, de um modo geral, e manter a ordem estabelecida (o que requer um certo nível de atuação, embora de natureza diversa da do Estado intervencionista), no caso dos direitos sociais, torna-se necessária uma atuação mais efetiva do Estado e uma maior presença deste na vida social. Este precisa intervir na ordem econômica e na ordem social para garantir esses direitos aos economicamente hipossuficientes, notadamente a classe trabalhadora, geralmente desprovida de recursos para, individualmente e por si só, usufruir os direitos aludidos.

Isso torna extremamente complexa a tarefa da constituição como instrumento propiciador de realização de direitos fundamentais, demandando por parte dos poderes estatais, uma postura política diferenciada, calcada em padrões constitucionais dirigentes, vinculantes e intervencionistas. Por um lado, é consideravelmente ampla a demanda pela realização dos direitos fundamentais sociais e econômicos, mas por outro, há o que poderíamos denominar de limites operacionais do dirigismo vinculante-intervencionista, como, por exemplo, a denominada "reserva do possível" (Canotilho: 1994, p. 172; 198).

Embora as dificuldades existam, a opção por constituições sociais se alastra pela Europa do Pós-Guerra e até fora dela. Constituições como a alemã (1949), a francesa (1958), a portuguesa (1976), a espanhola (1978) e a brasileira (1988) são exemplos desta nova cultura constitucional social e dirigente. Até mesmo Estados que se mantêm, em termos formais, como estritamente liberais, não deixam de ser afetados pela ideologia do Estado social, como os casos dos EUA, com a política rooseveltiana do *New Deal*, e do Reino Unido, que opta por realizar políticas de alcance social através da legislação comum (cf. Héritier: 1996, *passim*).

Atualmente o constitucionalismo social e dirigente é contestado teórica e praticamente, pelo seu alegado esgotamento nos países desenvolvidos e pelas dificuldades de realização do mesmo nos países subdesenvolvidos. Esta questão será retomada adiante.

4.2. A sistematização da teoria da constituição no século XX: formulações teóricas como tentativas de uma epistemologia organizada da Constituição

Com o surgimento do arcabouço teórico do constitucionalismo social, somado a uma sistematização dos conceitos clássicos, é delimitada uma teoria da constituição definida e autônoma. Dentre as causas da configuração da teoria constitucional, o Professor mineiro Oliveira Baracho salienta os seguintes:

a) a crise do formalismo jurídico e a preocupação de se chegar a um conceito substantivo de constituição;

b) o aparecimento de regimes autoritários e totalitários, que atacaram o conceito liberal-democrático de constituição e as instituições por ele consagradas;

c) o ponto culminante da teoria do Estado com a doutrina de Kelsen e o surgimento da posição de Heller;

d) o período entre as duas grandes guerras mundiais, caracterizado pela quebra dos suportes sócio-políticos da democracia liberal e pelo ataque dos extremistas de esquerda e de direita à ideologia que a inspirava (Baracho: 1979, p. 9; Batista: 1998, p. 165-166).

Pode-se dizer que a delimitação de uma teoria da constituição se dá, sobretudo, a partir da década de 20 do século XX, com duas significativas obras de dois autores alemães: "Teoria da Constituição" (*Verfassungslehre*), de Carl Schmitt, e "Constituição e Direito Constitucional" (*Verfassung und Verfassungsrecht*), de Rudolf Smend (Baracho: 1979, p. 8; Batista: 1998, p. 165). Mas não se pode esquecer da obra de precursores da teoria constitucional como Ferdinand Lassalle, assim como Hermann Heller, teórico do Estado, e o próprio Hans Kelsen, cuja teoria jurídica reflete em significativo grau de importância na teoria da constituição. Para o desenvolvimento do nosso trabalho, as concepções deste último, de Schmitt e de Smend são as mais importantes, além, é claro, do dirigismo de Canotilho, como veremos adiante.

Lassalle tem o mérito de ter sido o mais importante crítico do constitucionalismo liberal no século XIX. Contemporâneo de Marx e influenciado pelas teorias socialistas, Lassalle escreve célebre obra sobre a constituição, denunciando seu caráter estritamente formal e demonstrando que, do ponto de vista sociológico, a constituição do Estado liberal não passa de uma "folha de papel". Em linguagem clara e objetiva, assevera que a constituição real não é o documento formal e solene votado e aprovado pela assembléia constituinte, mas a "soma dos fatores reais do poder que regem uma nação". Para ele, os problemas constitucionais se apresentam como problemas do poder, e não jurídicos; a constituição formal tem que exprimir fielmente a constituição real, para que possa ser considerada verdadeira constituição. Senão, não vai além da "folha de papel" (Lassalle: 1998, p. 32; 53).

Como se percebe, o conceito de constituição de Lassalle faz referência a uma estrutura de poder político na sociedade, desprezando, até certo ponto, a força normativa da constituição formal.[31] Os "fatores reais de poder" aproximam-se do aspecto estrutural do conceito aristotélico, mas se distanciam quando percebemos os aspectos axiológicos que permeiam Aristóteles e o referencial essencialmente sociológico do conceito lassalliano.

Antes de tratarmos das concepções de importantes autores do século XX, é alvissareiro um esclarecimento justificador das nossas opções pelos que vamos tratar, em detrimento dos demais. Obviamente, as nossas opções não dizem respeito a maior ou menor importância dos autores discutidos e dos não-discutidos. Trata-se de uma motivação de ordem metodológica. Propomos-nos, neste trabalho, como se pode perceber do seu próprio título, à tarefa de construir uma teoria intercultural da constituição a partir da articulação do fenômeno constitucional com a integração interestatal. O debate da temática se estabelece com um dos mais importantes constitucionalistas do tempo presente: o Catedrático da Universidade de Coimbra, Gomes Canotilho. A influência deste último autor no trabalho é explícita e proposital, especialmente pela incomum abertura e disposição do Professor de Coimbra a discutir e reformular as suas próprias idéias e postulados teóricos em consonância com o debate constitucional contemporâneo, com o qual Canotilho se mostra extremamente articulado. Como a proposta é estabelecer um fio condutor da discussão com este último autor, privilegiamos, por esta razão, os doutrinadores que o mesmo (e não somente ele, mas também Häberle – cf. deste último: 1997, p. 14) considera mais importantes no tratamento de uma situação clássica da teoria da constituição. São eles: Hans Kelsen, Carl Schmitt e Rudolf Smend.

Sabe-se que inúmeros outros contribuíram significativamente para a construção teórico-constitucional do século XX. Correndo seriíssimo risco de cometer omissões relevantes, os nomes de Rui Barbosa, Afonso Arinos, Pinto Ferreira, Raul Machado Horta, Paulo Bonavides, Jorge Miranda, Vital Moreira, Manuel García-Pelayo, Adolfo Posada, Sanches Agesta, Balladore Pallieri, Biscaretti di Ruffia,

---

[31] O que é contestado quase um século depois por outro alemão, Konrad Hesse, da Universidade de Freiburg (Hesse: 1991).

Jorge Reinaldo Vanossi, Carlos Fayt, Bidart Campos, Maurice Hauriou, Santi Romano, Georges Burdeau, Hermann Heller, Maurice Duverger, Costantino Mortati, Otto Bachof, Ernst Böckenförde, Robert Alexy, Konrad Hesse e Friedrich Müller são apenas alguns que certamente merecem ser referidos em qualquer trabalho sobre teoria da constituição do século XX, sem falar nos demais importantes autores já citados ao longo dessas páginas.

Nossa maior ênfase será feita nas concepções de Kelsen e Schmitt, sobretudo em virtude da maior influência desses dois autores no desenvolvimento contemporâneo dos principais *topoi* (lugares-comuns) da teoria da constituição, embora Kelsen não tenha sido tão específico como fez, por exemplo, Loewenstein (pelo menos em termos de título da obra). Smend, apesar de ter tido menor influência do que os autores anteriores, é justificadamente importante neste trabalho por ter sido o primeiro constitucionalista de renome a debater profundamente a questão do papel integrador da constituição e do Estado, assim como das instituições políticas em geral.

Antes de adentrar nas concepções dos três autores que fizemos referência, é necessário alertarmos para um importante e imprescindível detalhe: as referidas teorias, apesar de construídas já na vigência formal do Estado social, estão impregnadas da cultura liberal clássica, como será percebido. Lembremos-nos que estes autores trabalham as suas concepções nas décadas de 20 e 30 do século XX, ocasião em que o Estado social e o seu conseqüente constitucionalismo são uma experiência em pleno desenvolvimento e ainda sem uma teorização jurídico-constitucional sólida.[32] A sistematização epistemológica a que se dedica, sobretudo, Schmitt, tem por base o que houvera sido construído até então, e a experiência efetivamente ocorrida ainda é a do constitucionalismo liberal de base iluminista.

4.2.1. Hans Kelsen e a constituição como norma hierarquicamente superior: a perspectiva normativista

Embora Kelsen não tenha sido um constitucionalista, seguramente é um dos mais importantes teóricos do direito do século XX e como tal não deixa de contribuir substancialmente para a teoria da constituição. No nosso entender, a sua contribuição enquanto teórico do Estado e do direito é maior do que a de muitos constitucionalistas, ao menos no que se refere à consagração de um entendimento dominante acerca do fenômeno constitucional.

---

[32] Assim como de certo modo ocorre atualmente nas relações entre constituição e integração, com uma quantidade substancial de autores, mesmo em solo europeu, trabalhando apenas com as culturas constitucionais clássicas e negligenciando as transformações relevantes pelas quais passa o direito constitucional contemporâneo.

Por mais que se critique o positivismo formalista e neokantiano do Mestre de Viena, a sua teoria consagra um conceito de constituição formal que, em termos práticos e objetivos, é ensinado e divulgado cotidianamente nas faculdades de Direito e nos manuais, cursos e tratados de direito constitucional. Ademais, os próprios legisladores, administradores e magistrados fundamentam seus raciocínios constitucionais, na grande maioria das vezes, no arquétipo formalista kelseniano.

A busca pela pureza teórica faz com que Kelsen elabore um sistema normativo lógico-formal hermeticamente pleno, sem lacunas técnicas, aproximando o direito das ciências naturais, apesar da diferenciação que faz entre causalidade e imputação. É bem conhecida a sua concepção de que o direito se diferencia enquanto ciência pelo fato de ser uma ciência do dever ser (designado pelo verbo alemão *sollen*), ao passo que as ciências da natureza são ciências do ser (*sein*), de modo que estas últimas são norteadas pelo princípio da causalidade e o direito pelo princípio da imputação. Em virtude disso, torna-se necessário depurar o direito dos seus fatores metajurídicos para que o mesmo possa alcançar a sua autonomia científica (Kelsen: 1984, p. 127ss.).

As normas jurídicas compõem o sistema denominado de ordem jurídica, sendo categorias lógicas do mesmo. A constituição como a norma das normas, a fonte primária de produção e fundamentação do direito, é a mais importante categoria lógico-formal do ordenamento jurídico.

Pode-se destacar, como uma das suas principais contribuições para a teoria da constituição, sua elaboração teórica de uma estrutura escalonada da ordem jurídica (*Stufenbautheorie*), com a constituição no escalão mais alto (Öhlinger: 1999, *passim*; Verdú: 1989b, *passim*: Häberle: 1997, p. 15). É bem verdade que Kelsen não é o primeiro a fazer esta referência. Thomas Paine e Alexis de Tocqueville se utilizam dessa idéia bem antes do mestre de Viena, defendendo que o uso apropriado do termo "constituição" é apenas aquele referente ao conjunto de normas mais importantes hierarquicamente, posto que superiores à legislação ordinária. Ainda não se pode esquecer do célebre voto do *Chief Justice* John Marshall no Caso Marbury x Madison (1803), no qual se estabelece o controle judicial da constitucionalidade das leis com fundamento na superioridade da norma constitucional (Barendt: 1998, p. 27; Tribe: 2000, p. 207ss.; Tocqueville: 1998, p. 128-130; Cooley: 2002, p. 34; García-Pelayo: 1999, p. 421ss.; Fayt: 1995, p. 12-13; Haro: 2004, p. 51; Verdú: 2003, p. 23).

Para Kelsen, a constituição figura como o escalão mais alto de direito positivo estatal e o fundamento último (em termos de direito positivo) de validade das normas jurídicas em geral. A ordem jurídica consiste em uma totalidade estruturada hierarquicamente. As normas não estão lado a lado, mas em uma relação de supra-infra ordenação em que elas mesmas regulam a sua própria criação (Kelsen: 1984, p. 309-310; Kelsen: 2002b, p. 389; 414-417).

Para o mestre de Viena, o direito possui esta particularidade de regular a sua própria criação. A estrutura hierárquica escalonada de normas dentro de um sistema jurídico permite que a norma classificada como hierarquicamente superior determine o processo pelo qual outra norma é produzida, podendo também determinar, em certa medida, o conteúdo da norma a ser produzida. Uma norma somente é válida se foi produzida de acordo com a maneira e o conteúdo determinados pela norma superior, de modo que esta última representa o fundamento de validade da primeira. Como a ordem jurídica é um sistema em que as normas jurídicas estão estruturadas hierarquicamente, sempre é necessário que haja uma norma superior a fundamentar a validade da norma inferior, até que, ao nível do direito positivo estatal, chega-se à constituição como fundamento último de validade das normas jurídicas do Estado. Exclui-se, deste âmbito de discussão, o fundamento de validade da própria constituição, que não seria juridicamente posto, mas pressuposto e hipotético. Trata aqui da denominada norma fundamental (*Grundnorm*), que não deve ser confundida com a constituição. A norma fundamental é uma pressuposição lógico-transcendental, segundo o próprio Kelsen, que vem antes mesmo da constituição formal e fundamenta esta última (Kelsen: 1984, p. 277-279; 310; Kelsen: 1998, p. 168-170). Segundo Verdú, *"es una espécie de Demiurgo jurídico que crea el ordenamiento jurídico"* (Verdú: 1994, p. 23). Sua função é a validação da constituição, iniciando o mundo jurídico (Agra: 2000, p. 42-43).

Diferencia constituição em sentido material de constituição em sentido formal, com a primeira regulando a produção de normas gerais, e a segunda, além de regular tal produção de legislação, contém normas referentes a outros assuntos politicamente importantes, podendo, inclusive, determinar o conteúdo das futuras leis. Além do mais, ao tratar da constituição formal, o Mestre de Viena afirma que a mesma deve conter preceitos por força dos quais as normas contidas na constituição não possam ser modificadas da mesma forma pela qual são alteradas as leis simples, instituindo procedimentos especiais para a reforma constitucional submetidos a critérios mais rigorosos, como, por exemplo, uma maioria qualificada ou um *quorum* mais amplo (Kelsen: 1984, p. 309-313; Kelsen: 1998, p. 182-184; Kelsen: 2002b, p. 419-422).

Ao propor esta última idéia, Kelsen estabelece as bases teóricas da existência da jurisdição constitucional e do controle de constitucionalidade das leis e atos normativos infraconstitucionais. Ao considerar a constituição como fundamento último de validade das normas jurídicas estatais e ao estabelecer, para a modificação da constituição, requisitos mais severos do que para a modificação das normas infraconstitucionais, é concedida uma especial proteção aos dispositivos constitucionais pelo fato de os mesmos serem superiores na hierarquia do ordenamento jurídico do Estado. É a incessante busca kelseniana pela construção de uma teoria coerente, pois não adianta declarar a superioridade hierárquica da constituição se esta não for dotada de uma especial proteção contra as modificações ocasionais. Se a constituição é modificada pelos mesmos critérios com os quais são modificados as leis e os atos normativos infraconstitucionais, equivale a não haver distinções, em termos concretos, entre estes e a lei maior. Esta doutrina caracteriza o que denominamos na teoria da constituição de constituição rígida.

Em virtude disso, Kelsen é levado a admitir a possibilidade da lei "inconstitucional", apesar de afirmar que uma lei válida contrária à constituição é uma *contradictio in adjecto*, já que a lei só poderia ser válida com fundamento na constituição. Apesar disso, reconhece que as normas constitucionais nem sempre serão respeitadas, podendo surgir atos com pretensões de terem criado leis, embora os procedimentos pelos quais os atos se realizaram ou o conteúdo das leis criadas por tais atos não correspondam às normas da constituição. Para analisar essa compatibilidade entre a constituição e a lei ou ato normativo infraconstitucional, fiscalizando, portanto, a constitucionalidade da lei a ser aplicada, é necessário que a constituição estabeleça a competência para tal a algum ou alguns órgãos do Estado, criando assim uma jurisdição constitucional com um "defensor" da constituição que, para Kelsen, deve ser preferencialmente um tribunal constitucional, ao contrário do Presidente do *Reich*, como defende Schmitt na polêmica clássica dos dois autores acerca do guardião da constituição (Kelsen: 1984, p. 367-374; Kelsen: 2002a, *passim*; Kelsen: 2003a, p. 237ss.; Schmitt: 1998, p. 213ss.). As idéias kelsenianas referidas influenciam diretamente a transformação do Tribunal Imperial austríaco no primeiro Tribunal Constitucional da História, do qual o próprio Kelsen se torna magistrado. Ademais, inúmeros países passam posteriormente a adotar a fórmula kelseniana de jurisdição constitucional, como Portugal (embora mantenha o controle difuso de constitucionalidade) e Alemanha (Favoreu: 2004, p. 59-76; 113-118).

Porém, Kelsen não deixou de lado outros modelos de constituição, como as criadas por via consuetudinária. Afirma expressamente que a constituição do Estado pode aparecer na forma específica descrita, ou seja, como constituição rígida, mas não tem que ser necessariamente assim. E não é assim, segundo ele, quando não existe constituição escrita e a mesma surgiu por via consuetudinária. Assim, neste caso, as normas que teriam o caráter de constituição material podem ser alteradas por leis simples ou mesmo pelo próprio direito consuetudinário, o que explicaria, em parte, casos como o da constituição britânica, e destacadamente o princípio da supremacia/soberania do parlamento,[33] sob o argumento de que não seria democrático impor limitações ao órgão que representa diretamente a população (Barendt: 1998, p. 86ss.; Dicey: 1982, p. 3ss.; Hartley: 1999, p. 170; Kelsen: 1984, p. 310-312; Laporta: 2001, p. 462). É o que fica conhecido na doutrina constitucional com a denominação de constituição flexível, em contraposição à rígida.

Uma outra observação se faz necessária. Ao diferenciar constituição formal e constituição material, Kelsen admite que a primeira, como forma, pode assumir qualquer conteúdo. É perceptível que aqui há o fenômeno que Verdú denomina de dessubstancialização da constituição, ocorrendo uma espécie de geometrização do fenômeno jurídico realmente estético e puro, à maneira spinosiana e kantiana. Ainda destaca o Professor espanhol que a teoria de Kelsen configura a mais elevada e magistral depuração da constituição e do direito constitucional, curiosamente construída em uma época de profunda instabilidade política, social e econômica, incongruente com uma elaboração de tal magnitude.[34] Seria uma aproximação com a idealização platônica de constituição, embora o direito necessite da consideração aristotélica dos fatos, da empiria político-social (Verdú: 1994, p. 23). A aproximação com o conceito jurídico de Cícero também pode ser feita, considerando o aspecto dessubstancializador de ambas as perspectivas de constituição.

É por estes motivos que a teoria normativista de Kelsen é considerada uma perspectiva formalista, a partir da depuração do direito e da constituição, em termos teorético-jurídicos, dos aspectos materiais relativos aos mesmos. É a partir daí que vem a crítica de autores como Heller, para quem a constituição do Estado forma um todo em que se complementam normatividade (dever ser) e normalidade (ser) em uma síntese dialética, de que o jurista austríaco priva a constituição do seu sentido de articulação ser/dever ser, eliminando a discussão da realidade sociopolítica do campo jurídico. (Heller: 1998, p. 323)[35]

---

[33] Esta discussão será feita em maiores pormenores na terceira parte do presente trabalho, quando do debate acerca do direito comunitário.

[34] Obviamente Verdú faz referência ao pensamento exposto na clássica "Teoria Pura do Direito" (*Reine Rechtslehre*) (1934), já que outras obras importantes como "Teoria Geral do Direito e do Estado" (*General Theory of Law and State*) (1945) e "Teoria Geral das Normas" (*Allgemeine Theorie der Normen* – obra póstuma) não foram elaboradas no mesmo período e possuem algumas modificações em relação ao denominado primeiro Kelsen, embora não sejam tão relevantes a ponto de invalidar as afirmações acima (cf. Kelsen: 1986, *passim*).

[35] "Respondiendo al paralelismo general entre ser y deber ser, normalidad y normatividad, esta exigencia de igualdad no sólo emana del ideal de justicia sino también del postulado de la

Consideramos que nesta questão da dessubstancialização da constituição há um aspecto positivo e um negativo (no sentido corrente destes vocábulos). O primeiro refere-se às normas constitucionais de direitos sociais e econômicos de segunda dimensão, produto do Estado social. Ao afirmar a possibilidade de que a constituição possa ter qualquer conteúdo, Kelsen relativiza os argumentos da cultura constitucional liberal clássica, defensora da idéia de que somente a organização dos poderes do Estado e os direitos e garantias fundamentais individuais são efetiva e genuinamente matérias constitucionais e, portanto, poderiam estar na constituição. Abre a possibilidade de justificar teoricamente a inclusão das normas jurídicas de direitos sociais e econômicos na constituição.[36] Por outro lado, e aí está o aspecto negativo, sua tese serve para justificar a existência de constituições autoritárias, em virtude do esvaziamento conteudístico proposto. Se a constituição pode ter qualquer conteúdo, ideologicamente pode servir para subverter a própria idéia de democracia constitucional ou de Estado democrático/constitucional de direito, já que o constitucionalismo não precisaria ser necessariamente democrático, como nem sempre o foi, haja vista as constituições autoritárias de caráter fascista (como a brasileira de 1937) e stalinista (como a soviética de 1936) (Faraldo: 2001, *passim*).

Apesar das críticas, Kelsen é demasiado importante para a fixação de uma teoria da constituição. A sua elaboração teórica do direito enquanto sistema hierárquico faz surgir, dentre outras coisas, as teorias caracterizadoras das constituições rígidas, com procedimentos mais dificultosos para a reforma dos seus preceitos, assim como a sistematização da idéia de controle de constitucionalidade, que só tem sentido em virtude da posição hierárquica que a constituição adquire com a doutrina kelseniana.

---

previsibilidad de las relaciones sociales". Este conceito que Heller propõe para a constituição é a síntese dialética de três dimensões tipológicas propostas por ele: 1) a constituição política como realidade social; 2) a constituição jurídica destacada; e 3) a constituição escrita. A primeira "coincide com a sua organização enquanto esta significa a constituição produzida mediante atividade humana consciente". A segunda é "o conteúdo normativo jurídico" destacado da realidade política, não consistindo em uma "estrutura social formada por normas, mas uma estrutura normativa de sentido". A terceira ele descreve com o conceito liberal burguês como um documento escrito único regulando a estrutura total do Estado (Heller: 1998, p. 316; 329; 342). Em razão dessa síntese dialética, a sua concepção é chamada de dialético-cultural ou dialético-plenário por alguns autores como Marcelo Neves e Oliveira Baracho (respectivamente) (Neves: 1994, p. 59; Baracho: 1979, p. 19). Aparece como perspectiva intermediária entre o formalismo kelseniano e o decisionismo de Schmitt (Batista: 1998, p. 189).

[36] Esta nossa posição não é compartilhada por importantes autores que analisam a teoria jurídica de Kelsen. Cf. Verdú: 1989b, p. 11: "La teoría escalonada del ordenamiento jurídico refleja, more geometrico, la imagen de un Estado liberal de Derecho que se despreocupa de cualquier fundamentación social".

4.2.2. Carl Schmitt e a sistematização epistemológica: a perspectiva decisionista e a Verfassungslehre

Em posição antagônica ao formalismo positivista de Kelsen, Carl Schmitt foi o primeiro grande sistematizador de uma teoria da constituição, a começar pelo próprio título de sua principal obra (Teoria da Constituição – *Verfassungslehre*). Concebe a constituição essencialmente como decisão política de uma sociedade, a partir do que denomina conceito positivo de constituição (Schmitt: 1996, p. 45ss.).

Apesar de estigmatizado pelos vínculos que, como Heidegger, teve com o nazismo (cf. Araújo: 1995, p. 79-97; Verdú: 1989a, p. 29-33; Agra: 2000, p. 48-49; Rigaux: 2000, p. 110-111; Habermas: 2001b, p. 126ss.), seu papel na teoria da constituição vem sendo resgatado por diversos constitucionalistas.[37] De fato, sua contribuição é singular e para o nosso trabalho, importantíssima. Como salienta Saldanha, com Schmitt temos uma preocupação específica com a teoria da constituição através de uma discussão histórico-sistemática e tipológica do objeto constituição (Saldanha: 2000, p. 199). Ferreira da Cunha afirma ainda a atualidade e grande valia da construção teórica de Schmitt para a delimitação do que denomina "grandes malhas conceituais" da constituição. Na opinião do Professor da Universidade do Porto, é ainda em Schmitt que "um estudo *ex professo* sobre o tema" pode encontrar a ordem lógica essencial ao ulterior desenvolvimento da teoria da constituição (Cunha: 2002, p. 266). García-Pelayo, por sua vez, afirma que em Schmitt ocorre pela primeira vez a formulação de uma teoria da constituição como disciplina autônoma, dotada de idéias, conceitos e construções teóricas que hoje formam parte da teoria e da prática do patrimônio constitucional comum a todos os povos ocidentais europeus (Epílogo em Schmitt: 1996, p. 374; cf. tb. Ferreyra: 2003, p. 63-64).

No entanto, não pode ser olvidado o fato de que, por trás da teoria schmittiana da constituição, existe uma base teórico-política conhecida por decisionismo. Articulando de modo estreito direito

---

[37] Vale a pena transcrever a opinião de Häberle quando indagado sobre Carl Schmitt: "El enjuiciamiento de Carl Schmitt es todo lo difícil que se pueda imaginar. En una Recepción en Roma, hace cuatro años (durante una de mis ya siete estancias como profesor invitado allí) me preguntó el entonces Presidente de la República Cossiga, entre un círculo de ilustres colegas, lo siguiente: 'Profesor Häberle, ¿que opinion tiene de Carl Schmitt?'. A ello contesté yo, provocando sonrisas entre los presentes: Venerado Presidente, ¿a que Carl Schmitt se refiere usted?, al gran Carl Schmitt de la Verfassungslehre de 1928, no superado hasta ahora por su fuerza sistemática y sus innovaciones, o se refiere usted al otro Carl Schmitt, completamente diferente, el que escribió ese indescriptible trabajo 'Die Juden in der deutsche Rechtswissenschaft' (Los judíos en la ciencia jurídica alemana) o el nefasto artículo 'Der Führer schütz das Recht' (El Führer protege el Derecho). Veo con pesar que, en algunos países latinos, ante todo en Italia, pero también en España, se ha producido una especie de renacimiento de Carl Schmitt. También a mis colegas y amigos de Suiza, por ejemplo en Berna o en Fribourg, les resulta incomprensible este renacimiento, se se tiene en cuenta esa doble faceta de la persona y muchas de las manifestaciones de Carl Schmitt durante el regimen nazi" (Häberle: 1997, p. 16).

constitucional e política, a teoria de Schmitt procura afastar a idéia normativista, deslocando o fundamento do direito para um ente metajurídico, qual seja, a decisão política, e busca o fundamento desta em um ente, em princípio, metapolítico: a teologia (Sá: 2003, p. 89ss.; Schmitt: 2002, p. 93ss.; Schmitt: 2000, p. 20-22).

Defende o constitucionalista alemão, em termos de pensamento político, duas teses centrais:

1) detém soberania aquele que decide acerca do estado de exceção;

2) todos os conceitos significativos da moderna teoria do Estado são conceitos teológicos secularizados.

Estas teses são expostas no seu trabalho intitulado "Teologia Política: Quatro Capítulos para a Doutrina da Soberania" (*Politische Theologie: Vier Kapitel zur Lehre von der Souveranität*), escrito em 1922.

Acerca da primeira tese (e vamos restringir o debate a ela, visto que a segunda fugiria excessivamente da temática proposta), está a mesma atrelada, como se percebe, a capacidade decisória do Estado e de suas autoridades. Nasce da contestação ao normativismo, principalmente da crítica à doutrina da soberania do direito de Krabbe e de Kelsen. Estes doutrinadores de tendência normativista defendem uma concepção impessoal e objetiva da soberania, segundo a qual esta última deve residir na própria norma, não mais na pessoa que exerce o poder de decretar a mesma. Ao não estabelecer diferenciação entre Estado e direito (ao menos em termos de uma teoria pura do direito), Kelsen propõe a equivalência entre a soberania do Estado e a soberania da ordem jurídica que constitui este último.

Schmitt contesta veementemente a idéia normativista de soberania do direito. Para ele, tal idéia mostra-se inviável teoricamente, sobretudo por corresponder a uma tentativa de pensar o direito de modo puramente abstrato, desconsiderando a sua aplicação a uma situação concreta, aplicação esta inevitavelmente exigível. Corresponderia a uma tentativa de pensar o direito, desconsiderando a sua efetivação, permanecendo o mesmo como algo puramente ideal.

Para Schmitt, diferentemente do que defendem Krabbe e Kelsen, a norma constitutiva do direito só pode ser pensada a partir da sua efetivação, ou seja, a partir de sua aplicação a uma situação existente e de sua articulação com o poder apto a decidir esta mesma aplicação. Norma e decisão são absolutamente indissociáveis, sob pena de a primeira reduzir-se a uma pura e simples abstração.

Por outro lado, Schmitt partilha com o normativismo a exigência da distinção clara e inequívoca entre o direito e o mero exercício arbitrário de um poder. É necessário assegurar ao direito a sua essencial racionalidade, embora esta não possa ser pensada como abordagem da norma desvinculada da decisão que a efetiva, como defendem os normativistas.[38] A norma não pode ser pensada senão a partir de sua remissão à decisão do poder político que a determina: o jurídico não pode ser pensado senão a partir do político.

Para isso, torna-se necessário pensar uma racionalidade alternativa à racionalidade normativista. A partir desta idéia, Schmitt desenvolve a concepção decisionista de soberania, afirmando que esta não reside na norma, mas na decisão que a efetiva, ou seja, no sujeito ou sujeitos cujo poder tanto decide a norma como pode decidir um estado de exceção que suspenda a sua aplicação. O poder soberano não seria uma vontade exercida sem qualquer critério orientador da sua decisão, mas o representante de uma ordem superior e sobreposta à ordem jurídica propriamente dita e é esta ordem superior que autoriza o poder soberano a decidir uma exceção à ordem jurídica.

Portanto, a denominada "racionalidade alternativa" é, na verdade, uma tentativa de justificação racional para um poder ilimitado do Estado, de matriz inequivocamente hobbesiana, na medida em que não se verifica uma fundamentação jusnaturalista no decisionismo schmittiano. Além do mais, o próprio Schmitt aponta Hobbes como o clássico representante do decisionismo, assim como indica o supremo direito do Estado à autoconservação como a ordem superior referida no parágrafo anterior (Schmitt: 2002, p. 81-82).

Estas notas introdutórias em torno do pensamento político-jurídico de Schmitt são importantes, sobretudo para diferenciá-lo da perspectiva normativista kelseniana. O decisionismo schmittiano afirma uma impureza intrínseca do direito, entrando em confronto direto com o normativismo. Diante da tentativa deste último de pensar o direito a partir de si mesmo, o decisionismo afirma-se como perspectiva radicalmente negadora da autonomia científica do direito e no estabelecimento de uma referência essencial à política (Sá: 2003, *passim*). Como crítico da cultura político-constitucional demoliberal, estabelece sua doutrina a partir de um pessimismo antropológico, contrastando com o otimismo antropológico típico do iluminismo (Verdú: 1989a, p. 53). Este é, no nosso entender, um pressuposto teórico e metodológico fundamental para a compreensão da teoria da constituição de Schmitt.

Seis anos após a *Politische Theologie*, Schmitt publica a sua célebre "Teoria da Constituição" (1928). Na *Verfassungslehre*, o constitucionalista aborda vários aspectos do constitucionalismo nunca antes sistematizados dessa forma. Estão presentes discussões sobre:

---

[38] Schmitt afirma com veemência a sua oposição a um exercício do decisionismo desvinculado de uma racionalidade. Aliás, condena veementemente o misticismo presente nas concepções do romantismo político, afirmando que este trabalha o conhecimento humano de forma niilista com fortes elementos apocalípticos. Ainda chega a afirmar que "definam-me como quiserem, mas não como romântico" (Schmitt: 2001, p. 9; 113ss.).

a) o conceito de constituição – discute Schmitt a existência de uma ampla plêiade tipológico-conceitual da constituição, dividida em conceitos absoluto, relativo, positivo e ideal, além de conceitos derivados;

b) poder constituinte e legitimidade da constituição;

c) o Estado burguês de direito e seus aspectos constitucionais como princípios e direitos fundamentais e divisão de poderes;

d) os elementos políticos da constituição moderna, como a democracia e o sistema parlamentar;

e) uma teoria constitucional da federação (Baracho: 1979, p. 10; Schmitt: 1996).

A discussão sobre o conceito absoluto de constituição propõe quatro significados desta ordem. Por dizer-se absoluto, percebe-se uma referência à constituição vista como um todo unitário, portanto, uma perspectiva constitucional essencialmente holística e totalizante.

Primeiramente, vê a constituição como a concreta maneira de ser resultante de qualquer unidade política existente, havendo aqui uma aproximação com a filosofia grega aristotélica e, porque não dizer, com o próprio Lassalle, embora a este último não seja feita referência explícita. A partir desta concepção, o Estado não teria uma constituição, segundo a qual se forma e funciona a vontade estatal, mas o Estado seria constituição, uma situação presente do ser constitucional, um *status* de unidade e de ordenação.

Em segundo lugar, traça uma equivalência entre os conceitos de constituição e de forma de governo (monarquia, aristocracia, democracia). A constituição é concebida, neste segundo conceito absoluto, como uma maneira especial de ordenação política e social. É a forma especial do domínio que afeta a cada Estado e não pode separar-se do mesmo.

O terceiro conceito absoluto é próximo ao de Smend (citado literalmente por Schmitt) e afirma a constituição como princípio do fenômeno da continuamente renovada formação da unidade política, formada a partir da integração de distintos interesses contrapostos, opiniões e tendências em um Estado essencialmente dinâmico. Por defender ser a constituição algo dinâmico e evolutivo, este conceito contrapõe-se aos dois primeiros, que possuem como referência essencial uma unidade estática. Aprofundaremos esta discussão no ponto posterior, juntamente com a discussão da concepção de Smend.

E o último conceito absoluto é basicamente o conceito kelseniano de constituição como sistema de normas supremas e últimas. É a idéia de constituição como regulação legislativa fundamental, a norma das normas, a base fundamental da soberania (Schmitt: 1996, p. 30-33).

Sobre o conceito relativo de constituição, afirma o autor que significa a lei constitucional em particular, independente de seu conteúdo. Os preceitos constitucionais não seriam necessariamente fundamentadores de outros, como na constituição do conceito kelseniano, assim como seria indiferente se eles regulassem a organização dos poderes estatais ou tivessem um outro conteúdo qualquer (Schmitt: 1996, p. 37-38). Esta última característica, qual seja, a variabilidade conteudística, é o que propicia a Schmitt adjetivar de relativo esse conceito, já que se refere às constituições de cada Estado de modo específico, qualquer que seja o seu conteúdo, desde que estejam caracterizadas formalmente como constituições, ou seja, possuam a forma constitucional.

Portanto, trata-se de um conceito formal "puro", diverso daquele defendido por Kelsen para a caracterização da constituição formal, visto que o jurista de Viena defende que esta deve regular a produção das normas gerais, assim como seu próprio modo de alteração, ao passo que no conceito relativo de constituição assinalado por Schmitt não há esta exigibilidade (aqui o conceito de Kelsen apresenta-se mais substancialista).

Não se pode esquecer do conceito ideal de constituição que seria designar como verdadeira ou autêntica uma constituição que, por razões políticas, corresponde a um certo ideal de constituição, como o Estado de direito, as garantias de liberdade burguesa, a separação de poderes etc. Tendo em vista que Schmitt escreveu a *Verfassungslehre* no final da década de 20 do século XX, a doutrina constitucional predominante ainda é a do constitucionalismo liberal, e as principais referências são, como o próprio autor admite, aquelas do Estado burguês de direito (Schmitt: 1996, p. 58-60). Acrescentaríamos nós: mais especificamente o já citado art. 16 da Declaração dos Direitos do Homem e do Cidadão, oriunda da Revolução Francesa de 1789, que estabelece de modo universalizante que toda sociedade na qual não esteja assegurada a separação de poderes e os direitos e garantias fundamentais não possui constituição.

E o principal deles, caracterizador da concepção decisionista de Schmitt, é o conceito positivo de constituição. De acordo com ele, a constituição surge como ato do poder constituinte, ato este que constitui a forma e o modo da unidade política do Estado. É um ato decisório, um momento em que o poder constituinte toma uma decisão política fundamental de organização da sociedade. Este ato constituinte estabelece a forma da unidade política, cuja existência é anterior. A constituição, por sua vez, vale pela virtude da vontade política daquele que a concebe. Sobretudo na fundação de novos Estados (ex.: Estados Unidos em 1775/Tchecoslováquia em 1919) e nas revoluções sociais fundamentais (ex.: França em 1789/Rússia em 1918) se apresenta com maior clareza este caráter da constituição como uma decisão consciente que fixa a existência política em sua concreta forma de ser (Schmitt: 1996, p. 45-46).

Ainda na discussão acerca de um conceito positivo de constituição, considera o autor importante distinguir constituição e leis constitucionais. Embora Schmitt não construa, no nosso entender, um conceito claro de leis constitucionais, pode-se perceber pelo que expõe que estas são o que podemos chamar de dispositivos constitucionais específicos, ao passo que a constituição, neste conceito positivo, consiste na decisão de conjunto acerca da unidade política. Especialmente nos exemplos que Schmitt discute, a leitura que fizemos parece surgir. Quando diz que, de acordo com o art. 76 da Carta de Weimar, podem ser reformadas as leis constitucionais, mas não a Constituição como totalidade, ou ainda quando afirma a intangibilidade da mesma lei maior, embora suas leis constitucionais possam ser suspensas durante o estado de exceção e violadas pelas medidas do estado excepcional (e destaca que o art. 48, II, faculta ao Presidente do *Reich* adotar tais medidas suspensivas e violadoras em relação aos direitos fundamentais contidos nos arts. 114, 115, 117, 118, 123, 124 e 153, que estariam, no caso, temporariamente sem vigência), o sentido aludido parece ser este, apesar da obscuridade conceitual do autor em relação às leis constitucionais (Schmitt: 1996, p. 45-52).

Não é difícil perceber, pelo que até aqui foi exposto, que a preferência de Schmitt é por este último tipo conceitual, que denomina conceito positivo, sobretudo pela idéia de constituição como decisão. Não bastasse isso, o próprio Schmitt expressamente afirma que o conceito que adota é o conceito positivo de constituição que, por sua vez, norteia toda a sua exposição posterior aos capítulos da *Verfassungslehre* que se referem especificamente à discussão do conceito de constituição (Schmitt: 1996, p. 65). No entanto, este conceito não está livre de notas críticas.

Parece-nos ter razão Heller quando afirma que Schmitt cai no extremo oposto de Kelsen. Ao defender a constituição como decisão política, o autor da *Verfassungslehre* subestima a normatividade constitucional (Heller: 1998, p. 321). Uma racionalidade alternativa à racionalidade normativista não pode ser construída em moldes neo-hobbesianos, a partir de uma perspectiva de ilimitação do poder do Estado. Seguramente, uma das grandes conquistas da modernidade é a existência de uma constituição dotada de força normativa suficiente para coibir os abusos do poder ilimitado e imoderado. A visão decisionista, embora possa permitir uma compreensão política adequada da realidade constitucional, ignora o aspecto normativo e a própria influência deste na realidade da comunidade política, além de possibilitar uma ideologização da idéia lassalliana de constituição como soma dos "fatores reais do poder", que Lassalle propôs em termos analíticos (Lassalle: 1998, p. 32). Sabemos as conseqüências que tiveram estas perspectivas teóricas unilaterais em termos ideológicos com o advento do nazifascismo na Europa dos anos 30 do século XX, com a ascensão aos comandos dos poderes estatais de regimes políticos autocráticos que reúnem o que há de pior nas concepções normativistas e decisionistas.[39]

Como um dos principais estudiosos da famosa Constituição de Weimar e defendendo, como vimos, a decisão como o elemento essencial da ordem jurídica e, conseqüentemente, da ordem constitucional, estabelece que uma constituição nasce ou de decisão política unilateral do sujeito do poder constituinte ou de convenção multilateral de vários desses sujeitos. Em várias ocasiões, Schmitt destaca o caráter decisionista da constituição, como quando analisa a Assembléia Constituinte de Weimar. Diz o autor:

> La Asamblea Nacional reunida en 6 de febrero de 1919, en Weimar, y elegida según postulados democráticos (sufragio universal, igual y directo), ejerció el poder constituyente del pueblo alemán y formuló el contenido de la decisión política del pueblo alemán, así como las normas constitucionales necesarias para su ejecución. Ella no era sujeto o titular del poder constituyente, sino sólo su comisionado. Hasta la emisión de esas leyes constitucionales, no estaba ligada a otros límites jurídicos que a los que resultaban de la decisión política de conjunto del Pueblo alemán (Schmitt: 1996, p. 66; 78, tb. Schmitt: 1998, p. 113).

O decisionismo de Schmitt se remete primordialmente à importância do poder constituinte, como neste exemplo da Constituição de Weimar. Nunca é demais lembrar que o caráter decisório em termos jurídico-políticos está mais presente no nascimento de uma constituição, através da decisão fundamental constituinte, do que em qualquer outro momento, tendo em vista a maior liberalidade que possuem os que fazem a constituição do que os que a reformam ou que a complementam mediante legislação infraconstitucional.[40] Lembremo-nos de que, para Schmitt, uma constituição nasce de duas maneiras:

1) mediante uma decisão política unilateral do sujeito do poder constituinte; ou,
2) mediante uma convenção multilateral de vários destes sujeitos (Schmitt: 1996, p. 66).

Podemos perceber nessas concepções a presença da idéia divino-monárquico-aristocrática de poder constituinte, no primeiro caso (Deus, rei ou um grupo organizado como sujeito desse poder), e da

---

[39] Do normativismo, a visão positivista ideologizada de que o direito é a norma e que esta deve ser obedecida cegamente, sem considerações acerca do seu conteúdo; do decisionismo, a idéia de que quem detém no Estado o poder político de decidir, estabelece o conteúdo que entender mais adequado para as normas jurídicas, qualquer que seja ele. Para um maior aprofundamento, cf. Bobbio: 1995, p. 223ss.; Adeodato: 1989, *passim*; Hart: 1977, *passim*. Gomes Canotilho vê a concepção de Schmitt como suporte dogmático à teoria do direito e do Estado nacional-socialista. Cf. Canotilho: 1999a, p. 1247.

[40] É bom salientar que o constitucionalista alemão aceita em boa medida a base teórica conceitual de Sieyès acerca das diferenças entre poder constituinte e poderes constituídos: "El Poder constituyente es unitario e indivisible. No es un poder más, coordinado con otros distintos 'poderes' (Legislativo, Ejecutivo y Judicial). Es la base que abarca todos los otros 'poderes' y 'divisiones de poderes'" (Schmitt: 1996, p. 95).

idéia democrática de poder constituinte, no segundo caso (povo ou nação como tal sujeito).

Esta perspectiva decisionista conduz à divisão teórica entre um poder constituinte do príncipe e um poder constituinte do povo. Obviamente, em referência a Max Weber, podemos defender a idéia de que são tipos ideais, já que o próprio Schmitt faz remissão à presença da idéia contratualista na constituição ao analisar esta última como um pacto que pode ocorrer até mesmo entre o príncipe e o povo (sociologicamente falando, não há poder constituinte exclusivamente autocrático ou democrático, havendo a predominância de elementos de um ou outro tipo ideal na configuração efetiva daquele poder político). Lembra que uma constituição pode ser outorgada unilateralmente pelo príncipe, mas pode ser também pactuada entre este e a representação nacional, havendo, no último caso, a inserção de um elemento democrático relevante (representação popular) em uma forma de governo autocrática de poder (monarquia), pelo menos em princípio.

Na linha da idéia contratualista de constituição, Schmitt afirma a presença de variados tipos de constituições pactuadas. Para ele, um autêntico pacto constitucional supõe, pelo menos, duas partes existentes e subsistentes, cada uma das quais contendo em si um sujeito de um poder constituinte, sendo, portanto, uma unidade política. Normalmente, um pacto dessa natureza é um pacto federal (Schmitt: 1996, p. 82).

Na federação, estão presentes concretamente as condições apontadas pelo autor. A partir da idéia de que várias unidades políticas independentes resolvem pactuar a formação de um Estado federal, cujas normas fundamentais estejam em um documento constitucional livremente negociado e aceito pelas referidas unidades políticas, pode-se dizer que houve a livre manifestação de vontade daquelas coletividades diretamente ou através de suas representações, e que, conseqüentemente, temos um autêntico pacto constitucional, sem imposições unilaterais de quem quer que seja. Essas idéias, sobretudo presentes na gênese do federalismo (nas teorias do "Federalista" e de Tocqueville), servem de fundamento ao pensamento schmittiano acerca do pacto constitucional federal.

Este pacto constitucional pode conduzir, além disso, à formação de uma jurisdição constitucional como órgão protetor da constituição. Neste particular, entretanto, Schmitt posiciona-se, mais uma vez, em confronto direto com as idéias de Kelsen. Enquanto o Mestre de Viena defende a existência de um tribunal constitucional como defensor da constituição, Schmitt critica tal idéia, notadamente por sua origem encontrar-se em um Estado ligado à família jurídica do *common law*, não sendo viável, em sua opinião, a sua aplicabilidade em Estados europeus continentais. Em um sistema parlamentarista e democrático como o da Carta de Weimar, é mais viável que seja o Presidente do *Reich*, o Chefe de Estado, eqüidistante e independente das contendas políticas menos importantes, o defensor da constituição.[41] Além do mais, é legitimado democrática e diretamente pelo povo, o que atende ao princípio democrático que fundamenta a referida constituição (Schmitt: 1998, *passim*). A polêmica com Kelsen ganha uma dimensão tal que este último escreve um ensaio confrontando a sua tese com a de Schmitt (Kelsen: 2002a).

Discute ainda Schmitt, além do que foi visto até aqui:

1) a relação entre constituição e tratados internacionais;

2) a legitimidade constitucional;

3) os conceitos derivados de constituição que, segundo ele, são os conceitos de reforma constitucional, ruptura e suspensão da constituição, conflito constitucional e alta traição;

4) os elementos do Estado burguês de direito, tais como os princípios, o conceito de lei, os direitos fundamentais e a divisão dos poderes;

5) os elementos políticos da constituição moderna tais como a democracia (doutrina, aplicação e limites), o povo, a monarquia, os elementos constitucionais aristocráticos e o sistema parlamentar (histórico, análise comparada, possibilidades formais, dissolução e o sistema vigente na Constituição de Weimar);

6) e, por fim, a teoria constitucional da federação, com os seus conceitos fundamentais e as conseqüências dos mesmos (Schmitt: 1996, p. 66ss.).

Como se vê, uma robusta e densa sistematização da teoria da constituição, delimitando epistemologicamente o seu objeto de estudo e fincando seus principais referenciais teóricos. Parece ter razão Verdú quando afirma ser Carl Schmitt ao mesmo tempo o "intérprete singular" e o "maior debelador da cultura político-constitucional demoliberal" (Verdú: 1989a, p. 25).

Como o conceito de constituição é um conceito que se refere a outros conceitos, a *Verfassungslehre* schmittiana vai além da discussão meramente conceitual, analisando esses "outros" conceitos. A sistematização epistemológica feita pelo autor parece mesmo exigir esta análise. Como o nosso enfoque é relacionado com a teoria da constituição de uma maneira mais generalizada, não discutimos a fundo estes "outros" conceitos, e optamos por fazer apenas uma breve referência momentânea aos mesmos, já que inevitavelmente iremos discuti-los nos debates posteriores.

4.2.3. Rudolf Smend e o papel integrador da constituição

Smend, por sua vez, apesar de não elaborar uma obra tão bem sistematizada quanto a de Schmitt, desenvolve a teoria da integração,

---

[41] Há nesta idéia de Schmitt uma influência explícita da teoria do poder neutral e moderador de Benjamin Constant, como o próprio autor admite (Schmitt: 1998, p. 213ss.).

aplicando-a ao direito constitucional. Sua preocupação fundamental desenvolvida na clássica obra "Constituição e Direito Constitucional" (*Verfassung und Verfassungsrecht*), publicada em 1928 (mesmo ano da *Verfassungslehre* de Schmitt), não é com uma sistematização epistemológica da teoria da constituição. Em vez disso, o Professor de Tübingen procura chamar a atenção para o papel relevante que a constituição deve desempenhar em um Estado democrático. Desde a década anterior, Smend discute questões em torno dos partidos políticos e do direito eleitoral alemão que repercutem posteriormente na ascensão e queda da República de Weimar. Talvez percebendo a fragmentação partidária e político-social como fatores de derrocada da democracia, busca atribuir à constituição uma tarefa de integração democrática do Estado, ameaçado de um lado por esta fragmentação político-social conducente a uma dissolução das instituições estatais, e de outro, por uma possibilidade de integração autocrática e autoritária por uma dominação do tipo carismática, de acordo com o arquétipo weberiano (o que, de fato, se verifica posteriormente com o 3º *Reich*).

Em termos metodológicos, Smend inspira-se no método fenomenológico de Theodor Litt, considerando a metodologia das denominadas ciências do espírito como a mais adequada para viabilizar uma apropriada teoria do Estado e da constituição. Por isso, procura não dissociar Estado e constituição, articulando-os quase monoliticamente, como faces da mesma moeda, na discussão teórica que propõe.

Buscando estabelecer uma fundamentação filosófica sólida, discute inicialmente a crise da teoria jurídica do Estado na Alemanha, defendendo que esta teoria necessita de uma teoria material do Estado, já que este não pode ser visto apenas como um centro de poder e ordenação. A dinâmica estatal, como qualquer outra manifestação cultural, se integra no conjunto e nas inter-relações ideais e atemporais da vida espiritual, sendo um âmbito parcial da realidade espiritual. Na perspectiva desta teoria material, pode-se perceber a necessidade de uma ampliação do horizonte do debate teórico em torno do Estado, do aspecto formal para o aspecto material, sem, no entanto, negligenciar o primeiro. É necessária a consciência de que o Estado não é um fenômeno natural de simples constatação, mas uma realização cultural dinâmica, em contínua renovação e desenvolvimento e posta continuamente em dúvida. Somente assim pode-se pensar o Estado como uma associação de pessoas (Smend: 1985, p. 43ss., *passim*).

O Estado é visto assim como parte da realidade espiritual. Não se trata de uma totalidade estática, cuja única expressão externa consista em expedir leis, acordos diplomáticos, sentenças e atos administrativos, mas de um processo dinâmico, como dito acima, como um "plebiscito que se renova a cada dia", sendo tal processo o que Smend denomina de integração. O Estado só existe por causa e na medida em que esteja imerso neste processo de autointegração, desenvolvido a partir do indivíduo e no próprio indivíduo. Este processo é o núcleo constitutivo do Estado.

Para Smend, pode-se falar em três tipos de integração: pessoal, funcional e material.

A integração pessoal diz respeito ao papel integrador que as pessoas que exercem determinadas atribuições estatais desempenham. Destaca o sentido da Chefia do Estado: os Chefes de Estado expressariam, em maior ou menor grau, a representação e a encarnação da unidade política daquele povo. Aparece com maior visibilidade na figura do monarca legítimo, visto que este simboliza a tradição histórica dos valores políticos da comunidade. A capacidade integradora pessoal do monarca (que, segundo ele, é rara nos presidentes de repúblicas) deve consistir na encarnação institucional dos valores da cultura política tradicional e na criação e no desenvolvimento de novos valores. Além do monarca, também políticos substancialmente representativos podem ter um importante papel de integração política.

A integração funcional está associada aos instrumentos procedimentais que tendem a criar um sentido coletivo. Não dizem respeito diretamente às pessoas, mas aos processos que tendem a produzir uma síntese social, dinamizando a vida da comunidade e do indivíduo. Eleições, atuações parlamentares, formação de governos e referendos podem ser consideradas formas de integração funcional de índole democrática. Marchas militares e estruturas organizativas de tipo hierárquico podem sê-lo em uma vertente mais autoritária de integração funcional. São processos que produzem, atualizam, renovam e desenvolvem a substância espiritual da comunidade (processos conformadores da vontade comunitária).

O aspecto procedimental faz com que possamos perceber a integração funcional como um tipo de integração essencialmente formal. Mas o próprio Smend afirma a inexistência, em última análise, um modo de integração formal sem uma comunidade material de valores, assim como não se afigura possível a integração de valores substantivos se não existem formas funcionais, sendo estas últimas os procedimentos aptos a realizar a integração da comunidade política.

A integração material parte da consideração de que o Estado se baseia na consecução de objetivos comuns. O conjunto de fins ou funções de um Estado representa um aspecto determinado, uma especificação da totalidade cultural na qual ele está inserido. O Estado se identifica com a realização de um significado material, com a efetivação de valores substantivos. Em virtude da diversidade destes, o conceito de integração material é um tanto aberto, compreendendo muitos elementos, tais como os símbolos e cerimônias políticas, as bandeiras e hinos nacionais ou regionais, a história, o território do Estado. Este último tem para Smend várias funções de integração, sobretudo por ser a base física dos valores econômicos e culturais, assim como por ser a expressão gráfica da totalidade do acervo valorativo de um Estado e de um povo (Smend: 1985, *passim*; Kelsen: 2003c, p. 64-80).

O Professor de Tübingen considera as relações entre os diversos tipos de integração, em especial as relações entre as duas últimas (funcional e material) consiste em um importante problema para a teoria e a prática política. Como é perceptível, as formas de integração não se apresentam como formas puras, mas há a predominância de um ou outro tipo nas sociedades políticas. Após fazer diversas aproximações de sua teoria, Smend insiste na idéia de que a unidade do Estado é sempre fruto da ação conjunta de todos os fatores integradores.

Ainda sobre esses fatores, o constitucionalista alemão destaca o papel integrador da política exterior, aspecto de sua teoria que nos interessa diretamente, tendo em vista a realidade das Comunidades Européias, que obviamente Smend desconhecia quando da elaboração de sua doutrina. Para ele, a política exterior pode ser tão integradora como a política interior, sobretudo em se tratando de Estados como a Alemanha e a França, com fronteiras submetidas a intensas pressões exteriores. As posições estratégicas internacionais de cada um desses Estados terminam por ser um momento básico da integração, visto que são vitais para a definição territorial do Estado (Smend: 1985, p. 114-117).[42]

A partir das teorias da integração, Smend procura desenvolver uma teoria da constituição que possa incluir os fatores integradores como componentes essenciais da mesma. Contesta as concepções do positivismo jurídico, defendendo a abertura da constituição aos caminhos democráticos através da integração entre os fatores jurídicos e sociais, sem descuidar dos últimos e sem negligenciar os primeiros. Afirma expressamente que

> Logicamente el Estado no limita su "vida" sólo a aquellos momentos de la realidad contemplados por la Constitución: para tener una vigencia efectiva en la vida política, la Constitución ha de tener en cuenta toda la enorme gama de impulsos y de motivaciones sociales de la dinámica política, integrándolos progresivamente (Smend: 1985, p. 132-133).

Na teoria integracionista smendiana, a constituição não deixa de ser a ordenação jurídica fundamental do Estado, mas esta ordem

---

[42] Não custa lembrar que Smend escreveu estas linhas aqui discutidas na década de 20 do século XX e as suas análises dizem respeito à situação política da época, embora no caso alemão, as pressões continuaram após a Segunda Guerra em virtude da divisão da Alemanha em dois Estados (República Federal da Alemanha e República Democrática Alemã), proporcionada pela Guerra Fria.

jurídica organiza a dinâmica vital em que se desenvolve o processo de integração estatal. Em especial nas perspectivas da integração funcional e da integração material se estabelece o papel integrador da constituição.

Para Smend, a constituição é norma, mas também realidade. O dever ser constitucional é considerado uma conexão ideal de sentido, condicionada, porém, pelo ser real e dele recebendo significado social. Considera relevantes tanto as instituições formais e o sistema normativo por um lado, como a "dinâmica valorativa do espírito", através das criações sociais espontâneas de diversas formas políticas (partidos, convenções etc.), por outro (Smend: 1985, p. 134-136; Bonavides: 1997, p. 436ss.; Galindo: 2003a, p. 131-133).

A constituição é vista, sobretudo, pela função específica que realiza. Deixa de ser apenas as normas jurídicas que regulam os órgãos supremos do Estado, sua formação, competência e relações mútuas, assim como o estatuto básico do indivíduo frente ao Estado, como no conceito esboçado por Jellinek. A constituição é realidade integradora permanente e contínua, não sendo esta eficácia integradora fruto da constituição entendida como um momento estático e permanente da vida estatal, mas como da contínua criação e renovação da dinâmica constitucional. Lembra que como ato fundacional do Estado dotado de normatividade formal integrativa, a constituição necessita de renovação permanente. A constituição é criação e renovação contínua da organização fundamental da sociedade, sendo a sua função integradora uma necessidade categórica do grupo social ao qual se dirige, diferente, por exemplo, de outras associações de caráter facultativo (Smend: 1985, p. 135-141).

Temos aqui o que podemos chamar de uma teoria integracionista de constituição, implicitamente aberta à diversidade cultural. Embora diferente da perspectiva que propomos neste trabalho, o conceito smendiano inclui os variados fatores culturalmente integradores na definição de constituição, fatores jurídico-políticos (aqui Smend inclui órgãos e funções estatais, as formas de Estado e os direitos fundamentais, assim como a interpretação constitucional em seu conjunto) e socioculturais, aproximando-se da perspectiva de Heller, apesar da diversidade de linguagem utilizada. A defesa da fusão do jurídico com o extrajurídico mediante a idéia de integração smendiana como um processo de construção de uma totalidade constitucional se assemelha bastante com a síntese dialética normalidade (ser) – normatividade (dever ser) de Heller (cf. Heller: 1998, p. 317; Smend: 1985, *passim*). Não há diferenças muito substanciais entre ambas as concepções, enquadradas por Marcelo Neves na categoria das teorias dialético-culturais (Neves: 1994, p. 60).

A perspectiva integracionista de Smend preconiza uma substancial politização da constituição, com a articulação integrativa entre norma e realidade. Mas sua teoria não é muito esclarecedora em que termos este processo articulado se dá. Assim como a questão da interpretação constitucional conjuntural, que já discutimos em outra oportunidade, a perspectiva de integração estatal mediada pela constituição é construída em termos muito variados, o que permite muitas leituras do integracionismo smendiano, algumas até autocráticas, que permitem a concepção de uma constituição meramente técnica que propicia uma integração autoritária e forçada, como a que ocorre no fascismo. O próprio Smend, aliás, alerta para tal possibilidade ao afirmar que o fascismo compreende a necessidade de uma integração global e sabe manejar com maestria as técnicas de integração funcional, além de proceder à substituição consciente da denominada "integração substantiva do socialismo" por outros elementos muito eficazes, como o mito nacional, o Estado corporativo e outros (Smend: 1985, p. 112-113, *passim*; cf. tb. Canotilho: 1996, p. 215; Canotilho: 1999a, p. 1139; Galindo: 2003a, p. 132-133).

Por tais razões, a nossa tentativa de construção de uma teoria intercultural da constituição abdica da pretensão de neutralidade absoluta. Intentamos neste trabalho construir uma teoria que tem como referenciais explícitos a democracia e os direitos humanos. Em que pese a extrema variabilidade conceitual destes referenciais, eles servem para excluirmos a análise das formas autocráticas de integração através de políticas imperialistas ou neo-imperialistas de submissão forçada de governos e povos a modelos integracionistas autoritários. Ao menos em teoria, todos os modelos que analisaremos são ou têm a pretensão de serem democráticos. É um dos pontos de discussão que estabeleceremos na análise das experiências de integração interestatal na terceira e na quarta parte deste trabalho.

4.2.4. Gomes Canotilho e o dirigismo constitucional como teoria da Constituição do Estado social

Como vimos anteriormente, o papel do Estado no constitucionalismo social deixa de ser meramente o de manter o *status quo* e passa a ser o de transformar a própria realidade ou, pelo menos, de agir tendo em vista a finalidade de transformação da realidade social. Esse Estado contraditório que precisa manter a estabilidade social por um lado e transformar esta mesma realidade por outro cria dificuldades para a teoria da constituição, pois o constitucionalismo social busca conciliar algo aparentemente inconciliável. A livre iniciativa econômica e a autonomia contratual precisam ser vistas agora pelo prisma de um Estado que tem por objetivo a realização de uma democracia econômica, social e cultural, além de manter firme a subordinação do poder econômico ao poder político. Somente com este compromisso de socialidade plasmado na constituição pode o Estado cumprir deveres de solidariedade e de inclusão social e cidadã (Canotilho: 1999b, p. 38-39).

Sobretudo o conceito jurídico clássico de constituição entra em crise. A juridicidade imediata da constituição, a possibilidade de efetivação imediata, como no constitucionalismo liberal dá lugar à existência de efetividade mediata de algumas normas, notadamente as de direitos sociais e econômicos. Por exigirem prestações positivas por parte do Estado, a realização desses direitos depende em grande medida da existência de meios e recursos estatais suficientes, além de programas eficientes de realização de políticas públicas dirigidas aos fins constitucionalmente estabelecidos.

Surgem então novas categorias teóricas constitucionais: a constituição dirigente, as normas constitucionais de eficácia limitada,[43] as normas programáticas e a vinculação do legislador e dos demais poderes também a estas últimas, conceitos tipicamente vinculados ao constitucionalismo social do século XX e desconhecidos do constitucionalismo liberal.

A idéia de constituição dirigente provém do caráter transformador que o Estado social adquire, tendo tarefas e programas a cumprir e, por causa disso, precisando direcionar a sua atuação na sociedade e intervir para realizar os novos direitos constitucionais. A constituição não é mais apenas um instrumento de governo, um conjunto de normas que define competências estatais e estabelece um catálogo de direitos fundamentais individuais, mas é um complexo normativo que direciona as transformações sociais necessárias em um determinado Estado. Daí o adjetivo "dirigente" acoplado ao substantivo "constituição".

Dentre os autores de língua portuguesa, o grande corifeu do dirigismo constitucional como teoria da constituição do Estado social é, sem dúvida, o Catedrático da Universidade de Coimbra Gomes Canotilho. As teses deste autor português influenciam toda uma geração de constitucionalistas em Portugal e no Brasil, tornando-se referência para a construção de uma teoria contemporânea da constituição social em terras luso-brasileiras. Bastante influenciado por autores alemães (notadamente Bäumlin, Hesse e Lerche), Canotilho constrói uma engenhosa teoria da constituição dirigente (*dirigierende Verfassung* – expressão de Peter Lerche), defendendo a vinculação do legislador e dos demais poderes às tarefas, aos fins e programas estabelecidos no texto constitucional, assim como às prestações conducentes à realização dos direitos sociais do constituciona-

---
[43] Sobre esta terminologia, cf. Silva: 1999, p. 135ss.

lismo pós-weimariano.[44] Devido à sua importância no contexto em que estamos discutindo a teoria intercultural da constituição, merecem referência alguns pontos de sua teoria.

Para Canotilho, a constituição dirigente pressupõe uma filosofia de ação. Segundo o mestre português, ao responder

aos problemas concretos de positividade, normalização e legitimidade das tarefas estaduais,[45] a lei fundamental aproxima-se dum *plano*, em que a *realidade* se assume como *tarefa* tendente à transformação do *mundo ambiente* que limita os cidadãos. Deste modo, a definição, a nível constitucional, de tarefas econômicas e sociais do Estado, corresponde ao novo *paradigma* da constituição dirigente, embora se possa e deva discutir qual a "causa" deste "novo carácter" dos textos constitucionais (Canotilho: 1994, p. 169; 488 – grifos do autor).

Apesar da existência de normas constitucionais com conteúdo social, Canotilho percebe a insuficiência da presença das mesmas nos textos constitucionais se não há a vinculação da atuação dos poderes constituídos a elas. Também percebe a necessidade de procedimentos aptos a transformá-las em realidade, salientando a força conformadora do direito constitucional. Uma constituição precisa ser vista não mais com a imagem de ordenamento meramente repressivo, em que apenas contam as inconstitucionalidades (formais e orgânicas, sobretudo), mas como afirmação das novas funções do direito como constituição distributiva e promocional (Canotilho: 1994, p. 30).

Para a compreensão desta nova perspectiva constitucionalista, não são suficientes os paradigmas clássicos da cultura constitucional liberal. Considera Canotilho que a racionalidade constitucional concebida como mera racionalidade formal (esquema organizatório de competências, formas e processos) conjugada com uma "decisão política" anterior à conformação jurídico-constitucional é um ponto de partida inadmissível para uma constituição dirigente. É uma mistura de "relativismo sem limites" (abertura formal) com um "absolutismo material" (decisão) subtraído à conformação normativo-constitucional (Canotilho: 1994, p. 42-43). Aqui o dirigismo constitucional tem que superar os padrões weberiano, schmittiano e kelseniano para a construção de uma "teoria da constituição constitucionalmente adequada" (Canotilho: 1994, p. 154ss.; Bercovici: 2003, p. 272).

A teoria da constituição dirigente pretende ser esta "teoria da constituição constitucionalmente adequada". Aí é de se indagar: cons-

---

[44] Para além das influências germânicas, Canotilho também aponta Crisafulli como um relevante autor para a compreensão das normas programáticas como normas jurídicas, destacando as posições da Corte Constitucional da Itália afirmadoras de tal entendimento. Cf. Canotilho: 1998b, p. 34; Streck: 2004, p. 330-331.

[45] Esclareça-se que o termo "estadual" em Portugal possui significado idêntico ao termo "estatal", tendo em vista que Portugal é um Estado unitário, diversamente do que ocorre no Brasil, que é um Estado federal, e que as referidas palavras possuem sentidos diversos, sendo estadual o adjetivo referente ao Estado-membro da federação brasileira.

titucionalmente adequada a quê? A uma determinada e concreta conjuntura histórico-social. Para Canotilho, a compreensão da constituição só ganha sentido teórico-prático quando referida a uma situação constitucional concreta, historicamente existente em um determinado Estado. Afasta, portanto, a a-historicidade da teoria da constituição.[46] Mais especificamente, o Mestre de Coimbra deixa claro que a abordagem que faz tem em vista, antes de tudo, a Carta portuguesa de 1976 e a sua caracterização como constituição social, embora tenha implicações teoricamente mais generalizantes, além de ter inegavelmente influenciado teorias e doutrinas constitucionalistas, assim como constituições como a do Brasil.

Os pontos de partida fundamentais para esta teoria são os seguintes:

a) a constituição é garantia do existente;
b) a constituição é um programa ou linha de direção para o futuro.

Não se trata de uma substituição pura e simples do postulado liberal, mas de um alargamento de fins e tarefas estatais estabelecidos no texto constitucional e, em conseqüência, constitucionalmente vinculantes (Canotilho: 1994, p. 151; Ariza: 2003, p. 240-241).

A partir da idéia dirigista vinculante, Canotilho direciona sua tese para a análise da vinculação do poder legislativo à constituição dirigente. Discutindo a discricionariedade do legislador, nega a possibilidade de transferência do conceito administrativista de discricionariedade para o âmbito do legislativo. A discricionariedade legislativa possui limites constitucionais positivos e negativos. Para Canotilho, "a lei, no Estado de Direito Democrático-Constitucional, não é um acto livre dentro da constituição; é um acto positiva e negativamente determinado pela lei fundamental". É necessário, portanto, o enfrentamento não só do excesso do poder legislativo, mas também das omissões legislativas e das imposições constitucionais. A mediação legislativa é não somente um poder jurídico dos órgãos legiferantes, mas um autêntico dever jurídico imposto pela constituição. Não se trata da atividade legislativa em geral, esta efetivamente discricionária, mas da atividade legislativa necessária ao cumprimento de uma imposição constitucional ou o afastamento de uma omissão legislativa; trata-se da atividade legislativa à qual o referido poder está, de forma concreta e explícita, constitucionalmente obrigado (Canotilho: 1994, *passim*).

Inevitavelmente, a constituição dirigente conduz a uma juridificação da política (em certa medida mesmo uma judicialização – deslocamento para o poder judiciário – cf. Vianna: 1999, *passim*; Maués

---

[46] "A 'destilação' teórica de um arquétipo ahistórico, renovando o pensamento de uma 'constituição ideal', defronta-se inevitavelmente com os 'desvios' resultantes da colocação do texto constitucional na 'lógica da situação' (Canotilho: 1994, p. 154. cf. tb. Bercovici: 2004, p. 265).

& Leitão: 2003, *passim*; Lima: 2003, *passim*; Santos: 2002a, p. 335ss.). Ela marca uma decisiva distância do entendimento de que a política seja um domínio juridicamente livre e constitucionalmente desvinculado. A vinculação constitucional dos atos de direção política não é apenas uma "vinculação através de limites", mas uma vinculação material que pressupõe um fundamento constitucional para esses atos. Neste sentido, a constituição dirigente não chega a substituir a política, mas inequivocamente torna-se premissa material desta (Canotilho: 1994, p. 487). Esta juridificação da política é o que inspira a criação nas constituições sociais contemporâneas de ações e procedimentos que propiciem a eficácia das normas constitucionais dependentes de legislação, tais como as ações de inconstitucionalidade por omissão e o mandado de injunção (este último específico da Constituição brasileira).

Nos últimos anos, o Professor português vem gradativamente revendo algumas de suas posições teóricas do dirigismo constitucional, a ponto de alguns atribuírem a ele a defesa da "morte" da constituição dirigente em nome de um constitucionalismo "moralmente reflexivo". É bem verdade que Canotilho afirma, em seus trabalhos mais recentes, um certo esgotamento do dirigismo constitucional diante da hipertrofia de normas constitucionais dirigentes que não responde às necessidades da sociedade atual, bastante complexa e multicultural, o que inevitavelmente reflete na teoria da constituição dirigente. Além do mais, a complexidade se estende à questão dos espaços normativos europeus (como a União Européia, da qual Portugal faz parte) e a revisão do papel da constituição nestes (Canotilho: 2004, *passim*; Canotilho: 2002a, *passim*; Canotilho: 1999a, *passim*; Canotilho: 1995a, *passim*; Coutinho: 2003; *passim*).

Entretanto, a perspectiva reducionista de que Canotilho simplesmente abandona a tese da constituição dirigente parece-nos ser de afastar. Apesar de haver uma mudança no pensamento do autor, esta se dá em virtude das inúmeras e substanciais modificações ocorridas no panorama político-constitucional português, europeu e mundial nas duas últimas décadas. O que o Professor de Coimbra tem afirmado é a insuficiência dos esquemas meramente normativos em relação à necessidade de transformações que realizem o constitucionalismo social, defendendo, no entanto, a permanência de muitos dos postulados dirigistas que, no espaço normativo da União Européia, tem se deslocado do direito constitucional para o direito comunitário. Daí a necessidade de se contextualizar adequadamente as novas idéias de Canotilho para que não se faça a confusão que as leituras apressadas e descontextualizadas podem acarretar.

Ademais, o próprio autor parece deixar claro seu atual posicionamento quando afirma no prefácio à mais recente edição de sua tese:

Em jeito de conclusão, dir-se-ia que a Constituição dirigente está morta se o dirigismo constitucional for entendido como normativismo constitucional revolucionário capaz de, por si só, operar transformações emancipatórias. Também suportará impulsos tanáticos qualquer texto constitucional dirigente introvertidamente vergado sobre si próprio e alheio aos processos de *abertura* do direito constitucional ao *direito internacional* e aos *direitos supranacionais*. Numa época de cidadanias múltiplas e de múltiplos de cidadanias seria prejudicial aos próprios cidadãos o fecho da Constituição, erguendo-se à categoria de "linha Maginot" contra invasões agressivas dos direitos fundamentais (Coutinho: 2003, p. XVIII; cf. tb. Canotilho: 2004, p. 19-22).

As mudanças no pensamento de Canotilho serão mais profundamente debatidas na terceira parte do presente trabalho.

4.3. A teoria da constituição tal como é ensinada: comodidade dos *topoi* dogmaticamente preestabelecidos e ocultamento do desconforto teórico contemporâneo

Uma das preocupações fundamentais de um teórico da constituição deve ser a de utilizar-se da teoria para estabelecer uma compreensão adequada da constituição, ainda que esta compreensão se dê, na maioria das vezes, de modo apenas aproximado. A construção de uma teoria intercultural da constituição passa pela nossa preocupação cognitiva de apreender o fenômeno constitucional e poder estabelecer parâmetros balizadores de uma compreensão da pluralidade constitucional existente no mundo contemporâneo. Isso desemboca inevitavelmente em uma crítica da teoria clássica da constituição, e mais ainda em uma crítica ao ensino da teoria da constituição, responsável pela formação básica dos juristas e que, em boa medida, tem sido extremamente negligente na tentativa de problematização e compreensão dos problemas contemporâneos da teoria da constituição, preferindo, como afirmamos no título, ocultar esse desconforto teórico e simplesmente reproduzir a dogmática constitucional tradicional, a *communis opinio* preestabelecida em definições quase cabalísticas.

Pode-se perceber este fenômeno do comodismo teórico tanto no ensino da teoria da constituição nas universidades brasileiras, como, mais notadamente, nos manuais nacionais de direito constitucional que, embora possuam tópicos relacionados à teoria da constituição, ignoram de um modo geral as profundas modificações que esta sofre em virtude do fenômeno da integração interestatal, impossibilitando uma compreensão "constitucionalmente adequada" da constituição contemporânea. Considerando que o Brasil compõe um importante bloco de integração interestatal, o Mercosul (apesar de suas dificuldades), além da possibilidade de integrar uma associação geograficamente mais ampliada, a ALCA, a omissão do debate sobre a integração, que pode trazer modificações constitucionais profundas, é preocupante. Discute-se desde a construção da ALCA como zona de integração hemisférica até a questão do fortalecimento do Mercosul, o que certamente ocasionará um necessário "realinhamento constitucional" (Vieira: 1999) da Carta brasileira, podendo esta ser alterada para propiciar uma abertura constitucional às normas oriundas dos entes supra-estatais, tal como ocorre atualmente na União Européia. Os manuais de direito constitucional parecem ignorar quase completamente a presente questão, expondo sistematicamente apenas o que denominamos de *topoi* dogmaticamente preestabelecidos ao longo da construção da cultura constitucional do ocidente, sem fomentar o debate sobre a insuficiência teórica dos referidos lugares-comuns.[47] Verifiquemos mais de perto tal problemática.

Deixando de lado a questão terminológica (se devemos falar em direito constitucional, direito político, teoria do Estado e da constituição etc.), percebe-se que as faculdades de direito no Brasil dedicam em geral dois ou três semestres ao ensino do direito constitucional, geralmente excluindo deste a parte referente à teoria do Estado e à ciência política, disciplinas geralmente ministradas no início do curso. Algumas instituições, a exemplo da Universidade Federal do Rio Grande do Norte e da Faculdade de Direito de Caruaru/Associação Caruaruense de Ensino Superior, possuem disciplina específica de teoria da constituição, ministrada antes do estudo do direito constitucional positivo, ao passo que outras, como a Faculdade de Direito do Recife/Universidade Federal de Pernambuco, incluem os assuntos de teoria da constituição na primeira disciplina de direito constitucional (são atualmente três semestres – cf. Dantas: 1999a, p. 52), ou ainda dividem tais assuntos com a disciplina referente à teoria do Estado e à ciência política. Em qualquer dessas hipóteses, temos uma introdução teórica com o que alguns autores chamam de direito constitucional geral (que seria, em princípio, a teoria da constituição ou – como defende Ivo Dantas – teoria geral do direito constitucional), antes de adentrar o direito constitucional particular ou especial, referência dos autores ao direito constitucional positivo. O direito constitucional geral corresponde a uma série de princípios, indagações, conceitos e categorias que compõem uma teoria geral de caráter científico, ao passo que o direito constitucional particular trata do direito previsto na constituição específica de um determinado Estado (Bonavides: 1997, p. 27-28; Dantas: 1999a, p. 38-41; Ferreyra: 2003, p. 63).

De modo geral, a teoria da constituição exposta nos manuais usuais contém noções básicas de constitucionalismo e de direito cons-

---

[47] Aqui utilizamos o conceito viehwegiano de *topoi*, significando lugar-comum/ponto de vista. Cf. Galindo: 2003a, p. 136; Viehweg: 1979, p. 27: "*Topoi* são 'pontos de vista utilizáveis e aceitáveis em toda parte, que se empregam a favor ou contra o que é conforme a opinião aceita e que podem conduzir à verdade'".

titucional, conceitos e características da constituição, classificações das constituições (quanto ao conteúdo, origem, forma, modo de elaboração, estabilidade, extensão etc.), noções gerais sobre interpretação, aplicabilidade e eficácia das normas constitucionais, poder constituinte, poder reformador (constituinte derivado), e, algumas vezes, incluem uma discussão sobre a principiologia constitucional e a teoria geral dos direitos fundamentais. Com algumas pequenas variações, é este o conteúdo da teoria da constituição presente nos manuais de direito constitucional, publicados no Brasil (cf. Moraes: 2005, p. 37-59; Ferreira Filho: 2005, p. 1-32, 385-396; Agra: 2002, p. 23-145; Bonavides: 1997, p. 21-266; Tavares: 2003, p. 59-72; Carvalho: 2002, p. 1-75; Silva: 2003, p. 37-46; Zimmermann: 2002, p. 113-187; Araújo & Nunes Jr.: 2003, p. 1-68; Bastos: 2002, p. 57-146; Horta: 1999, p. 25-210; Chimenti, Capez, Rosa & Santos: 2004, p. 1-32).

Como se percebe, os "cursos" de direito constitucional no Brasil estruturam seus capítulos referentes à teoria da constituição, calcados exclusivamente nos paradigmas da teoria clássica de base schmittiana (no que diz respeito às linhas gerais da estruturação temática) e kelseniana (no respeitante à estrutura escalonada do ordenamento jurídico com a constituição ocupando o mais alto nível hierárquico). Quando se trata da eficácia e aplicabilidade das normas constitucionais, ainda pode-se notar o influxo de paradigmas dirigente-vinculantes, notadamente dentre os autores que defendem com maior veemência o dirigismo constitucional como teoria apta a viabilizar a realização dos direitos sociais e econômicos. Mas é relevante observar que quase nenhum deles discute a integração interestatal como temática de implicações constitucional, ignorando tão importante fenômeno que, embora possa ser excluído da análise do direito constitucional positivo (na medida em que os processos de integração nos quais o Brasil participa ainda são muito incipientes), não deveria estar de fora da parte referente à teoria da constituição (ou direito constitucional geral), precisamente pelo caráter evidentemente generalista que esta parte dos manuais possui, não devendo limitar-se ao direito constitucional positivo de um Estado, nem a uma teoria alçada a um *status* de dogmática constitucional que não reflete a complexidade das dimensões contemporâneas das questões constitucionais.[48] Há, portanto, aquilo que afirmamos ser um ocultamento do desconforto teórico, já que é mais cômodo trabalhar com categorias e paradigmas já consolidados do que enfrentar a insuficiência dos mesmos para a compreen-

---

[48] Consideramos importante destacar, para que se faça a devida justiça, que alguns dos citados manuais fazem referência à questão da integração, como nos casos de Kildare Gonçalves Carvalho, com uma breve remissão à União Européia (Carvalho: 2002, p. 74) e de Walber de Moura Agra, com citação de Lucas Pires acerca da constitucionalização dos estatutos dos entes supranacionais (Agra: 2002, p. 73). Ainda assim tratam, no nosso entendimento, de modo muito superficial a temática aludida.

são atual do constitucionalismo e da constituição. Esta comodidade, entretanto, provoca um déficit cognitivo inaceitável, sobretudo quando se fala tanto em internacionalismo, globalização, pós-modernidade, cosmopolitismo, multiculturalismo, interculturalismo e outros termos em voga, e, no entanto, ainda se estuda direito constitucional no Brasil quase que exclusivamente com referência a *topoi* da primeira metade do século passado e ao direito constitucional positivo. Há um hermetismo cognitivo assentado nas categorias teóricas clássicas e dissociado da abertura epistemológica necessária, preconizada pela teoria intercultural da constituição.

O curioso, e ao mesmo tempo espantoso, é que mesmo em Portugal, país integrante do mais importante bloco interestatal de integração que é a União Européia, há uma certa omissão da discussão integracionista em sede de teoria constitucional, o que faz com que autores como Canotilho afirmem que há um imenso "débito" da teoria da constituição ensinada em Portugal para com o direito comunitário. O Mestre de Coimbra afirma ter constatado que, até bem pouco tempo atrás, o direito constitucional ensinado em Portugal simplesmente não incorporava a realidade européia. Os constitucionalistas eram espécies de autistas na compreensão desta realidade e não havia sequer rastro de direito comunitário na maioria dos tratados de direito constitucional e, nos que havia, era na melhor das hipóteses referências marginais, como se fosse o direito comunitário um direito não-vinculante (Canotilho: 1998b, p. 45).

Em verdade, Canotilho é praticamente o único autor português de tratados de direito constitucional que analisa com profundidade a insuficiência da teoria clássica da constituição diante da integração européia, fazendo considerações propositivas de renovação teórica do constitucionalismo (Canotilho: 2002a, *passim*). Jorge Miranda, da Faculdade de Direito de Lisboa, também tece considerações a respeito, porém, sem dar à questão a mesma importância que Gomes Canotilho, preferindo enquadrá-la em moldes teóricos tradicionais (Miranda: 2002, p. 55-56; Miranda: 1998, p. 198-207; Miranda: 1997, p. 100; Miranda: 2001, p. 15-62).[49]

Dentre nossas pretensões neste trabalho, está a tentativa de suprir o referido déficit cognitivo da teoria clássica da constituição, através de uma proposta de teoria intercultural da constituição que possa elucidar, ao menos parcialmente, as obscuridades existentes. Todavia, para que alcancemos este objetivo, é necessário enfrentar tais

---

[49] Ainda em Portugal, é perceptível a ausência da questão da integração interestatal em importantes e densas obras sobre teoria da constituição, como na *Teoria da Constituição I – Mitos, Memórias, Conceitos*, de Ferreira da Cunha (Cunha: 2002). No Brasil, o recente livro *Teoria da Constituição*, de Carlos Ayres Britto, trata da temática, considerando, entretanto, paradoxal a idéia de constitucionalismo supranacional (Britto: 2003, p. 8; 67-70).

dificuldades, desvelando e trazendo à tona o desconforto teórico contemporâneo, pois antes de tudo é preciso analisar criticamente as insuficiências relevantes e a partir daí estabelecer proposições teóricas mais aceitáveis. Parece evidente que a teoria tradicional não mais serve para estabelecer um entendimento adequado do fenômeno constitucional atual, sendo necessária a sua reformulação com fundamento nesta perspectiva intercultural diante do integracionismo interestatal.

Aqui iniciamos o desvelamento do incômodo teórico com uma crítica ao ensino da teoria da constituição e do direito constitucional. Porém, a crítica mais aprofundada será feita adiante, a partir da análise dos fenômenos específicos de integração interestatal e de nossa proposta para redução da insuficiência teórica.

Segunda Parte

Teoria da constituição e interculturalismo constitucional

5. Constituição e cultura

> "A questão que eu desejo enfocar neste livro é a seguinte: pode uma constituição moderna reconhecer e acomodar a diversidade cultural?" (Tully: 1995, p. 1).[50]

5.1. Cultura, multiculturalismo e interculturalismo: notas definitórias

Na medida em que a teoria aqui proposta possui o adjetivo "intercultural", torna-se necessário o estabelecimento de premissas definitórias esclarecedoras da nossa opção por denominar a referida teoria de "teoria intercultural da constituição". Em virtude da imprescindível tarefa de fixar as bases conceituais da nossa proposta teórica, buscamos com esta parte do trabalho fazer os esclarecimentos prévios necessários.

Preliminarmente, algumas questões acerca do vocábulo "cultura". Obviamente encontra-se distante de nossas pretensões discutir profundamente as vicissitudes existentes entre as diversas definições propostas notadamente pelos antropólogos. Contudo, se propomos uma teoria intercultural da constituição, a definição semântica do referido vocábulo é fundamental para a adequada compreensão da leitura.

A palavra "cultura" nem sempre foi entendida da mesma maneira. A sua raiz latina é o vocábulo *colere*, que pode significar desde cultivar e habitar até veneração e proteção. Com o significado de cultivar, está a idéia de cultura como um conceito derivado da natureza. Para Eagleton, um dos significados originais da palavra "cultura" é o de "produção", ou seja, de um controle do desenvolvimento natural, implicando uma dialética entre o artificial e o natural. Há aqui uma forte ligação com a idéia de cultivo da terra, ou seja, a

---

[50] No original: "The question I wish to address in this book is the following. Can a modern constitution recognize and accommodate cultural diversity?".

cultura entendida como cultura agrícola (Eagleton: 2001, p. 11-13; Pedro: 1995, p. 23-24). Daí a utilização de expressões como "agricultura", "monocultura" e outras com o significado referido.

Entretanto, o uso metafórico termina por se estabelecer com mais força do que o sentido léxico original apontado por Eagleton. A idéia de cultivar o espírito permite que, na era moderna, a idéia de cultura adquira um valor religioso e transcendente, através do vocábulo latino *cultus*, origem da palavra "culto", de freqüente referência aos rituais das religiões.

Esses significados de cultura, afora outros (cerca de duzentos e cinqüenta, segundo Moles, ou cento e cinqüenta, segundo os antropólogos Kroeber e Kluckhohn), não são os sentidos habitualmente referidos nas denominadas ciências culturais. O conceito de cultura como um conjunto de atributos e produtos das sociedades humanas, transmissíveis por mecanismos diferentes da herança biológica, é oriundo da modernidade iluminista, não existindo até o século XVIII (Pedro: 1995, p. 28; Häberle: 2000, p. 25).

A partir da Ilustração, ganha projeção o conceito de cultura como conjunto de costumes, crenças e instituições sociais existentes em uma dada sociedade humana. Na perspectiva iluminista, a cultura compreende toda produção dos seres humanos vivendo em sociedade, aí se encontrando os conhecimentos, as crenças religiosas e populares, as artes, a moral, os costumes e usos sociais, as tradições e também o direito.

Considerando esta última idéia, Kroeber e Kluckhohn efetuam um importante sumário dos elementos culturais de maior relevância. Para eles, a cultura precisa ser contemplada primeiramente em nível histórico, considerando a tradição e os legados sociais. Em segundo lugar, deve ser considerada em nível normativo, como regras e usos sociais, incluindo cada um dos seus respectivos valores e ideais de conduta. Em um terceiro plano, em nível psicológico, como adaptação de superação de problemas, como processos de aprendizagem ou como conjunto de costumes seculares. E por último, em nível estrutural, entendido este como conjunto de modelos de organização da própria cultura, ou ainda, em nível genético, entendido este no sentido de cultura como produto, como idéias ou como símbolos (Häberle: 2000, p. 25). Todos os quatro níveis são importantes para a teoria intercultural da constituição, como veremos adiante.

Como se percebe, os elementos levantados pelos supracitados antropólogos não incluem diretamente a natureza como objeto cultural, priorizando a investigação da cultura como produção das sociedades humanas, embora esta produção, em última análise, consista na ação dos homens sobre a natureza. Todavia, são as relações intersubjetivas, e não as relações homem-natureza, que fazem com que ocorra a produção cultural de tradições, valores, ideais, costumes e normas de conduta social, dentre as quais o direito se afigura como a mais relevante para que sejam possíveis as aludidas relações intersubjetivas em uma sociedade "civilizada".[51]

A diferenciação ocorrida com a contraposição cultura/natureza a partir da Ilustração faz surgir a divisão dualista da ciência com a distinção entre as ciências culturais e as ciências naturais. As primeiras investigam a produção humana na vida em sociedade, ao passo que as segundas se voltam para a investigação dos fenômenos da natureza. Não queremos dizer com isso que as ciências da cultura estejam completamente dissociadas da natureza; em verdade, continuam a esta associadas, mas com uma diferenciação teleológica fundamental: as ciências da cultura investigam as transformações da natureza como expressão e resultado da atividade humana dirigida a uma finalidade, enquanto nos fenômenos naturais propriamente ditos, estudados pelas ciências naturais, não ocorre esse *telos*, independendo, portanto, da vontade humana (cf. Heller: 1998, p. 59ss.). Daí a afirmação de Miguel Reale de que natureza e cultura seriam intrinsecamente diversas, sobretudo pelo fato de que o mundo da natureza não comporta inovações próprias, ao passo que a possibilidade de se estabelecer algo novo é característico do mundo cultural (Reale: 2000, p. 295).[52]

O conceito de cultura defendido por Heller ("inserção de fins humanos na natureza") implica a compreensão da cultura em dois sentidos: como cultura "subjetiva" e como cultura "objetiva". A primeira delas consiste na porção do mundo físico concebida como formação humana direcionada a um fim. Para Heller, o homem, ao cultivar a terra, construir casas, criar obras de arte ou formar-se a si mesmo e aos demais (de modo consciente ou inconsciente), é portador de cultura, possui e cria cultura. A segunda é aquela em que aparecem

---

[51] Por algum tempo, os conceitos de cultura e civilização aproximaram-se, notadamente no iluminismo francês, diferentemente do que ocorre com a idéia de civilização contraposta à de barbárie. Sobre este debate, cf. Eagleton: 2001, p. 22-23.

[52] Nas palavras do Mestre da USP: "A distinção entre natureza e cultura tem, penso eu, outra razão e alcance, resultando da verificação, feita no plano ontognoseológico, de que há um domínio da realidade (tomada essa palavra em seu sentido lato, como a totalidade dos *objetos*, desde os 'físicos' até os 'ideais'), há uma espécie de realidade que *não comporta inovações* (*é o mundo da natureza*) enquanto outra há que se singulariza pela *possibilidade de nela se instaurar algo novo*, e é o *mundo da cultura*. (...) No fundo, a natureza, por mais que contínua e indefinidamente se transforme, sempre se repete, no sentido de que toda transformação se subordina às suas leis imanentes, ainda que, em certos casos, opere o 'princípio de indeterminação' de Heisenberg. Já no plano cultural, acrescenta-se algo à natureza com sistemática inserção do *valor* alterando-o sentido dos eventos. Daí poder-se dizer que a natureza não foge à sua imanente programação, admitida como um pressuposto de sua cognoscibilidade positiva. O pressuposto da cognoscibilidade da cultura é, ao contrário, o poder de inovação sintetizante e simbolizante (*nomotético*) do espírito" (Reale: 2000, p. 295-296 – grifos do autor; cf. tb. Vilanova: 2003b, p. 282ss.).

reunidas, como patrimônio cultural ou espírito objetivo, todas as formações humanas emanadas da conexão de suas vivências, sendo indiferente que se tenham projetado fora da *psique*, inserindo-se ou não na natureza (Heller: 1998. p. 63-64).

Este último sentido, o de cultura "objetiva", parece-nos mais adequado de trabalhar na perspectiva do significado contemporâneo mais importante. Como afirmamos anteriormente, somente as relações entre seres humanos podem produzir tradições, crenças, costumes e normas, ou seja, cultura no sentido objetivo helleriano. A natureza participa apenas indiretamente neste contexto, sendo privilegiadas para análise as relações inter-humanas. Como o sentido subjetivo ainda se refere à idéia de cultura ligada à relação homem-natureza, neste trabalho, utilizaremos o sentido objetivo de cultura, aliado aos níveis de contemplação da cultura, propostos por Kroeber e Kluckhohn.

Definida a idéia de cultura que permeia o nosso trabalho, tratemos de outras definições igualmente importantes. Está em evidência o debate acadêmico sobre o denominado multiculturalismo, notadamente nas questões sobre direitos humanos e direitos fundamentais. Torna-se necessário incluirmos aqui uma definição que possa diferenciá-lo em relação ao que chamamos de interculturalismo.

Principiando pela etimologia, quando fazemos referência a multiculturalismo e interculturalismo, temos a agregação de dois prefixos e um sufixo ao vocábulo cultural, que, por sua vez, é adjetivo derivado do substantivo "cultura". O sufixo "ismo", comum às duas palavras, provém do grego *ismós*, sendo designativo de crença, escola, sistema, conformação ou origem. O prefixo "multi" tem origem no latim *multu*, e exprime a idéia de muito, de muitas vezes. Por último, o prefixo "inter", também de origem latina, denota posição intermédia.

Considerando a conexão sintática e a dimensão semântica dos termos envolvidos e tendo em vista o aspecto léxico, poderíamos afirmar que multiculturalismo seria um sistema de compreensão da existência de uma multiplicidade de culturas, ao passo que o interculturalismo denotaria a idéia de um sistema entrelaçador de culturas, estabelecendo necessários influxos entre elas.

O termo mais utilizado para designar o debate em torno da diversidade cultural é multiculturalismo. Sob a bandeira do multiculturalismo, erigem-se muitos movimentos emancipatórios de defesa dos direitos humanos, de defesa da preservação da diversidade cultural contra a supressão das identidades culturais pela globalização e por outros fenômenos (movimentos de preservação de tradições, movimentos de preservação das culturas indígenas), de inclusividade social não-incorporativa (acesso à cidadania libertária sem destruição da cultura diversa – caso da população muçulmana na União Européia) etc. (Eagleton: 2001, *passim*; Habermas: 2002, p. 107-136; Julios-Campuzano: 2002, p. 18-21; Santos: 2002b, p. 51-55; Boneu: 2002, p. 198-199).

A partir da utilização corrente da referida palavra, há uma tendência a compreender o seu significado de duas formas: por um lado, como um fato, uma expressão que registra a existência de uma multiplicidade de culturas; por outro, como um valor, implicando uma política de reconhecimento das diversas culturas. Este reconhecimento resultaria, para alguns autores, em uma exigência de que todas as culturas não somente mereçam respeito (como na perspectiva pluralista), mas um mesmo respeito, pela razão de que para o multiculturalismo todas as culturas teriam igual valor. Tal isonomia axiológica é criticada veementemente por Sartori, para quem se é atribuído igual valor a todas as culturas, isso equivale a um relativismo absoluto que destrói a noção mesma de valor ("se tudo vale, nada vale") (Miguel: 2001, p. 7; Wrong: 1997, *passim*).

A referida isonomia axiológica faz com que o multiculturalismo possa incorrer no perigo de propiciar a sua própria destruição. Ao igualar, por exemplo, uma cultura fundamentalista a uma cultura pluralista e democrática, pode-se permitir a supressão desta última pela primeira, no que parece correta a crítica de Sartori ao multiculturalismo (ao menos se entendido dessa maneira). O multiculturalismo poderia ser, portanto, autofágico.[53]

Entretanto, a crítica exarada ao multiculturalismo não pode, como advertem Höffe, Davutoglu e Bidart Campos, resultar em um universalismo cultural, no sentido de que uma concepção cultural, por ser considerada axiologicamente superior, deva ser unilateralmente imposta a populações com tradições culturais distintas, na medida que um projeto emancipatório de diálogo permanente entre culturas diferentes precisa estar assentado na idéia cosmopolita que denominamos aqui de interculturalismo (cf. Höffe: 2000, p.172; Davutoglu: 2004, p. 103; Campos: 2004, p. 331-333).

Interculturalismo significa, mais do que a idéia de posição intermédia, a impossibilidade da exclusão cultural, protegendo o diálogo entre culturas, somente possível em uma perspectiva aberta e includente. A nossa preferência por utilizar a expressão interculturalismo em vez de multiculturalismo está fundamentada precisamente na defesa desse diálogo intercultural. Este, a seu turno, fomenta o reconhecimento das limitações de cada uma das culturas e a aproximação entre elas para pensarem o seu próprio desenvolvimento a partir de

---

[53] Marcela Basterra ainda adverte para as culturas de intolerância, como, por exemplo, os segmentos do islamismo que queiram realizar a extirpação do clitóris feminino, assim como a ultradireita francesa e seus discursos xenófobos excludentes do reconhecimento da diversidade cultural (Basterra: 2003, p. 346-347).

contribuições recíprocas. O vocábulo multiculturalismo pode ensejar a compreensão de que, embora exista uma multiplicidade de culturas, o diálogo entre as mesmas nem sempre é possível e desejável, podendo resultar em um hermetismo cultural excludente. Já a expressão *interculturalismo* propicia a inclusão do debate entre as culturas como algo indispensável. Não estabelece nenhuma isonomia axiológica, mas considera o diálogo intercultural uma premissa fundamental.[54]

A partir dessas considerações, podemos justificar nossa opção terminológica que, embora não seja dominante, possui importantes adeptos. O diálogo intercultural, por exemplo, é salientado por autores como Boaventura de Sousa Santos (embora este utilize com maior freqüência o vocábulo *multiculturalismo*) e Otfried Höffe (este fazendo uso do vocábulo "intercultural") (Santos: 2003, *passim*; Höffe: 2000, *passim*). Tratando do problema das migrações e políticas de identidade cultural, Zamagni propõe uma teoria que denomina de "modelo de integração intercultural" (Zamagni: 2002, p. 24ss.). Tully faz uso explícito da palavra inglesa *interculturalism* para designar a interação dialógica entre as diversas culturas, analisando os desafios do constitucionalismo diante deste interculturalismo (Tully: 1995, *passim*).

Percebe-se que a perspectiva dialógica é insistentemente repetida quando se fala em interculturalismo, não acontecendo o mesmo com o multiculturalismo. E é o diálogo intercultural e aberto um dos fundamentos da teoria intercultural da constituição, o que inevitavelmente pressupõe, teórica e filosoficamente, o racionalismo crítico das sociedades abertas de Karl Popper e a hermenêutica diatópica de Raimundo Pannikar e Boaventura de Sousa Santos. Todavia, estes pressupostos serão analisados no capítulo seguinte.

5.2. A inserção do interculturalismo na constituição: entre diversidade e homogeneidade

A cultura objetiva de que fala Heller é comumente tratada pelos textos constitucionais contemporâneos. Tais previsões constitucionais denotam uma permanente preocupação constituinte com a temática cultural, pretendendo sedimentar uma espécie de "multiculturalismo interno", com o reconhecimento da existência da diversidade de nações em um mesmo território estatal, mas, por outro lado, tentar manter uma espécie de "unidade na diversidade", com a manutenção de uma unidade em torno do Estado, apesar da diversidade

---

[54] "A definição de *intercultura* presente em qualquer dicionário moderno faz realçar logo uma idéia fundamental: a 'de *partilha* de cultura', 'de ideias ou formas de encarar o mundo e os outros'" (Canotilho: 2002a, p. 1411 – grifos do autor).

nacional efetivamente existente. Obviamente existem outras razões para que essas normas constitucionais estejam presentes no ordenamento jurídico, porém, concentrar-nos-emos apenas na discussão diversidade-homogeneidade, que é a que se afigura relevante para o nosso trabalho.

Os Estados ocidentais têm tratado da cultura em diversos dispositivos constitucionais, a ponto de autores como Häberle falarem na existência de um direito constitucional da cultura (Häberle: 2000, p. 28). Direta ou indiretamente, as constituições tratam da cultura e dispõem acerca da diversidade e da homogeneidade culturais. Em virtude da perspectiva do interculturalismo entre as realidades européia e americana diante da proposta deste trabalho, são perceptíveis alguns exemplos constitucionais da nossa afirmativa em ambos os continentes.

Em se tratando de países vinculados à União Européia, comecemos pelo exemplo alemão. Logo no preâmbulo de sua Lei Fundamental, os alemães incorporam a idéia da simbiose entre homogeneidade e diversidade, ao estabelecerem que a unidade e a liberdade da Alemanha estão consumadas pelos alemães dos Estados de Baden-Württemberg, Bayern, Berlin, Brandenburg, Bremen, Hamburg, Hessen, Mecklenburg-Vorpommern, Niedersachsen, Nordrhein-Westfalen, Rheinland-Pfalz, Saarland, Sachsen, Sachsen-Anhalt, Schleswig-Holstein e Thüringen. Um aspecto de homogeneidade encontra-se presente na idéia de unidade alemã, ao passo que a diversidade é configurada pela adoção das identidades culturais estaduais (a partir do federalismo como forma de Estado) como referência às diferenças efetivamente existentes entre os alemães e o respeito às mesmas (consagrado na vedação a modificações da Lei Fundamental que afetem a estrutura federativa da República alemã – art. 79 (3)), sem que isso implique uma subversão da unidade do povo alemão.

Na Espanha, a simbiose entre homogeneidade e diversidade ocorre em afirmativas constitucionais como as dos arts. 2° e 3° da Carta de 1978. Nos referidos artigos, estabelece-se como fundamento da Constituição a unidade indissolúvel da nação espanhola, tida como pátria indivisível de todos os espanhóis (art. 2°) e impõe-se o *castellano* como língua oficial do Estado e obrigatória para todos os cidadãos da Espanha (art. 3°, 1). Aqui se nota uma busca de homogeneidade espanhola, que é relativizada pelo reconhecimento do direito à autonomia das nacionalidades e regiões da Espanha (art. 2°), assim como a oficialidade das demais línguas nas respectivas Comunidades Autônomas (art. 3°, 2), ainda reconhecendo que a riqueza das diferentes modalidades lingüísticas da Espanha é um patrimônio cultural objeto de especial respeito e proteção (art. 3°, 3). Reconhece-se assim constitucionalmente uma diversidade intercultural (cf. Pedro: 1995, *passim*; Häberle: 1996a, p. 52-58).

A Constituição italiana de 1947 assemelha-se bastante com a espanhola no que diz respeito à simbiose diversidade-homogeneidade. No seu art. 5º, proclama a unidade e indivisibilidade da república (homogeneidade), mas no mesmo dispositivo, reconhece e promove as autonomias locais, estimula nos serviços estatais a descentralização administrativa e procura harmonizar os princípios e métodos da legislação da república com as exigências da autonomia e da descentralização. A proteção às minorias lingüísticas dispensada pelo art. 6º também configura um reconhecimento da diversidade cultural italiana (Häberle: 1996a, p. 56).

No direito constitucional francês, a perspectiva de homogeneidade é bem mais fortalecida pelo fato de que não há os regionalismos existentes na Alemanha, na Espanha e na Itália. A França é um Estado unitário, e a referência constitucional a um "povo francês" supõe uma unidade cultural e política diversa da existente nos exemplos anteriores. Apesar disso, a diversidade não está excluída, pois deve ser registrada a existência das coletividades territoriais previstas nos arts. 72 e seguintes, com a previsão de autonomia administrativa e autorização para a adoção de regime legislativo e organização administrativa próprios à situação específica de cada uma delas, no caso dos departamentos ultramarinos. Entretanto, somente com a abertura à União Européia, a França estabelece constitucionalmente uma interculturalidade pouco perceptível internamente.

O caso do Reino Unido é paradigmático e especialíssimo. Pela peculiaridade do seu sistema constitucional, sobretudo com a ausência de uma constituição codificada e considerada hierarquicamente superior às demais normas oriundas do Parlamento, os britânicos convivem com uma curiosa interculturalidade entre as quatro nacionalidades existentes, com uma predominância dos ingleses em relação aos galeses, escoceses e norte-irlandeses. Historicamente, a Inglaterra anexou o País de Gales no séc. XIII, formalizando uma união com o *Act of Union* de 1536. Em relação à Escócia, mediante sucessão dinástica, as coroas inglesa e escocesa estiveram unidas a partir de 1603, com a formalização da união somente em 1707 com a aprovação de um *Act of Union*. Com a Irlanda, há uma união formal a partir do *Ireland Act* de 1800 que, todavia, foi sempre questionado pelos irlandeses, a ponto de a maior parte da Irlanda ter se separado do Reino Unido e constituído uma república, ao passo que a outra parte (Irlanda do Norte) permanece unida à Grã-Bretanha. A homogeneidade é consideravelmente mitigada pelo forte nacionalismo subsistente, o que faz com que a preponderância da Inglaterra como fator de unidade britânica seja atenuada por iniciativas autonômicas do Parlamento de Westminster, com destaque para os Atos de 1998 (*Scotland Act, Government of Wales Act*) que permitiram a criação de assembléias parlamentares na Escócia e no País de Gales, além do restabelecimento (ainda que conturbado e com eventuais retrocessos) do Parlamento da Irlanda do Norte. As referidas nacionalidades ainda mantêm representação minoritária no Parlamento de Westminster, o que faz do peculiar constitucionalismo britânico um espaço de notável diversidade intercultural, embora profundamente problemática (cf. Hill: 2002, p. 56; 246-250; Hill: 2001, p. 686-688; Winetrobe: 2004, *passim*; McCrudden: 2004, *passim*; Bradley: 2004, p. 49-53; Barendt: 1998, *passim*).[55]

No caso Sul-Americano, convém destacar o interculturalismo presente nas constituições da Argentina e do Brasil, Estados de maior importância no Mercosul. Em ambos, o federalismo é a característica intercultural mais importante, apesar de não ser a única.

Na Argentina, a descentralização existente anterior à Constituição de 1853 permite o surgimento de um federalismo com características muito próximas às dos Estados federais de tendência descentralizante, como os EUA e a maioria dos europeus.[56] Ao formarem uma Confederação Argentina, as Províncias Unidas do Prata conservam seus poderes soberanos, somente abdicados depois das reformas instituidoras da "Constituição da Nação Argentina". Ainda assim predomina a idéia do federalismo centrífugo, em que as províncias mantêm todos os poderes não expressamente delegados ao poder central, apesar do aumento dos poderes do governo federal a partir do peronismo, o que, na visão de alguns, descaracterizaria o federalismo argentino como centrífugo. Porém, tendo em vista a presença histórica de uma forte cultura independentista local, a Constituição argentina promove as províncias ao estabelecer textualmente as suas competências materiais e legislativas (com a previsão de competência até para a celebração de "tratados" entre províncias), presentes nos arts. 5°, 7°, 8°, 12, 13 e 121 a 129 (Segado: 2003, p. 1180-1181; Dalla Vía: 2004, p. 651ss.; Silva: 2000, p. 142-143; Baracho: 1986, p. 209-212). Com o federalismo, dá-se a preservação da diversidade.

---

[55] Com a entrada de dez novos Estados na União Européia em maio de 2004, o problema da diversidade se complexifica, considerando que a homogeneidade que propiciou a desintegração de Estados como o tchecoslovaco, desmembrado em Eslováquia e República Tcheca, volta a ser diluída na diversidade européia oriental, visto que mesmo Estados etnicamente mais homogêneos, como Hungria e Polônia, precisam trabalhar interculturalmente as suas dificuldades de adaptação à realidade heterogênea do ente supra-estatal do qual participarão (cf. Basta: 2000, p. 51ss.; Serrano: 1999, *passim*; Nogueras: 1999, *passim*; Suárez: 2003, *passim*).

[56] É importante observar, todavia, que o federalismo tem se caracterizado nos EUA e em outros lugares como crescentemente centralizador. No caso estadunidense, a vitória nortista sobre o sul na Guerra da Secessão (séc. XIX) e as políticas do *New Deal* rooseveltiano são geralmente salientados como momentos históricos de intensa centralização do federalismo, descaracterizando em alguma medida as suas premissas clássicas (cf. Kramer: 1999, *passim*).

Em relação ao Brasil, as identidades culturais regionais não se mostram tão relevantes em termos institucionais. A tendência centralista é culturalmente predominante, na medida em que, não só o colonizador português, mas o próprio Estado brasileiro independente a partir de 1822, não aceita, nem cogita a idéia federalista. Somente com o advento da República em 1889 e por influência de Rui Barbosa, inspirado no modelo norte-americano, é adotada a forma federativa no Brasil, ainda assim um federalismo artificial, sem ter por fundamento a autonomia dos Estados-Membros, mas a decisão descentralizadora ocasional do próprio poder central. Em maior ou menor grau, as constituições brasileiras não têm permitido a descentralização e a autonomia necessárias para o desenvolvimento de uma diversidade federalista, como ocorre em outros países. Mesmo dispositivos como o atual art. 25, § 1º, tornam-se anacrônicos diante da hipertrofia de competências enumeradas atribuídas à União, com algumas outras competências expressamente atribuídas aos Municípios, sobrando pouco ou quase nada aos Estados-Membros.

Apesar da permanência de uma cultura institucional da homogeneidade centralizadora, alguns avanços em termos de diversidade são perceptíveis na atual Carta brasileira. Além de uma maior autonomia estadual em relação à que existia na Constituição de 1967, a diversidade em termos de pluralidade jurídica é reconhecida também no que diz respeito ao tratamento dispensado aos índios que têm na Constituição de 1988 a Carta que mais lhes outorga direitos, com um grau relativamente elevado de autonomia, permitindo um certo grau de diversidade intercultural institucionalizada com garantias relativas à sua organização social, costumes, línguas, crenças, além do direito originário sobre as terras que tradicionalmente ocupam, com o acréscimo das áreas necessárias à sua preservação (arts. 231 e 232).

Como se percebe, por mais que se almeje uma certa homogeneidade cultural, a diversidade termina por ter que ser reconhecida constitucionalmente. Esse reconhecimento só é possível a partir de uma perspectiva intercultural que permita o diálogo entre as culturas institucionais e a solução dos problemas oriundos da diversidade multicultural. A questão da diversidade tornar-se-á mais complexa com os processos de integração interestatal, mas por ora tal complexidade não será abordada.

5.3. A constituição como produção cultural

Antes de tudo, é necessário notar que não somente a homogeneidade e a diversidade culturais estão presentes na constituição de um Estado, mas que esta última é, em verdade, um produto da cultura existente, ou seja, como o direito em geral, a constituição é uma produção cultural. O direito constitucional, portanto, possui um fundamento cultural.

Para entender a constituição como produção da cultura político-jurídica de um determinado povo, é necessário compreender o próprio fundamento cultural do direito (Vilanova: 2003a, p. 33ss.). É interessante trazer à tona a concepção desenvolvida pelo Professor espanhol Ruiz Miguel. Com uma proposta decisionista diferente da schmittiana, o referido mestre define o direito como uma decisão política com pretensões éticas, articulada em forma normativa. Tal concepção tem por base a fenomenologia política de Julien Freund, para quem o direito é uma dialética entre a política e a ética. Ruiz Miguel alarga esta conceituação, defendendo que o direito não é qualquer dialética entre a política e a ética, mas somente aquela formulada em termos normativos, ou seja, a dialética entre a política, a ética e a lógica (Miguel: 2001, p. 7-9).

Por ser de inspiração hobbesiana, a referida concepção decisionista pressupõe para a política a relação mandamento-obediência. Contudo, a coação física, por si só, é insuficiente para preservar o poder político. A eficácia duradoura do mesmo só ocorre se o dito mandamento se apóia em um substrato cultural que se convença da justiça da causa, dependendo uma política duradoura sempre de um assentamento cultural. Em sendo o direito a articulação normativa dessas relações, a base cultural do direito parece inequívoca.

A constituição é parte do direito, é espécie do gênero norma jurídica. Se o direito possui fundamento cultural, assim também ocorre com a constituição, que se coloca como a norma suprema no interior de um ordenamento jurídico estatal. Justamente por ser direito, a constituição também é cultura. Em sendo produto da cultura, afigura-se adequada a concepção interculturalista de Häberle, para quem a constituição não se limita a ser somente um conjunto de textos jurídicos ou um mero compêndio de regras normativas, mas a expressão de um determinado grau de desenvolvimento cultural, um meio de auto-representação de um povo, espelho de seu legado cultural e fundamento de suas esperanças e desejos (Häberle: 2000, p. 34).[57]

Esta premissa häberleana permite a compreensão de muitos dos textos constitucionais e seus desdobramentos com fundamento no *statu quo* cultural de cada Estado constitucional. Existe, é claro, um patrimônio comum em termos de cultura constitucional (direitos fun-

---

[57] Na pág. 145 do referido trabalho, afirma o Professor alemão: "La Constitución es pues, sobre todo, expresión viva de un statu quo cultural ya logrado que se halla en permanente evolución, un medio por el que el pueblo pueda encontrarse a sí mismo a través de su propia cultura; la Constitución es, finalmente, fiel espejo de herencia cultural y fundamento de toda esperanza". Cf. tb. Sampaio: 2004, p. 26-28.

damentais, separação de poderes, supremacia da constituição etc.),[58] mas neste momento interessa-nos demonstrar como as constituições específicas de cada Estado podem ser produção cultural do povo deste mesmo Estado. Nos mesmos exemplos do ponto anterior, pode-se perceber o acerto da tese de Häberle. Vejamos, principiando pelos países da União Européia.

Na terra natal do citado autor, a diversidade reconhecida pela *Grundgesetz* (Lei Fundamental) tem por fundamento a tardia formação da Alemanha enquanto Estado nacional. A unificação alemã só se dá em 1871, sendo até então um amontoado de pequenos Estados que terminam por subsistir, em sua maioria, como Estados-Membros da federação alemã. Estes mantêm uma forte identidade cultural, possuindo dialetos e tradições próprias, identidade relativizada com o pangermanismo do 3º. *Reich*, mas retomada na Constituição de 1949, figurando, aliás, como cláusulas imodificáveis (até mesmo pelo direito comunitário, de acordo com o Tribunal Constitucional Federal) por meio de reforma da Constituição (Rogeiro: 1996, *passim*). Entretanto, a nova divisão da Alemanha em Estados-Membros prescinde, em boa medida, de uma equivalência aos Estados alemães históricos, tendo sido na maior parte das vezes, criação casuística das potências ocupantes daquele tempo, criando nova tradição histórico-cultural, contrabalançando homogeneidade e diversidade (Hesse: 1998, p. 182).

Na Espanha, a predominância cultural da região de Castilla y León faz com que o idioma oficial seja o *castellano*, mas a concreta existência da diversidade regional faz com que a Constituição seja obrigada a reconhecer as demais culturas e mesmo a pluralidade lingüística. Na Itália, dá-se fenômeno semelhante, apesar de não podermos falar de uma predominância cultural de uma determinada região nos mesmos moldes do caso espanhol.

Em relação ao exemplo francês, a cultura político-jurídica produz uma maior homogeneidade, com raízes na consolidação de uma unidade nacional francesa, ocorrida bem antes de casos como a Alemanha e a Itália. Isso gera uma identidade cultural que permite o surgimento de normas constitucionais mais unificadoras, desconsiderando em boa parte o aspecto da diversidade, já que a relativa homogeneidade social e cultural propicia uma constituição mais uniformizadora em termos interculturais.

No Reino Unido, mais do que em qualquer outro país, a constituição é produção cultural. Classificada como constituição histórica, a Carta britânica remonta aos tempos medievais, com a outorga da *Magna Charta Libertatum*, em 1215, e é composta de inúmeras outras declarações de direitos e atos do Parlamento que configuram na cul-

---

[58] Para Cascajo Castro, dogmas próprios de todo autêntico Estado liberal e democrático (Castro: 2003, p. 969).

tura político-jurídica britânica a Constituição do Reino Unido. A predominância da Inglaterra é suavizada com a aceitação da diversidade de sistemas jurídicos (Inglaterra e País de Gales seguem o sistema do *common law*, ao passo que Escócia e Irlanda do Norte não o fazem) e também de autonomia legislativa para as nacionalidades diversas da inglesa (David: 1998, p. 281; Hill: 2002, p. 246-250; Galindo: 2004a, *passim*; Winetrobe: 2004, p. 185-190; McCrudden: 2004, p. 203-207; Hadfield: 2004, p. 241-246).

Nos exemplos dados do caso americano, as constituições da Argentina e do Brasil são conformadas da maneira que estão em boa medida pela cultura político-jurídica nacional de cada um deles. A conformação das instituições federais argentinas de modo mais descentralizada que no Brasil corresponde à tradição cultural de maior autonomia para as unidades federativas da Argentina, o que não ocorre no Brasil, país onde a cultura centralista é muito mais forte e que o federalismo instituído nada mais é do que uma tentativa oficial de atenuar este espólio cultural.[59] No caso do tratamento dado aos indígenas pela Constituição brasileira, corresponde este a uma luta histórica dessas populações, quase extintas, pelo reconhecimento do direito à autopreservação cultural, consolidando na cultura político-jurídica brasileira o entendimento de que os índios possuem de fato tal direito.

É necessário percebermos que a relação entre constituição e cultura é essencialmente dialética. Tanto a constituição é produção cultural, como a cultura também pode ser produzida a partir da constituição. Com o advento dos fenômenos constitucionais é que se torna possível a existência de culturas constitucionais, assim como também as constituições são produzidas a partir de influxos político-culturais iluministas e liberais, com uma abertura posterior ao ideário social. No capítulo seguinte, estas idéias serão mais aprofundadas.

5.4. A(s) teoria(s) da constituição como teoria(s) cultural(is)

Com a inter-relação entre constituição e cultura através de seus influxos recíprocos, as teorias da constituição, que surgem com a

---

[59] Importante salientar que a descentralização propugnada pelo federalismo nem sempre é necessariamente proveitosa para atender às expectativas da maioria da população, considerando que a federação brasileira passou por períodos de maior descentralização do poder político, como na República Velha e no período imediatamente posterior à promulgação da Carta de 1988, e isso gera crises de gravidade considerável, que denotam o surgimento de tendências políticas centralizadoras, como a Revolução de 1930 e a denominada "Era FHC" que, neste último caso, é responsável pela implementação de reformas constitucionais como a Emenda Constitucional nº 15/1996 que dá nova redação ao art. 18, § 4º, da CF, assim como de legislação infraconstitucional como a Lei de Responsabilidade Fiscal que se estabelece como mecanismo de disciplina fiscal para Estados e Municípios (cf. Régis & Maia: 2004, p. 99-103; Nassif: 2002, p. 59-61). Com posicionamento ligeiramente diverso, cf. Silva: 1997, p. 353.

finalidade de investigar e estabelecer uma compreensão adequada do fenômeno constitucional, são também autênticas teorias culturais.[60] Teóricos conhecidos já investigam a constituição a partir do referencial cultural, como Peter Häberle, com a sua *Verfassungslehre als Kulturwissenschaft* (teoria da constituição como ciência da cultura), e Pablo Lucas Verdú, com a *Teoría de la Constitución como Ciencia Cultural*. Aliás, este último autor faz interessantes estudos acerca dos pressupostos culturais da teoria da constituição em investigações sobre as doutrinas de Kelsen e Schmitt, investigações estas citadas variadas vezes no presente trabalho (cf. Verdú: 1989a; 1989b; 1990; 1998; Häberle: 2000).

Em princípio, é importante reconhecermos a existência de várias teorias da constituição, embora geralmente a alusão às mesmas seja feita no singular. Ainda que a maioria delas (sobretudo as teorias clássicas) tenha pretensões de universalização, não há, em nenhuma das mesmas, dimensões suficientes para que se possa falar em uma única teoria da constituição. Há, em verdade, teorias da constituição.

Se a constituição é um produto da cultura, as teorias da constituição também o são. Além disso, é possível perceber, assim como nas relações entre constituição e cultura, que as teorias da constituição também produzem uma cultura constitucional, como será visto adiante. No momento, importa ressaltar o papel dessas teorias enquanto teorias culturais. Para isso, torna-se necessária a percepção dos influxos interculturais entre as teorias da constituição como produção cultural e as culturas constitucionais que, a seu turno, são produtos do constitucionalismo enquanto fenômeno e das teorias da constituição, tanto no seu aspecto epistemológico, como também no próprio aspecto ideológico.

Até o século XIX não há teoria da constituição. Como afirmamos em outra parte deste trabalho, o que existe são teorias que fazem referência à constituição.

Assim podemos falar nos antecedentes da teoria da constituição em Atenas, na empreitada aristotélica de compilar mais de cem constituições das diversas *polis* gregas e de estabelecer princípios e diretrizes de uma estruturação política mais adequada à realização da idéia de "justa medida". Aristóteles não somente é, como afirma Verdú, precursor do direito constitucional comparado, mas antecipador da teoria da constituição como teoria cultural (Verdú: 1998, p. 23). A inter-relação entre a realidade da *polis* e as propostas para um melhor e mais justo funcionamento da mesma é uma constante na obra do estagirita, na medida em que, por um lado, busca dados histórico-cul-

---

[60] Para autores como Vilanova, "Autêntica teoria é todo sistema de proposições orientado para um objeto com fim cognoscitivo. Teoria é, pois, na medida em que compreende sistemática e finalidade veritativa, teoria é ciência" (Vilanova: 2003a, p. 80).

turais como a aversão dos gregos a todo tipo de poder concentrado e arbitrário e a devoção à justiça isonômica, e por outro, tenta conformar a *polis* a partir destes pressupostos de ordem cultural com proposições filosófico-políticas que incluem a temporalidade dos mandatos e a separação de poderes (Aristóteles: 1998, p. 177ss.; Loewenstein: 1964, p. 155-156; Saldanha: 2000, p. 15).

As idéias de Aristóteles passam com o decorrer dos séculos a fazer parte de patrimônio cultural-institucional do ocidente. Não é diferente quando tratamos de teoria da constituição enquanto teoria cultural. Os fragmentos de teoria da constituição do período da Ilustração têm em Aristóteles sua referência mais remota.

O período iluminista da História ocidental é particularmente rico em idéias acerca do significado, função e finalidade da constituição, embora Locke, Rousseau, Montesquieu, Hamilton e Sieyès não tenham feito nenhuma teoria da constituição em termos sistemáticos. A teoria da constituição encontra-se nesses autores diluída por questões políticas tidas como mais relevantes.[61]

Entretanto, as referidas questões políticas são discutidas em um ambiente cultural propício ao surgimento de entendimentos sobre a constituição como instrumento de governo que limite o poder político em favor dos direitos fundamentais dos cidadãos. O art. 16 da Declaração dos Direitos do Homem e do Cidadão é oriundo dos debates políticos anteriores ao período revolucionário francês, notadamente da influência de Montesquieu que, assim como Aristóteles, partindo de dados histórico-culturais concretos, conclui pela necessidade de desconfiança do poder, propondo uma permanente vigilância através dos freios e contrapesos existentes no sistema de separação de poderes. Influenciado pela cultura do racionalismo ocidental a partir de Descartes, procura estabelecer propostas igualmente racionais de controle do poder político que, por sua vez, influenciam a posterior formação de uma cultura política liberal que termina por exprimir-se nas constituições então insurgentes. Também as idéias democráticas de Rousseau influenciam estas últimas, embora a teoria rousseauniana não contenha a mesma base e dimensão sociológica da teoria de Montesquieu (Montesquieu: 1996, p. 166-167; *passim*; Rousseau: 1995, *passim*).

---

[61] Sobre eles, afirma Verdú: "Lo que interesa apuntar es que no encontramos en ellos una auténtica Teoría de la Constitución, sino ideas constitucionales, por la sencilla razón que no constituyen un corpus doctrinal coherente, sistemático, sustantivo que cuadre con el concepto de Teoría de la Constitución que antes esbozamos". O referido conceito é o seguinte: "La Teoría de la constitución la concibo como cultura, cultura euroatlántica, ideológicamente inspirada, justificada por valores, que iluminan, fundamentan y dinamizan mediante los derechos humanos, reconocidos y protegidos, mediante la delimitación de los poderes públicos, a una organización estructural normativizada que se apoya en una estructura sociopolítica" (Verdú: 1998, p. 22; 24).

O conhecido abade francês Emmanuel Sieyès constrói sua famosa obra sobre o "Terceiro Estado" tendo em vista o processo revolucionário a partir de 1789, do qual o referido pensador é partícipe e observador ao mesmo tempo. Diferentemente dos dois autores pré-revolucionários aludidos no parágrafo anterior, Sieyès é contemporâneo da Revolução Francesa e das constituições que surgem durante a última década do século XVIII. Já podendo analisar constituições como objetos de estudos específicos, o abade francês articula mais efetivamente esboços teóricos especificamente constitucionais, particularmente criando uma teoria do poder constituinte e trabalhando as idéias de representação política e de organização de um controle de constitucionalidade das leis (Sieyès: 1997, *passim*; Fayt: 1995, p. 47ss.; Baracho: 1979, p. 17).

No trabalho de Sieyès, também percebe-se os influxos interculturais. Na medida da afirmação social dos valores propalados pela célebre revolução, o pensador francês constrói uma teoria fundamentada nos mesmos, ou seja, influenciada pelos valores da cultura iluminista presentes no constitucionalismo de então. Por outro lado, suas idéias influenciam o desdobramento posterior da teoria do poder constituinte e, em menor gradação, das demais teorias aludidas.

Entretanto, em termos concretos, somente no final do século XIX é que temos os primeiros esboços de sistematização da teoria da constituição, assim mesmo ainda diluídos em teorias do Estado e do direito, ou ainda, em teorias nacionais da constituição. Vejamos.

Em relação a teorias nacionais da constituição, merece referência o constitucionalismo anglo-americano. No caso britânico, o exemplo mais conhecido é a obra paradigmática do direito constitucional do Reino Unido, de autoria de Albert Dicey e intitulada "Introdução ao Estudo do Direito da Constituição" (*Introduction to the Study of the Law of the Constitution*), cuja primeira edição data de 1885. Nestes escritos, o famoso constitucionalista inglês traça as linhas mestras de uma teoria da constituição britânica, notadamente com a consolidação teórica de uma cultura constitucional muito peculiar, na qual se inclui desde o tratamento dado aos direitos e garantias individuais expressos nas diversas declarações de direitos até as regras institucionais que remontam à histórica resistência ao absolutismo, consubstanciada na doutrina da supremacia/soberania do Parlamento, além da presença de diferenciações teóricas importantes para a compreensão do constitucionalismo do Reino Unido, como a distinção entre direito da constituição (*law of the constitution*) e convenções constitucionais (*constitutional conventions*) (Dicey: 1982, p. cxl; *passim*; García-Pelayo: 1999, p. 309-310; Galindo: 2004a, p. 308-310).[62] Registre-se que a Cons-

---

[62] Sobre a atualização necessária das teorias defendidas por Dicey, cf. Cornhill: 2002, *passim*; Weill: 2003, *passim*; Bradley: 2004, *passim*.

tituição britânica por si só já é profundamente cultural, sendo muito mais consolidação de tradições culturais multisseculares do que obra de legisladores supostamente racionais, o que faz com que a teoria da constituição, no Reino Unido, também seja igualmente peculiar e demasiado específica para se tornar universalizável.

Em relação aos EUA, também se constrói uma teoria nacional da constituição. A originalidade norte-americana se dá em muitos aspectos: antes de tudo, nas idéias expostas no "Federalista", base da Carta de 1787, e na jurisprudência da Suprema Corte, principalmente no famoso caso *Marbury v. Madison* (1803), no qual o *Chief Justice* Marshall formula o princípio do controle judicial da constitucionalidade das leis (conhecido como *judicial review*), opondo à idéia britânica de supremacia do Parlamento a idéia de supremacia da constituição, cujo defensor terminaria por ser a Suprema Corte (Hamilton, Madison & Jay: 2003, *passim*; Tribe: 2000, p. 6-9, 207-213; Tocqueville: 1998, p. 170ss.; Kramer: 2004, p. 35ss.; Saldanha: 2000, p. 65-66; Streck: 2002, p. 261-272; Vieira: 2002, p. 63-66; Cooley: 2002, p. 34-35). Apesar de ainda vinculado ao sistema jurídico do *common law*, o direito constitucional norte-americano se desenvolve de modo diverso e é construída uma cultura constitucional própria, que tem em Thomas Cooley o seu primeiro sistematizador a partir de obra publicada pela primeira vez em 1880 e intitulada "Princípios Gerais de Direito Constitucional nos Estados Unidos da América" (*The General Principles of Constitutional Law in the United States of America*). Ainda que, como afirma Saldanha, defina a constituição em termos excessivamente genéricos, o célebre autor sedimenta em termos sistemáticos os principais temas para uma teoria norte-americana da constituição a partir dos influxos recíprocos entre a ainda jovem cultura política dos EUA, a prática constitucional e a teoria da constituição (Cooley: 2002, *passim*; Saldanha: 2000, p. 67). Mais racionalista do que o modelo britânico, mas também muito particularizada, tal teoria é também essencialmente uma teoria nacional despida de pretensões universalizantes.

As primeiras tentativas sistematizadoras mais generalizantes provêm de teóricos do Estado, cabendo um destaque no século XIX a Georg Jellinek. No último ano do referido século, Jellinek publica a primeira edição de sua célebre "Teoria Geral do Estado" (*Allgemeine Staatslehre*), obra em que dedica capítulo a esboçar de forma substantiva uma teoria da constituição do Estado, a partir de uma análise do histórico do constitucionalismo e dos conceitos, conteúdos e classificações das constituições.

A obra de Jellinek, como se pode perceber do título, é fundamentalmente voltada à análise do Estado, delimitação epistemológica relativamente comum no ambiente teórico-constitucional germânico de então. Tal delimitação é particularmente compreensível, tendo em vista ser a Alemanha do final do século XIX um Estado recentemente unificado, e a própria noção de constitucionalismo está bastante associada às formas de Estado das monarquias constitucionais do referido século, como destaca Kirsch (2002, p. 198). Pela insurgência das categorias constitucionais na Alemanha unificada, os autores, sobretudo os de influência hegeliana, preferem discutir as questões referentes ao Estado, incluindo nelas as da constituição. Contudo, ao traçar análises constitucionais histórico-comparativas, Jellinek constrói uma teoria da constituição que transcende as fronteiras alemãs. A cultura filosófica alemã, com o considerável legado de Kant e Hegel, permite a autores como Jellinek uma maior condição de pensar teorias mais abstratas, distanciando-se de modelos concretos e específicos e procurando estabelecer premissas universalizáveis, o que se torna possível justamente pela maior abstração propiciada por essa cultura.[63] Elaborar teorias "gerais" do Estado é mais apropriado pelo fato de ser uma categoria mais familiar à cultura política germânica do que a constituição, além de ser um pressuposto para a afirmação do Estado alemão enquanto Estado nacional, tendo em vista o fato de a Alemanha ser o que Habermas chama de "nação tardia", fazendo alusão à unificação alemã. Mais do que qualquer outra coisa, a Alemanha precisa afirmar-se enquanto Estado nacional, e o debate teórico recebe a influência desse fato e surgem entre o fim do século XIX e as primeiras décadas do século XX várias teorias do Estado (Jellinek: 2000, p. 457-485; *passim*; Habermas: 2002, p. 81).

Seguindo o caminho de Jellinek, Kelsen e Heller também propõem teorias do Estado e discutem nelas a constituição.

O autor da "Teoria Pura do Direito" publica, antes mesmo de sua obra mais conhecida, uma "Teoria Geral do Estado" (1925). Nesta, busca analisar o Estado enquanto ente jurídico, mas não descura da constituição. A *Stufenbautheorie*, pensada a partir da idéia da pirâmide jurídica, começa a ser formulada em termos mais sólidos, em uma perspectiva positivista lógico-formal, consagrada posteriormente na sua doutrina "pura" (Kelsen: 2002b, p. 414-425; Kelsen: 1984, p. 309-313).

Pelo seu rigor metodológico e pela explícita proposta de depurar do direito todos os elementos que lhes sejam estranhos, o Mestre de Viena constrói uma teoria aparentemente dissociada de fatores histórico-sociológicos momentâneos, chegando a uma doutrina quase matematizante do direito, ou o que Leibholz afirma, uma "geometria do fenômeno jurídico". A perspectiva lógico-formal do direito e da constituição de Kelsen faz com que sua teoria seja suficientemente abstrata para que se coloque como "pura", estando ausentes dela todos os

---

[63] Sobre a cultura jurídica alemã, em termos mais genéricos, cf. Bonavides: 1998, p. 93-102.

elementos metajurídicos, e dentre estes poderia ser incluído o elemento cultural.

Todavia, as teorias kelsenianas do Estado, do direito e da constituição também são teorias culturais. Todo o pensamento positivista de Kelsen está permeado pela cultura racionalista do ocidente. Não se pode olvidar que Kelsen é um neokantiano e que sua linha doutrinária positivista é um desdobramento da tradição racionalista cartesiana, com a crença iluminista na razão e a secularização de elementos culturais judaico-cristãos (Verdú: 1990, p. 18ss.).

Por si sós, as características apontadas demonstram que a teoria kelseniana é evidentemente uma teoria cultural. Contudo, dá-se com ela um fenômeno curioso. Como afirma Verdú, passando pelo "quietismo" político do período imperial e pela efervescência político-social weimariana, a teoria pura e toda a sua parafernália não se coadunam com a cultura do referido período (Verdú: 1989b, p. 44). Ao contrário das demais, temos em Kelsen uma teoria cultural, mas ao mesmo tempo uma teoria distante dos eventos culturalmente importantes do ambiente político-jurídico do seu tempo, como já afirmamos na primeira parte deste trabalho.

Heller também utiliza a mesma metodologia de Jellinek e Kelsen no que diz respeito à acuidade para com a teoria do Estado, incluindo nesta a discussão acerca da constituição. Porém, ao contrário do que ocorre na teoria de Kelsen, os pressupostos sociopolíticos se afiguram como fundamentais na teoria helleriana, sendo explícita nesta a referência cultural. Como já afirmamos em outra parte deste trabalho, Heller, ao propor a síntese dialética do ser e do dever ser, da normalidade e da normatividade, é profundamente influenciado pelos acontecimentos culturais das décadas de 20 e 30 do século passado, o que o leva, como vimos, a criticar veementemente tanto a visão kelseniana, como a perspectiva schmittiana (Heller: 1998, p. 23).

Schmitt e Smend, em posições teóricas distintas, são os autores que escrevem as primeiras grandes obras especificamente voltadas à análise da constituição no ambiente germânico.

Diametralmente oposta à idéia de Kelsen, a proposta teórica schmittiana é profundamente cultural e contemporânea da época em que é redigida e publicada. Schmitt inova substancialmente ao propor uma teoria da constituição de maneira autônoma em relação à teoria do Estado, rompendo com a tradição presente em autores como Jellinek, Kelsen e Heller. A *Verfassungslehre* schmittiana consegue, como vimos, estabelecer uma notável sistematização epistemológica da constituição. Mas, mais do que isso, Schmitt desenvolve uma concepção de constituição que fica conhecida como decisionista. Esta, notadamente marcada pelo aspecto político-existencial em detrimento do normativo, é produto de uma espécie de contracultura constitucional, na medida em que Schmitt se coloca como profundo crítico da cultura política demoliberal. A contracultura constitucional que Schmitt intenta construir é produzida a partir de uma cultura política insurgente das crises da República de Weimar, crises do modelo político demoliberal, crescentemente rejeitado na época em que paulatinamente regimes autocráticos ascendem.

Além dos pressupostos culturais da época weimariana, pode-se perceber no decisionismo de Schmitt alguns elementos político-culturais mais remotos. Sua perspectiva autoritária decorre de um pessimismo antropológico de matiz maquiavélico-hobbesiana (Verdú: 1989a, p. 54-55). A cultura política contratualista-autocrática do absolutismo, que tem em Hobbes um de seus principais corifeus, influencia a visão decisionista na medida em que antes de ser norma, a constituição é decisão política, e a política é calcada na dicotomia metodológica e politológica amigo/inimigo, cabendo àquele que detém o poder de decisão decidir, nos momentos extremos, quem é quem (Schmitt: 2002, p. 58ss.; Verdú: 1989a, p. 56).[64]

Smend é outro autor que deixa de tratar da constituição como parte da teoria do Estado e passa a fazê-lo de maneira autônoma. Mas as semelhanças com Schmitt aí se limitam. Não há em Smend, como vimos, uma sistematização epistemológica ou uma teoria que se caracterize como crítica à cultura política demoliberal. Ao contrário, transparece na obra smendiana uma preocupação com a corrosão desta cultura na República de Weimar, e a idéia de enxergar a constituição como fator de integração vem precisamente como tentativa de salvar a democracia e o Estado de direito.[65] A articulação norma-realidade, tal como na obra de Heller, permite o afastamento do positivismo lógico-formal e do decisionismo, estabelecendo uma postura teórica intermédia entre os extremismos kelseniano e schmittiano.

Em Smend, não somente a cultura política demoliberal influencia a sua teoria integracionista da constituição, como esta é uma tentativa de salvação daquela em um ambiente crescentemente autoritário e ameaçador das instituições democráticas. O caráter integrativo da constituição permite que esta seja fator de renovação democrática contínua da organização fundamental da sociedade, o que, por sua vez, permitiria uma igualmente contínua abertura constitucional ao desenvolvimento cultural. Em virtude disso, a obra de Smend termina por ser precursora da idéia de constituição aberta de autores como

---

[64] Não se pode deixar de reconhecer que o decisionismo schmittiano permite ao regime nacional-socialista manter uma aparência de legalidade, enquanto institui um Estado criminoso, cobrindo seus atos com um "véu de legalidade aparente". Cf. Rigaux: 2000, p. 109ss.

[65] Para fazer a devida justiça acadêmica, essa análise da conjuntura da obra de Smend é decorrente de diálogo que mantivemos com o Prof. Gomes Canotilho em seu gabinete na Faculdade de Direito da Universidade de Coimbra, no qual o Mestre de Coimbra chama a atenção para essa característica da teoria integracionista da constituição de Smend.

Häberle que explicitamente fazem referência a Smend (cf. Häberle: 1996b, p. 10; Häberle: 1996a, p. 123; Verdú: 1993a, p. 48).

O dirigismo constitucional de Canotilho, por sua vez, é produto de uma cultura constitucional já profundamente influenciada pela idéia de Estado social. A teoria da constituição dirigente é, como afirmamos na primeira parte deste trabalho, uma teoria da constituição do Estado social. A desconfiança em relação ao liberalismo clássico e a ascensão de idéias socializantes ao plano constitucional em boa parte da Europa fazem com que gradativamente se construa uma cultura política e constitucional social. As constituições passam a ter novos papéis e é necessário dotar o Estado de mecanismos e procedimentos para que possa cumprir os objetivos sociais propostos pela constituição.

Aliados a esses fatores de alcance mais generalizante, outros de ordem política interna em Portugal também influenciam a obra do Professor de Coimbra. O Movimento do 25 de Abril, conhecido como "Revolução dos Cravos", que rompe com o regime autocrático salazarista e chega a expressar no preâmbulo da Constituição de 1976 em "abrir caminho para uma sociedade socialista". Também a presença de inúmeros dispositivos constitucionais de caráter socializante, programático e dirigente faz com que se torne necessário pensar a temática. Além disso, há a gradativa edificação de uma cultura constitucional social em que se percebem as normas programáticas como efetivas normas jurídicas, e não como simples programas ou exortações morais realizáveis ao alvedrio do legislador (e por que não dizer, dos demais poderes também) (Canotilho: 1994, *passim*; Canotilho: 1998b, p. 34).

Todas essas influências culturais distantes e próximas resultam na elaboração da teoria da constituição dirigente de Canotilho, cuja influência na sedimentação da cultura constitucional social em terras luso-brasileiras é inegável (cf. Coutinho: 2002, *passim*).

Como se vê, todas as teorias da constituição que tomamos aqui como referenciais são teorias culturais, não só no sentido de que partem de pressupostos culturais sedimentados institucional e socialmente, mas também elas mesmas são fundamentos para a edificação de novas perspectivas para a constituição, em uma relação dialética de influxos recíprocos entre as teorias e as práticas constitucionais. O capítulo seguinte esclarecerá mais esta dialética e proporá algumas bases teóricas para uma compreensão mais adequada da temática.

6. Interculturalismo constitucional e constitucionalismo intercultural: elucidação da discussão

> "La cultura política de una sociedad democrática lleva siempre la impronta de una diversidad de doctrinas religiosas, filosóficas y morales encontradas e irreconciliables. Algunas de ellas son perfectamente razonables y el liberalismo político concibe esa diversidad de doctrinas razonables como el resultado inevitable a largo plazo de las facultades de la razón humana desarolladas en el marco de instituciones duraderas libres" (Rawls: 2004, p. 33).

> "Os jovens que têm cultura clássica estão menos sujeitos a se deixarem escravizar por seitas limitadoras, por religiões aprisionadoras. Eles têm uma liberdade espiritual trazida pela consciência de que a cultura tem sua história, seu desenvolvimento, sua diversidade. Há outros parâmetros com que o presente pode ser confrontado, examinado, perscrutado, investigado" (Liudvik: 2005, p. 6)

6.1. Constitucionalismo intercultural: uma constituição culturalmente includente?

O debate proposto passa, a partir do capítulo anterior, a receber contornos mais definidos. Entretanto, algumas elucidações ainda são necessárias, tendo em vista mais uma vez a nossa opção por deixar suficientemente esclarecida a terminologia aqui utilizada. Neste momento, é de bom alvitre demonstrar a razão de preferirmos a expressão "interculturalismo constitucional" em vez de "constitucionalismo intercultural". Principiemos por elucidar o significado desta última.

Nas ciências culturais que trabalham a questão dos direitos humanos, surge, nos anos 80 do século XX, inicialmente nos EUA e pouco tempo depois na Europa, o debate sobre o multiculturalismo. Apesar das diferenças das condições de discussão do multiculturalismo na Europa, nos EUA e em países tido como periféricos ou de terceiro mundo, há um ponto em que todas essas perspectivas convergem: o reconhecimento da existência de uma multiplicidade de culturas no mundo e mesmo no interior de cada Estado nacional e da influência recíproca que tais culturas estabelecem entre si. É o que Stam define como multiculturalismo enquanto descrição, que seria diverso do multiculturalismo enquanto projeto político de celebração dessas diferenças (Santos & Nunes: 2003, p. 28-29; Ribeiro: 2002, p. 280; Basterra: 2003, p. 348).[66]

O reconhecimento da multiplicidade suscita a discussão acerca da dimensão dos direitos das pessoas que fazem parte dessas culturas, sobre em que medida estas pessoas podem ser consideradas cidadãs de um Estado ou de uma comunidade política, possuindo os direitos e deveres dos demais cidadãos. Se estas pessoas ascendem ao *status* de cidadão, como considerar a diferença cultural como aspecto que possa excluir direitos e obrigações em razão de este grupo de cidadãos pertencer a uma cultura diversa da cultura predominante naquele Estado ou naquela comunidade política? Tais indagações suscitam o desenvolvimento da idéia de uma cidadania inclusiva, o que acarreta em uma função integradora da constituição que vai além daquela esboçada por Smend em sua teoria integracionista. É a função que Canotilho, fundamentado em Habermas, denomina de "inclusividade multicultural" (Canotilho: 2002a, p. 1434-1436; cf. tb. Santos: 2002a, p. 474-475).

Segundo o Professor de Coimbra, a sociedade multicultural formada por vários grupos (índios, hispânicos, caboverdianos, africanos, turcos, indianos) resulta em um pluralismo jurídico com a produção de normas por parte destes grupos que atuam em um mesmo espaço social, interagindo com as normas das macroculturas dominantes. Esta interação, no entanto, não se dá sem ranhuras. A tendência de reduzir as microculturas a uma assimilação à macrocultura dominante pode dar ensejo a uma aniquilação do multiculturalismo e a uma incorporação autoritária das minorias culturais, acarretando a sua

---

[66] O primeiro corresponde, em alguma medida, ao que García Martínez e Sáez Carreras denominam de modelo teórico tecnológico-positivista, ao passo que o segundo se aproxima dos modelos teóricos hermenêutico-interpretativo e crítico-sóciopolítico. O modelo tecnológico-positivista aponta para uma aquisição de competências de acordo com perfis desenhados por especialistas na área da educação, com uma orientação marcadamente técnica e um objetivo explicitamente compensatório, visando a superar os déficits das culturas diferentes da cultura majoritária. Trata-se, de acordo com André, de um modelo que politicamente vê como saída para o multiculturalismo ou a sua eliminação, através de uma integração assimilatória, em um processo de aculturação desvirtuador do sentido da educação intercultural, ou ainda a segregação das culturas diferentes e minoritárias através das múltiplas formas mais ou menos veladas de *apartheid*. O modelo hermenêutico-interpretativo centra-se inicialmente em uma partilha de informação sobre as diferentes culturas em jogo, com o objetivo de estimular a cooperação intergrupal assente em um gradual reconhecimento da diversidade e em uma modificação das percepções interpessoais. O modelo crítico-sociopolítico deve complementar o modelo anterior, apontando para uma convivência no diálogo transformador que proporciona uma ação conjunta dos interlocutores, assentando no princípio da igualdade e na diversidade, sem atribuir supremacia a qualquer cultura (cf. André: 2002, p. 274-275).

supressão enquanto comunidades culturais autônomas. Daí a função de inclusividade multicultural da constitucional implique a estruturação de um sistema constitucional pluralístico (Canotilho: 2002a, p. 1434-1435).

A constituição aberta ao pluralismo cultural tem propiciado no ambiente europeu uma progressiva inclusão de populações culturalmente diferenteas das maiorias culturais no *status* de cidadão, corroendo parcialmente a noção de Estado nacional e abrindo para este último uma nova frente secular de legitimação não mais fundamentada no etnonacionalismo e uma integração social abstrata mediada pelo direito (Habermas: 2002, p. 107-111). Na Europa, notadamente no território da União Européia, a diluição das fronteiras ideológicas e físicas acarreta o aumento das migrações e o surgimento de comunidades etnonacionais em forma de minorias culturais dentro dos Estados. Esses imigrantes desejam integrar-se à sociedade na qual estão inseridos, mas por outro lado, boa parte deles também aspira a que as instituições se adaptem a suas práticas e suas identidades (Zamagni: 2002, p. 20). Na linguagem habermasiana, isso seria uma inclusão integrativa da minoria etnonacional, com respeito à sua identidade cultural. A inclusão integrativa se diferencia da inclusão por incorporação, na qual se impõe uma assimilação cultural supressora da diversidade e impositora de uma homogeneidade forçada (Habermas: 2002, p. 107-135). A inclusividade integrativa permite às minorias manterem seus costumes, suas tradições, suas religiões e, por vezes, suas próprias normas sociais, convivendo de modo relativamente harmônico em território estatal.

No entanto, a inclusão por integração suscita dificuldades. Estas existem primeiramente no que diz respeito a comunidades e organizações que não aceitam o multiculturalismo pluralista, o qual denominamos interculturalismo. Organizações fascistas ou racistas, por exemplo, são contrárias ao pluralismo político e ideológico e à igualdade racial. Em segundo lugar, há a questão das organizações e comunidades fundamentalistas, também defensoras da aniquilação da diversidade de culturas e avessas ao interculturalismo.

A inclusão, nestes casos, necessita ser em alguma medida incorporativa, denotando o que Canotilho afirma ser o "paradoxo da tolerância".[67] Para o Mestre de Coimbra,

---

[67] Em verdade, tal expressão é utilizada inicialmente por Kiesewetter para designar a teoria popperiana da tolerância: "Popper elaborou uma teoria da tolerância que se vincula estreitamente à sua teoria do racionalismo. Ele invocava tolerância em relação a todos os que não são nem intolerantes, nem propagam a intolerância. Em outros termos, devemos sempre tratar as decisões morais dos outros com respeito, na medida em que eles não estiverem em conflito com o princípio da tolerância. Tal idéia levou-o ao *paradoxo da tolerância*" (Kiesewetter: 1997, p. 337 – grifos do autor). A frase à qual a expressão de Kiesewetter se refere é retirada da seguinte passagem de Popper: "Tolerância para com todos os que não são intolerantes e não propagam a intolerância. Isto implica, especialmente, que as decisões morais dos outros sejam tratadas

No fundo, a Constituição é o espaço de jogo do *paradoxo da tolerância*: a tolerância aponta para um *pluralismo limitado* sob pena de a tolerância total, típica de um *pluralismo compreensivo*, albergar a igualitarização radical de todas as concepções, mesmo as da intolerância máxima (neo-nazis, terrorismo religioso e político, ódio racial) (Canotilho: 2002a, p. 1436 – grifos do autor).

Mais notadamente no caso do crescimento da comunidade islâmica na Europa, torna-se necessário que seja dado um tratamento adequado a este Islã europeu. Determinadas práticas de algumas comunidades muçulmanas, tais como a mutilação sexual de jovens do sexo feminino (extirpação do clitóris) e os casamentos arranjados, configuram tradições culturais das mesmas, mas são inaceitáveis diante das concepções ocidentais de direitos humanos (Zamagni: 2002, p. 20; Basterra: 2003, p. 346-347). Alguns autores, como Ruiz Miguel e Sartori, vêem mesmo uma incompatibilidade entre o Islã e um regime constitucional, ignorando em certa medida a existência de tendências muçulmanas moderadas, como os denominados secularistas e modernistas que defendem a liberdade para os muçulmanos organizarem-se em Estados seculares adaptados às circunstâncias (Miguel: 2001, p. 20-21; Santos: 2003, p. 448; Höffe: 2000, p. 174ss.).

Para a preservação da multiplicidade cultural e dos princípios fundamentais da vida em sociedade no ocidente, o constitucionalismo precisa ser intercultural, ou seja, a constituição deve ser um espaço de diálogo entre as diferentes culturas sociais. O respeito às minorias culturais sedimenta-se neste tipo de constitucionalismo, acarretando a inclusão integrativa até de comunidades indígenas ou aborígenes, outrora consideradas "selvagens" e "não-civilizadas", como tem ocorrido mais recentemente em países como Brasil, Argentina e EUA, com o reconhecimento inclusivo das referidas comunidades (CF, arts. 231-232; *Constitución de la Nación Argentina*, art. 75, 17; Tully: 1995, p. 116ss.). Ao lado disso, alguns limites devem ser estabelecidos: a preservação da própria interculturalidade, o que implica a proibição e o combate de organizações intolerantes (por paradoxal que possa parecer, ser intolerante com a intolerância) e o respeito a alguns direitos humanos mais elementares e básicos, o que implica a supressão de práticas costumeiras como as que referimos acima em determinadas comunidades islâmicas.

Porém, a perspectiva de debate deste trabalho não é a do constitucionalismo intercultural, mas a do interculturalismo constitucional. Por esse motivo, não nos alongaremos na discussão deste ponto que somente serviu para elucidar a temática e evitar equívocos de ordem epistemológica.

---

com respeito, enquanto tais decisões não colidirem com o princípio da tolerância" (Popper: 1987a, p. 256).

6.2. Interculturalismo constitucional: a diversidade de culturas constitucionais

O interculturalismo constitucional a que fazemos referência não diz respeito a um constitucionalismo que abrigue o diálogo entre as diversas culturas existentes na sociedade. Este é o papel do constitucionalismo intercultural que debatemos no ponto anterior. Aqui se trata de reconhecer inicialmente a existência da diversidade de culturas constitucionais no ocidente, seja do ponto de vista ideológico, seja do ponto de vista sistêmico ou nacional, e de projetar uma relação dialógica entre as mesmas, relação esta que pressupõe uma consciência da própria imperfeição de uma específica cultura constitucional e a disposição de pensar soluções a partir deste diálogo, sem que isso signifique uma assimilação pura e simples de um modelo cultural diverso, mas que possibilite uma ponderação das simetrias e assimetrias entre as culturas constitucionais em debate.

Estabelecer esse diálogo entre as culturas constitucionais é o primeiro passo para a edificação da teoria intercultural da constituição. Portanto, torna-se necessário, preliminarmente, verificar a existência da multiplicidade de culturas constitucionais ocidentais para que em seguida possa ser estabelecida a nossa proposta de entendimento acerca do interculturalismo constitucional.

6.2.1. Culturas constitucionais clássicas em uma perspectiva ideológica: liberal e social

A primeira tarefa é, como afirmado acima, verificar a existência da diversidade de culturas constitucionais. Em relação às culturas constitucionais nacionais ou continentais, o principal ponto de aproximação entre elas é o aspecto ideológico. A partir da existência de ideologias constitucionais, pode-se falar na construção de culturas constitucionais ideológicas, qual seja, uma cultura constitucional liberal e uma cultura constitucional social. Nas idéias de constituição liberal e constituição social, podemos antever aproximações entre constitucionalismos aparentemente tão díspares como o britânico, o norte-americano, o francês, o alemão e o brasileiro, cada qual com as suas peculiaridades, mas com pontos ideológicos convergentes.

A primeira e mais clássica cultura constitucional que podemos abordar é a liberal. A cultura constitucional liberal tem como um de seus legados mais importantes a sedimentação da idéia de constituição como norma suprema do Estado. Em que pese ter sido Kelsen o mais profundo formulador científico da supremacia da constituição no ordenamento jurídico estatal, esta idéia começa a ser desenvolvida mais de um século antes, tanto pela Suprema Corte dos EUA com o famoso caso *Marbury x Madison*, como pelos franceses revolucionários, embora, e notadamente na questão da normatividade, o conceito de constituição como norma superior tenha sofrido variações relevantes.

A defesa de uma superioridade hierárquica da constituição é assentada na cultura política européia que reúne condições, no advento do liberalismo, para o seu desenvolvimento teórico e prático. Ruiz Miguel aponta três razões para isso:

1) no âmbito europeu existe desde a Antigüidade grega uma tradição política de "governo limitado" e o desejo de substituir o "governo dos homens" pelo "governo das leis";

2) na Europa existe uma tradição ética, também desde os gregos, que é plural, pois variadas são as propostas acerca do melhor modo de se alcançar a felicidade;

3) a partir da aceitação do cristianismo, se verifica na Europa a premissa para que uma religião não bloqueie o pensamento político, que é a separação entre as esferas religiosa e política, já presente em alguns textos neotestamentários (Miguel: 2001, p. 10-11; Häberle: 1994, p. 21-22; 25-26).

Além da idéia de supremacia da constituição, outras ganham força e gradativamente se estabelecem na cultura constitucional liberal. A racionalidade preconizada pelo cartesianismo exige que a constituição seja o código racional, ordenado e sistemático da comunidade política, regulando os poderes do Estado com vistas à sua moderação e limitação, contendo, ao mesmo tempo, os princípios políticos fundamentais daquela sociedade (Miguel: 2001, p. 11). A razão iluminista faz surgir a idéia do ordenamento jurídico enquanto sistema (enquanto um todo) e as normas jurídicas como elementos do sistema (partes do todo), sendo a constituição o fundamento do sistema, o elemento mais importante do todo, no esquema racionalista (Habermas: 1990, p. 44; Galindo: 2003, p. 88). Somente aí tem sentido a constituição como norma superior, em um esquema racional sistêmico.

A partir do governo racional dos homens limitados pela lei, surgem novos aportes ideológicos que integram o patrimônio cultural constitucional liberal. Um deles é a teoria aristotélico-montesquiana de separação de poderes, já comentada anteriormente neste trabalho. Esta racionalização procedimental e funcional do poder político do Estado, no entanto, não tem a receptividade esperada na Europa, haja vista que a desconfiança política existente, sobretudo em relação ao poder judiciário, não permite no início um desenvolvimento de institutos como o controle judicial de constitucionalidade das leis, deslocando a supremacia, em termos concretos, da constituição para o parlamento, como ocorreu na França revolucionária e no Reino Unido (neste permanecendo, com algumas atenuações, até os dias atuais) (García-Pelayo: 1999, *passim*; Galindo: 2004a, p. 303-306; Barendt: 1998, *passim*). Os EUA terminam por ser os principais responsáveis pela construção de uma cultura constitucional de divisão dos poderes, sedimentada no *judicial review*, pelo menos até o surgimento da proposta de Kelsen sobre o defensor da constituição (Kelsen: 2002a, *passim*; Kelsen: 2003a, p. 237ss.).

O que justifica, em alguns desses exemplos, como o britânico e o francês, a não-aceitação em termos estritos da separação de poderes, é outro fundamento culturalmente importante do constitucionalismo liberal: a democracia. Esta como desdobramento da idéia de *volonté générale* passa em alguns casos a ser mais importante em termos constitucionais do que a divisão de poderes, pois o poder legislativo eleito é portador da vontade do povo, sendo ele o guardião da constituição, democraticamente legitimado para este e outros empreendimentos políticos. Da questão democrática surge a concepção de Sieyès acerca do poder constituinte, poder autônomo e sem limites formais, mas legitimado democraticamente para a função de elaborar a constituição do Estado (Sieyès: 1997, p. 97-98; Rousseau: 1995, p. 38-46; Canotilho: 1999a, p. 64-67; Canotilho: 1996, p. 94; Saldanha: 2000, p. 77-78; Bonavides: 1997, p. 120; Bonavides: 1995, p. 205ss.; Dantas: 1985, p. 22; García-Pelayo: 1999, *passim*; Cunha: 2002, *passim*; Fioravanti: 2001, p. 116-119; Baracho: 1979, p. 17; Junji: 2002, p. 563-564).

Outro ponto que se consagra como típico da cultura constitucional liberal é o conjunto de direitos e garantias fundamentais dos cidadãos previstos no texto da constituição. Os referidos direitos são os direitos de primeira dimensão de cunho individual, que servem também como limites ao poder do Estado, consistindo em uma defesa do indivíduo diante do "leviatã". Em virtude da ascensão da burguesia enquanto classe social hegemônica, o direito de propriedade e a livre iniciativa em uma economia de livre mercado se consagram como os principais direitos e garantias individuais frente ao Estado. Esses direitos e garantias pressupõem o caráter reduzido do intervencionismo estatal na economia, conduzindo à idéia de que as liberdades devam ser, sobretudo, econômicas.

Resumidamente, pode-se dizer que são aportes da cultura constitucional liberal clássica:

1) a racionalidade no exercício dos poderes políticos do Estado, expressa nas linhas mestras pelas idéias de organização sistêmica do ordenamento jurídico com a supremacia hierárquica da constituição sobre todas as demais normas jurídicas, a divisão dos poderes estatais em um sistema de freios e contrapesos;

2) a legitimação dos que exercem o poder, expressa no caráter democrático de escolha dos representantes do povo que determinam a direção política do Estado;

3) a finalidade para a qual esses mecanismos funcionais e procedimentais são criados, ou seja, garantir os direitos e liberdades fundamentais individuais de inspiração burguesa, como o direito de propriedade e a livre iniciativa econômica, incorrendo em uma necessária ausência da intervenção do Estado na atividade econômica, fazendo efetivo o desenvolvimento da economia de livre mercado.

Mais recentemente, consideramos que há o desenvolvimento de uma cultura constitucional social, que podemos agora considerá-la também como uma cultura clássica.

Bem mais recente que a cultura constitucional liberal (que inicia sua sedimentação em fins do século XVIII), a cultura constitucional social começa a ser edificada somente no século XX. Evidentemente, as raízes teóricas e filosóficas são anteriores, como afirmamos em outra parte do trabalho. Rousseau e Marx preconizam uma ruptura com o liberalismo que toma vulto no século passado. Notadamente, a teoria marxista não é, como bem assinala Ruiz Miguel, uma ruptura com o racionalismo cartesiano, mas um desdobramento lógico do mesmo. Se o mundo possui uma lógica, o conhecimento desta pode ser utilizado para transformar este mesmo mundo (Miguel: 2001, p. 13).

A cultura constitucional social começa a ser construída a partir do legado da famosa Constituição alemã de Weimar, apesar de, como salientamos em outra oportunidade neste trabalho, outras Cartas anteriores a ela já conterem previsões constitucionais sociais.

Desde a segunda década do século XX, vem sendo discutido o papel da constituição na construção de uma sociedade mais justa. As idéias socializantes procuram denunciar a cultura constitucional liberal pela insuficiência da mesma em garantir os direitos e liberdades fundamentais para a maioria da população, e a constituição precisa ser redirecionada enquanto norma fundamental do Estado. Já não são suficientes os direitos e liberdades de alcance meramente individual e a conseqüente abstenção estatal no respeitante à promoção da justiça social.

Diante dessas dificuldades, as constituições passam a conter os chamados direitos sociais, econômicos e culturais, tidos como de segunda dimensão e destinados à sociedade como um todo. Como vimos, isso implica uma maior intervenção do Estado na economia, relativizando a idéia do livre-mercado e limitando determinados direitos burgueses, como o de propriedade, passando a ser esta geralmente associada a uma função social. Não se trata de uma ruptura com o capitalismo, mas de uma socialização parcial da riqueza, caracterizada pela redistribuição da mesma produzida na sociedade, diminuindo o fosso entre pobres e ricos.

Além de conter previsões de direitos de segunda dimensão e de maior intervenção estatal na economia, as constituições passam a ter dispositivos com procedimentos para a realização das normas sociais materiais. Como visto anteriormente, boa parte do legado da cultura constitucional liberal permanece, como a idéia de supremacia hierárquica da constituição, a separação de poderes, a legitimação democrática destes e mesmo os direitos e liberdades individuais, embora mais condicionados ao interesse social. Mas, com o substancial acréscimo de normas constitucionais sociais e intervencionistas, torna-se necessária a criação de instrumentos que possibilitem a sua eficácia. Daí o surgimento de categorias normativas como as normas constitucionais programáticas, as normas constitucionais de eficácia limitada, a constituição dirigente e de instrumentos procedimentais bem típicos deste tipo de constituição, como as ações de inconstitucionalidade por omissão e o mandado de injunção (Canotilho: 1994, *passim*; Silva: 1999, *passim*).

Sendo ora um acréscimo normativo, ora uma relativização do legado liberal, a cultura constitucional social reflete não apenas em países consagradores de tal perspectiva constitucional, como Alemanha, Itália, França e Portugal, mas até mesmo em Estados formalmente liberais (e que nunca deixaram de sê-lo, ao menos em termos formais), como os EUA e o Reino Unido, bastando para isso perceber políticas sociais como o *New Deal* roosevelt iano e as políticas econômicas keynesianas em solo britânico. Também não se podem olvidar as discussões sobre justiça social, mesmo entre os autores liberais (cf. Ackerman: 1993, p. 414ss.).

Em mais um esforço de síntese, podemos afirmar como legado da cultura constitucional social:

1) a inclusão de direitos sociais, econômicos e culturais na constituição, para que um maior número de pessoas tenha acesso às riquezas produzidas e saia da situação de opressão econômica em que se encontra;

2) a previsão constitucional da intervenção estatal na economia como instrumento de regulação e de promoção de políticas sociais inclusivas e de realização dos direitos de segunda dimensão, referidos no nº 1;

3) a criação de novos instrumentos processuais e de novos conceitos operacionais para fazer efetivos os preceitos dos nos. 1 e 2, tais como as ações de inconstitucionalidade por omissão, o dirigismo constitucional vinculante das normas programáticas etc.

As culturas constitucionais liberal e social já podem ser consideradas clássicas, mas outras estão sendo construídas, como a cultura niilista e a cultura supra-estatal. Porém, antes de adentrarmos nos novos desenvolvimentos ideológicos do constitucionalismo, é imprescindível fazer uma leitura das culturas constitucionais clássicas a partir dos sistemas jurídicos do ocidente. Veja-se a seguir.

6.2.2. Culturas constitucionais clássicas em uma perspectiva sistêmica: Romano-Germânica (romanista) e Anglo-Americana (common law)

Os movimentos políticos liberais e socializantes constroem suas concepções ideológicas em torno das idéias de Estado e de constituição oriundas do iluminismo e de seus desdobramentos (já que o próprio constitucionalismo social é, em última análise, um produto tardio da Ilustração). Todavia, antes mesmo do desenvolvimento de culturas constitucionais ideologicamente orientadas, é possível falar de culturas jurídicas sedimentadas em torno de um arquétipo sistêmico. As culturas constitucionais liberal e social se desenvolvem em sistemas jurídicos diferentes, e as conseqüências desta diferença sistêmica se fazem presentes no desenvolvimento do interculturalismo constitucional. Este necessita ter plena consciência das implicações que a referida distinção de sistemas pode provocar. Por ora, cumpre situar, na perspectiva intercultural, os principais caracteres dessas culturas constitucionais.

Pode-se afirmar que a cultura do constitucionalismo ocidental é alicerçada em dois sistemas jurídicos estruturalmente bem distintos: o sistema romano-germânico ou romanista, predominante na Europa continental e na América Latina, e o sistema anglo-americano ou *common law*, predominante na Inglaterra, EUA e países de influência inglesa mais acentuada. Independentemente da questão ideológica discutida no ponto anterior, a diferenciação sistêmica provoca a formação de pelo menos duas culturas constitucionais igualmente distintas, posto que sedimentadas em padrões jurídicos diversos.

Comecemos pelo sistema jurídico romano-germânico. Este sistema é formado a partir do que se denomina renascimento do direito romano no século XII. Esse renascimento deve-se ao papel que as universidades assumem na elaboração e no desenvolvimento de uma ciência do direito nessa época. O estudo universitário não é o estudo da prática jurídica dos feudos ou dos reinos, mas o estudo do direito romano, notadamente do direito romano da época da codificação justiniana (*Corpus Juris Civilis*). Este estudo, cujo início se dá na Itália, mais precisamente na Universidade de Bologna, com os chamados glosadores, que passam a dar aos textos de Justiniano um tratamento metódico e racional, preocupados com o estabelecimento de regras mais justas e aptas ao adequado desenvolvimento da vida social. Há uma ligação do direito com a filosofia, a teologia e a religião, sendo o sistema jurídico essencialmente um modelo de organização social, e a ciência jurídica, uma ciência dogmática (David: 1998, p. 32-33; Dantas: 2000a, p. 198-199; Ferraz Jr.: 1980, p. 21-22; Häberle: 1994, p. 21-22).

O desenvolvimento de um direito cuja racionalidade se sobrepõe às tradições do direito local, na maioria das vezes, baseado em costumes tidos por atrasados e insuficientes, além de não exprimirem a justiça, propicia uma certa unidade em termos de conhecimento do fenômeno jurídico e uma tentativa freqüente de adequação do direito prático ao direito teórico e erudito das universidades. Por ser um direito codificado, comum aos mestres, mais completo e mais evoluído do que os direitos locais, e pela certeza e segurança que traz à sociedade, passa a ter crescente prestígio em detrimento dos direitos locais pouco evoluídos (Wieacker: 1996, p. 53; Gilissen: 2001, p. 203).[68] Somente com o surgimento das codificações nacionais, sobretudo por influência da denominada Escola do Direito Natural, é que estes direitos começam a ser estudados em universidades, com notícias de implementação do seu ensino a partir do século XVII (David: 1998, p. 34; 51; Dantas: 2000a, p. 199; Bonavides: 1998, p. 93-96).

Com as codificações nacionais, perde força o *jus commune* das universidades para ascender o direito nacional codificado na Europa continental e posteriormente na América Latina. A tendência para a preponderância da norma legislada, da lei, como principal fonte do direito, ficando costumes, jurisprudência, doutrina e princípios gerais como fontes secundárias, favorece, inicialmente, a centralização do poder nas mãos do Estado monárquico absolutista. Todavia, com as revoluções liberais, o poder político desloca-se, ao menos em teoria, para o povo, e a soberania passa a ser concebida como soberania popular, em termos práticos, soberania do órgão parlamentar representativo daquele povo. A lei feita por este passa a ser considerada expressão da vontade geral, e a própria atuação dos demais poderes precisa estar subordinada a ela (Gilissen: 2001, p. 206).

A predominância do direito legislado e a sua considerada supremacia frente ao direito jurisprudencial e ao consuetudinário ensejam conseqüências relevantes para a formação da cultura constitucional romano-germânica. Notadamente, pode-se perceber a gradativa sedimentação da idéia de supralegalidade do texto constitucional com a conseqüente hierarquização do sistema normativo e a existência do controle de constitucionalidade, assim como da idéia de que a atuação do poder judiciário deva ser restrita à interpretação e à aplicação da constituição e das leis (Dantas: 2000a, p. 202). Aliada a tal sedimentação, convém destacar a existência de constituições codificadas, pois todos os seus dispositivos podem ser encontrados em um único do-

---

[68] Este último autor entende que o direito ensinado nas universidades apresenta as seguintes vantagens em relação aos diversos direitos locais:
"- era um *direito escrito*, enquanto os direitos das diferentes regiões da Europa eram, ainda, na sua maior parte, consuetudinários, isto é, não escritos, com todas as conseqüências que derivam da incerteza e insegurança do costume;
- era *comum* a todos os mestres (com reserva de algumas variantes na interpretação); aparecia assim, e foi aliás reconhecido finalmente, como o direito comum (*ius commune*) da Europa continental;
- era muito *mais completo* que os direitos locais, compreendendo numerosas instituições que a sociedade feudal não conhecia (ou que já não conhecia) e que as necessidades do desenvolvimento econômico tornavam úteis; o direito erudito pôde assim desempenhar a função de direito supletivo para colmatar as lacunas das leis e costumes locais;
- era *mais evoluído*, porque tinha sido elaborado com base em textos jurídicos que reflectiam a vida duma sociedade muito desenvolvida, na qual a maior parte dos vestígios das sociedades arcaicas tinham desaparecido; aparecia assim como o direito útil ao progresso econômico e social, em relação às instituições tradicionais da Idade Média" (grifos do autor).

cumento legislativo, além do fato de serem as constituições, na cultura constitucional romanista, mais analíticas e extensas, tendo em vista a confiança depositada no texto constitucional como texto de especial relevância no sistema jurídico e, portanto, propiciador da realização daquilo que nele figura. Dispositivos contendo direitos sociais e intervenção estatal na economia, por exemplo, são constantes nas atuais constituições dos países com sistema jurídico romano-germânico, possibilitando dar a eles uma importância de caráter constitucional e viabilizar política e juridicamente a sua realização.

No caso do sistema do *common law*, este é elaborado a partir do século XII na Inglaterra com a jurisdição dos Tribunais Reais. A expressão *common law* (literalmente "direito comum") é utilizada a partir do século seguinte para designar o direito comum a toda a Inglaterra, em oposição aos costumes locais, próprios de cada região. Ao contrário do sistema romanista, o *common law* se estabelece não como um direito erudito ou formado pelas universidades a partir de codificações; é um direito de processualistas e de práticos. A principal preocupação nesse sistema não é construir um modelo de organização social, mas resolver os problemas jurídicos surgidos concretamente na sociedade. Mesmo a regra de direito (*legal rule*) não possui o caráter de generalidade que há no sistema romano-germânico, sendo condicionada historicamente pelo processo (David: 1998, p. 320; David: 1997, p. 3; Gilissen: 2001, p. 208-209).[69]

Em virtude da função que desempenha o direito inglês, este se desenvolve na Baixa Idade Média como um direito jurisprudencial, elaborado pelos juízes reais e mantido com fundamento na autoridade dos precedentes judiciários. Somente mais tarde é que o direito legislado, o *statute law*, ganha importância (Gilissen: 2001, p. 208).

Conseqüentemente, o *common law* inglês desenvolve-se muito mais como um direito dos juízes do que um direito do legislador. Como os precedentes dizem respeito às soluções de casos concretos, e não à conformação racional da sociedade, o direito inglês é essen-

---

[69] Segundo Gilissen, são as seguintes as principais características do *common law*:
"- o *common law* é um *judge-made-law*, enquanto a jurisprudência apenas desempenhou um papel secundário na formação e evolução dos direitos romanistas;
- o *common law* é um direito judiciário, enquanto o processo é só acessório nas concepções fundamentais dos direitos romanistas;
- o *common law* não foi muito romanizado, enquanto os direitos da Europa Continental sofreram uma influência mais ou menos forte do direito erudito elaborado no fim da Idade Média com base no direito romano;
- os costumes locais não desempenham qualquer papel na evolução do *common law*, enquanto na Europa Continental a sua influência permanece considerável até o século XVIII; o costume do reino é, pelo contrário, uma fonte importante do *common law*;
- a legislação tem apenas uma função secundária ao lado do *common law*, enquanto se torna progressivamente, do século XIII ao XIX, a principal fonte de direito no continente;
- os direitos romanistas são direitos codificados, enquanto a codificação é quase desconhecida em Inglaterra" (grifos do autor).

cialmente um direito das tradições, um direito histórico, embora não se possa dizer consuetudinário, já que os atos judiciais são escritos e são eles que predominam no sistema do *common law* (cf. David: 1998, p. 351; Soares: 1999, p. 51-52; Galindo: 2004a, p. 309).

Gradativamente, o direito legislado ganha importância a ponto de que, a partir da ascensão das idéias liberais, a supremacia do Parlamento seja a característica principal do constitucionalismo britânico, além do fato de que a quantidade de *Acts* no direito do Reino Unido tenha aumentado consideravelmente no último século, chegando em termos concretos a rivalizar com o tradicional *common law* judicial (cf. Galindo: 2004a, *passim*). Nos EUA, o papel do legislador é tradicionalmente mais relevante do que entre os britânicos, apesar da supremacia não ser dele, e sim, da constituição, devendo-se tal tradição ao fato de que os norte-americanos codificam a sua constituição, assim como definem com maior precisão racional as funções e os limites dos poderes constituídos, assim como os direitos fundamentais dos cidadãos, o que faz com que alguns até afirmem que os EUA não possuem um sistema jurídico exclusivamente pertencente ao *common law*, sendo antes um sistema misto (cf. Soares: 1999, p. 58ss.).

No *common law* anglo-americano é necessário dimensionar algumas diferenças em termos de cultura constitucional, para que possa ser plausível a existência ou não de uma cultura constitucional anglo-americana, diante das importantes diferenças entre ambos os constitucionalismos. Vejamos.

Pode-se dizer que há uma cultura jurídica do *common law*, na qual se encontram inseridos Reino Unido e EUA. Os sistemas jurídicos de ambos os países possuem caracteres comuns muito relevantes: o papel relevante que a jurisprudência desempenha, os precedentes vinculantes de cortes superiores, a menor importância concreta do direito legislado, o direito voltado para a solução dos problemas práticos, mais do que para servir de modelo à organização social. Em razão dessas características comuns, parece evidente a existência de uma cultura jurídica do *common law* da qual fazem parte o direito britânico (com exceções da Escócia e da Irlanda do Norte) e o direito norte-americano. Entretanto, é discutível, para os fins deste trabalho, se existe uma cultura constitucional anglo-americana. Parece que em termos de constitucionalismo há diferenças muito substanciais entre ambos os países para que se possa falar em uma cultura constitucional comum.

O constitucionalismo do Reino Unido é, como afirmamos em outra oportunidade, um constitucionalismo até certo ponto *sui generis*. Não há sistematização ou codificação constitucional. O que os britânicos culturalmente definem como constituição são as regras concernentes à estruturação do Parlamento, do governo e da magistratura, assim como seus poderes, o exercício destes e o relacionamento interinstitucional e a proteção dos direitos e liberdades individuais, assim como dos direitos políticos. Essas normas se encontram ora no direito da constituição (*law of the constitution*), ora nas convenções constitucionais (*constitutional conventions*), sendo normas legislativas, jurisprudenciais ou costumeiras. Por outro lado, há mais de três séculos que vem sendo consolidado o princípio constitucional da supremacia do Parlamento, fazendo com que a constituição britânica seja flexível e que os parlamentares da Câmara dos Comuns detenham competência para criar ou modificar o que desejarem em termos de direito, qualquer que seja o conteúdo do ato normativo em questão. Culturalmente, pode-se dizer que a idéia de supremacia da constituição no Reino Unido é substituída pela de supremacia parlamentar (Galindo: 2004a, p. 307ss.; Barendt: 1998, *passim*; Dicey: 1982, *passim*; Hartley: 1999, p. 168ss.; Verdú: 2004, p. 133-134).

Nos EUA, o constitucionalismo se desenvolve de maneira consideravelmente diversa. A primeira distinção está na criação de uma constituição codificada. Apesar de bastante sintética, com um número reduzido de dispositivos, há uma sistematização constitucional. Os *founding fathers* (pais fundadores) norte-americanos almejam criar algo diverso do que existe na antiga metrópole: o sistema de governo é presidencialista, a forma de governo é republicana, a forma de Estado é federativa, e o direito constitucional é codificado. Há uma separação mais rigorosa de poderes e não há supremacia do parlamento, mas da constituição, sendo criado pela Suprema Corte, a partir do famoso caso *Marbury x Madison*, o controle de constitucionalidade, admitindo o *judicial review* das leis que contrariem a constituição.[70] Enfim, caracteres que fazem o direito constitucional norte-americano aproximar-se dos direitos constitucionais romanistas, assim como servir de inspiração para estes, notadamente na criação do controle difuso da constitucionalidade das normas infraconstitucionais.

Os caracteres apontados de ambos os constitucionalismos conduzem à idéia, a nosso ver adequada, de que não se pode falar em uma cultura constitucional anglo-americana, pois as distinções e desdobramentos de cada um dos direitos constitucionais são por demais relevantes. Contudo, pode-se afirmar a existência de uma cultura constitucional britânica e de uma cultura constitucional norte-americana,[71] ambas com fundamento em uma cultura jurídica geral comum, qual seja, a do *common law*. Para este trabalho, e tendo em vista a

---

[70] Nos EUA, a Suprema Corte dá a última palavra em termos de constitucionalidade, o que ocasiona a permanente "reinvenção" da constituição, devido à excessiva vagueza e brevidade do texto constitucional norte-americano (cf. Sampaio: 2002, p. 29-32; *passim*; Tribe: 2000, p. 213-216; Vieira: 2002, p. 60-89; Barnett: 2004, p. 131-147; Streck: 2002, p. 248-272).

[71] Sobre a cultura constitucional norte-americana em termos federalistas, cf. Kramer: 1999, p. 141-146.

participação do Reino Unido na União Européia, é mais relevante o conhecimento da cultura constitucional do *common law* britânico, embora o *common law* norte-americano também forneça contribuições importantes à temática intercultural e não pode ser negligenciado.

6.2.3. Culturas constitucionais em formação: niilista e supra-estatal

As culturas constitucionais que afirmamos estarem ainda em formação são as culturas niilista e supra-estatal. Estas, em alguma medida, pressupõem a superação e o esgotamento de alguns postulados clássicos das culturas constitucionais abordadas no ponto anterior. Pode-se dizer que elas propiciam uma reformulação profunda no papel da constituição diante de realidades tão diferentes daquelas que ensejam o advento do constitucionalismo liberal e do constitucionalismo social, com a consolidação de suas respectivas culturas constitucionais.

Principiemos pela cultura constitucional niilista.

A expressão "cultura constitucional niilista" é utilizada pela primeira vez por Ruiz Miguel, Professor da Universidade de Santiago de Compostela, aludindo à ruptura paradigmática ocorrida no século XX em relação aos postulados do racionalismo ocidental.

Para Ruiz Miguel, a cultura do século XX quebra a idéia ordenadora do racionalismo. Ainda que o Estado social mitigue as fraturas socioeconômicas, a diluição da homogeneidade espiritual se acentua. O elemento racional deixa de ser central, e a idéia de racionalidade é atacada em diversas frentes, desde a psicanálise de Sigmund Freud, com a importância do subconsciente, até o desenvolvimento das novas tecnologias audiovisuais com enorme capacidade de influenciar diretamente o psiquismo do sujeito receptor da imagem veiculada (Miguel: 2001, p. 15).

As idéias de princípio e de ordem, tão caras ao racionalismo, passam a ser substituídas gradativamente pelas idéias de relação e de caos. Sobretudo a filosofia corrosiva de Friedrich Nietzsche é profundamente influenciadora do que poderíamos chamar, em termos weberianos, de desencanto com a modernidade. O mais célebre dos filósofos niilistas considera o niilismo como uma conseqüência necessária do cristianismo, da moral e do conceito de verdade na filosofia. Tudo isso são máscaras ilusórias, não havendo ordem ou sentido no mundo, apenas necessidades. A desilusão com a busca do sentido das coisas conduz necessariamente ao abismo do nada, caindo assim as "mentiras de vários milênios" (Reale & Antiseri: 1991, p. 435).

Os conceitos aos quais Nietzsche faz alusão como "máscaras ilusórias" são justamente referenciais básicos do racionalismo ocidental. O desdobramento da filosofia nietzschiana através do existencialismo[72] e de outras aproximações conduz a uma perda de referenciais que provoca uma certa desintegração interna das sociedades na falta de um elemento de coesão espiritual. A perda dos referenciais da modernidade faz surgir as idéias da pós-modernidade, essencialmente desconstrutoras daqueles. Para Ayuso Torres, a pós-modernidade jurídico-política implica uma secularização radical do direito e da política, que faz eclodir totalmente aquilo que denomina de "religiões civis",[73] inaugurando o reino do niilismo consumado. Neste, "tudo se modifica, sem que nada aconteça", já que, na perspectiva das "imposições sistêmicas", todas as possibilidades estão exauridas, as alternativas congeladas e as opções abertas, destituídas de sentido (Habermas: 1997b, p. 279). Segundo Ayuso Torres, os paradigmas insurgentes desta pós-modernidade niilista possuem cinco pressupostos básicos:

1) a quebra da soberania, entre a integração supranacional e a desintegração infrarregional, com o corolário da eclosão nacionalista;

2) o pretendido "retorno" da sociedade civil, ante o retrocesso palpável do "político";

3) a reconsideração do papel do Estado na atividade econômica;

4) o descrédito do modelo de representação, com o seu conseqüente esgotamento e decadência;

5) a questão do pluralismo, que desponta de novo no paradigma da multicultura, da correção política e do individualismo exacerbado (Torres: 1997, p. 10-11, tb. Serrano: 1999, *passim*).

Tais pressupostos implicam uma crise do Estado nacional em várias dimensões: a transferência/delegação de prerrogativas soberanas para outros entes políticos, supra-estatais, transestatais ou internos (estatais ou não), ocasionando uma complexa pluralidade de fontes do direito, a desconfiança da legitimidade da representação popular por meio dos partidos políticos e dos postulados democráticos tradicionais, a insuficiência da atuação do Estado na solução dos problemas econômicos e sociais da comunidade, dentre outras questões que podem ser levantadas para o constitucionalismo do século XXI.

A cultura constitucional niilista, se analisarmos com acuidade, tem suas raízes em Schmitt. Como crítico ferrenho da cultura constitucional demoliberal e também daquilo que chama de "tirania dos valores", Schmitt antecipa muitas das angústias teóricas do constitu-

---

[72] Não se pode olvidar, no entanto, que o existencialismo é mais otimista do que o niilismo nietszchiano, já que se considera uma filosofia humanista que põe nas mãos do próprio homem a determinação do futuro. Todavia, afirma Sartre que a condição humana não pode expor o homem a definições universais, pois o homem como ser finito é circunstancial e situacional (cf. Bittar & Almeida: 2004, p. 356-357; 360-361).

[73] Aqui, Ayuso Torres parece aludir à idéia schmittiana, exposta na primeira parte deste trabalho, de que todos os conceitos significativos da moderna teoria do Estado são conceitos teológicos secularizados. Cf. Sá: 2003, p. 90; Verdú: 1989a, p. 40. Sobre a idéia de "religiões civis", cf. Verdú: 2001, p. 526-531.

cionalismo contemporâneo pós-moderno, e permite a feitura de um alicerce para a cultura constitucional niilista (Schmitt: 1996, *passim*; Schmitt: 1961, p. 73ss.; Schmitt: 2001, *passim*; Verdú: 1989a, *passim*; Verdú: 1993b, p. 17).

O desconforto constitucional, já consideravelmente relevante na década de 90 do século XX, diante da intensificação da globalização econômica, do neoliberalismo e da crescente hegemonia cultural ocidental, notadamente norte-americana, atinge proporções ainda maiores com o retorno a políticas neototalitárias a partir do advento da denominada "Doutrina Bush", desde o fatídico 11 de setembro de 2001 e reforçada com a reeleição do seu protagonista. A preservação de garantias constitucionais dá lugar a um pragmatismo político baseado no unilateralismo externo da superpotência norte-americana e na perseguição social interna, com a supressão, ainda que provisória, através do *USA Patriot Act*, de boa parte dos direitos e garantias constitucionais em nome da segurança nacional, ocasionando até mesmo, segundo Cole, o retorno do macarthismo político, de triste memória (Cole: 2003, p. 1ss.; Barnett: 2004, *passim*; Sidak: 2002, p. 55; Santos Filho: 2003, p. 401).

Por outro lado, há uma grande dificuldade em saber até que ponto esta cultura constitucional niilista, de desconfiança e desencanto com a constituição e de recurso a soluções políticas unilaterais de força em detrimento do direito, irá se manter. A perspectiva de desconstruir o tradicional sem construir nada de novo propicia uma vacuidade institucional e conseqüentemente teórica que pode ser a própria chave para o enfraquecimento desse niilismo constitucional. Uma das saídas possíveis é a também insurgente cultura constitucional supra-estatal.

Veremos com maiores detalhes na terceira parte deste trabalho as relações entre a constituição e a integração européia. Mas algumas questões prévias sobre a cultura constitucional insurgente que aqui denominamos de supra-estatal merecem referência já nesta parte.

É importante deixar claro que somente a partir do patrimônio jurídico-cultural comum da Europa é que se torna viável a construção de uma cultura constitucional supra-estatal. Uma razoável convergência cultural entre os Estados europeus tem sido condição essencial para a sedimentação do direito comunitário e do supra-estatalismo constitucional. Na base da edificação das Comunidades já se pode perceber a alusão à cultura jurídica comum da Europa, como no preâmbulo da Comissão de Direitos Humanos do Parlamento Europeu, de 1950 (antes mesmo, portanto, da celebração do Tratado de Paris):

> Con el nuevo afianzamiento de su fe profunda en las libertades básicas... y el mantenimiento esencial, por una parte, de un sistema político realmente democrático y, por otra, de la idea del respeto común de los derechos humanos de los que derivan; decididos, en cuanto gobiernos de Estados europeos, animados del mismo espíritu y

poseedores de un legado común de bienes espirituales, tradiciones políticas, respeto de la libertad y primacía de la Ley... (Häberle: 1993, p. 14-15; cf. tb. Ocaña: 2003, p. 168).

O desenvolvimento do direito comunitário europeu tem permitido novos delineamentos teóricos para a constituição. Os novos paradigmas provenientes da integração européia estão a promover uma primeira experiência teórica efetivamente intercultural, ainda que adstrita ao Velho Continente.

Aparentemente, Habermas é o primeiro autor a tratar de uma cultura constitucional para além do âmbito estatal. Destacando a existência de sociedades multiculturais como a Suíça e os EUA, defende, com fundamento nos exemplos aludidos, que uma cultura política construída sobre princípios constitucionais não depende necessariamente de uma origem étnica, lingüística e cultural comum a todos os cidadãos, mas de denominadores comuns que possam ser utilizados para firmar posições político-jurídicas em favor da variedade e da integridade de diferentes e coexistentes formas de vida de uma sociedade multicultural. Para o filósofo alemão,

> Numa futura República Federal dos Estados Europeus, os *mesmos* princípios jurídicos terão que ser interpretados nas perspectivas de tradições e de histórias nacionais *diferentes*. A própria tradição tem que ser assimilada numa visão relativizada pelas perspectivas dos outros, para que possa ser introduzida numa cultura constitucional transnacional da Europa Ocidental. E uma ancoragem particularista *deste tipo* não diminuiria, num só ponto, o sentido universalista dos direitos humanos e da soberania popular. Portanto, não há o que mudar: não é necessário amarrar a cidadania democrática à identidade nacional de um povo; porém, prescindindo da variedade de diferentes formas de vida culturais, ela exige a socialização de todos os cidadãos numa cultura política comum (Habermas: 1997b, p. 289 – grifos do autor).[74]

A construção do que denominamos aqui de cultura constitucional supra-estatal passa, de um lado, pela crescente referência na literatura político-jurídica à existência de uma "Constituição" européia. Embora ainda não tenhamos um documento formal codificado chamado constituição ou lei fundamental que possamos referir como uma efetiva constituição no sentido clássico do termo, já se vislumbra um constitucionalismo da União Européia em termos heterodoxos. Muitos autores já percebem que, sobretudo a partir do Tratado de Maastricht, há uma efetiva evolução constitucionalizadora dos tratados constitutivos da União Européia. Por um lado, esses tratados, por serem a base da ordem jurídica comunitária, cada vez mais adquirem feição de uma constituição dispersa, à semelhança dos famosos Atos e Declarações do constitucionalismo britânico. Por outro, a jurisprudência do Tribunal de Justiça da UE tem contribuído com o delinea-

---

[74] Embora não utilize a expressão "intercultural", o filósofo de Frankfurt afirma ser esta cultura política comum em formação a partir das diferentes culturas nacionais (ou seja, de uma perspectiva intercultural entre as mesmas) (Habermas: 1997b, p. 296-297).

mento judicial de importantes características dessa "Carta" européia (cf. Pires: 1997, p. 21-27; Canotilho: 1998a, p. 3-4; Gerstenberg: 2002, *passim*). Em virtude de tudo o que foi referido, já é discutida a formalização mesma de uma constituição codificada para a UE, projetada no atual Projeto de Constituição Européia, apesar de que boa parte da doutrina considera que tal constituição, ainda que não codificada, de fato já existe. Em virtude disso, alguns afirmam mesmo que uma constituição formal codificada não seria mesmo desejável (Maduro: 2002, p. 60; 71; Maduro: 2003, p. 54-55; Grimm: 1995, p. 288-292; 295-297; Habermas: 2002, p. 137-143).

Por outro lado, a cultura constitucional supra-estatal, ou seja, o crescente entendimento de que a UE possui uma constituição provoca mudanças na compreensão das constituições dos Estados-Membros e a necessidade de uma permanente abertura da constituição nacional ao direito comunitário e de, no mínimo, uma parcial submissão da mesma a este último, provocando modificações teóricas estruturais bastante relevantes, a começar pela questão da soberania com a conseqüente supremacia da constituição. A lei fundamental passa a ser percebida pela insurgente cultura, não mais como a base do ordenamento jurídico, mas como uma das fontes do direito aplicável diante de uma pluralidade jurídica inconteste. São fortalecidas as idéias de constituição aberta, de interconstitucionalidade, de Estado constitucional cooperativo, de pluralismo constitucional, de constituição supranacional (aqui utilizando a terminologia usual), de federalismo não-estatal, e muitas outras (Häberle: 2002, p. 283-291; Häberle: 1993, p. 12; Verdú: 1993a, *passim*; Pires: 1997, p. 18; 113; Rangel: 2000, p. 137-150; Canotilho: 2002a, p. 1409-1414; Canotilho: 1998a, p. 2-4; Miranda: 2001, p. 21-25; Figueroa: 2003, p. 181-182; Basta: 1999, p. 157; Gessner: 1996, *passim*; Rifkin: 2004, *passim*).

A cultura constitucional supra-estatal insurgente permite recuperar muitas das conquistas do racionalismo e do iluminismo, adaptando-as a uma nova realidade e a uma nova conjuntura político-jurídica, a partir do "deslocamento do horizonte"[75] teórico do constitucionalismo, do Estado para os entes jurídicos supra-estatais. Possibilita, no nosso entender, algumas respostas ao niilismo constitucional e ao desencantamento pós-moderno, embora as soluções estejam momentaneamente adstritas ao constitucionalismo europeu.

Por ora, ficam essas antecipações sobre a cultura constitucional supra-estatal, que voltará a ser abordada na terceira parte deste trabalho.

---

[75] Parafraseando Habermas "o horizonte da modernidade está se deslocando" (Habermas: 1990, p. 11).

6.2.4. Insuficiência do culturalismo constitucional unívoco e necessidade de abertura ao interculturalismo constitucional

A pluralidade de tipos de constituições existentes e a diversidade de funções que as mesmas desempenham na atualidade fazem com que a compreensão contemporânea do fenômeno constitucional seja cada vez mais complexa, sendo crescente o déficit cognitivo entre o que afirmam as teorias clássicas da constituição reproduzidas cotidianamente nas faculdades e nos manuais de direito constitucional e o que efetivamente vem ocorrendo no real dimensionamento do papel das constituições. Daí termos tratado, no final da primeira parte deste trabalho, dos *topoi* dogmaticamente preestabelecidos que ocultam o desconforto teórico contemporâneo. Obviamente, não se trata de um desprezo pela dogmática constitucional que, sem dúvida, tem grande importância na formação dos juristas e na *praxis* cotidiana dos profissionais do direito, mas de uma crítica ao fato de serem ignorados, na maioria das vezes, os principais problemas contemporâneos da teoria da constituição, ocasionando o aludido déficit cognitivo e a incompreensão das efetivas necessidades e potencialidades da constituição como instrumento normativo, se não mais superior, pelo menos bastante relevante no sistema jurídico.[76]

A univocidade presente no discurso constitucional culturalmente estabelecido conduz a impasses teóricos insolúveis. O culturalismo constitucional unívoco, entendido este como as propostas teóricas das culturas constitucionais clássicas organizadas em forma de lugares-comuns (*topoi*), não se mostra adequado a uma realidade constitucional essencialmente plural. Ainda que em certos pontos as culturas constitucionais clássicas possam estar em antagonismo (sobremaneira no aspecto ideológico), elas possuem fundamentalmente os mesmos referenciais: o Estado nacional e os seus elementos (povo, território, governo, soberania), a supremacia da constituição, a confiança no

---

[76] Ocorre em tal contexto o que Nogueira da Silva afirma serem as "resistências culturais" à aceitação de novos conceitos e novas teorias. Segundo o referido autor, "A reserva cultural traduz algo que lembra a petrificação da cultura, fenômeno que cria resistências à aceitação de novos conceitos, e até mesmo de novas evidências em qualquer campo do conhecimento. De um lado, ajuda a esse fenômeno a necessidade de haver uma espécie de 'âncora' que garanta a estabilidade do conhecimento em geral, das teorias aceitas; de outro, em muitos casos a aceitação de novas teorias e evidências esbarra em interesses institucionais: o exemplo mais clássico e lembrado é o de Galileo Galilei diante da Inquisição. E finalmente, a reserva cultural também é alimentada com base na preservação de espaços pessoais, implementada por quantos tenham construído fama e fortuna científica, e intelectual em geral, com base em conhecimentos durante algum ou por muito tempo consagrados e indiscutidos, mas, posteriormente revelados como inexatos.

À categoria ultimamente mencionada junta-se outra, a dos conhecimentos verdadeiramente corretos durante um determinado período histórico, mas que deixaram de sê-lo em período subseqüente, em virtude de novas óticas e circunstâncias políticas e sociais a refletir na formação doutrinária. Tal como em relação às demais hipóteses, essas modificações encontram grandes resistências culturais" (Silva: 2001, p. 15-16 – grifos do autor).

poder público estatal como realizador do postulado ideológico (liberal ou social) presente na constituição, o hermetismo sistêmico do ordenamento jurídico estatal, só para citar alguns. Com a pluralidade constitucional, quase todos, ou talvez mesmo todos os elementos de referência constitucional, os alicerces da constituição, são profundamente abalados. Apesar da maior abertura à circulação de informações, as realidades nacionais aparentam conter cada vez mais disparidades entre si, de modo que as soluções teóricas do denominado culturalismo constitucional unívoco não são mais aceitáveis, passando a universalidade das teorias clássicas a ser substituída por uma série de particularismos teóricos. No entanto, um certo universalismo teórico hegemônico sobrevive, notadamente nos países ocidentais periféricos.

Expliquemo-nos melhor. Na última década do século XX e nesta primeira do atual, o fenômeno reconhecido como globalização econômica tem servido de argumento para a retórica do realinhamento das constituições dos países da América Latina à expansão dos interesses do capital das economias centrais, especialmente dos EUA. A questão econômica, permeada pelas propostas classificadas como neoliberais de solução das constantes crises latino-americanas, tem sido o fundamento para que as constituições de países como o Brasil se alinhem ao que denominamos universalismo teórico hegemônico, que é a idéia quase unívoca proveniente do famoso Consenso de Washington de que a atuação dos Estados precisa ser restringida, seja no aspecto social, intervencionista ou regulador. É necessário liberar a economia das ingerências normativas do poder público e deixar equilibrados os orçamentos estatais, criando condições adequadas para garantir a capacidade do Estado em relação ao endividamento público, assim como o funcionamento eficaz do mercado (Vieira: 1999, p. 16-17; 41; Adda: 2004, p. 51-54). As propostas do Consenso de Washington tornam monotemáticas as reformas constitucionais no continente latino-americano, fazendo com que os governos da região, independentemente de suas colorações ideológicas ou agrupamentos partidários, convertam a estabilidade monetária em premissa fundamental de suas gestões, justificando a promoção da abertura comercial, a revogação de monopólios públicos, a privatização de serviços essenciais, a institucionalização da "responsabilidade fiscal" e a implementação de projetos de desconstitucionalização de direitos, particularmente os direitos sociais e econômicos (Faria: 2003, p. 1). Quase que ignorando as particularidades constitucionais desses países, os mesmos se vêem obrigados a aderir a uma espécie de "fundamentalismo de mercado", que hegemonicamente não admite dissidências teórica e prática que contrariem os seus postulados (Soros: 2003, p. 19; Soros: 2001, p. 11-12; Dantas: 1999b, p. 112-113). Ou os Estados se alinham a esse novo culturalismo constitucional unívoco ou sofrerão as conseqüências do isolamento e da fuga de investimentos, por não terem sistemas constitucionais considerados "confiáveis" pelo mercado financeiro internacional. O determinismo fundamentalista da globalização hegemônica não deixaria saída para os Estados periféricos (Santos: 2002b, p. 56-57).

Todavia, esse universalismo teórico hegemônico não se estabelece sem resistências. Uma delas tem sido a insistência de muitos constitucionalistas de afirmar que, em relação a realidades tão diversas, não é possível mais falar de uma teoria da constituição com pretensões de universalidade, mas apenas de teorias das constituições, cada qual com os seus particularismos, como defendem, embora com ressalvas, Canotilho, Barroso, Bercovici, Streck e Pansieri (cf. Coutinho: 2003, p. 33-34; 77-82; Pansieri: 2004, p. 442ss.; Bercovici: 2004, p. 265ss.). Seria o caso de se falar em teorias da constituição constitucionalmente adequadas à realidade constitucional de cada um desses países.

De fato, o universalismo teórico hegemônico não se afigura como adequado a explicar as realidades que temos no constitucionalismo de Estados com necessidades tão diversas. Enquanto em continentes como a Europa e a América do Norte se fala em reestruturar o Estado, modificando as relações entre este e os cidadãos, ainda que para flexibilizar direitos sociais e econômicos, os efeitos deste tipo de política são completamente diferentes quando se trata de países periféricos, nos quais o Estado social, na maioria das vezes, não passou de um simulacro, e o enfraquecimento do Estado naqueles países se dá pelo descumprimento das "promessas" da modernidade, e não pelo esgotamento desta (Streck: 2002, p. 69; Mann: 2000, p. 312). Enquanto em países como a Alemanha basta a referência no art. 20, 1, da Carta de Bonn de que a Alemanha é um Estado social para que nem seja necessária a inclusão de um catálogo de direitos sociais e econômicos na constituição, e mesmo assim estes se realizem; no Brasil, ainda que conste no texto constitucional uma gama considerável de direitos desta natureza, os mesmos não possuem semelhante grau de efetividade (Krell: 2000, p. 37-38; Krell: 2002, p. 45-49).

As necessidades diversas e a resistência ao universalismo teórico hegemônico propiciam o particularismo das teorias da constituição constitucionalmente adequadas. Entretanto, o excessivo particularismo pode ocasionar dificuldades dialógicas entre as teorias da constituição e fazer com que os conceitos destas sejam tão variáveis que não se possa estabelecer pontos culturais convergentes entre elas. Se considerarmos que cada Estado deva ter a sua própria teoria da constituição, o diálogo entre tantas perspectivas teóricas fica prejudicado. Não nos referimos obviamente à dogmática constitucional interna que serve de referência para a interpretação/concretização da constituição em cada país, mas parece-nos que as teorias da constituição devam ter um espectro mais amplo, com algumas pretensões de universalidade. Particularmente, defendemos a possibilidade de um universalismo teórico, ainda que flexível e não-hegemônico. É necessária uma abertura da teoria da constituição ao que denominamos aqui de interculturalismo constitucional, ou seja, a discussão dos postulados teóricos de cada uma das diferentes culturas constitucionais (clássicas e insurgentes, nacionais, sistêmicas e ideológicas) para que se construa uma teoria intercultural da constituição que possa perceber os pontos de simetria entre os diversos modelos constitucionais e organizá-los epistemologicamente naquilo em que convergem, deixando variáveis e flexíveis as assimetrias necessárias à consideração dos particularismos culturais relevantes a uma caracterização própria de cada uma das constituições.

A univocidade cultural encontra-se superada, mas não se construiu ainda uma alternativa universalista intercultural a este culturalismo constitucional unívoco. É o que intentamos estabelecer neste trabalho, ainda que como esboço experimental.

6.2.5. O fundamento teórico da pluralidade constitucional: a teoria intercultural da constituição

A alternativa para a compreensão e o estabelecimento do diálogo no contexto da pluralidade de culturas constitucionais existentes é a teoria intercultural da constituição que intentamos defender aqui. É a teoria intercultural da constituição que pode fornecer um instrumental teórico adequado às possibilidades de compreensão e diálogo na pluralidade constitucional (o que, na linguagem utilizada por Canotilho, seria uma teoria da constituição constitucionalmente adequada). Todavia, antes de adentrarmos nas características da nossa proposta teórica, é necessário o esclarecimento dos seus pressupostos.

Pelo fato de ser proposta a interculturalidade constitucional, não é difícil a percepção de que se trata de uma teoria que almeja de um lado a compreensão do fenômeno constitucional na atualidade, tendo em vista a "encruzilhada" em que a constituição se encontra, e de outro, propiciar o diálogo entre as diversas culturas constitucionais nacionais, sistêmicas e ideológicas, partindo da idéia de que estas possuem uma incompletude intrínseca, e que as relações dialógicas entre elas são fundamentais para o seu aprimoramento. Afinal, como defendem Snyder, Castiglione e Bellamy, falar em cultura constitucional não implica necessariamente normas partilhadas baseadas em princípios comuns de justiça articulados em um relativo consenso social. Antes pode revelar mesmo conflitos de idéias morais e de diferentes tradições de democracia constitucional. Somente com o debate em dimensões interculturais, os referidos embates podem se dar sem hegemonismos de parte a parte (Snyder: 2003, p. 19; Verdú: 1993b, *passim*; Verdú: 1995, *passim*; Santos: 2003, p. 442).[77]

6.2.5.1. Os pressupostos filosófico-jurídicos: o racionalismo crítico de Karl Popper e o possibilismo constitucional de Peter Häberle

A nossa teoria tem por pressuposto filosófico o racionalismo crítico de Karl Popper e os seus desdobramentos no âmbito da teoria da constituição, notadamente a contribuição de Peter Häberle e, em alguma medida, as teorias de Lucas Pires e de Gomes Canotilho (este a partir do seu *Direito Constitucional e Teoria da Constituição*). Estas últimas, por terem um maior contextualismo nesse particular, serão examinadas na terceira parte do trabalho.

Tendo sido autor de vasta obra de filosofia da ciência, Popper aborda com propriedade tanto as ciências naturais como as ciências sociais. Não estabelece uma distinção rigorosa entre ambas, apontando-as como essencialmente falíveis. Para que as teorias científicas sejam adequadas, elas precisam ter em conta a sua própria falibilidade. Sendo falíveis, são também incompletas e experimentais (Popper: 2002, p. 88; Reale & Antiseri: 1991, p. 1019-1041).

Para o filósofo anglo-austríaco, as ciências principiam sempre por problemas e para resolvê-los, utilizam o método da tentativa e erro. Trata-se do método que consiste em experimentar soluções para o problema e depois deixar de lado as falsas, consideradas errôneas. É método que pressupõe soluções experimentais testadas e eliminadas quando não mais servem. Em termos científicos, Popper apresenta este método da seguinte maneira, dividido em quatro fases:

1) o problema (chamado por ele de "antigo problema");
2) a formação de tentativas de teoria;
3) as tentativas de eliminação através de discussão crítica, incluindo testes experimentais;
4) os novos problemas, surgidos da discussão crítica das teorias (Popper: 2001, p. 30).

A primeira fase é a dos problemas. Para Popper, surge um problema quando ocorre algum tipo de perturbação, seja das expectativas inatas, seja das expectativas já descobertas ou aprendidas pela tentativa e erro (Popper: 2001, p. 18). É necessário que formulemos o problema com especial cuidado para sabermos precisamente no que consiste a realidade na qual nos encontramos, para que seja possível

---

[77] A observação de Boaventura de Sousa Santos na obra citada merece transcrição: "A incompletude provém da própria existência de uma pluralidade de culturas, pois se cada cultura fosse tão completa como se julga, existiria apenas uma só cultura. A idéia de completude está na origem de um excesso de sentido de que parecem sofrer todas as culturas e é por isso que a incompletude é mais facilmente perceptível do exterior, a partir da perspectiva de outra cultura".

descobrir o que há de perturbador nela e verificar a possibilidade de diminuição de tal perturbação. É o que Magee denomina de "metodologia de administração da mudança" (Magee: 1997, p. 310).

A formulação das teorias é sempre uma tentativa de solução dos problemas. Mas as teorias são igualmente apenas hipóteses ou conjecturas, investigações especulativas e observações de fenômenos (Popper: 2002, p. 88; Popper: 2001, p. 22; Nunes: 2002, p. 297).[78] A teoria é essencialmente abstração, e, portanto, intrinsecamente falseável. Mesmo as melhores tentativas teóricas do passado terminam por serem falseadas, e não poderia ser diferente com as nossas atuais teorias. Daí Popper propor um objetivo mais modesto para a ciência: obter teorias de verossimilhança cada vez maior, ou seja, teorias que contenham mais verdade, e não mais falsidade do que suas antecessoras (Newton-Smith: 1997, p. 27). A verdade é um ideal regulador e quanto mais eliminamos os erros das teorias anteriores, substituindo-as por teorias mais verossímeis, aproximamo-nos mais da verdade. É nisso que consiste o progresso da ciência, segundo Popper, e assim se pode evoluir epistemologicamente em termos teóricos, com teorias sempre mais verossímeis, de Copérnico a Galileu, de Galileu a Kepler, de Kepler a Newton, de Newton a Einstein (Reale & Antiseri: 1991, p. 1028; Wächtershäuser: 1997, p. 212-213).

A verossimilhança almejada só vai se dar se a teoria for essencialmente uma teoria crítica, ou seja, propicie suficiente abertura para a discussão crítica, a partir da qual possa ser feita a eliminação das teorias menos verossimilhantes. Consiste em uma espécie de experimentalismo teórico, colocando as teorias pensadas à prova para constatar o grau de sua verossimilhança. Para Popper, é a partir daqui que podemos falar em conhecimento científico, afirmando que a ciência "começa com a invenção do método crítico não dogmático". É a crítica que permite a evolução e os melhoramentos, permite detectar os enganos inevitavelmente cometidos e eliminá-los gradualmente a partir de um longo e laborioso processo de pequenos ajustamentos, denominado pelo filósofo de "método racional de mecânica gradual" (Popper: 2001, p. 22; Popper: 1987a, p. 183; cf. tb. Maturana: 2001, p. 167-168).

---

[78] Etimologicamente, segundo José Pedro Machado, teoria: do grego *theoría*, ato de ver, de observar, de examinar; ato de ver um espetáculo, de assistir a uma festa; daí a própria festa, festa solene, pompa, procissão, espetáculo; deputação (das cidades da Grécia às festas solenes do Olimpo, de Delfos e de Corinto ou aos templos de Zeus Nemeu, de Apolo Délio); função de teoro; contemplação do espírito, meditação, espírito; especulação teórica, teoria (em oposição à prática); pelo latim *theoria*, a especulação, a investigação especulativa (Nunes: 2002, p. 297). Para Maturana, uma teoria é um sistema explicativo que correlaciona fenômenos e experiências que de outra forma não estariam correlacionados. É proposta como um domínio de explicações coerentes, "tecidas junto com alguns fios conceituais que definem a natureza de sua conectividade interna e a extensão de sua aplicabilidade gerativa no domínio das ações humanas" (Maturana: 2001, p. 163).

A crítica ainda propicia o surgimento de novos problemas, oriundos das conjecturas teóricas que se fizeram e das hipóteses problemáticas ulteriores ao debate crítico proposto. Daí a impossibilidade de uma teoria verdadeira (ou inteiramente verdadeira), visto que ainda que seja possível encontrá-la, jamais poderíamos saber que ela o seja, pois as conseqüências de uma teoria são infinitas e não é possível a verificação de todas elas, tornando impossível a verificação da inteira veracidade de uma teoria (Popper: 2002, p. 90-91; Popper: 1987b, p. 271; Reale & Antiseri: 1991, p. 1028).

O caráter crítico da filosofia popperiana, entretanto, não retira dela a perspectiva racional. Popper é um filósofo indubitavelmente racionalista, como se percebe do seu esboço lógico de uma metodologia própria para as ciências, inclusive com a diferenciação para com outros tipos de conhecimento não-científico. Mas o racionalismo popperiano é um racionalismo crítico, ou seja, consciente de suas próprias limitações e suficientemente modesto e despretensioso. Para ele, o racionalismo não-crítico e auto-restrito chega a ser logicamente mais insustentável do que o próprio irracionalismo compreensivo. É parte da própria essência do racionalismo o aspecto crítico, ou, nas palavras do próprio Popper,

> o racionalismo é uma atitude de disposição a ouvir argumentos críticos e a aprender da experiência. É fundamentalmente uma atitude de admitir que *eu posso estar errado e vós podeis estar certos, e, por um esforço, poderemos aproximar-nos da verdade*[79] (Popper: 1987b, p. 232; 238-239).

Como se percebe, não é por acaso que Popper se torna célebre com a idéia de "sociedade aberta".[80] A sua própria teoria da ciência é uma teoria aberta, crítica e plural. A crítica fundamenta uma abertura à pluralidade de tentativas de solução dos problemas. A abertura passa a ser característica essencial das teorias científicas, ensejando, ao contrário do que defende Kuhn acerca das revoluções na ciência, uma "revolução permanente", sendo a ciência algo permanentemente reformulável (Worral: 1997, *passim*). Isso por um lado permite a criação de padrões teóricos universalizáveis e ao mesmo tempo a abertura ao particularismo plural e contextualizável, ocasionando por vezes o falseamento das conjecturas e hipóteses pressupostas.

A filosofia popperiana fornece elementos para a construção, na seara da teoria da constituição, do pensamento possibilista de Häberle, notadamente perceptível na sua teoria da "constituição aberta".

---

[79] Recorde-se que Popper diferencia verdade e certeza, afirmando a inexistência de uma certeza absoluta em ciência, mesmo quando se alcança a verdade (Popper: 2001, p. 58-61). Aqui Popper parece aproximar o conceito de verdade com o de verossimilhança, a partir da impossibilidade do conhecimento pleno (a incognoscibilidade da "coisa em si" kantiana) (Kant: 1995b, p. 48-50; 59; Adeodato: 1996, p. 32).

[80] Referência a uma de suas mais célebres obras, *A Sociedade Aberta e seus Inimigos*, várias vezes com citações no texto (Popper: 1987a; Popper: 1987b).

O possibilismo constitucional häberleano tem raízes explícitas em Popper. A abertura de espírito propiciada pelo racionalismo crítico popperiano fornece bases para a inclusão do pensamento possibilista na teoria da constituição. Para Häberle, existe uma tríade de pensamentos fundamentais para a teoria da constituição: o pensamento realista, o pensamento necessarista e o pensamento possibilista, a partir das idéias de realidade-necessidade-possibilidades da referida teoria. Enquanto os aspectos realista e necessarista são "populares" na teoria da constituição, o pensamento possibilista é bastante desconhecido como problema teórico. Sem desdenhar os dois primeiros, Häberle tenta introduzir na teoria da constituição a questão das possibilidades da mesma (Häberle: 2002, p. 60-62).

O conceito de possibilismo constitucional do Professor alemão pressupõe uma filosofia plural e de alternativas, em suma, uma filosofia aberta, e por isso o alicerce popperiano. Para Häberle, o pensamento possibilista significa pensar em e a partir de outras alternativas, embora não considere procedente denominá-lo simplesmente de pensamento "alternativo", pois, segundo ele, correria o risco de ser associado a conceitos antitéticos similares aos que aparecem com as disjuntivas gramaticais "ou-ou", ou seja, "ou um ou outro", sendo mutuamente excludentes. O possibilismo estaria sempre aberto a qualquer outra gama de possibilidades mais ampla. Quanto mais aberto, plural e político for um determinado ordenamento constitucional, mais relevante é este tipo de reflexão possibilista (Häberle: 2002, p. 62-65).

O possibilismo constitucional é a abertura da constituição às alternativas democráticas, pois liberdade, para Häberle, é sempre sinônimo de alternativas. Isso decorre do seu conceito de constituição, já que vê a mesma como uma ordem jurídica fundamental de um processo público livre. Por ser a mesma a expressão de um grau de desenvolvimento cultural e também fundamento das esperanças e desejos populares, deixa de ser apenas texto codificado e passa a consistir em um processo aberto (*Verfassung als öffentlichen Prozess*). Assim também sucede com a interpretação constitucional, também sendo processo aberto a uma pluralidade de intérpretes (Häberle: 2002, p. 69; Häberle: 2000, p. 34; Häberle: 1997, *passim*; Verdú: 1993a, p. 32-36; Galindo: 2003, p. 138-142).

Toda essa abertura e pluralismo defendidos por Häberle refletem na sua teoria da constituição como ciência da cultura (*Verfassungslehre als Kulturwissenschaft*) (Häberle: 2000, *passim*; Häberle: 1994, p. 16ss.). Se a constituição como produção cultural é aberta e plural, a teoria, que é igualmente cultural, também é aberta e plural, e, não obstante, crítica. Por este último aspecto, não se pode aceitar acriticamente o possibilismo constitucional nos termos häberleanos, pois, como afirmamos em outra oportunidade, há um potencial de risco consideravelmente alto na adoção irrestrita de uma constituição aberta (Galindo: 2003, p. 141-142; cf. tb. Bonavides: 1997, p. 471-472). Por outro lado, a idéia de uma teoria aberta afigura-se para nós bastante apropriada, como será visto logo adiante.

6.2.5.2. Os princípios fundamentais de uma teoria intercultural da constituição

A teoria intercultural da constituição pressupõe as contribuições de Popper e Häberle, mas não se resume a elas. Notadamente a este último autor, deve-se atribuir o mérito de chamar a atenção para a constituição aberta e suas possibilidades, assim como a sistematização de algumas idéias culturais acerca da teoria da constituição, a saber, da teoria da constituição como produto da cultura, como ciência cultural, embora autores como Verdú já tenham feito isso anteriormente ao Professor alemão (Verdú: 1998, p. 19ss.).

Contudo, o diálogo proposto entre as diversas culturas constitucionais é renovador em termos de teoria da constituição, como fazemos. Seguindo a metodologia popperiana, estamos pondo à prova uma teoria da constituição com elementos por vezes paradoxais, mas que pretende organizar epistemologicamente o interculturalismo constitucional para que a relação dialógica intercultural entre os constitucionalismos existentes se verifique com algumas bases teóricas sólidas que sirvam para alicerçar o debate proposto.

A esta altura, já se afigura possível traçar os fundamentos dessa teoria. São eles: criticismo, abertura, pluralismo, universalismo, particularismo e contextualismo.

A teoria intercultural da constituição é uma teoria crítica. Se a base filosófica é o racionalismo crítico de Popper, não poderia ser diferente. Antes de tudo, para a formulação da nossa proposta teórica, é necessário criticar as teorias existentes como insuficientes para a compreensão do constitucionalismo contemporâneo, assim como para o fomento do diálogo entre as culturas constitucionais. As insuficiências das referidas teorias ocorrem por causa dos novos problemas do constitucionalismo ocidental diante da integração interestatal, fenômeno que provoca mudanças paradigmáticas muito profundas, deixando desnorteados os teóricos que preferem trabalhar apenas com os modelos clássicos. Estes últimos têm demonstrado cada vez maior inadequação para responderem aos problemas insurgentes.[81]

Essa inadequação é demonstrada a partir da própria exposição das principais teorias da constituição, já na primeira parte deste tra-

---

[81] Obviamente, os problemas da teoria da constituição não são apenas aqueles decorrentes do fenômeno integracionista, porém, para os objetivos deste trabalho, limitamo-nos aos últimos.

balho. A crítica continuará a ser feita na terceira e na quarta partes, demonstrando, a partir de uma maior contextualização, como as teorias clássicas, cotidianamente ensinadas nos cursos jurídicos e reproduzidas nos manuais e "cursos" de direito constitucional, são inapropriadas para a finalidade cognitiva para a qual se propõem. As teorias que mais influenciam o pensamento constitucional ocidental são propostas que se estabelecem de forma completa, sobretudo a teoria kelseniana, são rigorosas e inflexíveis, já que pretendem ter origem na razão, sem muitas concessões a particularismos não-racionalizáveis. Embora essas teorias também sejam culturais, ao afirmarem-se científicas, elas se estabelecem como "cultura da não-cultura", utilizando a expressão de Sharon Traweek, ou seja, como formas de cultura com características específicas, diferentes das outras e com o privilégio de dizerem a verdade sobre a constituição, a partir da definição rigorosa desta com parâmetros de racionalidade cognitiva-instrumental universal (cf. Nunes: 2002, p. 311-312).

O universalismo teórico, pensado deste modo, é acrítico, o que, segundo Popper, fugiria à própria idéia de cientificidade. Esta tem que ser necessariamente crítica, e a teoria intercultural da constituição também precisa ser uma teoria crítica, não somente em relação às outras teorias, mas até em relação a ela mesma. Deve ser também uma teoria autocrítica, admitindo que as suas hipóteses de solução dos problemas apresentados possam estar equivocadas. Isso conduz ao segundo princípio fundamental: a abertura.

A teoria intercultural da constituição é uma teoria aberta. A aceitação da crítica como princípio fundamental permite o entendimento de nossa proposta teórica como uma proposta de abertura à experiência e ao falseamento. Não há crítica genuína sem abertura teórica. E o interculturalismo constitucional só é possível em virtude da abertura dialógica que a crítica propicia. A crítica culmina inevitavelmente na consciência da incompletude cultural, ou seja, do reconhecimento de que as culturas são incompletas por sua própria natureza, e por isso a necessidade do diálogo intercultural. O reconhecimento das incompletudes mútuas termina por ser *conditio sine qua non* desse diálogo (Santos: 2003, p. 447; Santos & Nunes: 2003, p. 62-63).

A abertura dialógica proposta pela teoria intercultural da constituição assemelha-se àquilo que Pannikar intitula "hermenêutica diatópica". Esta se baseia na idéia de que os *topoi* de uma determinada cultura, por mais fortes que sejam, são tão incompletos quanto a própria cultura a que pertencem. Tal incompletude não se percebe a partir do interior dessa cultura, na medida em que a aspiração à totalidade induz a que se tome a parte pelo todo. É problemática a compreensão de uma tradição cultural com as ferramentas cognitivas de outras culturas (Pannikar: 2004, p. 207-209). Nas palavras de Sousa Santos,

> O objetivo da hermenêutica diatópica não é, porém, atingir a completude – um objetivo inatingível – mas, pelo contrário, ampliar ao máximo a consciência de incompletude mútua por intermédio de um diálogo que se desenrola, por assim dizer, com um pé em uma cultura e outro em outra (Santos: 2003, p. 444).

A incompletude das culturas constitucionais em debate faz com que seja cada vez mais necessária a abertura teórica ao interculturalismo constitucional, sendo os estudos de direito constitucional comparado imprescindíveis ao referido diálogo (Dantas: 2000a, p. 160). A partir da comparação das diferentes realidades constitucionais, essa abertura crítica pode ensejar a construção de categorias, conceitos e princípios relativamente constantes nas diversas culturas constitucionais, embora, mantendo a linhagem crítica, todos eles possam ser falseados na experiência constitucional.

A abertura da teoria intercultural da constituição também implica um possibilismo teórico nos moldes häberleanos. Não necessariamente culminamos na constituição aberta, mas na tríade observada por Häberle em relação ao que denomina "teoria constitucional da sociedade aberta", ou seja, realidade-necessidade-possibilidades (Häberle: 2002, *passim*).

Em primeiro lugar, a teoria deve estar aberta ao conhecimento da realidade constitucional. Como se apresenta o fenômeno constitucional naquele Estado, quais são suas instituições constitucionais, como funcionam, quais princípios e conceitos são considerados como fundamentais, como se dá a interpretação e aplicação dos mesmos, enfim, quais as características da cultura constitucional daquele Estado. Isso não excluiria uma observação da presença ou ausência de elementos ideológicos das culturas constitucionais clássicas ou em formação, que podem ser realidades constitucionais em determinados Estados, extrapolando os caracteres culturais meramente nacionais.

Em seguida, a teoria precisa ser aberta à investigação da necessidade. O *telos* da constituição nem sempre é atendido, ou ao menos não de forma plena. Na medida em que se desenvolve a investigação empírica de como funcionam as instituições constitucionais, e, sobretudo, se atendem às finalidades para as quais foram criadas, o teórico pode perceber as necessidades daquela cultura constitucional específica a partir das suas deficiências e incompletudes. Daí o paradigma da constituição aberta proposto por Häberle não ser aplicável em toda parte, tendo em vista que nem sempre a abertura constitucional produz efeitos benéficos para as necessidades de um país. As necessidades das culturas constitucionais européias de se adaptarem ao direito comunitário propiciam uma abertura das constituições dos países que estão envolvidos na integração européia, que se tem apresentado benéfica para os mesmos, facilitando a implementação da legislação comunitária nos territórios de cada um dos membros da União Européia. A perspectiva não é a mesma se considerarmos as necessidades dos Estados latino-americanos, nos quais a abertura da constituição às regulamentações heterodoxas e mesmo às desregulamentações tem produzido efeitos diversos da abertura na União Européia, quase sempre sem benefícios para a maioria da população.

Tendo em vista a realidade e a necessidade, a teoria intercultural da constituição deve estar aberta às possibilidades (o que Häberle chama de possibilismo constitucional). Para oferecer alternativas de solução dos problemas, a teoria da constituição, sem fazer prognósticos, deve estar atenta às possibilidades constitucionais, ou seja, aquilo que factivelmente a constituição possa ser. Aqui podem ser rediscutidos o *telos* constitucional, as instituições, os conceitos e os princípios, com vistas à superação deles pelas possibilidades avençadas pela teoria. Parafraseando Häberle, é uma teoria de alternativas, embora não seja uma teoria alternativa (ao menos não necessariamente). O estudo comparado mais uma vez é um importante auxiliar na construção das possibilidades. A discussão intercultural permite a verificação de soluções propostas em outros quadrantes para problemas semelhantes e em que medida tais empreitadas foram satisfatórias. Aliado a isso, a investigação das potencialidades daquelas tentativas no país onde o investigador pretende construir uma proposta teórica, residindo precisamente aí o caráter possibilista do debate intercultural. A teoria possibilista pode ser adaptativa se a solução proposta em outra cultura constitucional puder ser ajustada àquela realidade e necessidade constitucional. Por vezes, o possibilismo pode ir até mais adiante, propondo soluções efetivamente originais, sem ter por fundamento direto nenhuma instituição ou princípio de origem estrangeira. Apenas a título exemplificativo, observe-se, em relação ao possibilismo adaptativo, a proposta de súmulas vinculantes para a jurisdição constitucional brasileira, procurando estabelecer um ecletismo entre as culturas constitucionais do *common law* e do romanismo, e relacionado ao possibilismo original, pode-se perceber o instituto do mandado de injunção na Constituição de 1988, apesar de sua semelhança vocabular com o *writ of injunction* norte-americano (cf. Streck: 2002, p. 401-403; 421-423; Streck: 2004, p. 2-4; Dantas: 2003, p. 337ss.; Vieira: 2002, p. 197ss.; Mancuso: 1999, p. 159-177; 280-317).

Se o possibilismo é uma teoria de alternativas, ele conduz igualmente a uma perspectiva de abertura ao pluralismo constitucional e teórico.

A teoria intercultural da constituição é uma teoria pluralista. A pluralidade constitucional parece ser atualmente mais forte do que nunca. Pode-se dizer que praticamente todos os Estados ocidentais são

Estados constitucionais. Todavia, estabelecer interseções teóricas entre os diversos constitucionalismos não é empreendimento dos mais simples, justamente por essa pluralidade de culturas constitucionais nacionais, sistêmicas e ideológicas. Exemplificadamente, pode-se dizer que Reino Unido e EUA são países que, como vimos, pertencem ao sistema jurídico conhecido como *common law*. Entretanto, isso não vale sem restrições para a teoria da constituição. Como se não bastasse a característica da codificação da constituição, ausente no primeiro e presente no último, o próprio *common law* não se aplica a todo o território de ambos os países, tendo em vista o direito aplicável na Escócia e na Irlanda do Norte (integrantes do Reino Unido) e o direito aplicável no Estado da Louisiana (integrante dos EUA) (David: 1998, p. 281; 362). A distância entre as culturas constitucionais britânica e norte-americana aumentam ainda mais quando se investiga a idéia de soberania do parlamento no Reino Unido em contraste com a supremacia da constituição nos EUA, assim como a necessidade de adaptação da cultura constitucional britânica em relação à União Européia, em contraste com a afirmação nacional enraizada na cultura constitucional norte-americana (Hartley: 1999, p. 167ss.; Cooley: 2002, *passim*).

A pluralidade constitucional, da qual tivemos apenas um exemplo, enseja uma abordagem teórica igualmente plural, pois se não percebemos a ocorrência de problemas diversos, propostas de soluções diversas e críticas diversas, corremos o risco de acriticamente importar ou exportar padrões teóricos que não solucionam adequadamente um problema inserido em uma cultura constitucional diferente. A pluralidade ainda tende a aumentar em termos de complexidade com as possibilidades do denominado constitucionalismo da União Européia, com a existência de uma constituição supra-estatal e a formação de uma cultura constitucional correspondente. Neste particular exemplo, pode-se almejar uma caracterização dúplice ou mesmo tríplice da constituição, com uma constituição supra-estatal, uma constituição do Estado nacional e, no caso de uma federação como a Alemanha e a Áustria, uma constituição estadual (as constituições dos *Länder* alemães e austríacos).

O caráter complexo desta pluralidade constitucional não obsta, entretanto, a possibilidade de encontrarmos pontos comuns na diversidade de culturas constitucionais, isto é, interseções constitucionais universalizáveis. A tentativa de redução da complexidade oriunda do pluralismo constitucional conduz ao universalismo teórico.

A teoria intercultural da constituição é uma teoria universalista. O universalismo que propomos não é um universalismo hermético-unificador, válido para toda e qualquer cultura constitucional (Pereira: 1953, *passim*). Isso seria completamente contraditório com as perspectivas de abertura crítica e de pluralidade com as quais estamos trabalhando. O que intentamos defender é que algo do racionalismo de base cartesiana sobrevive, e a via do racionalismo crítico de Popper parece ser a mais adequada para classificarmos a teoria intercultural da constituição como teoria universalista.

Perceba-se que utilizamos o adjetivo *universalista* em vez de *universal*. A nossa proposta teórica não é universal, embora seja universalizável. A partir do interculturalismo constitucional, e com fundamento neste diálogo, pretendemos retomar algumas características de universalização da teoria da constituição.

Canotilho considera a pretensão de universalização como um dos problemas básicos para a atual teoria da constituição. As teorias clássicas da constituição estão assentadas nas pretensões de sua própria universalidade, tendo por referencial o Estado hegeliano, performador, totalizador e integrador das estruturas políticas (Hegel: 1997, p. 216ss.; Martins: 1993, p. 77-79). Este referencial encontra-se ultrapassado em virtude da pluralidade social interna crescente e do aparecimento dos ordenamentos jurídicos supranacionais (Canotilho: 2002a, p. 1332-1333; Canotilho: 2004, p. 15-16). Em virtude disso, o Professor de Coimbra propõe a possibilidade, em concordância com as afirmativas de Barroso, Bercovici e Streck, de que é mais adequado falar em teorias das constituições, e não mais em teoria geral da constituição (Coutinho: 2003, p. 32-34; 77; 81-82; Bercovici: 2004, p. 265-266).

No nosso entender, são insuficientes os argumentos defendidos pelos Professores acima referidos no que diz respeito à necessidade de várias teorias da constituição. A alusão a problemas comuns, feita pelos próprios autores, a exemplo da afirmação de Streck sobre "um núcleo (básico) que albergue as conquistas civilizatórias próprias do Estado Democrático (e Social) de Direito, assentado, como especificado na tradição, no binômio "democracia e direitos humanos-fundamentais", por si só já permitem uma universalização desse núcleo comum de caracterizações do constitucionalismo (Coutinho: 2003, p. 81; Canotilho: 1995b, p. 3-6; Habermas: 1997a, p. 128; Junji: 2002, p. 563). Não desejamos com isso afirmar que não há a diversidade constitucional. Toda a nossa proposta é construída em torno desta realidade. A teoria intercultural pressupõe justamente a multiplicidade de constitucionalismos e de culturas constitucionais. Mas existe um universalismo do qual não se pode abrir mão.

Não se trata de construir uma teoria da constituição para cada realidade constitucional. É necessário, ao contrário, alicerçar uma teoria da constituição em padrões universalistas, que seriam os pontos de interseção das diversas culturas constitucionais, e, ao mesmo tempo, ter flexibilidade suficiente para deixar em aberto as particularidades, que devem ser examinadas por uma doutrina própria de cada país ou grupo de países. Em que pese as culturas constitucionais liberal, social e a insurgente supra-estatal (deixando um pouco de lado a niilista, pela sua vacuidade e desconfiança para com a constituição), assim como as culturas constitucionais sistêmicas (romano-germânica e *common law*), existem paradigmas universalistas: a democracia, os direitos humanos, as liberdades civis e políticas, os sistemas de freios e contrapesos em relação ao exercício dos poderes do Estado, a temporariedade dos cargos eletivos, são exemplos de conteúdos e temáticas presentes universalmente nas constituições ocidentais, e tanto as culturas liberais como as sociais aceitam-nos (cf. Häberle: 1993, p. 13-14). Gradativamente, as idéias de abertura das constituições à legislação internacional e supra-estatal, com a conseqüente relativização da soberania do Estado, ganham respaldo como categorias universalizáveis, formadoras de "culturas comuns em construção", não obstante o grau dessa abertura possa variar consideravelmente (Duina & Breznau: 2002, *passim*). Enfim, a idéia de neutralidade axiológica proposta para o conhecimento científico inequivocamente se esvai diante da necessidade de um *topos* valorativo que sirva de fundamento para o universalismo que consideramos necessário. Daí as restrições científico-metodológicas que destacamos ter em relação à proposta defendida por Ivo Dantas, salientada no capítulo III deste trabalho (cf. Dantas: 1999a, p. 37).

Os padrões universalistas supra-referidos configuram *topoi* para o diálogo intercultural. São premissas argumentativas evidentes e não discutíveis, ou ainda, pontos de partida inegáveis, a partir dos quais pode ser estabelecido o aludido diálogo (Santos: 2003, p. 443; Ferraz Jr.: 2001, p. 48).

Os fundamentos universalistas são os lugares-comuns sobre os quais se erige a teoria intercultural da constituição. Estes, no entanto, são pontos de partida, e não pontos de chegada, o que faz com que a teoria intercultural necessite de particularizações, pois o universalismo aqui proposto não implica uniformidade teórica.[82]

A teoria intercultural da constituição é uma teoria particularista. Aparentemente contraditório com o que afirmamos antes, a teoria da constituição também precisa ser particularista. Em verdade, trata-se de uma teoria universalista adaptável aos particularismos culturais, ou seja, a "particularização do universalismo" (Bideleux: 2002, p. 153-154).

A teoria da constituição necessita, como vimos, de alicerces culturais universalistas. Mas as peculiaridades culturais não desaparecem do âmbito constitucional, notadamente em razão da resistência nacional e/ou ideológica em relação a modelos universalizantes. A democracia, por exemplo, é um alicerce cultural universalista no oci-

---
[82] Sobre o conceito de "universalismo sem uniformidade", cf. André: 2002, p. 265.

dente; porém, as formas pelas quais a mesma se efetiva são variadas e podemos avaliar determinadas práticas como mais ou menos democráticas a depender de nossos referenciais culturais nacionais e ideológicos. Para os britânicos, a democracia se exerce pela supremacia do Parlamento de Westminster (concretamente a supremacia da Câmara dos Comuns) e qualquer interferência direta de outros poderes no mesmo poderia ser tida como antidemocrática, já que os parlamentares são escolhidos diretamente pelo povo, e os demais poderes não. Não é essa a perspectiva de democracia em países como o Brasil, a Alemanha, ou mesmo os EUA, que se afirmam igualmente democráticos, mas admitem, pela idéia do controle recíproco entre os poderes do Estado, que determinados magistrados tenham a competência para declarar inconstitucionais atos dos respectivos parlamentos, em nome da supremacia da constituição.

Também a questão da abertura da constituição suscita diferenciações. Nenhuma das constituições ocidentais em questão é completamente fechada ao direito internacional e ao direito da integração. Porém, como afirmamos acima, a gradação da abertura varia muito. Mesmo no caso dos Estados que fazem parte da União Européia, há constituições mais ou menos abertas à legislação comunitária, como a Carta holandesa, no primeiro caso, e a Carta dinamarquesa, no segundo (Rasmussen: 1999, *passim*). Semelhante caso ocorre no Mercosul, sendo a Constituição brasileira interpretada como mais fechada à legislação internacional e da integração, ao passo que a Lei Maior argentina possui um caráter mais aberto (Fontoura: 2000, *passim*; Ventura: 2003, p. 171-182; 188-217; Magalhães: 2000, *passim*; Silva: 2000, p. 32-34).

As diferenciações exigem que a teoria intercultural da constituição se estabeleça com suficiente flexibilidade que permita o diálogo entre as culturas constitucionais sem que se intente com isso submeter forçosamente o constitucionalismo de uma localidade a soluções preestabelecidas por um outro constitucionalismo considerado como mais avançado. As particularidades precisam ser consideradas, e as propostas teóricas universalistas, devidamente contextualizadas. Isso conduz ao último dos princípios da nossa proposta teórica.

A teoria intercultural da constituição é uma teoria contextualista. O interculturalismo constitucional deve estabelecer a necessidade de que as suas contribuições universalistas ou particularistas sejam contextualizadas. Se por um lado as propostas teóricas universalistas são o alicerce do debate intercultural, os particularismos são, por vezes, impeditivos de um maior avanço cultural das constituições em virtude de os mesmos propiciarem um hermetismo constitucional avesso a contribuições culturalmente diversas. Sob o pretexto da inadequação *a priori* de um determinado instituto ou conceito para o país, sem analisar as potencialidades dos mesmos em uma perspectiva possibilista e experimental, impede-se uma maior evolução e aprimoramento do constitucionalismo nacional. Do mesmo modo, uma importação pura e simples de institutos e concepções desenvolvidas em outros países sem a ponderação do contexto pode conduzir a equívocos e imperfeições irremediáveis. Para solucionar esse impasse, é necessário que a teoria da constituição seja contextualista.

A ausência do contextualismo constitucional pode ocasionar precipitações e incompreensões as mais diversas. Em uma análise descontextualizada, pode-se pensar que o princípio da supremacia do parlamento no constitucionalismo britânico implica uma ditadura da maioria; que a *Grundgesetz* alemã de 1949 é uma constituição quase exclusivamente liberal; que a Constituição brasileira de 1988 protege melhor os direitos sociais do que a alemã; que Canotilho, na revisão da sua teoria da constituição dirigente, defende o completo abandono desta última; isso apenas para citar alguns mais correntes.

Entretanto, em uma avaliação contextual, podemos perceber o seguinte: apesar da idéia consagrada de supremacia do Parlamento de Westminster no Reino Unido, a maior parte do direito britânico, em virtude de sua filiação ao sistema do *common law*, é construído nos tribunais, tanto que a própria supremacia parlamentar terminou por ser delimitada e afirmada pela jurisprudência, que se autolimitou nas possibilidades de fazer o *judicial review* (Hill: 2002, p. 14-18; Bradley: 2004, p. 37-39); a Lei Fundamental de Bonn é uma constituição social, apenas não possui um catálogo expresso de direitos sociais no seu texto, o que não impede que a jurisdição faça valer os mesmos, através do recurso ao art. 20 (1) que afirma ser a República Federal da Alemanha um Estado social e democrático de direito; o Brasil não garante mais os direitos sociais do que a Alemanha, apesar de a Carta brasileira conter um extenso catálogo de direitos sociais e econômicos que a alemã não possui (Krell: 2000, p. 37-38; Krell: 2002, p. 45-49); Canotilho defende o abandono de certos postulados do constitucionalismo dirigente tendo em vista, dentre outras coisas, o contexto da adequação da Constituição de Portugal à União Européia, propondo, entretanto, que tal não se aplica necessariamente em contextos constitucionais como o brasileiro (Canotilho: 2002a, p. 1421; Canotilho: 2004, *passim*; Coutinho: 2003, p. 15; 30).

São apenas alguns exemplos de como uma análise teórica desprovida de contextualização pode ocasionar déficits de cognição. No nosso entender, afigura-se fundamental o fato de que a teoria intercultural da constituição precisa contextualizar todas as suas abordagens, sejam elas universalistas ou particularistas, para que não se possa incorrer em equívocos, tais como os que verificamos exemplificadamente.

A partir do delineamento dos aportes epistemológicos da teoria intercultural da constituição efetuado nesta parte do trabalho, pretendemos, na terceira e na quarta partes, verificar em que dimensão a teoria proposta apresenta viabilidade.

Terceira Parte

Teoria intercultural da constituição e novos entes jurídicos supra-estatais (I): Constituição e União Européia

7. Evolução da integração européia: das comunidades à união

> "Europa se ha convertido en un gigantesco laboratorio experimental para repensar la condición humana y reconfigurar las instituciones humanas en la era global" (Rifkin: 2004, p. 116).

7.1. Tipos de integração interestatal: delimitação teórica

Este capítulo tem o condão de mostrar, em uma perspectiva histórica, como se chega ao atual estágio da integração européia que é, em parte, uma união econômica e monetária; em parte, um mercado comum. A compreensão da evolução histórica da União Européia é fundamental para discutir o interculturalismo constitucional no referido contexto. Todavia, não é possível esboçar tal exposição e análise sem antes delimitar teoricamente o que vêm a significar os termos que utilizamos para designar os diferentes tipos e estágios de integração entre os Estados.

A idéia de integração já foi debatida no capítulo quarto em relação ao papel social e politicamente integrador que desempenha a constituição, segundo a teoria de Smend. Mas isto só muito indiretamente está presente no debate acerca da integração interestatal, já que esta tem sido em boa medida uma integração econômica, embora o caso europeu tenha avançado mais em termos jurídicos, políticos e sociais.

A palavra *integração* tem sua origem no latim *integratio*, com o significado de renovação ou restabelecimento. No sentido lexicográfico contemporâneo, integração é a reunião ou agrupamento de partes em um todo. O termo traz a idéia de unidade, de junção de elementos dispersos (Cunha: 1993, p. 66; Balassa: 1964, p. 3; Porto: 2001, p. 209).

Em um sentido mais técnico, o vocábulo é utilizado na ciência econômica tradicional para designar o fenômeno de concentração vertical das empresas. Porém, com a criação da Organização Européia de

Cooperação Econômica (OECE) e o lançamento do programa de recuperação da Europa Ocidental, começou-se a falar em integração com um sentido completamente diverso, fazendo referência à aproximação das economias européias. Segundo Pitta e Cunha, Paul Hoffman é quem primeiro faz esta referência em um discurso pronunciado no Conselho da OECE em 1949. Para Hoffman, a OECE deveria ter um papel mais relevante do que simplesmente administrar o auxílio norte-americano (refere-se ao Plano Marshall). Deveria estabelecer um programa de longo alcance, que constituísse uma economia européia mais dinâmica e expansiva, formando um grande mercado único, dentro do qual seriam suprimidas permanentemente as restrições quantitativas aos movimentos de mercadorias, as barreiras monetárias ao fluxo de pagamentos e, eventualmente, todas as tarifas. É o que Hoffman designa por integração (Cunha: 1993, p. 65-66).

Na década de 50 do século passado, surgem teorias acerca da integração econômica que buscam não somente defini-la a partir do grau de intensidade em que se verifica, mas também estabelecer orientações doutrinárias a partir de perspectivas ideológicas. A integração econômica entendida por um economista de visão liberal diverge substancialmente de como um autor de formação keynesiana a concebe. Desta divergência, surgem a concepção liberal de Wilhelm Röpke e a concepção teleológica de Gunnar Myrdal.

Na teoria finalista de Myrdal, a integração econômica se dá tanto em nível internacional, como em nível nacional. Para ele, a integração econômica é a realização do velho ideal ocidental da igualdade de oportunidades. Só se pode falar em integração da economia se houver um processo de supressão de barreiras de ordem econômica e social entre os participantes das atividades econômicas, o que pode ocorrer tanto em nível interno no Estado, como no domínio da economia internacional. As relações econômicas integrativas devem se dar a partir da idéia de solidariedade social entre os povos, fomentando o crescimento econômico dos países subdesenvolvidos. Excede, portanto, o âmbito estritamente econômico e torna-se uma integração também política e social.

Para o autor sueco, uma comunidade puramente liberal (não discriminatória e imparcial) efetivamente nunca existiu. A orientação predominantemente liberal do movimento de integração européia tende a agravar as desigualdades econômicas se a integração for limitada à construção de um grande mercado aberto à livre circulação de mercadorias. Somente uma política desenvolvimentista ativa pode realizar a integração internacional, elevando o nível de produtividade a partir da redistribuição da produção entre os países, com o deslocamento dos fatores (capital e trabalho) e a harmonização das políticas econômicas e sociais. Para isso, é fundamental o reforço do sentimento de solidariedade entre os povos europeus (Cunha: 1993, p. 67-70; Balassa: 1964, p. 4-5).

Segundo Myrdal, uma zona de livre-comércio ou uma união aduaneira são antíteses da verdadeira integração internacional; esta supõe a formação de uma união econômica, na qual as funções de coordenação das políticas econômicas sejam atribuídas a uma autoridade supranacional (Cunha: 1993, p. 70).

À teoria teleológica de Myrdal contrapõe-se a concepção liberal de Röpke. Para este autor, a integração é concebida no plano econômico internacional e consiste basicamente na remoção das barreiras artificiais ao comércio entre os países. Vê a integração econômica européia não como simples integração, mas em verdade uma "reintegração", na medida em que se trata de restaurar a ordem internacional que existiu até 1914 e que foi subvertida pelas políticas econômicas dirigistas e nacionalistas a partir da década de 30.

Para Röpke, a integração econômica internacional consiste em uma intensa cooperação comercial, distinta dos tipos mais ousados de fusão das economias. Tem maior simpatia por organizações do tipo zona de livre-comércio que propicia, segundo ele, uma integração "aberta", contribuinte para a solução do problema central da integração que é a convertibilidade das moedas e o equilíbrio dos pagamentos. O mercado comum já seria uma integração "fechada", apesar da inspiração deste também ser predominantemente liberal (Cunha: 1993, p. 70-73).

Em verdade, as teorias de Myrdal e Röpke estão excessivamente calcadas em suas próprias perspectivas ideológicas, terminando por não trazer ao debate uma delimitação teórica correspondente ao que efetivamente ocorre na integração européia dos anos 50. As linhas mestras da teoria contemporânea da integração econômica terminam por serem traçadas por Bela Balassa, quando estabelece uma crítica analítica frontal à tese de Myrdal e indireta à teoria de Röpke.

Com efeito, Balassa rechaça a tese de Röpke ao admitir que a integração social é requisito fundamental para uma integração econômica total. No entanto – e aqui vai a crítica a Myrdal – a supressão de barreiras ao comércio em uma união aduaneira também constitui um ato de integração econômica, ainda que ausentes modificações no plano social. Embora a integração social seja importante com o avanço do processo de unificação das economias nacionais, não é necessária para caracterizar o que chama de "formas inferiores de integração econômica".

Também defende que a integração deve ser conceituada tendo em vista tão-somente a integração internacional, excluindo-se a nacional, pois os problemas de ambas as integrações são consideravelmente distintos. A partir daí, define integração econômica como processo e como estado de coisas. Como processo, inclui várias medidas de abolição da discriminação entre unidades econômicas pertencentes a diversos Estados; como estado de coisas, pode ser representada pela ausência de várias formas de discriminação entre economias nacionais.

A partir desta definição, estabelece uma importante distinção entre integração e cooperação. Para Balassa, a diferenciação é tanto qualitativa, como quantitativa. Enquanto a cooperação inclui várias medidas destinadas a harmonizar as políticas econômicas e a diminuir a discriminação, o processo de integração econômica compreende as medidas que tendem mesmo a suprimir as formas de discriminação. Exemplifica, afirmando que os acordos internacionais sobre políticas comerciais pertencem à área da cooperação internacional, ao passo que a abolição de restrições ao comércio configura um ato de integração econômica.

A integração, embora não seja mera cooperação, também não é vista por Balassa como uma integração total. Admite o autor a existência de várias formas graduais de integração e estabelece uma classificação que influencia diretamente as concepções atuais que, em maior ou menor grau, são variações da classificação de Balassa. Para ele, são formas de integração:

a) área de livre comércio – há abolição dos direitos aduaneiros e das restrições quantitativas entre os Estados participantes, mas cada um deles mantém suas próprias tarifas externas em relação a Estados não membros;

b) união aduaneira – além da supressão da discriminação no campo da movimentação de mercadorias dentro da união, estabelece uma tarifa externa comum em relação aos Estados não membros;

c) mercado comum – forma mais elevada de integração econômica, com a abolição não somente das restrições ao comércio, como também das restrições relativas aos movimentos dos fatores de produção;

d) união econômica – combina a supressão das restrições aos movimentos de mercadorias e fatores de produção com uma harmonização gradativa das políticas econômica, monetária, fiscal e social;

e) integração econômica total – pressupõe a unificação das referidas políticas e requer o estabelecimento de uma autoridade supranacional cujas decisões vinculem os Estados membros (Balassa: 1964, p. 4-8).[83]

Da década de 60 até o momento, a tipologia proposta por Balassa sofre algumas modificações pontuais, mas em linhas gerais é a base da compreensão contemporânea da integração. Na verdade, as classificações posteriores são variações da teoria de Balassa. Uma das prin-

---

[83] Etzioni prefere aludir a níveis de integração política, pois para além da perspectiva econômica, a interdependência entre Estados conduz a uma integração do primeiro tipo, já que as economias somente estão integradas a partir das iniciativas políticas adotadas pelos Estados em tal sentido (Etzioni: 2001, p. 6ss.).

cipais, esboçada por Mota de Campos, compreende os entes de integração interestatal da seguinte maneira:

a) zona de livre comércio – implica a supressão de restrições quantitativas e de imposições aduaneiras nas trocas comerciais entre os países membros, embora cada um destes tenha completa liberdade de ação em relação ao comércio com terceiros Estados;[84]

b) união aduaneira – um grau a mais em relação à zona de livre comércio, implica em estabelecer uma pauta aduaneira comum, sobretudo na adoção de tratamento comercial equivalente no que diz respeito a bens provenientes de países terceiros;

c) mercado comum – noção introduzida com os Tratados comunitários europeus, implica em uma liberalização entre os países membros, de todos os fatores produtivos, agregando-se à liberdade de circulação de mercadorias, as liberdades de circulação de pessoas, serviços e capitais (TCE, art. 3º);[85]

d) união econômica – constitui um mercado comum ao qual adiciona-se a coordenação das políticas econômicas dos países membros pelas autoridades comunitárias e que as legislações nacionais sejam, se não uniformizadas, pelo menos convenientemente harmonizadas;

e) união monetária – implica, além das características acima, a existência de câmbios fixos e convertibilidade obrigatória das diferentes moedas nacionais e, por vezes, como atualmente na União Européia, um emissor único de moeda, no caso, a Comunidade (Campos: 2002, p. 498-502).[86]

Alguns autores, como Salomoni, ainda acrescentam uma união política, que constituiria o último degrau do processo de integração e implica a adoção de uma constituição da união, na qual se consolida a identidade e uma política comuns e se estabelece um sistema de poder e de direitos para os membros da dita união, dentro de um sistema democrático e federal (Salomoni: 1999, p. 138-139). Outros, como Mata Diz, defendem que o último estágio da integração seria a confederação, baseada na confirmação de um poder supra-estatal formulador da unificação da legislação dos Estados-Membros da União Européia (Diz: 2003, p. 37).

Como afirmamos em outra oportunidade, em relação a esta característica apontada por Salomoni, o federalismo, parece ainda ser demasiado cedo para afirmar que as organizações de integração referidas possam tornar-se federações do tipo estatal ou mesmo organizações efetivamente democráticas, questões que serão debatidas adiante (Galindo: 2002a, p. 96). Quanto à classificação de Mota de

---

[84] O art. XXIV, § 8º, *b*, do GATT assim define zona de livre-comércio: "um grupo de dois ou mais territórios aduaneiros entre os quais os direitos aduaneiros e as outras regulamentações comerciais restritivas (...) são eliminados para o essencial das trocas comerciais relativas aos produtos originários dos territórios constitutivos da zona de livre comércio".

[85] Como destaca D'Arcy, a maior diferença entre uma zona de livre-comércio e um mercado comum está no fato de que neste último a livre circulação inclui também as pessoas (D'Arcy: 2002, p. 151).

[86] Ligeiras variações da classificação aqui exposta em Accioly: 2000, p. 16-19; Lipovetzky: 1994, p. 50-53; Baptista: 1994, p. 14-17; Porto: 2001, p. 212-215; Midón: 1998, p. 40-47.

Campos, será a que utilizaremos aqui, caso não afirmemos expressamente o contrário (se estivermos a utilizar outra).[87]

7.2. A idéia de integração européia: antecedentes e a fase da cooperação

A idéia de uma Europa integrada, em que sentido for, não pode ser dissociada da existência de certos caracteres comuns no pensamento político e social dos povos europeus. Apesar de divergências históricas que conduzem a guerras extremamente sangrentas no continente, pode-se dizer que os europeus possuem uma herança intercultural comum que pode identificá-los como tais e que viabiliza a integração que vem sendo construída.

Esta herança comum, que adjetivamos de intercultural, tem sua origem mais remota nas tradições culturais de Grécia e Roma antigas, posteriormente acrescidas do contributo cristão. Como afirma Lazard,

"Hoje, as três correntes estão mais visíveis do que nunca: o nosso individualismo radical é ateniense; as nossas leis e as nossas instituições, impregnadas de espírito aristocrático, são romanas; a nossa paixão da justiça social é cristã" (apud Campos: 2002, p. 23).[88]

---

[87] É importante ressaltar que há autores que destoam mais fortemente das classificações em questão, como o Professor argentino Mário Midón, que defende uma classificação de quatro graus de integração: 1) processos cooperativos (ou modelo embrionário), cujo melhor exemplo são as organizações de integração da África; 2) integração tênue, com os exemplos do NAFTA e do Mercosul; 3) integração de vigor médio, com a Comunidade Andina e o Mercado Comum Centro Americano; 4) integração de compromisso superior, que seria o caso da União Européia (Midón: 1998, p. 149-232).

[88] Rezende Martins desconfia da idéia de convergência cultural européia exposta na afirmação de Lazard: "O recurso habitual, na tradição européia, a um patrimônio valorativo ou a uma civilização originária comuns, dificilmente passou, pelo menos no curso do período moderno, de um artifício de retórica, pouco sedimentado – em sua dimensão prática – no quotidiano dos europeus de todos os quadrantes. O passado europeu, comum em certos aspectos a sociedades que se diversificaram com o tempo, registra um afastamento e uma concorrência crescentes entre os estados nacionais que se consolidaram a partir do século 15, em um processo de radicalização que transformou o espaço europeu em um tabuleiro de ambições hegemônicas. (...) O conceito de Europa e de europeus, de sua mentalidade e de seu surgimento emergiu gradativamente, em ritmo lento e conturbado. A contigüidade dos povos no território continental não basta para associá-los em uma unidade espontânea, com a qual cada povo se sentisse imediatamente identificado. Modos de pensar, mentalidade, cultura, formas de vida cotidiana e práticas sociais são mais importantes do que a contigüidade espacial. É certo que a contigüidade pode auxiliar nesse sentido, como parece ser a tendência européia (ocidental) recente. Recentíssima mesmo. O passado aponta na direção justamente oposta. E o tempo presente o confirma, ao se acompanhar as linhas de fratura traçadas pelos fascismos e pela Cortina de Ferro. Assim, o imaginário unificador que se busca afirmar, contemporaneamente, encerra uma boa dose de simplismo e de mitificação. Tal não impede, todavia, que se possa conceber a tarefa da integração. Sua realização, contudo, está nitidamente situada no plano da iniciativa política e, tal como vem ocorrendo na Europa – da Europa dos Seis à atual Europa dos Quinze – da ação estatal, governamental" (Martins: 2002, p. 216-217).

A idéia de unidade religiosa européia através do cristianismo é tentada na Idade Média pela Igreja Católica, a partir da coroação de Carlos Magno como imperador, cujo Império curiosamente corresponde quase na totalidade à área atual da chamada "Europa dos Seis" (Schambeck: 1995, p. 429; Rifkin: 2004, p. 256). O Sacro Império Romano-Germânico também é uma tentativa de implementação de um modelo de Europa unificada sob o signo da Igreja (Wieacker: 1996, p. 50-53). A unidade religiosa esfacela-se com o movimento conhecido como Reforma Protestante, e a unidade política, com o advento do Estado soberano.

Em termos mais próximos às concepções contemporâneas, o duque francês Maximilian de Béthune Sully, conselheiro e ministro de Henrique IV, defende, no início do século XVII, um modelo de Europa fundado no equilíbrio de poderes entre quinze Estados igualmente fortes, com garantias recíprocas de paz. Antes mesmo de Sully, porém, o jurista Pierre Dubois concebe, no início do século XIV, um projeto de "Estados Unidos da Europa". Hugo Grotius defende uma união de Estados e de povos. O abade de Saint-Pierre fala, no início do século XVIII, de uma associação federativa de Estados europeus soberanos, instituída contra a hegemonia absolutista de Luís XIV, mas com a idéia de constituir uma aliança permanente com a realização de encontros regulares em uma assembléia federal. Isso tudo sem falar de Immanuel Kant, com o projeto da "paz perpétua", assim como Victor Hugo, como presidente do 2º Congresso Internacional pela Paz, em 1849, proclama os "Estados Unidos da Europa", utilizando a mesma expressão usada por Dubois séculos antes. No século XX, após a Primeira Guerra Mundial, ainda tivemos o Movimento Pan-Europeu, fundado pelo conde austríaco Coudenhove-Kalergi, e a atuação de Aristide Briand, famoso político francês, que, no âmbito do Pacto Briand-Kellog, defende a visão de uma Europa federal unificada (Pfetsch: 2001, p. 16-18; Campos: 2002, p. 29-30; Kant: 1995a, *passim*; Martins: 2002, p. 219-227).

Como se percebe, essas idéias são precursoras do que vem a se estabelecer em perspectivas concretas, após a Segunda Guerra Mundial. Apesar do adjetivo "mundial", justificável em virtude da participação de coletividades estatais de vários recantos do planeta, a Segunda Guerra foi primordialmente européia, a começar pelas duas grandes alianças formadas (Aliados: Estados Unidos, Reino Unido, França e União Soviética *versus* Eixo: Alemanha, Itália e Japão) que, com as exceções dos EUA e Japão, os demais países são europeus.[89]

Os dirigentes dos Estados europeus em reconstrução percebem que as históricas animosidades recíprocas só provocaram destruição

---

[89] Lembrando que a então União Soviética era parte européia e parte asiática, assim como ocorre atualmente com a Rússia, sendo, entretanto, a parte européia o centro do poder político estatal.

no continente. Com a ascensão dos EUA e da URSS como superpotências nucleares, nenhum Estado europeu, isoladamente, poderia fazer frente ou competir política e economicamente com eles. A formação de uma "terceira força" é vista como uma forma de reação à inequívoca perda de posição da Europa em nível internacional (Bideleux: 2002, p. 156-157). Ademais, para a política externa estadunidense, o projeto "Europa" torna-se um contrapeso ao expansionismo soviético no leste do continente; daí a implantação do Plano Marshall e a posterior formação da Organização do Tratado do Atlântico Norte (OTAN). Por motivos práticos, portanto, os EUA favorecem a criação de instituições européias para facilitar a repartição dos recursos de Marshall (Duverger: 1996, p. 19; Etzioni: 2001, p. 238-241).

Temos, antes da criação da primeira instituição comunitária, a denominada fase da cooperação, ou ainda, da incubação das Comunidades (Pfetsch: 2001, p. 28). No âmbito econômico, é criada a Organização Européia de Cooperação Econômica (OECE) em 1948, pela Convenção realizada em Paris. Esta organização possibilita aos Estados europeus participantes da mesma atingir e por vezes ultrapassar os níveis de desenvolvimento econômico anteriores à guerra em menos de dez anos. Em 1960, resolvem transformá-la na Organização de Cooperação e Desenvolvimento Econômico (OCDE), mais abrangente e com a participação agora dos EUA, Canadá, Japão, Austrália e Nova Zelândia.

No âmbito político, é criado pela Convenção de Londres de 1949 o Conselho da Europa, com sede em Strasbourg, e constitui uma organização de cooperação política intergovernamental, marcadamente confederal. Este Conselho, atualmente com a participação de cerca de quarenta países, tem funcionado como um grande "fórum" de discussões das questões referentes à Europa e propiciado a negociação e conclusão de inúmeras convenções européias, com destaque para uma das mais importantes e eficazes instituições européias, qual seja, a Convenção Européia dos Direitos do Homem, de 1950, interpretada e aplicada pelo Tribunal Europeu dos Direitos do Homem (Campos: 2002, p. 41-52; Duverger: 1996, p. 21-22).

7.3. A integração propriamente dita

7.3.1. A criação da Comunidade Européia do Carvão e do Aço (CECA): o Tratado de Paris

Os fatores assinalados demonstram que a cooperação dera resultados concretos e estes entusiasmam os que poderíamos chamar de "europeístas", adeptos de uma maior cooperação entre os povos da

Europa que conduz necessariamente a um processo de integração (Pozo: 2003, p. 14).

Mas tal empreitada não se afigura simples. A questão mais delicada é a relação entre França e Alemanha, os dois países mais importantes da primeira fase da integração européia. Os ódios recíprocos recentes que levaram os dois povos a guerras sangrentas de devastadoras proporções estão ainda muito presentes, até devido à proximidade dos acontecimentos. Como assevera Casella, a lembrança da guerra era ainda mais próxima quando se coloca o fato de que a vitória militar dos Aliados nem mesmo havia sido concluída juridicamente por tratado de paz (Casella: 2002, p. 66). Entretanto, sem a união de franceses e alemães, a integração estaria fadada ao fracasso.

A iniciativa desta união inevitavelmente vem dos franceses, até em virtude das limitações que a Alemanha sofre em sua soberania. A partir de provocações doutrinárias como a de Maurice Duverger, que publica na primeira página do *Le Monde* de 9 de setembro de 1947, sugestivo artigo intitulado "Não haverá Europa sem a Alemanha", surge, em maio de 1950, a iniciativa do governo francês, através de Robert Schuman, então Ministro dos Negócios Estrangeiros, de adotar a proposta de Jean Monnet para a solução de um dos problemas econômicos que originam as dificuldades entre Alemanha e França. A proposta consiste em colocar sob o controle de uma alta autoridade comum o conjunto da produção franco-alemã do carvão e do aço, em uma organização aberta à participação de outros Estados europeus (cf. Rifkin: 2004, p. 260).

Apesar de não despertarem grandes paixões populares e de a opinião pública ter vago conhecimento da temática, o carvão e o aço não são politicamente neutros; constituem à época a base das empresas de armamentos e são, simultaneamente, as matérias-primas industriais essenciais. A idéia de Monnet é que as indústrias alemãs não sejam controladas pelos vencedores (Aliados), mas por uma autoridade que controle também outras indústrias nacionais e da qual os alemães participem da mesma maneira que os franceses e que os demais países integrantes. Segundo Duverger, há aqui uma radical mudança. Afirma o autor que

> na Comunidade de Jean Monnet, não havia nem vencedores nem vencidos, havia povos iguais e solidários. A reviravolta psicológica era tanto mais considerável, se se tiver em conta que as duas grandes nações ex-inimigas, unidas na guerra pelo eixo Roma-Berlin, eram maioritárias nesta Europa dos Seis, face a uma única grande nação no campo adversário, a França, e a três pequenas nações, Países Baixos, Bélgica e Luxemburgo (Duverger: 1996, p. 23-25).

Como destaca Hartley, o Plano Schuman, audaciosamente concebido, opera em três perspectivas, de curto, médio e longo prazos: a curto prazo, resolve problemas políticos e econômicos; a médio prazo, estabelece uma base sólida para as relações entre França e Alemanha;

e a longo prazo, é o fundamento de uma nova Europa (Hartley: 1999, p. 2-3).

Todos esses fatores contribuem para a aceitação da proposta francesa pela Alemanha Federal, através do Chanceler Konrad Adenauer. Este acontecimento aproxima França e Alemanha Ocidental, aos quais se juntam a Itália e os países do Benelux (Bélgica, Holanda e Luxemburgo) e em 1951 assinam o Tratado de Paris, que entra em vigor no ano seguinte.

O referido Tratado cria uma Alta Comissão como órgão executivo da CECA, sendo o órgão para o qual são transferidas determinadas competências estatais que o dota de amplos poderes para agir tanto sobre os Estados-Membros como sobre as empresas nacionais dos setores do carvão e do aço. São criados outros órgãos: a Comissão Consultiva (depois: Comissão de Assuntos Sociais e Econômicos), a Assembléia (depois: Parlamento Europeu) e o Conselho de Ministros Restrito (depois: Conselho de Ministros da União Européia). Além do mais, já há a produção legislativa autônoma e conseqüente sobreposição de ordens jurídicas, a possibilidade aberta às instituições comunitárias de procederem elas próprias a revisões do Tratado e a submissão dos Estados-Membros à legislação de origem comunitária (Campos: 2002, p. 54; Pfetsch: 2001, p. 32).

7.3.2. A criação da Comunidade Econômica Européia (CEE) e da Comunidade Européia de Energia Atômica (CEEA): o Tratado de Roma

Com as atividades da CECA, a idéia predominante passa a ser a de ampliar as perspectivas da comunidade para além do mercado comum do carvão e do aço, idéia, aliás, explicitada no próprio Tratado de Paris. Isto levou à celebração de um novo Tratado no ano de 1957, em Roma, em que os seis Estados criam a Comunidade Econômica Européia (CEE) e a Comunidade Européia de Energia Atômica (CEEA ou EURATOM), estendendo a política comum para outros setores, como a agricultura e o comércio exterior. A partir daí, não é somente uma, mas três Comunidades, passando a ser conhecidas como "Comunidades Européias", que dão um impulso decisivo no processo de integração européia.

No Tratado de Roma (art. 2º) em vigor a partir de 1958, é prevista a criação de um mercado comum e de uma união econômica e monetária. Para isso, o referido Tratado é articulado como uma verdadeira constituição estatal; ainda não prevê a cidadania comunitária complementar à nacional, que ocorre quando emendado pelo Tratado de Maastricht, mas já estabelece diretrizes para as políticas comunitárias em inúmeros setores (arts. 23 a 181) e cria instituições comunitárias, estruturando-as semelhantemente à divisão de poderes em um Estado (arts. 7º e 189 a 267).

O Tratado de Roma cria as seguintes instituições para a aplicação das políticas comunitárias: Parlamento Europeu, Conselho, Comissão, Tribunal de Justiça e Tribunal de Contas (art. 7º).

O Parlamento Europeu, então denominado Assembléia Parlamentar, surge da Assembléia da CECA. Apesar da previsão de eleições diretas desde o referido Tratado (art. 190, 1), apenas em 1979 são realizadas pela primeira vez. Durante mais de duas décadas, os deputados no Parlamento Europeu são apenas delegados dos parlamentos nacionais. A representação de cada Estado é previamente fixada pelo Tratado, os eurodeputados têm mandato de cinco anos e decidem por maioria absoluta, salvo disposição expressa em contrário. Diferentemente dos parlamentos nacionais, o Parlamento Europeu desempenha poucas funções legislativas e detém pouco controle em relação às demais instituições comunitárias.

O Conselho é um típico órgão intergovernamental clássico. Seus componentes são representantes dos Estados-Membros em nível ministerial e possuem poder para vincular os respectivos Estados. É um órgão decisório por excelência e é tido como uma instituição de dupla natureza (intergovernamental e comunitária). Para Duverger, a importância que este órgão adquire demonstra um recuo no caminho de um federalismo europeu, visto que a Alta Comissão da CECA possui muito mais autonomia do que o seu sucedâneo (Duverger: 1996, p. 32).

A Comissão é o que podemos caracterizar como efetivo poder executivo das Comunidades. Em verdade, ela tem uma posição mista no quadro das instituições comunitárias, visto que administra e executa as normas comunitárias, representa as Comunidades nas organizações internacionais, além de deter a exclusividade na iniciativa de propostas legislativas. Os seus membros guardam independência em relação aos governos dos Estados e estão proibidos de receber instruções destes. É um órgão colegiado e cumpre mandato de cinco anos.

Do ponto de vista da referência teórica que temos no Estado, o Tribunal de Justiça é o órgão que mais se aproxima de um autêntico órgão jurisdicional à semelhança dos que existem nos Estados nacionais. Por não se tratar de uma simples câmara de arbitragem ou corte internacional, mas de um tribunal supra-estatal com funções próprias de interpretação e aplicação da legislação comunitária, o Tribunal das Comunidades também consegue se afirmar como uma instituição comunitária bastante relevante, sendo em boa medida o principal responsável pela estruturação do direito comunitário europeu tal como o concebemos atualmente, como já afirmamos em outra oportunidade (Galindo: 2002a, p. 102).

O Tribunal de Contas, por sua vez, possui a competência de fiscalizar a cobrança das receitas e a regularidade da efetivação das despesas das Comunidades, exercendo, portanto, um controle financeiro (Borges: 2005, p. 604).

A partir de 1965, os referidos órgãos passam a ser órgãos comuns às três Comunidades que, em julho de 1967, se fundem nas Comunidades Européias (CE), apesar da subsistência da personalidade jurídica de cada uma delas. Em julho de 1968, dezoito meses antes da data inicialmente prevista, há a implementação da união aduaneira com a supressão das últimas tarifas internas à CE e a criação de uma pauta aduaneira comum (em relação a terceiros Estados).

7.3.3. Os sucessivos alargamentos: da Europa dos seis à dos vinte e cinco

A melhoria acentuada nos índices respeitantes à produção e às trocas intercomunitárias e internacionais dos Estados-Membros das Comunidades demonstra concretamente que a empreitada integracionista dos seis é bem-sucedida. Este fato desperta o interesse de outros Estados europeus de integrarem-se às Comunidades, e como as mesmas encontram-se abertas a novas adesões, recebem vários pedidos de admissão.

Em 1961, Irlanda, Reino Unido e Dinamarca apresentam requerimento de adesão às Comunidades. No ano seguinte, a Noruega faz o mesmo, assim como a Suécia em 1967.

Especialmente o requerimento do Reino Unido, reiterado em maio de 1967, causa muitas controvérsias. Historicamente, os britânicos não se entusiasmam em integrar um ente europeu continental, preferindo parcerias e entendimentos com os países de língua inglesa, como os EUA e os integrantes da *Commonwealth*. Todavia, considerando a bem-sucedida integração econômica da CE, além do fato de ser um tradicional protagonista do livre-comércio e uma potência exportadora, o Reino Unido não deseja estar de fora de tão importante bloco econômico, apesar de idealmente considerar que a integração deve ser limitada à liberdade de comércio (Hartley: 1999, p. 7-8).

Por tal posicionamento historicamente relutante em relação às Comunidades, a admissão do Reino Unido é vista com desconfiança, especialmente pela França. Em janeiro de 1963, Charles De Gaulle, em entrevista coletiva, declara-se contrário à admissão dos britânicos à CE, postura reafirmada em 1967. Especialmente o episódio do encontro entre MacMillan e Kennedy, nas Bahamas, em que o Reino Unido aceita abandonar o seu plano de mísseis nucleares para aceitar os mísseis norte-americanos no quadro de uma estratégia comum despida de liberdade decisória para os britânicos, é decisivo para o General-Presidente francês. Para ele, o Reino Unido rejeita naquele dia as perspectivas de uma defesa européia comum e faz do continente um satélite dos EUA (Duverger: 1996, p. 35-36; Pfetsch: 2001, p. 295-296).

Entretanto, pouco antes de deixar o poder, De Gaulle anuncia a Londres que deixará de se opor à sua entrada na CE. As negociações são retomadas em 1969, juntamente com os demais países. Em 1972, são assinados os Tratados de Adesão do Reino Unido, Irlanda, Dinamarca e Noruega. As populações dinamarquesa e irlandesa aprovam em plebiscito a entrada destes países na CE. A Câmara dos Comuns britânica também o faz em relação ao Reino Unido. Somente a população norueguesa vem a rejeitar a adesão. Em 1973, Dinamarca, Irlanda e Reino Unido passam a fazer parte das Comunidades. A Europa dos Seis torna-se Europa dos Nove.

Como o regime político democrático é exigência para que um Estado integre as Comunidades, alguns países europeus só pleiteiam tal adesão quando a normalidade democrática retorna à sua vida política. São os casos da Grécia, da Espanha e de Portugal. Após a derrubada do regime dos "coronéis", a Grécia requer admissão à CE em 1975, apesar de sua economia encontrar-se enfraquecida. Espanha e Portugal, com as respectivas quedas dos regimes autocráticos franquista e salazarista, fazem o mesmo em 1977.

A adesão dos gregos é assinada em 1979 e a partir de janeiro de 1981, a Grécia torna-se o décimo Estado-Membro da CE.

No caso dos Estados ibéricos, as negociações demoram mais e somente em 1985 procede-se à assinatura das adesões. Em 1986, Espanha e Portugal tornam-se oficialmente membros da CE, e esta passa a ser a "Europa dos Doze".

É cada vez maior o número de requerimentos de adesão às Comunidades. Seguem-se os seguintes pedidos: 1987 – Turquia; 1989 – Áustria; 1990 – Chipre e Malta; 1991 – Suécia (novo requerimento); 1992 – Finlândia, Suíça e Noruega (novamente).

As negociações avançam com Áustria, Finlândia e Suécia, e estas se tornam membros da agora União Européia (UE) em 1995, formando a "Europa dos Quinze". No caso dos suíços e noruegueses, a adesão é rejeitada plebiscitariamente pelas respectivas populações. A formação com quinze Estados-Membros é a que vigora até abril de 2004 com os seguintes países: Alemanha, França, Itália, Bélgica, Holanda, Luxemburgo, Dinamarca, Irlanda, Reino Unido, Grécia, Espanha, Portugal, Áustria, Finlândia e Suécia.

Tal formato foi recentemente alterado com a maior ampliação da história da UE. A partir de maio de 2004, mais dez Estados, Chipre, Eslováquia, Eslovênia, Estônia, Hungria, Letônia, Lituânia, Malta, Polônia e República Tcheca, passam a fazer parte da UE, alargando-a mais e tornando-se agora a "Europa dos Vinte e Cinco". É a primeira vez que são admitidos na UE Estados do antigo Pacto de Varsóvia, em uma tentativa de ultrapassar os conflitos e divisões que a Europa herda do passado, como consta das Conclusões da Presidência dinamarquesa do Conselho da UE, de 12 e 13 de dezembro de 2002.[90]

A partir de 2005, volta a ser discutida a possível adesão da Turquia, sem quaisquer conclusões, por ora.

7.3.4. O aprofundamento comunitário

7.3.4.1. O Ato Único Europeu

A "Europa dos Seis", em termos de aprofundamento da integração, avança consideravelmente na década de 60. Entretanto, a década de 70 e a primeira metade da década de 80 são períodos de relativa estagnação do processo de integração. Há, é verdade, o alargamento; a "Europa dos Seis" torna-se "Europa dos Doze". Mas este alargamento não propicia um aprofundamento comunitário; o mercado comum ainda mostra-se distantes e a união econômica parece paralisada. Ocorre o que Pfetsch chama de "euroesclerose". Sobretudo a Dinamarca e o Reino Unido parecem empenhados em fazer oposição a qualquer projeto de maior federalização das Comunidades (Pfetsch: 2001, p. 52).

A superação da estagnação começa a se dar com a celebração, em fevereiro de 1986, do Ato Único Europeu (AUE), a partir da proposta de Jacques Delors, então Presidente da Comissão, da implantação de um mercado interno. Este Tratado, cuja vigência inicia em 1987, é o precursor dos tratados posteriores e das novas adesões. O AUE tem efeito integrador relevante em diversos aspectos.

Em um primeiro aspecto, há a extensão das competências comunitárias, com um impulso substancial à política econômica e monetária, através do reconhecimento do objetivo de se alcançar a união econômica e monetária esboçada pela criação do Sistema Monetário Europeu (SME), dos mecanismos cambiais comunitários e da Unidade Monetária Européia, o ECU (*European Currency Unity*). Também são ampliadas as competências comunitárias na coordenação e no estabelecimento de diretrizes para as políticas social, de ciência e tecnologia, de pesquisa e desenvolvimento, de desenvolvimento regional e de meio ambiente.

---

[90] Deixamos de fora o caso da antiga República Democrática Alemã (Alemanha Oriental) em virtude de a mesma não mais existir como Estado e ter sido incorporada à República Federal da Alemanha, formando hoje uma só Alemanha. No caso dos Estados do Leste, a maioria deles mantém a identidade nacional, apesar da mudança de regime político e de sistema econômico. Sobre a antiga Alemanha Oriental, cf. Monedero: 1999, *passim*; Bandeira: 2001, *passim*; Galindo: 2005, *passim*. Recorde-se que, dos dez novos Estados da UE, oito fizeram parte do Pacto de Varsóvia (as exceções são Chipre e Malta).

Em um segundo aspecto, o AUE propicia uma maior eficiência institucional dos órgãos comunitários. Na maior parte das questões do mercado interno, o Conselho de Ministros passa a poder decidir por maioria, não sendo mais necessária a unanimidade. As competências executivas da Comissão são ampliadas, assim como as prerrogativas do Parlamento, que vê aumentada sua influência na feitura da legislação comunitária. Cria ainda um Tribunal de Primeira Instância para as Comunidades, funcionando a partir de 1988, em uma tentativa de desafogar o Tribunal de Justiça, já abarrotado de processos.

Por fim, também no campo da política externa, o AUE possibilita progressos, com a menção das questões de defesa européia, assim como com a coordenação das ações comunitárias com vistas à existência de uma identidade européia no plano internacional (Pfetsch: 2001, p. 55-57; Casella: 2002, p. 174-180).

7.3.4.2. O Tratado de Maastricht e a União Européia

O Tratado da União Européia (TUE), mais conhecido por Tratado de Maastricht, é mais um passo decisivo no avanço do processo integracionista europeu. A partir dele, abre-se caminho para a união econômica e monetária a partir da implantação definitiva do mercado comum. Em verdade, é uma natural conseqüência do AUE.

Através do TUE, os Estados-Membros das Comunidades instituem entre si uma União Européia baseada nas três Comunidades Européias (CECA, CEE e CEEA) e completadas por novas políticas e formas de cooperação formuladas pelo referido Tratado.

O TUE é celebrado em fevereiro de 1992, mas a ratificação pelos então doze Estados-Membros acaba sendo muito mais problemática do que se imaginava. Na Dinamarca, ocorre uma recusa inicial no referendo popular, o que torna necessária a inclusão de cláusulas especiais relativas à Dinamarca para que os dinamarqueses o aprovem. Ainda assim pairam controvérsias interpretativas que levam um grupo de cidadãos dinamarqueses a acionar judicialmente a Suprema Corte daquele país, alegando o não-cumprimento dos requisitos constitucionais para a validação interna do texto do TUE (Jyränki: 1999, p. 71; Rasmussen: 1999, *passim*). Na Alemanha, são suscitadas dúvidas em relação ao alcance do TUE e torna-se necessário um julgamento por parte do Tribunal Constitucional Federal (*Bundesverfassungsgericht*) que, embora afirmando a constitucionalidade do Tratado, estabelece limitações à transferência de soberania pelo Estado alemão. Também há dificuldades no referendo francês e na ratificação pela Câmara dos Comuns britânica (Pfetsch: 2001, p. 59; Galindo: 2002a, p. 107-109; Schweitzer: 2000, p. 32-33; Schwabe: 2000, p. 461-462). Somente no final de 1993 terminam as ratificações, e o Tratado entra em vigor.[91]

A partir de Maastricht, a UE é estruturada sobre três pilares: as Comunidades Européias, a Política Externa e de Segurança Comum e a Justiça e Assuntos Internos. As Comunidades permanecem atuando através do princípio da supranacionalidade, com as prerrogativas soberanas transferidas/delegadas pelos Estados-Membros. Os dois outros pilares obedecem à cooperação intergovernamental, apesar de, como destaca Casella, conter certos elementos supranacionais, como a atuação com a Comissão Européia e a consulta ao Parlamento Europeu (Casella: 2002, p. 184; Rifkin: 2004, p. 266).

Com vistas ao equilíbrio entre as instituições comunitárias, o Tratado de Maastricht traz algumas importantes inovações institucionais em relação à CE, destacando-se:

- o Parlamento Europeu passa a participar da investidura da Comissão;
- o mandato da Comissão passa a coincidir com o do Parlamento Europeu;
- é criada uma Comissão das Regiões, cuja audiência é obrigatória para as decisões que afetem o desenvolvimento regional;
- a cidadania da União consagra o direito de livre circulação e estabelecimento dentro do território comunitário;
- são reconhecidos aos cidadãos da UE a proteção diplomática, quando em países terceiros, e o direito eleitoral ativo e passivo nas eleições municipais e européias em seus respectivos lugares de residência dentro da UE;
- a independência do Banco Central Europeu projetada pelos governos no Protocolo sobre o Estatuto do Sistema Europeu de Bancos Centrais (SEBC) e do Banco Central Europeu (BCE);
- a promoção do fortalecimento e convergência das economias dos Estados membros com vistas a instituir uma união econômica e monetária que inclua uma moeda única e estável (Pfetsch: 2001, p. 62-63; 191).

Além do próprio Tratado de Maastricht, os Protocolos adicionais fixam os denominados "critérios de convergência", destinados a objetivar o que os Estados-Membros devem cumprir para que possam participar da união monetária. São eles:

a) controle da inflação e do déficit público;
b) nível aceitável do montante da dívida pública;
c) estabilidade econômica nos padrões do Sistema Monetário Europeu (SME);
d) baixas taxas de juros de longo prazo (TCE, arts. 104, 109 e 121; TUE, Protocolos 5 e 6).

---

[91] Alguns autores destacam que a assimilação do TUE foi problemática devido ao fato de que a incompatibilidade entre direito comunitário e direito constitucional não havia sido até então enfrentada de modo direto (Maus: 1999, p. 47).

7.3.4.3. Os Tratados de Amsterdã e de Nice

A idéia de aprofundar a UE permanece após Maastricht. Os Estados-Membros verificam a necessidade de reformar algumas partes do referido Tratado e em março de 1996 inicia a Conferência Intergovernamental para a sua revisão com a previsão de quinze meses de duração, realizada em Turim, Itália.[92] Desta conferência nasce o Tratado de Amsterdã, subscrito pelos quinze Estados e entrando em vigor em maio de 1999.

O Tratado de Amsterdã é discutido em meio a acontecimentos turbulentos, como a crise da "vaca louca" no Reino Unido, e a importantes deliberações na UE, como a decisão do Conselho de Ministros da Fazenda de pôr em circulação as notas e moedas de euro já em 2002. Ainda antes de sua vigência, temos a instituição da união econômica e monetária com a fixação definitiva das taxas de conversão das moedas nacionais em relação ao euro e entram em funcionamento o Banco Central Europeu e o Sistema Europeu de Bancos Centrais. Ficam de fora da união econômica e monetária Dinamarca, Reino Unido, Suécia e Grécia. Esta última entra na chamada "zona euro" posteriormente.

As principais alterações efetuadas pelo Tratado de Amsterdã se dão em quatro setores:

a) espaço de liberdade, segurança e justiça;

b) UE e cidadão;

c) Política Externa e Segurança Comum (PESC);

d) alargamento da UE.

Em relação ao espaço de liberdade, segurança e justiça, destaca-se a regulamentação do direito de asilo no espaço da UE e a integração do denominado Acervo de Schengen (acordos relativos à supressão gradual dos controles fronteiriços entre os Estados-Membros) no âmbito da UE.

As relações entre a UE e o cidadão são de especial relevância. O Tratado de Amsterdã insere várias ampliações neste campo, tais como:

- o desenvolvimento do conceito de cidadania européia, esclarecendo as relações entre esta e a cidadania nacional;

- a introdução no Tratado da CE de capítulo sobre o emprego;

- a previsão de medidas de luta contra a exclusão social e de consagração da igualdade de tratamento entre homens e mulheres;

- a consolidação da política de meio ambiente com ênfase no desenvolvimento sustentável e na simplificação nos processos decisórios das Comunidades;

- a inserção de um maior número de instrumentos à disposição da UE em relação à saúde pública;

---

[92] Vale salientar que este tipo de conferência é prevista no próprio TUE, art. 48 (antigo art. N).

- o esclarecimento dos objetivos em matéria de proteção do consumidor;
- o direito de cada cidadão da UE de acesso aos documentos institucionais e da possibilidade de comunicação com as instituições comunitárias no próprio idioma.

No respeitante à PESC, pode-se salientar a criação de unidade de planejamento político e alerta precoce e a simplificação dos processos decisórios e dos procedimentos de seu financiamento.

Quanto ao alargamento, destacam-se a extensão das votações por maioria qualificada, o reforço do papel do Parlamento Europeu e a previsão da realização de conferência intergovernamental para uma revisão global dos dispositivos dos tratados comunitários relativos às instituições anteriormente à entrada dos novos Estados-Membros (Casella: 2002, p. 188-190).

O mais recente dos tratados comunitários é o Tratado de Nice, celebrado em 2000 e tendo vigência a partir de 2002 com a conclusão das ratificações pelos Estados-Membros.

O Tratado de Nice estabelece algumas modificações pontuais na PESC, cria a Unidade Européia de Cooperação Judiciária (Eurojust) com vistas a um estreitamento da cooperação judicial em matéria penal e procede a alguns esclarecimentos em torno das cooperações reforçadas e da política comercial. Estabelece no art. 137 do TCE a atuação subsidiária da Comunidade em relação aos dispositivos sociais. Em termos institucionais, estipula o número limite de 732 deputados no Parlamento Europeu, tendo em vista o alargamento da UE, e efetua modificações procedimentais em relação ao poder judiciário comunitário, ou seja, ao Tribunal de Justiça e ao Tribunal de Primeira Instância (Leitão: 2002, *passim*; Ramos: 2003, *passim*; Pozo: 2003, p. 19ss.).

As alterações levadas adiante por Nice são pouco substanciais, levando autores a considerar tal Tratado como uma "revisão minimalista", não avançando em um sentido concretamente federalista, defendido por alguns europeístas (Atanásio: 2003, p. 4; D'Arcy: 2002, p. 41).

Em virtude disso, ganha projeção o pensamento europeísta que propõe uma UE federal. A divisão existente no Congresso de Haia entre federalistas e pragmáticos de certo modo continua. E os partidários de uma Europa federal vêem no Projeto de Constituição Européia uma possibilidade de dar à UE uma conformação mais federalista.

7.3.4.4. O Projeto de Constituição Européia

Esse Projeto consiste em uma tentativa de acabar com a dispersão existente na atual Carta Constitucional européia e estabelecer um texto único e codificado com as normas constitucionais comunitárias objetivamente articuladas (D'Arcy: 2002, p. 35). Ou seja, criar uma constituição formal e codificada, tal como se verifica nos Estados nacionais em geral, e, à exceção do Reino Unido, também nos Estados-Membros da UE.

Não é o primeiro projeto de constituição da UE apresentado. Em fevereiro de 1994, o Parlamento Europeu aprova, mediante resolução, um projeto de tal natureza apresentado àquela instituição comunitária. O referido projeto tem, na ocasião, a finalidade de colmatar as insuficiências do Tratado de Maastricht. Entretanto, os federalistas criticam a resolução do Parlamento Europeu por não se tratar de um projeto definitivo, mas apenas de ter feito um apelo ao futuro Parlamento, a ser eleito em 1994, que "aprofunde os debates sobre a Constituição Européia, tendo em conta os contributos dos parlamentos nacionais e da opinião pública, tanto dos Estados membros como dos países candidatos à adesão" (Duverger: 1996, p. 139-140).

Neste início de século XXI, o tema volta a ser discutido, resultando na apresentação, em junho de 2003, de um novo Projeto de Constituição Européia, apresentado por Valéry Giscard d'Estaing, Presidente da Convenção de Laeken. Esta Convenção é concebida com a função de sintetizar em um único texto o conteúdo dos tratados comunitários anteriores. Por se tratar de um processo de "refundação" do ordenamento jurídico da UE (utilizando as expressões de Giscard d'Estaing), é quase um autêntico processo constituinte (Cartabia: 2002, p. 439ss.; Cassen: 2003, p. 7; Maduro: 2002, p. 75-82; Maduro: 2003, p. 54-55; Borges: 2005, p. 672).

O aludido projeto tem como principal meta aproximar a UE dos cidadãos, já que é sintomático que a maioria destes últimos se percebe um tanto distante das decisões e dos processos comunitários, pouco influenciando na sua conformação. Algumas disposições vão nessa direção, notadamente o dispositivo que reconhece o direito de determinado número de cidadãos (no caso, um milhão) de um número significativo de países solicitar atos jurídicos da UE, o que possibilita os parlamentos nacionais obrigarem a Comissão a reexaminar uma dada proposta que já tenha feito e a inclusão da Carta de Direitos Fundamentais proclamada em dezembro de 2000 no Conselho de Nice.

Apesar da intenção, a maioria das propostas está no sentido de solucionar problemas institucionais, levando determinados críticos a defenderem uma maior ampliação democrática e social da UE, que não leve em conta apenas os padrões liberais predominantes (Cassen: 2003, p. 7).

Em que pesem as críticas, tal projeto pode levar a uma institucionalização do constitucionalismo europeu, o que certamente possibilita a inequivocidade da existência de uma constituição da UE que, por ora, é algo ainda passível de discussão.

Em dezembro de 2003, a cúpula da UE para discussão do referido projeto não permitiu aos Estados chegarem a um acordo sobre a "Constituição" da Comunidade. Notadamente em razão da questão da representatividade respeitante à entrada dos dez novos países-membros, não se conseguiu consenso. Alemanha e França, que passariam a ter praticamente o mesmo número de votos no Conselho que Espanha e a recém-chegada Polônia, e por terem populações substancialmente maiores, não aceitam esta nova ponderação, ao passo que estes últimos países, por óbvios motivos, não comungam da posição franco-alemã. Além da Guerra no Iraque, é outra questão que divide os europeus e ameaça o aprofundamento da integração.

As divisões terminam por serem equacionadas, e em junho de 2004 os Estados-Membros entram em acordo acerca do texto constitucional que, por sua vez, em 29 de outubro de 2004, é aprovado pelos respectivos chefes de Estado e de governo. Para a entrada em vigor da primeira constituição codificada supra-estatal da História somente falta a aprovação interna e ratificação por parte dos vinte e cinco Estados da UE, programadas para ocorrer até novembro de 2006.

Contudo, as dificuldades persistem na etapa da ratificação. Em 29 de maio de 2005, os franceses rejeitam a Carta Européia por larga maioria, assim como fizeram também os holandeses. No caso da França, a negativa dada pelo povo é significativa, tendo em vista tratar-se de um dos fundadores, e mais ainda, de um dos considerados países pilares da UE. Embora tal resultado não chegue a ameaçar contundentemente a união econômica e monetária, não resta dúvida que dificulta a conformação de um documento jurídico mais estável para o bloco, o que acarreta também certa insegurança jurídica e econômica para o futuro da UE (cf. Dantas, Santos, Benício Jr., Matos & Costa: 2005, p. 149). Mas, como visto no caso do Tratado de Maastricht, não é a primeira vez que a UE passa por dificuldades em termos de aceitação de suas iniciativas e documentos jurídicos relevantes, o que pode vir a ser superado com Protocolos adicionais e adendos ao Projeto de Carta Constitucional.

8. Constituição e direito comunitário: uma discussão acerca de suas relações

> "sempre que nós pensamos no que estamos dizendo, levantamos com relação ao que é dito a pretensão de que é verdadeiro, correto ou sincero; e através disso irrompe em nosso dia-a-dia um fragmento de idealidade. Pois essas pretensões à validez só podem ser resgatadas, no final das contas, através de argumentos; ao mesmo tempo, nós sabemos, porém, que certos argumentos, que hoje nos parecem consistentes, poderão revelar-se falsos no futuro, à luz de novas experiências e informações" (Habermas: 1993, p. 98).

8.1. A tentativa de caracterização dogmática do direito comunitário a partir da teoria da constituição

Ao tentarmos defender uma teoria intercultural da constituição, como o título do trabalho sugere, somos levados a debater um outro ramo do direito que necessariamente permeia a formação de um novo constitucionalismo e, conseqüentemente, de novas propostas teóricas em torno da compreensão da constituição. Em tal contexto, torna-se o direito comunitário objeto de nossas investigações, na medida em que as suas relações com o fenômeno constitucional são o foco das nossas atenções no presente capítulo.

Quando tratamos de direito comunitário, é importante esclarecer, antes de tudo, que estamos fazendo referência ao direito da União Européia, já que o direito do Mercosul e das outras organizações por vezes referidas como supra-estatais ou supranacionais estão ainda distantes do modelo comunitário. Em verdade, somente o direito da União Européia pode ser assim denominado na acepção que utilizamos aqui. Os demais sistemas jurídicos regionais são decorrentes de fenômenos de integração interestatal, mas são fundamentalmente diferentes do que ocorreu e ocorre na atual Europa comunitária. Suas diferenças são de todas as naturezas: política, jurídica, econômica, social, cultural e até mesmo ideológica, tornando volumosos os trabalhos que discutem as assimetrias entre a UE e outros entes jurídicos supra-estatais (cf. Ventura: 2003, *passim*; Borges: 2005, p. 55). Mas também podemos falar de semelhanças, sobretudo se tivermos em vista a classificação de Mota de Campos, exposta no capítulo anterior.

Neste contexto, torna-se imprescindível a investigação da natureza do direito comunitário, o que não é tarefa das mais simples, tendo em vista que implica a apreensão de conceitos de direito internacional, direito constitucional, filosofia e teoria política, filosofia e teoria do Estado e filosofia e teoria do direito (salientando somente os mais relevantes). Principiemos por nos socorrer da teoria geral do direito.

No quadro da teoria do direito, as investigações feitas, por mais pretensiosamente zetéticas que se afigurem, terminam não tendo tal amplitude. Salvo nas investigações filosófico-jurídicas, nas demais, em geral, há uma pretensão explícita ou implícita de estabelecer diretrizes para o desenvolvimento e a aplicação do direito.

Teorizar sobre um fenômeno é, na maioria das vezes, uma atividade descritiva de um cientista que procede à sua pesquisa. A partir dos dados obtidos de suas investigações ele consegue construir teorias essencialmente explicativas, apesar das discussões existentes no âmbito científico contemporâneo de que o teorizar do cientista nem sempre seja uma mera descrição fenomênica (mesmo nas ditas ciências naturais), visto que as hipóteses propostas são sempre sujeitas à crítica que, em muitos casos, comprova a falibilidade das referidas teorias e possibilita a construção de hipóteses mais verossimilhantes (ou mesmo verdadeiras, se quisermos utilizar a linguagem popperiana, sem, no entanto, jamais alcançar a certeza).

Obviamente não é objetivo do nosso trabalho discutir a epistemologia em geral. Mas algumas questões referentes à atividade teorizadora interessam no nosso debate em virtude do fato de que o direito comunitário, qualquer que seja a sua caracterização possível, ainda assim está no campo de estudos de uma teoria geral do direito. Sua delimitação epistemológica é atualmente imprescindível para a teoria jurídica européia e de um certo modo também para a nossa, apesar da diferença entre os nossos sistemas jurídicos, pois o direito comunitário ainda não é realidade entre nós.

Seguindo Ferraz Jr., entendemos o direito essencialmente como tecnologia decisória de conflitos sociais (Ferraz Jr.: 2001, p. 83ss.). Em que pese a histórica e interminável discussão acerca da cientificidade do direito, é evidente que o direito se apresenta com uma inequívoca função operacional de decisão de conflitos na sociedade (ainda que por vezes apenas propicie acordos de solução dos litígios, como nas conciliações e mediações). Para o adequado desempenho de sua função, o direito se serve de um importante instrumento teórico, que é a dogmática jurídica com os seus pontos de partida inegáveis e uma função igualmente operacional de padronizar determinados *standards* jurídicos que sirvam de referência para a solução dos dissensos sociais por parte dos encarregados das decisões de cunho oficial. A dogmática jurídica é bastante desenvolvida no Estado contemporâneo com a complexificação das sociedades e a necessidade de funcionar diretivamente, orientando a ação jurídica de forma célere e assim possibilitando a decisão (Ferraz Jr.: 1997, p. 90; Canotilho: 1994, p. 77).

Consideramos, sem desmerecer as pertinentes críticas elaboradas por Warat e Streck, que a dogmática jurídica cumpre um relevante papel na efetivação do direito na sociedade, não sendo algo necessariamente conservador, mas muitas vezes até emancipador se verificarmos o empenho de inúmeros juristas na construção de uma dogmática dos direitos fundamentais, incluindo aí os sociais e econômicos (Adeodato: 1996, p. 14; Krell: 2002; Canotilho: 1994; Alexy: 1997b; Sarlet: 1998; Galindo: 2003; Streck: 2002; Streck: 2000). O grande problema está naquilo que Kaufmann chama de "dogmatismo", que é a referência unilateral do dogma como algo perfeito e imune à investigação e discussão crítica, constituindo o que Warat denomina de "sentido comum teórico" dos juristas, e que impossibilita a mudança e a transformação social, tornando o direito um instrumento de estratificação da sociedade e de manutenção do *status quo*. O dogmatismo cai inevitavelmente no hermetismo teórico criticado por Popper e Häberle, não permitindo a evolução teórica e mesmo científica necessária ao aperfeiçoamento das instituições políticas e jurídicas, assim como de seu funcionamento (Kaufmann: 1992, p. 33-34; Warat: 1995, p. 15ss.; Streck: 2000, p. 69ss.; Streck: 2002, p. 41ss.; Popper: 2001, p. 22; Popper: 1987a, p. 183; Popper: 1987b, p. 271; Reale & Antiseri: 1991, p. 1028; Häberle: 2002, p. 62-65).[93] A dogmática jurídica desempenha, dentre outras, a importante função de estabilização das expectativas jurídicas da sociedade, institucionalizando determinadas possibilidades de solução de questões práticas (Alexy: 1997, p. 255-256; Mancuso: 1999, *passim*).[94]

No que tange principalmente a essa função de estabilidade, a dogmática jurídica comunitária está longe de cumpri-la, mesmo parcialmente. Em virtude do fato de que o direito comunitário apresenta-se como um instrumento dinâmico propiciador de um avanço progressivo das instituições da União Européia, a própria dinâmica desta última faz com que a doutrina jurídica comunitária tenha dificuldades de construir uma caracterização dogmática razoavelmente

---

[93] Em uma outra perspectiva, Ferreira da Cunha critica o que denomina de "mito do método", mitificação metódica do pensamento e da prática dogmática que proscrevem os pensamentos alternativos, como o tópico e o canônico. Cf. Cunha: 2002, p. 44.

[94] Alexy ainda faz referência na mesma obra a outras cinco funções da dogmática jurídica: de progresso, de descarga, técnica, de controle e heurística (p. 256-260).

sólida do direito da UE. Este, tal como a própria Comunidade, tem se mostrado extremamente volátil e desprendido em relação a paradigmas pré-concebidos. A falta de parâmetros preestabelecidos de forma objetiva torna extremamente instável a expectativa social diante das funções decisórias assumidas pelos organismos comunitários, muitas vezes em substituição ao próprio Estado nacional, como no caso da instituição e circulação da moeda, tarefa que tradicionalmente é atribuída aos entes estatais.

Com toda essa dificuldade de caracterização dogmática do direito comunitário pela teoria do direito, voltamos ao problema fundamental supracitado de sua natureza. Indaga-se: é o direito comunitário um novo direito constitucional, agora de alcance continental e de organização federal? Ou se trata apenas de uma versão mais aprofundada do que se entende na teoria do direito internacional público por direito internacional regional? Seria um novo ramo autônomo da árvore jurídica que em breve ocupará o espaço dos diversos direitos constitucionais estatais? Ou ainda um novo ramo autônomo que coexistirá com o direito constitucional dos Estados sem implicar a substituição deste? São as questões que discutiremos a seguir.

8.2. Direito comunitário como um novo direito constitucional de base federalista heterodoxa: o recurso à dogmática constitucional

8.2.1. A "Constituição" da União Européia

A primeira resposta geralmente dada quanto à tentativa de categorização dogmática do direito comunitário é dizer que o mesmo é simplesmente um novo direito constitucional, com algumas diferenças em relação ao constitucionalismo clássico, mas seguindo as suas linhas mestras básicas. Apesar da palavra "constituição" não aparecer nenhuma vez nos tratados constitutivos da UE, ela é utilizada por diversos doutrinadores desde a instituição da CECA. A "Constituição Européia" é a lei fundamental obrigatória da UE, implicando uma evolutiva e cada vez mais estreita cooperação entre os seus Estados-Membros, podendo culminar em um Estado federal europeu. É a posição de autores como Rudolf Bernhardt e Hermann Mossler (Casella: 2002, p. 293-294). Com algumas variações, este também é o caminho trilhado pelo Professor português Lucas Pires, em sua paradigmática obra "Introdução ao Direito Constitucional Europeu", assim como pela autora argentina Laura Dromi San Martino, que defende a existência de um "direito constitucional da integração", fazendo referência a uma "Constituição Material" da UE, assim como de outros entes interestatais (Pires: 1997; San Martino: 2002, *passim*). De forma menos intensa, este posicionamento também é defendido por Vilhena Vieira, entre nós. Acerca do processo de integração europeu (denominado por ele de "constitucionalismo regional"), afirma o Professor brasileiro:

> Em sua concepção atual, pós-Maastricht, esse processo de integração não mais se enquadra nos modelos tradicionais de organização internacional ou confederação. Porém, o grau atual de integração não permite afirmar que a União Européia seja um Estado federal, como o americano, o brasileiro e o alemão. Mas isso não significa que os europeus não estejam experimentando um processo de constitucionalização, heterodoxo em termos de dogmática do direito constitucional, mas, sem sombra de dúvida, constitutivo de uma comunidade jurídica. Portanto, constitucional no sentido aristotélico (Vieira: 1999, p. 21).

As afirmações de Vilhena Vieira apresentam-se pertinentes, sobretudo pelos referenciais que ele adota para firmar a sua posição doutrinária: configuração da UE dada pelo Tratado de Maastricht, diferença frente aos modelos clássicos de organizações internacionais, distinção em relação ao federalismo dos Estados e conceito aristotélico de constituição. Porém, estes mesmos referenciais dificultam em parte a construção de uma teoria jurídica comunitária autônoma, já que a tentativa do autor é, apesar do explícito rompimento com a moderna dogmática constitucional, classificar o fenômeno comunitário europeu socorrendo-se de categorias igualmente clássicas e até mais antigas, tais como o modelo de Aristóteles.

Entretanto, dentre os autores de língua portuguesa, a mais veemente defesa da caracterização do direito comunitário como um novo direito constitucional de base federal é de Lucas Pires na obra acima referida, na qual fala expressamente em um "direito constitucional europeu". Com uma consistência teórica impressionante, o mestre português considera que a Europa se encontra na vanguarda do agrupamento dos Estados nacionais em grandes espaços. Temos a construção de um espaço de supranacionalidade, mais do que simplesmente uma união de Estados em uma organização internacional como a ONU ou a OTAN. Há uma progressiva teorização constitucionalista dos tratados constitutivos da UE, assim como uma constitucionalização dos referidos tratados pela jurisprudência do Tribunal de Justiça comunitário. Gradativamente, percebe-se a formação de valores comunitários autônomos que se desdobram em princípios e direitos fundamentais, distinção de poderes, rigidez formal e material dos tratados etc., ou seja, tudo isso caracterizando a formação de uma verdadeira "Constituição Européia", resultando da construção de uma federação de Estados europeus (Pires: 1997, *passim*).

É bem verdade que Pires não ignora alguns dos importantes problemas que surgem da caracterização do direito comunitário como um novo direito constitucional. Salienta a questão da insuficiente legitimidade democrática e autonomia institucional. A noção de povo europeu também é problemática em termos de unidade, já que a diversidade entre os muitos povos que compõem esse "povo europeu" é considerável e aumenta consideravelmente com o mais recente crescimento geográfico da UE a partir de maio de 2004. As questões do poder constituinte e da personalidade jurídica da União também são discutidas (Pires: 1997, *passim*). Todavia, o seu trabalho é mesmo direcionado à defesa da existência de um autêntico constitucionalismo europeu, não mais como conjunto de princípios comuns aos diversos constitucionalismos nacionais, mas como uma formação constitucional federal, embora heterodoxa, como afirmado no título desta parte do trabalho.

A caracterização do direito comunitário como um direito constitucional europeu resulta em algumas questões teóricas relevantes a partir das semelhanças e dessemelhanças entre o direito comunitário e o direito constitucional, tal como concebe a dogmática constitucional tradicional. É importante analisarmos esses pontos convergentes e dissonantes entre os dois ramos jurídicos.

Principiando pelas semelhanças, é importante destacar a estrutura institucional da UE criada pelos Tratados que é muito semelhante à estrutura institucional do Estado clássico. Em que pese as diferenças em relação às funções que os órgãos comunitários desempenham, a UE possui um Parlamento representativo dos seus Estados-Membros, um Conselho intergovernamental e uma Comissão autônoma, que funcionam como uma espécie de poder executivo dual, um Tribunal de Justiça e um Tribunal de Primeira Instância como órgãos jurisdicionais e até mesmo um Tribunal de Contas para fiscalizar a boa gestão financeira da União. Como é perceptível, existe um mecanismo de repartição de poderes bem semelhante ao clássico esquema da separação de poderes preconizado por Aristóteles e fundamentado em termos modernos por Montesquieu (Aristóteles: 1998, p. 127-144; Montesquieu: 1996, p. 165-196).

Outra semelhança extremamente relevante e que coloca o direito comunitário em um patamar diferenciado em relação ao direito internacional público e próximo à caracterização do direito constitucional é a idéia de sua primazia em relação às normas do direito interno dos Estados-Membros, inclusive de sua própria constituição. Evidentemente temos uma alteração do padrão kelseniano de explicação do ordenamento jurídico estatal. Na melhor das hipóteses, no sentido de não desconfigurar a teoria da estrutura "piramidal" e escalonada do ordenamento jurídico proposta por Kelsen, teríamos que alargar a referida estrutura e incluir mais uma camada na hierarquia das normas, camada esta dotada da superioridade hierárquica que até então pertenceria à constituição. Neste caso, o direito comunitário ocuparia o lugar pertencente classicamente ao direito constitucional de cada Estado nacional soberano. Os Tratados constitutivos da UE tornam-se a "Constituição Européia", e os próprios órgãos estatais internos devem, no caso de um conflito entre uma norma jurídica interna (até mesmo a constituição) e um dispositivo dos Tratados, aplicar estes últimos em detrimento da primeira (Borges: 2005, p. 83-84). Isso tem sido levado tão adiante que até mesmo o tradicional direito constitucional britânico com o clássico e tricentenário princípio da supremacia do parlamento está reformulando este último para adaptar-se à "Constituição da UE" (Bradley: 2004, p. 42ss.; Craig: 2004, p. 96ss.; Barendt: 1998, p. 69ss.).[95]

8.2.2. A "Federação" européia

Um outro ponto em comum, só que com alguns constitucionalismos específicos, diz respeito ao aspecto federativo, seguramente um dos mais debatidos em relação à formação político-jurídica da UE. Há uma grande discussão no âmbito teórico europeu se a UE está se tornando uma federação e se já se pode falar de uma Europa federal. Basta recordarmos federações como a estadunidense e a alemã (sobretudo esta última) que se constituem a partir da unificação de diversos Estados-Membros no momento em que decidem se unir em torno de uma autoridade central, preservando, entretanto, uma substancial parcela de sua autonomia (Baracho: 1986, p. 145ss.). Inúmeros autores têm simpatia pela idéia federalista, defendendo que o modelo federativo se aplica com propriedade à UE (Pires: 1997, p. 95ss.; Pires: 1998; p. 93ss.; Constantinesco *apud* Borges: 2005, p. 87; Salomoni: 1999, p. 138-139; Kokott: 1999, p. 178).

Para além dos doutrinadores, o aspecto federal está presente na gênese das Comunidades Européias, com a corrente federalista no Congresso Europeu de Haia (1948), que defende abertamente a instituição de uma autêntica federação política, criando os Estados Unidos da Europa. Contrária ao federalismo, estabelece-se a tendência pragmático-funcionalista ou gradualista, que defende o não-abandono da soberania dos Estados e acredita que a cooperação intergovernamental ampla é um caminho mais adequado para a integração européia

---

[95] Afirma Barendt, na obra referida, que "A União Européia, e as regras de direito comunitário, agora exercem uma enorme influência no Reino Unido, inclusive no seu direito constitucional. (...). A Câmara dos Lordes tem decidido que a legislação parlamentar não deve ser aplicada quando conflitar com uma regra de direito comunitário. De fato, tem modificado o princípio da supremacia legislativa parlamentar que as cortes tem consistentemente sustentado nos últimos trezentos anos" (tradução livre). No original: "The European Union, and the rules of Community law, now exercise an enormous influence on the United Kingdom, including its constitutional law. ()The House of Lords has ruled that parliamentary legislation should not be applied when it conflicts with a rule of Community law. In effect, it has modified the principle of parliamentary legislative supremacy which the courts had consistently upheld for the last 300 years". Em alguns outros países europeus, cf. San Martino: 2002, p. 93ss.

(Campos: 2002, p. 38; Quadros: 1991, p. 117ss.; Leibholz: 1962, p. 21-23; Etzioni: 2001, p. 269ss.; Armenteros: 2002, p. 78-80).[96]

Essas perspectivas federalistas esboçadas por alguns não são despropositadas. Como se sabe, em inúmeros países, em especial naqueles de maior dimensão geográfica como EUA, Canadá e Brasil, o Estado é organizado estruturalmente segundo o modelo federativo, o que implica uma relativa descentralização em relação ao exercício do poder político e uma razoável autonomia das unidades federativas em sede de legislação, administração e jurisdição, variando esta autonomia de país para país. Há uma permanente tentativa de equilibrar unidade com pluralidade, para que a descentralização não seja tal que leve à dissolução da comunidade estatal (Baracho: 1986, p. 24). A soberania pertence apenas ao Estado federal, ficando os Estados-Membros da federação com uma parcela de autodeterminação geralmente denominada de autonomia, que os faz subordinados à constituição do Estado federal, que muitas vezes possibilita a própria intervenção do poder central na unidade federativa (como na nossa CF, arts. 34-36).

A UE, para muitos, está gradativamente se tornando uma federação. Para Salomoni, a federação seria a conclusão da união política à qual a UE está se direcionando. Para esse autor, a união política é o último estágio do processo de integração jurídica, antecedido pela união monetária, união econômica, mercado comum, união aduaneira e zona de livre-comércio (Salomoni: 1999, *passim*). Stern, por sua vez, afirma que a Europa unificada só é possível como federação (*apud* Kokott: 1999, p. 178).

Embora esteja evidente que a UE ainda não é uma federação (de acordo com a classificação esboçada, ela seria ainda uma união econômica e monetária imperfeita), muitos defendem que ela se torne uma. No debate em torno das reformas políticas e institucionais a serem feitas, alguns Estados-Membros (Alemanha, Áustria, Espanha e os países do BENELUX) defendem abertamente o modelo federativo para a União (Pfetsch: 2001, p. 287).

Ademais, a formação de alguns Estados federais contemporâneos é precedida da existência de Estados soberanos que decidem abdicar de sua soberania nacional e transferi-la ao Estado federal, permanecendo o Estado-Membro com uma parcela de soberania que denominamos acima de autonomia. Assim ocorre com os EUA que são as "Treze Colônias" quando se tornam independentes em 1776 e deci-

---

[96] Segundo este último autor, o Congresso de Haia foi importante por três razões: 1) pelo eco que ocorreu nos meios políticos e intelectuais da maioria dos países ocidentais europeus; 2) foi um congresso de orientação marcadamente conservadora, apesar do que afirmam alguns autores, em que o peso de Churchill e o que ele significava, foi grande; 3) como conseqüência do anterior, as disputas entre os denominados federalistas e unionistas, e entre as distintas concepções de federalismo se manifestaram de forma evidente (Armenteros: 2002, p. 78).

dem inicialmente formar uma confederação, assim como o exemplo alemão antes da unificação em 1870. Além do mais, muitos destes Estados passam a existir graças a tratados internacionais firmados por anteriores Estados independentes (Kelsen: 1998, p. 454).

Em termos formais, é semelhante à situação da UE. Os Estados a constituíram através de tratados, mas o avanço do processo de integração faz com que a UE tenha adquirido ao longo do tempo muitas características federais. Ademais, tem crescido a importância dos acordos internacionais cuja competência exclusiva para celebração é da UE (Kegel: 2003, p. 260ss.).[97]

8.2.3. Ponderações críticas

Apesar das afirmações acima consideradas, existem inúmeros pontos de dissonância e questionamento em relação às mesmas, o que pode ocasionar o afastamento de pelo menos parte delas.

Primeiramente deve ser questionada a visão de que a estrutura institucional da UE seja tão semelhante à estruturação de um Estado, como dizem alguns autores de renome. É verdade que existe seguramente alguma semelhança como apontamos acima. Mas um exame mais minucioso do funcionamento das instituições comunitárias pode fazer perceptíveis algumas diferenças significativas.

Uma das funções clássicas dos parlamentos nacionais tem sido historicamente, qualquer que seja o sistema de governo estabelecido (parlamentarismo ou presidencialismo), a função de legislar. Freqüentemente denominados de Poder Legislativo, os parlamentos são constituídos de representantes do povo e, quando em federações, também das unidades federativas, e nos sistemas parlamentaristas chegam a participar diretamente do próprio governo, formando o gabinete a partir da coligação ou partido majoritário, além da atribuição legislativa tradicional (Bonavides: 2003, p. 318ss.; Reale: 1999, p. 53ss.; Kelsen: 1993, p. 45-60; 109-136).

No caso do Parlamento Europeu, isso não acontece. Os eurodeputados, representantes dos povos da UE eleitos diretamente nos Estados-Membros, possuem uma função predominante de controle do poder executivo comunitário (Conselho e Comissão), função esta expressa na obrigação dos membros da Comissão e do Conselho de comparecerem regularmente ao Parlamento para apresentarem suas

---

[97] Afirma a autora citada: "De modo geral, quando a Comunidade legisla sobre determinada matéria na qual possua competência exclusiva ou concorrente, os Estados-membros perdem não apenas a competência legislativa interna, mas também tornam-se impedidos de negociar ou celebrar Tratados Internacionais sobre estas matérias. Deste modo a atividade legislativa da CE transferiu aos órgãos comunitários, além da competência interna, também a externa que pertencia originariamente aos Estados-membros. Conseqüentemente, a CE passa a deter a competência exclusiva em setores significativos e cada vez mais amplos das relações internacionais" (Kegel: 2003, p. 260).

atividades, assim como solicitarem pareceres prévios do Parlamento para algumas questões mais importantes, tais como acordos internacionais para a adesão de novos Estados-Membros, acordos de associação com países terceiros, organização e objetivos dos fundos estruturais e de coesão, funções e poderes do Banco Central Europeu (BCE). É de se destacar que cabe ao Parlamento aprovar definitivamente o orçamento anual da UE. Mas a função de legislar é bastante modesta se considerarmos que se trata muito mais de um poder de iniciativa legislativa indireta do que propriamente de decisão política legislativa, apesar do expressivo aumento, sobretudo a partir do Tratado de Amsterdã, das matérias em que os chamados processos de co-decisão devem ser utilizados (Campos: 2002, p. 163-164; Pfetsch: 2001, p. 156-158; Casella: 2002, p. 112-115; Gosztonyi: 2003, p. 186ss.).

Em relação ao poder executivo, tem ele no Estado nacional clássico as funções de administração e execução de políticas públicas, incluindo a política externa. É exercido de forma monocrática ou dual, a depender do sistema de governo (respectivamente presidencialista e parlamentarista), salvo raras exceções, como o caso do poder executivo suíço, exercido de modo colegiado pelo Conselho Federal.

Na UE, o poder executivo é dual, porém bem diferente do tipo de poder executivo do sistema parlamentarista. Enquanto neste último temos a divisão entre chefe de Estado (monarca ou presidente) e chefe de governo (primeiro-ministro, premier, chanceler), a divisão dualista do executivo comunitário é entre dois órgãos colegiados: o Conselho da UE (que não se confunde com o Conselho Europeu) e a Comissão. O primeiro consiste em um órgão intergovernamental com representantes do governo de cada Estado-Membro e vinculados ao mesmo. Tem como funções a coordenação das políticas econômicas gerais e a atribuição à Comissão da competência de execução das normas por ele estabelecidas, além de poderes decisórios. A Comissão, por sua vez, exerce um papel consultivo através das suas recomendações e pareceres e o papel executivo das normas comunitárias, além de deter a exclusividade da iniciativa das propostas normativas da UE, o que faz com que, na prática, seja a instituição comunitária mais importante. É composta de pelo menos um nacional de cada Estado, porém sem vínculo direto com o governo daquele Estado, para exercer um mandato de cinco anos (Campos: 2002, p. 69ss.; Pfetsch: 2001, p. 139; 144; Casella: 2002, p. 115-118). Como se vê, é um poder executivo extremamente heterodoxo.

O poder judiciário comunitário é talvez o que mais se aproxime, em termos estruturais, ao poder judiciário nacional. A UE possui um Tribunal de Justiça e, desde 1988, um Tribunal de Primeira Instância, criado pelo Ato Único Europeu em 1986. Estes dois tribunais são órgãos efetivamente jurisdicionais. Não se trata de câmaras de arbi-

tragem ou cortes internacionais de justiça com as limitações habitualmente existentes, mas de tribunais encarregados de interpretação e aplicação da legislação comunitária (Galindo: 2002a, p. 102; Riechenberg: 2004, p. 1013; Borges: 2005, p. 598 ss.).
O Tribunal de Justiça da UE tem tido, ao longo da história desta organização política, um papel decisivo não somente como intérprete do direito comunitário, mas como um verdadeiro criador deste, reinventando-o e construindo verdadeiras mutações constitucionais em torno do teor textual daquelas normas (sobre conceitos de reinvenção e mutação constitucional, cf., respectivamente, Sampaio: 2002, *passim*; Ferraz: 1986, p. 9). Institucionalmente, a UE se estruturou mais pelo direito jurisdicional do que pela própria política. Segundo Renoux, "a Europa, atualmente, é mais do direito que da política, a Corte usando amplamente seu poder de interpretação, preenchendo o vazio ou a paralisia política com uma apreciação política" (Renoux: 1999, p. 279). Através de sua jurisprudência, o Tribunal foi o principal responsável pela estruturação do direito comunitário, destacadamente as características da aplicabilidade direta da legislação comunitária, o efeito direto das decisões do próprio Tribunal acerca do direito comunitário e a hierarquia entre direito comunitário e direito nacional, com a prevalência do primeiro (Quadros: 1991, p. 91-96; Caiella: 1999, p. 58-60; Craig: 2001, p. 129; Medeiros: 2001, p. 281; Bulnes: 2003, p. 580-581; Riechenberg: 2004, p. 1014ss.).[98]

A aplicabilidade direta da legislação proveniente dos órgãos da UE consiste na incorporação automática da mesma no ordenamento jurídico interno de cada Estado-Membro. O direito comunitário se caracteriza, portanto, como um direito de caráter efetivamente obrigatório e oposto a reservas de ordem interna. As normas comunitárias geram direitos e obrigações para os cidadãos de cada Estado de forma direta e imediata, devendo ser aplicadas sem objeções abstinentes internas de ordem constitucional ou legal. As normas internas dos Estados que digam respeito à aprovação dos tratados pelo parlamento nacional e ratificação pelo chefe de Estado ou de governo não são aplicadas em relação ao direito comunitário derivado (legislação comunitária ordinária: diretivas, resoluções, decisões, recomendações etc.) que dispensa tais formalidades para vigência nos Estados-Membros da UE. Para o denominado direito comunitário originário (tratados comunitários), a aprovação interna pelos Estados-Membros permanece obrigatória (Lenaerts & Nuffel: 2005, p. 703ss.; Borges: 2005, p. 92-95).

---

[98] Mauro Cappelletti fornece definição ligeiramente diversa, considerando como características do direito comunitário: a) efeito direto e automático das normas comunitárias sobre o direito nacional; b) supremacia das normas comunitárias em relação ao direito interno e c) manutenção e respeito às competências reservadas aos Estados-Membros (*apud* Loianno: 2003, p. 219).

O efeito direto das decisões do TJUE decorre de a aplicabilidade destas ser direta, sem necessidade de homologação ou apreciação da sentença do tribunal comunitário pelas cortes dos Estados-Membros, restando aos órgãos estatais apenas a execução da decisão judicial comunitária, havendo, inclusive, a previsão de sanções se os órgãos internos do Estado não cumprirem a referida decisão. Confira-se o teor do TCE, art. 228:

> 1. Se o Tribunal de Justiça declarar verificado que um Estado-Membro não cumpriu qualquer das obrigações que lhe incumbem por força do presente Tratado, esse Estado deve tomar as medidas necessárias à execução do acórdão do Tribunal de Justiça.
>
> 2. Se a Comissão considerar que o Estado-Membro em causa não tomou as referidas medidas, e após ter dado a esse Estado a possibilidade de apresentar as suas observações, formulará um parecer fundamentado especificando os pontos em que o Estado-Membro não executou o acórdão do Tribunal de Justiça. Se o referido Estado-Membro não tomar as medidas necessárias para a execução do acórdão do Tribunal de Justiça dentro do prazo fixado pela Comissão, esta pode submeter o caso ao Tribunal de Justiça. Ao fazê-lo, indicará o montante da quantia fixa ou progressiva correspondente à sanção pecuniária, a pagar pelo Estado-Membro, que considerar adequada às circunstâncias.

Mesmo com as características apontadas, existem algumas dificuldades para a eficácia dos acórdãos comunitários. A principal delas provavelmente é aquela apontada por Llorente de que a UE não possui órgãos judiciais ou administrativos que atuem diretamente sobre os cidadãos, ao contrário dos Estados nacionais. Os Estados-Membros retêm, em seus respectivos territórios, o monopólio da aplicação da violência legítima e, conseqüentemente, é a eles que compmpe assegu rar o respeito ao direito comunitário e às decisões da União, perante a qual respondem em caso de não-cumprimento (Llorente: 1999, p. 122; Ocaña: 2003, *passim*; Gosztonyi: 2003, p. 176-177; Lenaerts & Nuffel: 2005, p. 700-703). É o próprio Estado, portanto, o executor direto das decisões comunitárias.

Outra dificuldade existente é o ainda complicado acesso dos cidadãos em geral à jurisdição comunitária. O denominado "Reenvio Prejudicial", principal ação processual de competência do TJUE e correspondente a cerca de 60% dos feitos julgados por este, é uma ação em que o cidadão comum só participa indiretamente. É suscitada incidentalmente por um órgão jurisdicional nacional em torno de dúvidas acerca da interpretação de uma norma comunitária em um processo judicial objetivo, e as partes envolvidas neste último podem apenas prestar informações. O TJUE não aprecia o mérito do processo concreto, apenas se pronuncia sobre a interpretação da norma comunitária em questão. As demais ações, em sua grande maioria, também são interpostas basicamente por órgãos institucionais nacionais ou comunitários, fazendo com que o processo judicial comunitário se caracterize como excessivamente formal e burocrático e se encontre um tanto distante do cidadão europeu comum (Campos: 2002, p. 416-426; Paulilo: 2000, p. 135; Beneti: 2000, p. 218-219; Pfetsch: 2001, p. 164; Borges: 2005, p. 601-603; Soares: 2000, p. 210-217).

A primazia do direito comunitário é, por sua vez, um princípio que não deve ser entendido de forma literal ou absoluta. Este princípio comunitário vem sendo afirmado desde a década de 60 pelo TJUE (então denominado TJCE) através de inúmeros acórdãos, destacando-se: Humblet v. Estado Belga (1960), Van Gend En Loos v. Nederlandse Administratie der Belastingen (1962), Costa (Flaminio) v. E.N.E.L. (1964), Wilhelm v. Bundeskartellamt (1969), Internationale Handelsgesellschaft v. Einfuhr-und-Vorratsstelle für Getreide und Futtermittel (1970), CEE v. República Italiana (1972), NORD v. CEE (1974), Administração de Finanças do Estado Italiano v. Simmenthal (1978) (Campos: 2002, p. 349-396; Quadros: 1991, p. 91-96; Casella: 2002, p. 314-317; Escarameia: 1992, p. 255-263).

Apesar desta constante afirmação jurisdicional da supremacia do direito comunitária, esta é relativizada por inúmeros instrumentos dos próprios Estados ou mesmo comunitários. Um destes instrumentos limitadores é o princípio da subsidiariedade, previsto no TUE, art. 5º. Este princípio garante ao Estado-Membro da UE um grau de autonomia relativamente amplo, pois assegura que os Estados-Membros mantenham as competências que sejam capazes de gerir de forma mais eficaz ao seu nível, e que cabe à UE os poderes que os Estados não podem exercer adequadamente.[99] Ou seja, a atuação primordial é ainda a do Estado nacional e do seu ordenamento jurídico.

Um outro aspecto interessante é o caráter delegativo das prerrogativas de primazia comunitária. Os Estados-Membros da UE, de um modo geral, não transferem de forma definitiva as prerrogativas soberanas que concretizam a supremacia do direito comunitário, apesar de muitas vezes a palavra "transferência" constar de documentos oficiais, como afirmamos em outra oportunidade (Galindo: 2002a, p. 106-108; cf. tb. Simson & Schwarze: 2001, p. 36). Apenas procedem a uma delegação das mesmas. É o caso, por exemplo, de membros importantes da UE, como a Alemanha e o Reino Unido, tendo a primeira imposto limites ao direito comunitário através de decisões do Tribunal Constitucional Federal (*Bundesverfassungsgericht*) afirmando que alguns dispositivos da Lei Fundamental estão impossibilitados de serem reformados pela legislação comunitária, e o segundo, através de pronunciamentos da *House of Lords* e da *Court of Appeal*, consi-

---

[99] É necessário salientar que o princípio da subsidiariedade é aplicável apenas a domínios partilhados entre a UE e os Estados, não se aplicando às competências exclusivamente comunitárias ou às exclusivamente nacionais (Kokott: 1999, p. 196-197; Campos: 2002, p. 269-272; Casella: 2002, p. 318-319; Baracho: 1996, p. 73-76).

derando que o Ato das Comunidades Européias, promulgado pelo Parlamento britânico em 1972 e autolimitando a tradicional supremacia parlamentar, pode ser modificado pelo próprio Parlamento, desde que este o faça de forma expressa. Isto fez com que formalmente o direito comunitário equivalha ao direito constitucional do Reino Unido (cf. Barendt: 1998, p. 99; Hill: 2002, p. 30-32; Jyränki: 1999, p. 67-68; Rogeiro: 1996, p. 152-153; Dantas: 2000b, p. 20; Schweitzer: 2000, p. 32-33; Schwabe: 2000; p. 461-462; Quadros: 1991, p. 200-213; Galindo: 2004, p. 312-313; Cornhill: 2002, p. 45-46; Bradley: 2004, p. 42ss.; Craig: 2004, p. 96ss.).

Na discussão da soberania partilhada, surge o problema do federalismo europeu, que chamamos aqui de heterodoxo. Vamos tentar explicar por quê.

Como afirmamos anteriormente, não se pode falar em federalismo europeu em termos clássicos. É difícil prever o que acontecerá no futuro, mas no presente no máximo podemos falar em federalismo heterodoxo, pois nenhum dos Estados federais até o momento tem a caracterização da UE, até pelo fato de que ela não é um Estado.[100] Seria, portanto, um federalismo sem Estado e, por isso, heterodoxo (Renoux: 1999, p. 268).

Além do mais, a perspectiva funcionalista pragmática termina por prevalecer na gênese da UE em detrimento do que defendem os federalistas. O federalismo é abortado, sobretudo, pelos britânicos e escandinavos que optam por construir o Conselho da Europa como organização intergovernamental clássica, sem caracterizar-se como federação. A saída, quando da criação da CECA, é o método funcionalista. Por proposta de Schuman, este método caracteriza-se pela promoção da integração européia parcialmente ou por setores. Daí a idéia inicial ter sido de um ente supra-estatal do carvão e do aço, embora Schuman admita na sua declaração que esta seria "o lançamento da primeira pedra duma Federação européia indispensável à preservação da Paz". Por isso, há autores que não vêem incompatibilidade entre o funcionalismo e o federalismo, embora a opção funcional tenha sido justamente o que obstacula a ascensão de um federalismo europeu (Quadros: 1991, p. 117-128). Posteriormente, entretanto, as Comunidades passam a adquirir mais caracteres federais, tais como a supremacia das suas normas jurídicas, a partilha de atribuições soberanas com os Estados, que, apesar disso, não chegaram ainda a concretizar uma Europa federal. Mas as teses federalistas ganham força novamente com a aprovação em 2004 pelo Conselho da UE do Projeto de Constituição codificada (embora ainda pendente de ratificação pelos Estados-Membros).

---

[100] Em sentido diverso, cf. Manzella: 2003, *passim*.

A questão da soberania também é controversa. Em um Estado federal não há propriamente uma partilha de soberania. As unidades federativas possuem um grau relativamente amplo de autonomia, mas a soberania pertence exclusivamente ao Estado federal, tanto que, de um modo geral, para efeitos externos, ele é visto como se fosse um Estado unitário, como afirma Badía (*apud* Baracho: 1986, p. 41). Na UE, entretanto, é o que acontece, já que a soberania deixou de ser exclusiva, mas não foi simplesmente transferida para a Comunidade, havendo em verdade uma partilha, uma espécie de coordenação entre soberanias estatais e supra-estatal (cf. Moreira: 2001, p. 328-330; San Martino: 2002, p. 57-76).

Um outro problema levantado por Renoux é a repartição de competências entre a UE e os seus Estados-Membros. As constituições federais efetuam uma repartição de competências normativas entre a Federação e os Estados federados. Há uma multiplicação dos centros de decisões a partir da inclusão de competências concorrentes, ao lado das exclusivas e privativas.

No caso dos tratados da UE que enunciam as competências comunitárias, eles mantêm silêncio quanto às competências dos Estados-Membros. A solução para este silêncio é, por um lado, a aplicação do princípio da subsidiariedade; e por outro, a aplicação da doutrina da "preempção" ou do "terreno ocupado", de acordo com a qual quando uma competência já foi exercida pela União, ela se torna exclusiva e escapa à competência dos Estados. Para Renoux,

É uma solução de tipo jurisprudencial que reduz fortemente a efetividade do princípio de subsídios enunciado pelo Tratado sobre a União Européia e que pretende cercar a intervenção da comunidade dentro "dos limites das competências a ela conferidas e dos objetivos a ela atribuídos pelo presente tratado" (Renoux: 1999, p. 275-276 – grifos do autor).

A forma institucional assumida pela UE é que tem fundamentado as maiores aproximações com o modelo federal. Contudo, objeções podem ser feitas. O Parlamento Europeu não possui representantes senatoriais dos Estados-Membros e é unicameral com representação popular direta, apesar de que esta última corresponde aos povos dos Estados. A representação dos Estados se dá somente no Conselho que se configura muito mais como um poder executivo intergovernamental e não tem, em princípio, funções legislativas. Diga-se também que o Conselho não é composto por representantes eleitos, como na maioria das federações que elegem senadores, mas por representantes indicados pelos governos de cada Estado-Membro da UE. É necessário lembrar que nos Estados federais, os Estados-Membros possuem representação em uma das Casas do Parlamento que é bicameral. É o caso do nosso Senado Federal, com três representantes de cada Estado (CF, art. 46); do Senado dos EUA, com dois senadores por Estado

(Constituição de 1787, art. I, Seção 3 (1)) e do Conselho Federal alemão (*Bundesrat*), com número variável de membros entre três e seis, a depender da população de cada Estado (*Land*) (Lei Fundamental de Bonn, art. 51 (2)).

Como se vê, até o presente momento, não é adequada a caracterização dogmática do direito comunitário como direito constitucional da UE, assim como a caracterização desta como federação, ao menos diante dos padrões teóricos usuais.

8.3. Direito comunitário como direito internacional regional: ainda a teoria internacionalista tradicional

Ao percebermos a impropriedade da caracterização dogmática do direito comunitário como direito constitucional europeu, uma das possíveis saídas teóricas é classificá-lo como direito internacional de âmbito regional, embora seja mais eficaz e possua um maior grau de independência em relação aos Estados-Membros do que os outros sistemas jurídicos internacionais.

Classificar o direito comunitário dessa forma é até mais comum do que afirmá-lo como direito constitucional (sobretudo fora da Europa). Uma das razões para esta maneira de classificação é a própria origem da UE que, em que possam pesar algumas opiniões em contrário e alguns pronunciamentos divergentes, inicia suas atividades (quando ainda simplesmente CECA ou CEE, ou ainda as Comunidades) se afirmando como organização internacional de caráter regional e finalidade específica. Seria o direito comunitário, portanto, originário "geneticamente" do direito internacional (Borges: 2005, p. 109). O desenvolvimento institucional da UE ao longo de muitos anos é que suscita as dúvidas presentes no âmbito teórico contemporâneo, pois a UE apresenta-se como uma organização política substancialmente diferente das demais organizações internacionais regionais que conhecemos, como vamos perceber adiante. Por ora, vejamos o que justifica a tese de que o direito comunitário pode ser considerado direito internacional regional.

O direito internacional, tal como é concebido tradicionalmente, é um ramo do direito que regula juridicamente as relações entre os Estados, repousa sobre o consentimento através do princípio do *pacta sunt servanda*, e é caracterizado pelo princípio da coordenação de soberanias, diferentemente da subordinação e onipotência características do direito interno dos Estados nacionais.[101] Nas últimas décadas,

---

[101] Não pretendemos entrar na discussão entre direito internacional público e direito internacional privado, já que consideramos fora de propósito no presente trabalho. Optamos pela classificação dourinária anglo-americana, que usa a expressão *International Law* apenas, para o

sobretudo a partir do fim da Segunda Guerra Mundial, há um substancial aumento na criação e ação das organizações internacionais, conquistando estas uma autonomia considerável em relação aos Estados, a ponto de, desde a Convenção de Viena sobre Direito dos Tratados de 1986, poderem figurar como partes na celebração de tratados. Gradativamente, o direito internacional tem se feito mais presente na sociedade internacional, sendo aplicado no âmbito das referidas organizações e em relação aos próprios indivíduos. Mas apesar disso, a origem última da legitimidade das próprias organizações internacionais permanece nos Estados-Membros que as compõem, sendo o direito internacional descentralizado e pouco uniforme, além de estritamente dependente dos Estados para ser efetivado (Rezek: 2005, p. 1-5; Accioly & Silva: 2002, p. 2-5; Jo: 2000, p. 37-39, 87; Araújo: 1999, p. 5; Pellet: 2004, p. 9).

Acontece com o direito internacional, em virtude das peculiaridades de cada continente, o fenômeno da regionalização. Com a criação de inúmeras organizações internacionais de caráter regional e de caráter particular, ainda que com finalidades mais genéricas (OEA, OUA, OTAN, Pacto de Varsóvia, Liga dos Estados Árabes e a própria União Européia), torna-se necessária uma caracterização doutrinária do direito internacional, dividindo-o em direito internacional geral, correspondendo às normas jurídicas internacionais de caráter universal oriundas basicamente das organizações do mesmo alcance, e direito internacional especial ou particular, correspondendo às normas jurídicas internacionais que alcançam apenas alguns membros determinados da sociedade internacional. Neste último tipo estaria o direito internacional regional, de aplicação restrita a membros da sociedade internacional que integrem determinada região (Dinh, Daillier & Pellet: 1999, p. 523-524; Del'Olmo: 2002, p. 106).

O direito da integração é um típico exemplo de direito internacional regional na medida em que os diversos entes interestatais criados com a finalidade de integrar mercados, tais como Mercosul, NAFTA, Comunidade Andina, Mercado Comum do Caribe e outros produzem normas jurídicas uniformes para os seus membros, fundamentadas no consentimento dos mesmos e restritas a determinados setores econômicos. Todas estas organizações possuem pouca autonomia, dependendo diretamente dos Estados para tomar decisões e executá-las. É o chamado direito da cooperação, um dos modelos jurídicos integracionistas (Galindo: 2001, p. 120-129; Rodrigues: 2000, p. 48-49).

Por ser também direito da integração, o direito comunitário é freqüentemente classificado como direito internacional regional por

---

que denominamos nos países de línguas latinas direito internacional público, ao passo que a expressão *Conflict of Laws* é utilizada para o direito internacional privado. Cf. Mello: 1997, p. 65.

ter de fato algumas relevantes semelhanças com as organizações internacionais regionais em geral.[102]

Primeiramente, o fato de que a UE é uma organização internacional de âmbito regional. Constituída a partir das Comunidades Européias, os Estados-Membros são os seus principais agentes, pois tudo o que a UE estabelece depende da concordância direta ou indireta dos Estados, já que mesmo as prerrogativas soberanas atribuídas àquela são decorrentes da vontade dos Estados que a compõem.

As semelhanças também ocorrem nos instrumentos constitutivos. Assim como nas organizações internacionais regionais, os tratados são o principal instrumento normativo da UE e a base do direito comunitário, tanto que, no sentido aristotélico, são denominados de "Constituição da UE", como vimos. Mesmo a Constituição codificada, ainda pendente de ratificação pelos Estados-Membros para substituir os tratados comunitários, decorre de novo tratado entre eles. Entretanto, isso não é exclusividade dos tratados comunitários. A referência a constituições existe igualmente em relação a tratados constitutivos de outras organizações internacionais. Algumas, como nos casos da Organização Internacional do Trabalho e a Organização Mundial de Saúde, possuem tratados constitutivos oficialmente designados como constituições. Em outros casos, os referidos tratados são mencionados pela doutrina como "constituição" da organização internacional ou como "estrutura constitucional" da mesma (Dinh, Daillier & Pellet: 1999, p. 523-526; Brownlie: 1997, p. 717; Miranda: 2001, p. 22; Seitenfus: 2003, p. 28; Seitenfus & Ventura: 2003, p. 89; Soares: 2002, p. 152). A base de todas as normas oriundas da UE (ex.: diretivas, regulamentos, decisões dos tribunais etc.) termina por ser o conteúdo dos tratados comunitários constitutivos (Paris, Roma, Maastricht, Amsterdã e Nice, assim como o Ato Único Europeu) que, por sua vez, são celebrados por Estados nacionais no uso de suas prerrogativas de soberania que os torna capazes de serem partes em um tratado. Portanto, cumprindo as normas instituídas pela Convenção de Viena sobre Direito dos Tratados.

A influência direta dos Estados sobre a UE não termina aí. Um dos mais importantes órgãos na estrutura institucional comunitária é o Conselho da UE, que integra o poder executivo comunitário. No papel de definir as principais políticas da União, o Conselho é composto por um representante de cada Estado em nível ministerial, com poderes para vincular o governo do Estado (TCE, art. 146). Os membros do Conselho são, portanto, representantes diretos dos governos de cada Estado, exercendo uma função diplomática definida pelo Ministério das Relações Exteriores de cada Estado, à semelhança das

---

[102] Alguns chegam a afirmar tratar-se de organização regional típica. Cf. Magalhães: 2000, p. 30.

representações diplomáticas nas organizações internacionais regionais. O Conselho é, como dissemos anteriormente, um órgão comunitário intergovernamental.

Um outro ponto que a semelhança é evidente se dá na questão da preservação da soberania, ainda em grande medida, pelos Estados-Membros da UE. Isso se expressa não somente no caráter delegativo da partilha das prerrogativas de soberania, mas na própria diferença nas posições dos Estados em relação ao processo de integração europeu, culminando com o que Pfetsch chama de "Europa de Velocidades Diferentes" (Pfetsch: 2001, p. 263; Campos: 2002, p. 257).

Esta expressão utilizada por Pfetsch resume como se desenvolve de fato o processo de integração européia. Valendo-se de suas prerrogativas soberanas, alguns Estados não defendem uma integração tão ampla e profunda e por isso terminam desobrigados de se submeterem a determinadas normas comunitárias em virtude de soberanamente se recusarem a participar da UE em determinados aspectos. É o caso, por exemplo, do Reino Unido, que permanece ausente da união econômica e monetária que já se verifica com a implantação do euro. Os britânicos optaram por continuar com a sua moeda própria e, conseqüentemente, não se submetem às normas comunitárias que digam respeito à fase atual da integração européia, permanecendo, no entanto, submetido às normas do mercado comum.[103] São os desdobramentos da antiga divergência entre federalistas e pragmáticos, entre a opção por uma Europa federal ou por uma organização de caráter intergovernamental, como anteriormente comentamos.

Um outro ponto relevante é que, embora exista representação externa da UE, os Estados-Membros continuam a desenvolver autonomamente as suas relações exteriores, com certa independência em relação às posições adotadas pela UE. Isso é perceptível na recente Guerra no Iraque, em que membros como Reino Unido e Espanha apoiaram incondicionalmente a intervenção bélica capitaneada pelos EUA, ao passo que outros Estados da UE, como Alemanha e França,

---

[103] Apesar dos britânicos fazerem freqüentemente objeções a um aprofundamento maior da UE, existe uma razoável aceitação dentre os Estados-Membros de que, em razão das peculiaridades nacionais, a integração não pode ocorrer da mesma maneira para todos. Têm defendido a "Europa das Velocidades Diferentes": Alemanha, Dinamarca e França, além do próprio Reino Unido, como vimos. Defendem condicionalmente: Áustria, Itália e Suécia. Mostram-se contrários: Bélgica, Espanha, Grécia, Holanda, Irlanda, Luxemburgo e Portugal. A Finlândia tem posição contrária, mas admite as "velocidades diferentes" em casos excepcionais (Pfetsch: 2001, p. 282-284). Isso também é observado em relação à Constituição codificada aprovada pelos chefes de Estado e de governo que contempla nada menos que doze protocolos adicionais referentes a situações específicas de Estados-Membros da UE. Cf. Jornal Oficial da União Européia C310, de 16 de dezembro de 2004 (sumário), disponível em www.europa.eu.int (acesso em 29/12/2004). Isso ainda se reflete muitas vezes nos posicionamentos dos próprios povos em relação à aceitação das normas comunitárias, como na recente rejeição referendária dos franceses e dos holandeses à Constituição codificada européia.

posicionaram-se contrariamente, defendendo o esgotamento dos caminhos diplomáticos para a solução da crise.

Todavia, todas as considerações feitas no presente ponto apenas tornam mais consistentes as críticas exaradas em relação à compreensão do direito comunitário como direito constitucional europeu. Não é possível através delas conceber automaticamente a UE como organização internacional regional, nem o seu direito como da mesma qualificação. As características que percebemos nos órgãos comunitários quando discutimos os pontos anteriores são bastante originais em se tratando de uma organização internacional. As formas de aplicação do direito comunitário nos Estados também diferem substancialmente da aplicação das normas de direito internacional em geral. Vejamos.

Principiando pela questão da reforma dos tratados. Como destaca Bruno De Witte, segundo as normas gerais de direito internacional preconizadas pela Convenção de Viena, o procedimento predeterminado de modificação de um tratado pode se modificar no caso de os Estados acordarem neste sentido, prevalecendo a liberdade de forma. No caso dos tratados da UE, há vinculação dos Estados ao procedimento reformador estabelecido pelo TUE, art. 48 (Witte: 2002, p. 512).[104] Tais regras procedimentais precisam ser observadas, por exemplo, no processo de aprovação da Constituição codificada da UE, pois esta é ao mesmo tempo consolidação e reformulação dos tratados comunitários.

Veja-se também o caso do Parlamento. Qual organização internacional regional possui um parlamento próprio, cujos membros são eleitos por sufrágio universal direto em cada Estado-Membro da organização? Isso somente acontece nos Estados democráticos, ainda assim aqueles que adotam o modelo federativo, podendo estabelecer o número de membros do parlamento oriundos das unidades federativas de forma proporcional ao eleitorado de cada uma delas.[105]

---

[104] TUE, art. 48: "O governo de qualquer Estado-Membro ou a Comissão podem submeter ao Conselho projectos de revisão dos Tratados em que se funda a União.
Se o Conselho, após consulta do Parlamento Europeu e, quando for adequado, da Comissão, emitir parecer favorável à realização de uma Conferência de representantes dos governos dos Estados-Membros, esta será convocada pelo Presidente do Conselho, a fim de adoptar, de comum acordo, as alterações a introduzir nos referidos Tratados. Se se tratar de alterações institucionais no domínio monetário, será igualmente consultado o Conselho do Banco Central Europeu.
As alterações entrarão em vigor após ratificação por todos os Estados-Membros, de acordo com as respectivas normas constitucionais".

[105] Não se pode confundir parlamento próprio com comissões parlamentares. Algumas organizações possuem representação dos parlamentos nacionais dos Estados, como no caso do Mercosul. Neste há um órgão representativo dos parlamentos nacionais denominado de Comissão Parlamentar Conjunta, previsto nos arts. 22 a 26 do Protocolo de Ouro Preto/1994. Mas o Parlamento Europeu, como vimos, é de natureza completamente diversa.

À maneira dos Estados federais, isso ocorre também em relação ao Parlamento Europeu.[106]

Em relação ao poder executivo comunitário, a Comissão, em termos práticos o órgão comunitário mais importante, se diferencia bastante dos órgãos "executivos" das organizações internacionais regionais em geral. Se observarmos a atuação da Secretaria-Geral e dos Conselhos da OEA ou do Grupo Mercado Comum e da Secretaria Administrativa do Mercosul, percebemos que a atuação destes entes limita-se à coordenação de interesses dos Estados, com reduzida autonomia para guiar-se nos princípios das referidas organizações (cf. Mello: 1997, p. 695-705).

Ao contrário dos exemplos citados, a Comissão possui uma considerável autonomia, sobretudo em virtude dos seus membros serem independentes em relação aos seus Estados de origem, já que cumprem mandato e não são obrigados a obedecer ou receber instruções do governo do seu Estado ou de qualquer outro. Observe-se o teor do TCE, art. 213 (2):

> Os membros da Comissão exercem suas funções com total independência, no interesse geral da Comunidade. No cumprimento de seus deveres, os membros não solicitarão nem aceitarão instruções de governos ou de qualquer outra entidade. Os membros da Comissão abster-se-ão de praticar qualquer ato incompatível com a natureza de suas funções. Os Estados-membros comprometem-se a respeitar este princípio e a não procurar influenciar os membros da Comissão no exercício de suas funções.

A quantidade de funções atribuídas à Comissão faz com que ela tenha uma atuação preponderante em relação aos demais órgãos comunitários, pois até mesmo na função legislativa, em virtude de sua iniciativa exclusiva de projetos de normas comunitárias, o seu papel é fundamental.

O mais importante diferencial, no entanto, é o Tribunal de Justiça da UE. Existem atualmente algumas cortes internacionais importantes, tais como o Tribunal de Justiça da Comunidade Andina, a Corte Internacional de Justiça (CIJ), vinculada à ONU, e a Corte Interamericana de Direitos Humanos (CIDH), vinculada à OEA, além do recém-criado Tribunal Penal Internacional (TPI), a partir da Conferência

---

[106] Até junho de 2004, de acordo com o TCE, art. 190 (2), o número de representantes eleitos em cada Estado é o seguinte: 1) Alemanha – 99; 2) França, Itália e Reino Unido – 87 cada; 3) Espanha – 64; 4) Holanda – 31; 5) Bélgica, Grécia e Portugal – 25 cada; 6) Suécia – 22; 7) Áustria – 21; 8) Dinamarca e Finlândia – 16; 9) Irlanda – 15; 10) Luxemburgo – 6. A partir das eleições de 2004, as primeiras com o ingresso dos dez novos Estados da UE, a composição do Parlamento Europeu passa a ser de 732 eurodeputados, divididos entre os países da seguinte forma: 1) Alemanha – 99; 2) França, Itália e Reino Unido – 78 cada; 3) Espanha e Polônia – 54 cada; 4) Holanda – 27; 5) Bélgica, Grécia, Hungria, Portugal e República Tcheca – 24 cada; 6) Suécia – 19; 7) Áustria – 18; 8) Dinamarca, Eslováquia e Finlândia – 14 cada; 9) Irlanda e Lituânia – 13 cada; 10) Letônia – 9; 11) Eslovênia – 7; 12) Chipre, Estônia e Luxemburgo – 6 cada; 13) Malta – 5.

Diplomática de Plenipotenciários das Nações Unidas para o Estabelecimento de uma Corte Internacional Criminal, realizada em Roma, no ano de 1998. Porém, salvo no último caso em que a criação do TPI só obteve a 60a. ratificação em 2002 e somente agora é que este tribunal inicia o seu funcionamento (portanto, muito cedo para avaliações acerca da sua atuação), as outras cortes atuam em termos jurisdicionais muito timidamente. A CIJ, por exemplo, tem atuado mais como órgão consultivo, fornecendo pareceres e respostas às consultas, do que como tribunal de jurisdição contenciosa. A CIDH tem tido uma participação muito pequena na questão dos direitos humanos na América e julgado um número diminuto de casos (Mello: 1997, 621-630, 760; Dinh, Daillier & Pellet: 1999, p. 784-804; Jo: 2000, p. 354-355, 521-524; Gonçalves: 2001, p. 249ss.; Toledo: 2004, p. 939ss.).

A atuação do Tribunal de Justiça da UE tem se mostrado substancialmente diferente em relação a essas cortes internacionais, a começar pelo seu elevado grau de autonomia (embora a Corte andina se inspire bastante no modelo da UE – cf. Toledo: 2004, *passim*). Como vimos, o TJUE foi o principal responsável pela configuração do direito comunitário tal como se estabelece atualmente. Das decisões deste Tribunal surgem os princípios comunitários de maior relevância para a caracterização do direito da UE: a aplicabilidade direta da legislação comunitária, o efeito direto das decisões do TJUE e a primazia do direito comunitário em relação ao direito nacional dos Estados. Naturalmente isso não vale sem restrições às quais já fizemos referência anteriormente (princípio da subsidiariedade, caráter delegativo da repartição de prerrogativas soberanas, especificação das competências comunitárias e estatais etc.). Mas independentemente disso, nenhuma corte internacional tem a autonomia, o acesso e a efetividade de suas decisões tão intensificada como no caso do TJUE. A sua atuação tem sido tão intensa que foi necessária a criação de um Tribunal de Primeira Instância para desafogar a Corte principal (Vilaça: 1999, p. 16ss.).

Em razão dessas objeções, torna-se difícil manter a caracterização tradicional de classificar o direito comunitário como espécie de direito internacional regional. O próprio TJUE tem estabelecido distinções explícitas entre o direito comunitário e o direito internacional em diversas ocasiões, como, por exemplo: a) no Acórdão Costa x E.N.E.L. (6/1964), estabelece que, em contraste com tratados internacionais, o TCE criara seu próprio sistema jurídico, parte integral dos sistemas jurídicos estatais e vinculantes em relação às respectivas cortes; b) no Acórdão Partido Ecologista "Os Verdes" x Parlamento (294/1983), o TJUE descreve o TCE como a carta constitucional fundamental das Comunidades; c) a expressão "carta constitucional" é repetida no Parecer 1/1991, no qual o TJUE distingue o TCE de outros tratados internacionais (Craig: 2001, p. 130). As diferenças estão gradativamente aumentando, e os teóricos, diante de tantas incertezas, propondo o aprofundamento dos caracteres constitucionais ou ao menos uma reavaliação das simetrias e assimetrias entre o direito comunitário e o direito internacional (Walker: 2003, p. 368; Hartley: 2001, *passim*). Outros, na tentativa de salvar a caracterização clássica, propõem que o direito comunitário consiste em um estágio superior da evolução do direito internacional (Quadros: 1991, p. 179ss.).

Diante de todas as insuficiências apontadas, outras possibilidades têm sido discutidas. Vejamos quais são.

8.4. Direito comunitário como um novo ramo jurídico: possível saída para o impasse teórico?

8.4.1. Originalidade do direito comunitário: trata-se realmente de um direito sui generis?

A inadequação do direito comunitário em relação aos padrões do direito internacional e do direito constitucional faz com que alguns defendam que o direito comunitário proveniente da União não é direito constitucional, assim como não é direito internacional, apesar de algumas semelhanças importantes com estes dois ramos jurídicos, mas um direito autônomo, *sui generis*, que se encontra em processo de construção. Em virtude deste fato, os paradigmas jurídicos comunitários não se encontram ainda sedimentados, pois o próprio direito comunitário tem relativamente pouca sedimentação. Porém, analisar o direito comunitário como se direito constitucional ou direito internacional fosse seria observar o novo com a percepção paradigmática do antigo.

Se tivermos por fundamento as teorias clássicas da constituição, efetivamente o direito comunitário é um novo ramo jurídico autônomo, com suas características próprias, embora, é claro, integrado ao direito como um todo e em estreita relação com os demais ramos da árvore jurídica. Com dois ramos, o direito comunitário guarda relação ainda mais estreita: com o direito constitucional e com o direito internacional. Mas isso não significa até o momento a substituição do direito constitucional pelo direito comunitário, nem a transformação efetiva do direito comunitário em um direito constitucional europeu. Por serem "ramos da mesma árvore" (o direito), muitas semelhanças existem entre o direito comunitário e o direito constitucional, mas as suas distinções fazem com que necessariamente ainda os tratemos como ramos diversos da árvore jurídica. Vale ressaltar que, ainda que possamos considerar a integração européia como constitucional no "sentido aristotélico", como afirma Vilhena Vieira, o sentido ocidental contemporâneo de constituição não é aquele dado por Aristóteles na Antiguidade.

Por outro lado, a caracterização dogmática do direito comunitário simplesmente como um direito *sui generis* parece ser uma saída fácil para ocultar o desconforto teórico sem enfrentá-lo. Defende-se com freqüência a autonomia normativa, científica e didática do direito comunitário, embora deva ser ressaltado que tal característica não implica isolamento do direito comunitário em relação a outras normas jurídicas (Borges: 2005, p. 62-63). Todavia, se for entendido como um direito próprio com as suas peculiaridades, o vocábulo latino pode servir para caracterizá-lo, embora não traga contribuição importante ao esclarecimento da natureza do direito comunitário, já que os outros ordenamentos jurídicos de organizações internacionais também possuem as suas especificidades, assim como os constitucionalismos de cada país (Quadros: 1991, p. 169-170).

Diante da discussão feita até aqui, parece-nos mais adequado falar mesmo em um incipiente direito constitucional supra-estatal que partilha as suas prerrogativas constitucionais com o direito constitucional estatal, reunindo caracteres das culturas constitucionais dos Estados e também adquirindo feições culturais próprias. Os referenciais teóricos clássicos deste último são necessariamente distintos dos pressupostos do primeiro, sendo imprescindível pensar este constitucionalismo supra-estatal como um constitucionalismo diverso dos que tivemos até aqui, com a insurgência de novos conceitos operacionais, como os de constitucionalismo cooperativo, por exemplo. A partir desta cooperação constitucional, poder-se-ia falar em uma interconstitucionalidade comunitária, que debateremos no capítulo seguinte.

8.4.2. Os caminhos do direito comunitário: substituição dos/ou coexistência com os direitos constitucionais dos Estados?

Como os Estados e as constituições permanecem, há a coexistência entre o direito comunitário e o direito constitucional. Os dois constitucionalismos, europeu e nacional, coexistem de maneira relativamente harmônica, sem se confundirem entre si. Mas isso implica, como vimos, uma transformação profunda na teoria da constituição, tão ou mais profunda do que a ocorrida quando da passagem do constitucionalismo liberal para o constitucionalismo social. Quando ocorreu este último, a teoria da constituição passou por grandes incertezas e dificuldades até conseguir adaptar-se às perspectivas socializantes do constitucionalismo então insurgente. Diante da pluralidade constitucional que abordamos na segunda parte deste trabalho, o interculturalismo é a proposta que pode permitir a construção de uma teoria da constituição "constitucionalmente adequada", utilizando a expressão de Canotilho, para compreender a formação de uma nova cultura constitucional supra-estatal, que, todavia, não prescinde das culturas constitucionais clássicas que permanecem substancialmente determinantes, embora já não sejam suficientes.

Diante de fenômenos de federalização de Estados outrora soberanos, como a construção dos EUA enquanto Estado nacional no século XVIII e a unificação alemã no século XIX, pode-se indagar: o direito comunitário substituirá os direitos constitucionais dos Estados? Apesar de não termos o ofício de profeta, e nem seria o caso em um trabalho científico, esta possibilidade parece-nos pouco provável. A Revolução norte-americana e a unificação da Alemanha são movimentos que culminam na formação de um novo Estado soberano. Os Estados remanescentes internamente, apesar da grande autonomia que possuem, não são soberanos em nenhuma medida, pertencendo a soberania indivisível ao Estado nacional.

No caso da UE, não há nenhum indício de que os Estados que a compõem desejem transformá-la em um novo Estado. Mesmo os que defendem um aprofundamento da Comunidade no sentido federalizante, não propõem a substituição dos Estados-Membros por um novo Estado nacional europeu, ainda que alguns proponham o dimensionamento do Estado de direito em nível comunitário (Ferrajoli: 2003, p. 24-25). É o que Renoux afirma ser o "federalismo sem federação", e que nós propomos a utilização da palavra *Estado* em lugar de *federação*, sendo, portanto, um federalismo sem Estado (Renoux: 1999, p. 268-269).[107] Aliás, o já aludido princípio da subsidiariedade é uma demonstração de que os Estados-Membros da UE não pretendem abdicar completamente de sua condição político-jurídica. A idéia parece ser mesmo de uma repartição de prerrogativas, reforçando a tese que aqui defendemos de que se trata de delegação e não de transferência de prerrogativas soberanas dos Estados para a UE.

O caminho do direito comunitário parece ser mesmo o da coexistência com os direitos constitucionais estatais. A Comunidade tem um papel político-jurídico distinto, em princípio, do papel dos Estados que a formam. A crescente atribuição de novas competências à UE faz com que esta se encaminhe para um constitucionalismo supra-estatal que é algo profundamente inovador, sobretudo se observarmos a prática institucional comunitária. O que não implica a configuração da UE como Estado, embora se possa falar em constitucionalismo, ou ainda em "constitucionalismo sem estatismo" (Menaut: 2002, *passim*). Mas esse constitucionalismo supra-estatal não exclui, antes pressu-

---

[107] A nossa preferência pela utilização da expressão "federalismo sem Estado" decorre da idéia defendida por Echavarría de que a UE não é um Estado, nem possui uma constituição federal, porém, organiza-se através de um sistema político federal, sendo uma federação não-estatal (Echavarría: 2003, p. 58ss.).

põe, os constitucionalismos estatais, que, aliás, estão na própria gênese da constituição supra-estatal.

Falta ainda a consolidação de uma cultura constitucional supra-estatal que é apenas incipiente. Contudo, o interculturalismo constitucional, aliado à compreensão adequada do fenômeno comunitário europeu, poderá contribuir para a mesma e para a nossa proposta de teoria da constituição. É o que intentamos fazer no próximo capítulo.

9. A transformação paradigmática da(s) teoria(s) clássica(s) da constituição diante da integração européia a partir da proposta de uma teoria intercultural da constituição

> "Eu prefiro ser essa metamorfose ambulante do que ter aquela velha opinião formada sobre tudo" (Raul Seixas: Metamorfose Ambulante).

9.1. A constituição kelseniana, a constituição schmittiana, a integração smendiana e o paradigma dirigente-vinculante: o que pode subsistir desses modelos?

Tendo em vista a exposição e discussão dos temas pertinentes à nossa proposta de teoria da constituição, pode-se antever que as teorias expostas na primeira parte do trabalho se mostram nitidamente insuficientes para a compreensão do constitucionalismo contemporâneo, principalmente no caso das atuais relações entre a constituição e a União Européia. Por outro lado, esta insuficiência não conduz, necessariamente, ao completo abandono de tais teorias, na medida em que seu contributo foi e é de grande valia para a epistemologia da constituição. Neste momento, interessa-nos apontar as insuficiências das referidas teorias, mas também em que dimensão os seus postulados subsistem.

9.1.1. *O paradigma normativista de Kelsen e a modificação do posicionamento hierárquico da constituição*

Como já afirmamos na primeira parte, o paradigma normativista de Kelsen, juntamente com a *Stufenbautheorie*, proposta de uma estrutura escalonada do ordenamento jurídico com a constituição no seu ápice, possuem uma importância singular na concepção contemporânea da constituição. Não que Kelsen tenha sido completamente inovador em perceber a posição hierárquica superior da constituição, mas, indubitavelmente, é o primeiro a estruturar teoricamente essa idéia, com uma teoria "piramidal" do ordenamento jurídico, com todos os seus desdobramentos.

No entanto, uma teoria constitucional e jurídica tão consagrada como o normativismo kelseniano possui atualmente deficiências aparentemente insolúveis. Vejamos.

Inicialmente, a questão do escalonamento da ordem jurídica. Para que a constituição seja um conjunto de normas considerado supremo, a estruturação normativa em termos hierárquicos é fundamental. Torna-se necessário, portanto, que tenhamos o Estado como epicentro de produção das normas jurídicas e como referencial básico do ordenamento jurídico dirigido à sociedade política. Em um espaço bem definido como o estatal, o sistema jurídico se apresenta de forma lógica e coerente, racional e hermeticamente organizado, rigorosamente delimitado em todas as suas perspectivas efetivas e possíveis.

A estrutura escalonada da ordem jurídica, da forma como é proposta por Kelsen, já não serve à compreensão da pluralidade constitucional atual. Evidentemente, o Mestre de Viena não poderia contar com a diluição do papel do Estado como centro emanador das normas jurídicas e, conseqüentemente, deixando o mesmo de ser o referencial básico do ordenamento jurídico, concorrendo com os entes supra-estatais e suas respectivas ordens jurídicas. Efetivamente há uma dissolução da racionalidade constitucional habitual em uma racionalidade difusa, sem o mesmo rigor lógico da teoria pura de Kelsen.

As relações entre as constituições dos Estados e a "Constituição" da UE já não se dão em termos de direito internacional clássico, nem mesmo na perspectiva do monismo kelseniano (Kelsen: 1998, p. 516; Kelsen: 2003b, p. 12; 117-120; Kelsen & Campagnolo: 2002, p. 130ss.). A "Constituição" européia é superior ao ordenamento jurídico dos Estados, inclusive às constituições, mas apenas em alguns aspectos. Em outros, a constituição do Estado permanece na posição hierárquica mais alta, e nesses afigura-se possível falar em sobrevivência do arquétipo de Kelsen. Essa duplicidade de supremacia hierárquica, aliás, sofre variações nos diversos países que compõem a UE, pois há diferenças no grau de abertura que as respectivas constituições possuem em relação ao direito comunitário. A Constituição da Holanda, por exemplo, possui uma abertura ampla tanto para o direito comunitário como para o próprio direito internacional, admitindo a possibilidade de modificação de quaisquer artigos constitucionais (arts. 90 a 95). Em constituições como a alemã, existe a abertura, mas o Tribunal Constitucional restringiu a mesma em relação aos direitos fundamentais e à estrutura federal do Estado alemão na célebre decisão sobre Maastricht (Galindo: 2002a, p. 106-109; Schweitzer: 2000, p. 32-33; Schwabe: 2000, p. 461-462; Hesse: 1999, p. 99-102; Hesse: 2001, p. 14-15; Weiler: 1995, p. 228-229; Joerges: 1996, p. 131-132; Carvalho Neto:

2004, p. 284-287).[108] Em outras, como a britânica, há uma simples equivalência ao direito constitucional, sem superioridade ou inferioridade formais (Hartley: 1999, p. 169ss.; Lenaerts & Nuffel: 2005, p. 689-670).

Na verdade, há uma necessidade de se reformular o arquétipo kelseniano da *Stufenbautheorie* para que o mesmo possa ser adaptado a essa nova realidade constitucional plural, com a duplicidade e até triplicidade de referências concorrentes. Porém, não seria o caso de completo abandono, pois a teoria escalonada com a supremacia hierárquica da constituição sobrevive em alguma medida, embora a constituição tenha se tornado uma constituição aberta e inferior ao direito comunitário em muitos aspectos. Como ressalva Häberle acerca dos artigos constitucionais europeus como "referências abertas",

> los diferentes ejemplos de artículos europeos se refieren ya al conjunto del proceso de unificación europea (como en el Preámbulo de la Ley Fundamental: "miembro con los mismos derechos en una Europa unida"), ya en parte a elementos concretos de esta Europa como por ejemplo las regiones transfronterizas y vecinas. A los conceptos internos del Derecho constitucional se les transmite un especial carácter abierto a la vista del dinamismo y el progreso del proceso de unificación europea. P. ej. El Estado constitucional singular ya no determina en solitario qué es "cooperación transfronteriza". Europa como objetivo educativo ya no descansa solamente sobre el entendimiento de Europa de cada Estado nacional en cuestión. Con otras palabras: los artículos europeos de las Constituciones estatales se caracterizan por contenidos flexibles, el Estado constitucional nacional ha perdido su monopólio interpretativo a este respecto (Häberle: 1996a, p. 123).

Por outro lado, o autor austríaco Theo Öhlinger procede a uma tentativa de salvar parte do legado do conterrâneo, estabelecendo a seguinte estruturação escalonada para o caso específico da Áustria nas relações entre a Constituição e o direito comunitário (Öhlinger: 1999, p. 170-171):

```
              Princípios básicos da Constituição austríaca
                                  |
                  Direito comunitário primário/originário
                                  |
                 Direito comunitário secundário/derivado
                                  |
                      Direito constitucional federal
                         /                      \
                  Leis federais          Constituições provinciais
                     /                              \
              Atos normativos                   Leis provinciais
            federais individuais                    \
                                               Atos normativos
                                             estaduais individuais
```

---

[108] Restrições pela jurisprudência também no caso dinamarquês. Cf. Rasmussen: 1999, *passim*; Hartley: 1999, p. 157-160.

A empreitada de Öhlinger é bem-sucedida no que diz respeito às relações do direito constitucional austríaco com o direito comunitário, mas não serve para todos os demais casos dos Estados-Membros da UE, onde o princípio universalizante da teoria escalonada do ordenamento jurídico teria que ser particularizado e contextualizado, seguindo as sugestões da teoria intercultural da constituição.

Na medida em que o posicionamento da constituição na hierarquia normativa sofre variações, a constituição termina por se submeter algumas vezes ao direito comunitário, considerado superior ao direito constitucional dos Estados pela jurisprudência do Tribunal de Justiça da UE (Gerstenberg: 2002, *passim*). Com a partilha de prerrogativas, a unidade do ordenamento jurídico não mais se dá da mesma forma, e a conseqüente diversidade também faz ranhuras nos processos de controle de constitucionalidade, uma outra importante contribuição do Mestre de Viena para a teoria da constituição.

De um lado, o controle de constitucionalidade dos atos normativos infraconstitucionais já não é o mesmo. Se a constituição não é, em alguns casos, a norma suprema, é de se admitir que o controle de constitucionalidade só poderá ser exercido se a norma infraconstitucional for considerada inconstitucional em relação a dispositivo que não contrarie o direito comunitário. Se este for contrariado pela constituição, é o caso de se afastar a aplicabilidade do preceito constitucional, ocasionando a possibilidade de o ato normativo infraconstitucional ter concretamente mais força do que a própria Lei Maior.

Como se percebe do exemplo austríaco fornecido por Öhlinger, já se pode falar em um controle de constitucionalidade em nível comunitário. A expansão do constitucionalismo supra-estatal europeu através do Tribunal de Justiça das Comunidades, como constata Gerstenberg e Bulnes, faz com que seja construído um modelo de controle de constitucionalidade comunitário em relação às normas jurídicas oriundas da UE (Gerstenberg: 2002, *passim*; Bulnes: 2003, *passim*). Embora não possua o mesmo contorno do controle de constitucionalidade dos Estados, o controle comunitário se estabelece notadamente na tarefa de uniformizar a interpretação do direito da UE e de salvaguardar a respectiva ordem jurídica, cabendo-lhe a última e definitiva palavra sobre interpretação e aplicação do direito comunitário. Para isso, o TCE, arts. 230 e seguintes, prevê diversos recursos e ações para efetivar a supremacia comunitária, com destaque para o reenvio prejudicial (Campos: 2002, p. 397ss.). Sem substanciais modificações, subsistem os referidos instrumentos processuais no projeto aprovado de Constituição codificada para a UE.

Por outro lado, os Estados não abriram mão do controle da constitucionalidade, mesmo em relação aos dispositivos comunitários, como no caso das decisões das Cortes constitucionais da Alemanha e da Dinamarca. Estes Estados temem abrir excessivamente as respectivas constituições, evitando, em nome da segurança jurídica, passar um "cheque em branco" para a UE (Carrasco: 2000, *passim*). Daí o fato de preservarem competências de controlar a constitucionalidade, seja dos atos normativos infraconstitucionais em geral, seja dos atos que, em princípio, seriam supraconstitucionais, mas que porventura tenham ultrapassado as prerrogativas delegadas pelos Estados à UE. Portanto, assim como a teoria escalonada do ordenamento jurídico, a teoria kelseniana do controle de constitucionalidade sobrevive, apesar das muitas modificações e ressalvas necessárias à sua aplicabilidade diante da situação presente entre os constitucionalismos europeu e nacional.

9.1.2. A inadequação da sistematização epistemológica de Schmitt para a compreensão da situação atual da constituição

A concepção decisionista de constituição defendida por Schmitt como constituição em sentido positivo não é o que de mais relevante se pode ter como legado do Professor alemão para a teoria da constituição. Em verdade, como vimos, o decisionismo schmittiano termina por sugerir o esvaziamento conteudístico e mesmo formal da constituição, pois ao reduzir esta à decisão política, dá ao constitucionalismo uma abertura ao autoritarismo que o próprio formalismo kelseniano não concebe. Como conseqüência, temos a supressão do avanço constitucional de Weimar e a justificativa para os atos jurídicos do nazismo, sendo a vontade do *Führer* fundamento da decisão política constituinte e fonte mais importante do direito alemão no período nacional-socialista (Schmitt: 1979, p. 16-19; Rigaux: 2000, p. 110-114).

Na linha do próprio pensamento de Schmitt, parece que o conceito decisionista de constituição é um conceito teológico secularizado em um sentido neohobbesiano, como afirmamos na primeira parte. Como a teoria intercultural tem como um de seus fundamentos a concepção democrática de constituição, as teorias que possam conduzir a uma perspectiva autoritária de constituição devem ser afastadas, como é o caso do decisionismo de Schmitt, que permite uma completa abertura ao autoritarismo, como de fato ocorreu na Alemanha nazista.

Afastando o decisionismo, fica, porém, a excepcional sistematização epistemológica como a mais importante contribuição de Schmitt para a teoria clássica da constituição. Para sermos justos, somente a partir da *Verfassungslehre* schmittiana é que podemos efetivamente fazer referência a uma teoria da constituição, pois até então havia apenas fragmentos teóricos. O pensador alemão é responsável pela criação das "grandes malhas conceituais" da constituição, na expressão de Ferreira da Cunha (2002, p. 266). Não obstante, a teoria da constituição de Schmitt encontra-se inadequada em uma série de pontos para a compreensão da constituição contemporânea. Vejamos.

Ao debater uma tipologia de conceitos para a constituição, Schmitt propõe quatro tipos conceituais: absoluto, relativo, positivo e ideal, sendo o primeiro subdividido em outros quatro (Schmitt: 1996, p. 29ss.). Além do afastamento parcial do conceito positivo decisionista, parece que esta tipologia se encontra obviamente incompleta. Não há nela remissão (e nem poderia mesmo haver) à pluralidade constitucional atualmente característica do constitucionalismo supra-estatal da UE. Há a ausência de um conceito para uma constituição supra-estatal, pois todos os conceitos propostos por Schmitt têm por referência a constituição do Estado. Em 1928, não seria possível antever a pluralidade constitucional hoje existente, assim como o deslocamento de prerrogativas soberanas do Estado para um ente jurídico supra-estatal. Seria, pois, necessário o acréscimo de um conceito para designar a constituição supra-estatal, assim como incluir como referencial da constituição comunidades políticas interestatais.

Também a discussão acerca da legitimidade constitucional e do poder constituinte carece de reformulações. Diante da concepção democrática de constituição, a idéia de que a legitimidade possa vir do exercício unilateral do poder constituinte em termos decisionistas não se mostra adequada. No caso da UE, a democracia interna é requisito fundamental para a participação de um Estado na Comunidade, haja vista os exemplos de Grécia, Portugal e Espanha, que somente se tornam Estados-Membros quando do retorno à democracia. Diga-se de passagem, uma das principais discussões atuais é precisamente a questão do déficit democrático das instituições comunitárias (notadamente do seu funcionamento concreto), apesar da existência de um Parlamento supra-estatal eleito diretamente, assim como de referendos internos para aprovação dos tratados comunitários, o denominado direito comunitário originário ou primário. Mais do que qualquer outro, o constitucionalismo supra-estatal europeu é visto como um fenômeno contratual, um pacto social oriundo do *pacta sunt servanda*, legitimado pelo povo, ainda que seja controverso falar em um "povo" europeu (Frankenberg: 2000, p. 257ss.; Weiler: 1995, *passim*). Há autores, aliás, que fazem mesmo uma referência a um poder constituinte material na UE, derivado dos poderes constituintes dos Estados. É o caso de Laura San Martino, que afirma que

> el poder constituyente material de la integración no se formaliza como una voluntad constituyente en si, sino como la voluntad de un poder creado por esa voluntad, que es colectiva, nacida de todos los Estados miembros (San Martino: 2002, p. 541 – grifos da autora).

O Estado burguês de direito, como o denomina Schmitt, também já não é o mesmo. Seja na perspectiva social, seja na perspectiva niilista neoliberal, o Estado passa por uma grande rediscussão mundial acerca do seu papel. A insurgência de uma cultura constitucional supra-estatal só vem a aumentar as dúvidas acerca dos papéis a serem desempenhados pelo Estado. Os próprios direitos fundamentais cada vez mais se transnacionalizam, e os Estados passam a ter responsabilidades e a responder perante Cortes internacionais em razão da violação de direitos humanos, como ocorre com o Tribunal Europeu de Direitos Humanos (que, afirme-se, não é tribunal comunitário supra-estatal como o Tribunal de Justiça das Comunidades) (Akehurst: 1985, p. 97-100; Brownlie: 1997, p. 597-598; Dinh, Daillier & Pellet: 1999, p. 802-804).

A teoria constitucional schmittiana da federação pode ser importante para a caracterização federal de entes supra-estatais como a UE. Para Schmitt, uma federação não pode ser resumida a relações particulares entre Estados para propulsar fins específicos. Exige-se uma certa permanência nas relações federativas, a federação é sempre uma união permanente, fundamentada no pacto livre entre comunidades políticas, a serviço de fins comuns com a autoconservação dos membros na sua singularidade. E aí o autor não distingue entre um Estado federal ou uma confederação de Estados, o que pode ensejar a utilização das categorias federais para fenômenos não-estatais (Schmitt: 1996, p. 346-349). A teoria federalista de Schmitt, pela abertura teórica que contém, pode ser bastante útil na compreensão da UE como um ente federal.

Como se percebe, apesar das críticas que se faz, a sistematização epistemológica de Schmitt sobrevive em razoável medida. As linhas mestras de sua teoria da constituição, aliadas ao rigor metodológico que têm para sistematizar o conhecimento do fenômeno constitucional, são de grande valia para a compreensão do direito constitucional contemporâneo. O que entendemos ser necessário e urgente é a reformulação teórica, mais conteudística do que propriamente estrutural, das insuficiências apontadas a partir dos critérios propostos. O aprofundamento do diálogo intercultural pode ensejar uma remodelação da teoria na perspectiva que defendemos.

9.1.3. A teoria de Smend e a transferência do papel integrador para a "Constituição" da União

Observamos a partir da teoria de Smend que a constituição cumpre um papel integrador da sociedade política, ainda que o conceito smendiano de integração seja um tanto vago e impreciso.

Assim como acontece com os demais autores, Smend também tem por referencial político básico o Estado. Os modelos de integração pessoal, funcional ou material aos quais faz alusão dizem respeito apenas a uma integração do tipo interna. A internalização de valores, procedimentos ou mesmo carisma do líder político máximo (para falar weberianamente) conduzem a uma integração do Estado, ou seja, a idéia de unir politicamente as pessoas em torno de objetivos e aspirações comuns, delineados em consonância com o ente estatal. Essa integração, como vimos na primeira parte, pode ser concebida tanto democrática como autoritariamente, segundo o próprio autor, embora para a perspectiva aqui discutida, interessa-nos a linha democrática (Smend: 1985, p. 112-113; *passim*).

Com a idéia de integração estatal, a constituição é vista como a articulação entre norma e realidade constitucionais, capaz de integrar a sociedade política em um Estado. Este último é o vetor da integração político-jurídica, e a sua constituição corresponde a uma dinâmica cultural continuamente renovada. A constituição não é um documento formal estático, mas um processo dialético entre este texto normativo e uma realidade política e cultural subjacente (Smend: 1985, p. 135-141).

Todavia, este papel integrador parece estar sendo diluído em uma perspectiva integrativa mais ampla, para além do Estado. No momento em que Estados europeus resolvem integrar-se economicamente em um ente supra-estatal, esta integração não pode ser analisada pelo olhar integrativista smendiano, de cunho internalista, tornando-se mais interessante buscar a contribuição de fora da teoria da constituição, como fizemos no capítulo VII, ao analisar o contributo teórico de Balassa e seus desdobramentos (Balassa: 1964, p. 4-8; Campos: 2002, p. 498-502). Entretanto, a teoria integracionista de Smend não é de todo dispensável, se levarmos mais uma vez em consideração o deslocamento de referências e a partilha de atribuições entre Estados e UE.

Smend destaca na sua obra mais famosa o papel integrador que a política exterior dos Estados pode desempenhar. Para ele, as posições estratégicas dos Estados em nível internacional podem cumprir esse papel, tendo em vista as opções básicas que os Estados possam fazer. Notadamente, no exemplo para o qual Smend chama a atenção, França e Alemanha são justamente os países que se erigem como pilares fundamentais da UE desde o seu início com a CECA. A opção estratégica de ambos os países permite levar ao processo europeu de integração mais quatro Estados: a Itália e os países do BENELUX. Os sucessivos alargamentos das Comunidades ao longo de sua existência têm corroborado com essa tese de Smend. As estratégias de crescimento econômico dos Estados europeus, aliadas à busca por uma inserção dos cidadãos em uma comunidade política mais ampla, com a conseqüente troca intercultural de experiências e conhecimentos, têm transferido à UE um papel de integração de uma diversidade cultural e política, papel este de difícil desempenho por um ente estatal, mas passível de realização por um ente jurídico supra-estatal, no qual são depositadas esperanças de uma integração econômica, política e jurídica de povos tão diferentes entre si, porém, com alguns pontos comuns de interculturalidade. Estes podem ensejar a construção de uma consciência e sentimento constitucionais, fatores psicopolíticos integradores da convivência política (Verdú: 1997, p. 53ss.; Verdú: 2004, *passim*; Verdú: 2003, p. 24; cf. tb. Wieacker: 1996, *passim*).

Isso conduz necessariamente a uma transferência do papel integrador da constituição do Estado para a "Constituição" da UE, ou seja, os tratados constitutivos passam a desempenhar a função de integração antes vista como função constitucional. Essa idéia pode ser desenvolvida nos seguintes termos: tendo em vista que a quase totalidade dos Estados que compõem a UE já resolveu os seus problemas internos de integração,[109] o objetivo comum é tentar com os demais um aprofundamento da integração, em que pese os interesses e posicionamentos contrários de alguns. Para isso, as constituições dos Estados-membros delegam atribuições à "Constituição" da União para que esta cumpra uma função integrativa que aquelas não conseguirão. Ao uniformizar a legislação em vários campos do direito, ao unificar a política econômica e monetária e ao propiciar liberdades mais amplas para os agora cidadãos comunitários, os tratados constitutivos, com os seus desdobramentos constitucionais e legislativos internos, assim como interpretativos e jurisprudenciais, a conseqüência de tudo isso tem sido indubitavelmente a aproximação permanente entre os Estados-Membros da UE e suas populações e economias, culminando em uma efetiva e profunda integração interestatal, para além dos referenciais smendianos.

9.1.4. O modelo dirigente-vinculante: esgotamento teórico ou deslocamento para o direito comunitário?

Os paradigmas do dirigismo constitucional, preconizados por Canotilho em sua obra mais célebre (*Constituição Dirigente e Vinculação do Legislador*), mostram-se em termos contemporâneos um tanto dissociados da realidade constitucional e necessitam de revisões. Isso não significa, como possa parecer aos propensos a uma leitura apressada, um completo esgotamento teórico do modelo dirigente-vinculante. Porém, a constatação da necessidade de o referido modelo ser repensado aponta para a necessidade de uma reformulação de seus

---

[109] Os problemas internos de integração que ainda persistem em território da UE são os casos dos separatistas irlandeses do IRA (*Irish Republican Army* – Exército Republicano Irlandês, em vernáculo) no Reino Unido, dos separatistas bascos do ETA na Espanha e algumas tensões menores entre flamengos e valões na Bélgica e alemães ocidentais e orientais na Alemanha reunificada. Nos novos Estados, há o problema das comunidades grega e turca no território do Chipre.

conteúdos e formas, pois se permanece como categoria teórica estática, terminará por esgotar-se completamente. Só se pode falar em sobrevivência do constitucionalismo dirigente se o mesmo for pensado como teoria dinâmica e evolutiva, tal como pretende a teoria intercultural da constituição.

Para evitar o esgotamento teórico do modelo dirigente-vinculante, é necessário refletir sobre o mesmo a partir da abertura teórica do interculturalismo constitucional. Uma teoria da constituição constitucionalmente adequada precisa ser, antes de tudo, uma teoria aberta. A teoria da constituição dirigente não fora construída como teoria de possibilidades, mas como teoria constitucionalmente adequada a uma realidade espácio-temporal delimitada, qual seja, o constitucionalismo português imediatamente posterior à Constituição de 1976, embora, como dissemos anteriormente, suas implicações e desdobramentos tenham sido muito mais amplos.

A teoria da constituição dirigente é uma teoria propícia a um fechamento quase taxativo de seus postulados, que, por sua vez, pressupõem um hermetismo racionalista semelhante ao kelseniano, não obstante o fato de que as normas constitucionais programáticas e dirigentes tenham uma função política de ação, diferente do caráter omissivo tradicional das normas constitucionais de inspiração teórica liberal. A constituição dirigente em seus termos clássicos proporciona um fortalecimento da constituição material do Estado social na medida em que a lei fundamental do Estado deixa de ser predominantemente procedimental e dá lugar ao substancialismo de Cappelletti, Tribe, Streck e outros (Streck: 2002, p. 139ss.).

O racionalismo dirigista termina por não ser uma teoria suficientemente aberta à crítica, pois se estabelecem os procedimentos aptos à realização dos direitos sociais e econômicos em uma dada sociedade política, tal esquematismo normativo tornar-se-ia auto-suficiente para direcionar as políticas públicas socialmente inclusivas e emancipatórias. A juridicização e judicialização das políticas públicas seriam os caminhos adequados a realizar aqueles direitos, pois os poderes políticos estariam vinculados a um direcionamento constitucional de sua ação. Tudo isso tendo por único referencial o Estado nacional como ente político dotado de soberania e por esta razão sendo a organização política encarregada de realizar a emancipação inclusiva preconizada pela constituição de caráter dirigente-vinculante como modelo de constituição social.

As concepções acima referidas caracterizam, em linhas gerais, o hermetismo teórico do modelo dirigente, compreensível e plausível diante do desenvolvimento constitucional português do início da década de 80 do século passado. Recorde-se que na ocasião Portugal se democratizara há pouco (após mais de quarenta anos de regime autoritário salazarista), a Constituição também se encontrava vigente há poucos anos, o déficit de realização dos direitos sociais e econômicos era bem maior, e a abertura de Portugal às Comunidades Européias ainda não havia ocorrido. Acrescente-se o fato de que a própria integração européia ainda não alcançara o nível de aprofundamento que vem a ocorrer na última década.

Evidentemente, diante de uma realidade constitucional contemporânea completamente diversa daquela descrita no parágrafo anterior, não se pode falar em continuação dos postulados dirigistas nos moldes em que são estabelecidos originariamente.

O próprio Gomes Canotilho vem a perceber isto, e expõe suas dúvidas quanto à continuidade da teoria da constituição dirigente diante de tantas mudanças, a saber: a consolidação da democracia portuguesa, a realização de boa parte dos compromissos do Estado social, a adesão de Portugal às Comunidades Européias em 1986 e o aprofundamento da integração européia com a consolidação, embora parcial, de um mercado comum e de uma união econômica e monetária. No que nos interessa mais diretamente para as finalidades deste trabalho, está a insuficiência do Estado nacional como exclusivo ente político a direcionar a vida da sociedade diante das relações entre Portugal e a União Européia. O Estado não é mais o ente dirigente exclusivo da vida social, assim como o direito estatal não é mais o instrumento funcional dessa direção. A abertura ao direito comunitário e à integração européia faz com que a ordem jurídica portuguesa seja uma ordem jurídica necessariamente parcial, e o papel da constituição, conseqüentemente, passe a ser mais modesto (Canotilho: 1995a, p. 12-14).

Como afirma o próprio Canotilho, uma das principais fragilidades epistêmicas de um texto constitucional dirigente é hoje o seu "autismo nacionalista e patriótico". Para o Mestre de Coimbra, o dirigismo normativo-constitucional repousa no dogma da soberania constitucional do Estado. Mas daí surgem as dúvidas: como programar normativamente a "transição ao socialismo" em um só país – como afirma o preâmbulo da Carta portuguesa de 1976 – quando os contextos internacional, europeu e transnacional apontam para uma crescente interdependência e cooperação entre os Estados? Como insistir em um "orgulhoso sistema de socialismo e planejamento nacional" (Dahrendorf) quando as "pré-condições constitucionais da política" se situam também e até decisivamente em outros espaços diferentes do espaço nacional e estatal? Segundo o Professor português, qualquer "patriotismo constitucional" é, nesse contexto, um sentimento débil, pois diante da recusa da soberania exclusiva do Estado e da partilha desta com entes supra-estatais, também a lei maior de um país perde parte de seu simbolismo, de sua força normativa e de seu papel identificador. A internacionalização e a europeização no caso português (assim como em outros países integrantes da UE) transformaria a Constituição de 1976 em uma lei fundamental "regional". Embora as constituições permaneçam sendo simbolicamente a "Magna Carta da identidade nacional", sua força normativa tende parcialmente a ceder diante dos novos "fenótipos político-organizatórios" e adequar-se, nos âmbitos político e normativo, aos esquemas regulativos das "novas associações abertas de Estados nacionais abertos" (Canotilho: 1995a, p. 13-14; Canotilho: 1998, p. 47-48).

Diante dessas considerações, Canotilho afirma ser o momento de se defender um constitucionalismo moralmente reflexivo e indaga se seria o caso de se revisar a constituição dirigente ou, diversamente, seria a oportunidade de propor uma ruptura com a mesma. Parece haver uma inclinação do referido constitucionalismo moralmente reflexivo para a primeira hipótese. É também a hipótese que, no nosso entender, se afigura mais razoável. Vejamos.

O Mestre de Coimbra, em inúmeras oportunidades, tem defendido a relativização do dirigismo constitucional pela perspectiva teórica da constituição aberta, que pode justificar uma igual relativização de elementos substantivadores da ordem constitucional. Contudo, adverte de forma bastante clara que

> A historicidade do direito constitucional e a indesejabilidade do "perfeccionismo constitucional" (a constituição como estatuto detalhado e sem aberturas) não são, porém, incompatíveis com o carácter de *tarefa* e *projecto* da lei constitucional. Esta terá de ordenar o processo da vida política fixando limites às tarefas do Estado e recortando dimensões prospectivas traduzidas na formulação dos fins sociais mais significativos e na identificação de alguns programas de conformação constitucional (Canotilho: 2002a, p. 1323 – grifos do autor).

Em teleconferência realizada com professores brasileiros (posteriormente publicada com o título "Canotilho e a Constituição Dirigente", sob coordenação de Jacinto Nelson de Miranda Coutinho – cf. Coutinho: 2003), Canotilho reafirma a defesa da revisão da constituição dirigente, sem que isso implique o seu esgotamento teórico. Afirma que as constituições dirigentes continuarão a existir enquanto forem historicamente necessárias e sintetiza seus novos posicionamentos relativizadores da seguinte maneira:

> posso estar aberto a outros modos de concretização e de legalização do dirigismo constitucional, mas não estou aberto, de forma alguma, à liquidação destas dimensões existenciais que estão subjacentes à directividade constitucional. Concordo que devemos ver o que, histórica e culturalmente, originou este carácter dirigente. Penso que o desafio da Constituição dirigente não é o de torná-la rígida, devendo admitir-se que ela pode ser modulada de outra maneira, de acordo com as evoluções e as inovações. Mas os princípios básicos que estou a comentar não se discutem, porque eles são inerentes à nossa própria mundividência subjectiva (a idéia de realização histórica da pessoa humana) (Coutinho: 2003, p. 40-41).

Portanto, não se trata de falar em esgotamento teórico do modelo dirigente-vinculante, mas em um deslocamento, ao menos parcial, do mesmo para o direito comunitário. Os postulados das culturas constitucionais liberal e social não são mais suficientes, pois ambos têm como referencial a indivisibilidade da soberania constitucional no Estado, enquanto a cultura constitucional supra-estatal incipiente pressupõe a repartição dessa soberania entre o Estado e o ente jurídico supra-estatal. Daí ser hoje adequado em falar que há uma transferência de muitos papéis e técnicas dirigistas das constituições dos Estados para a "Constituição" da UE. Esvazia-se o dirigismo constitucional para deslocá-lo em direção ao dirigismo comunitário (Canotilho: 2004, *passim*).

Uma das técnicas legislativas que poderíamos referir como dirigentes no direito comunitário é a diretiva comunitária, espécie normativa do direito da UE. A diretiva é o instrumento privilegiado de harmonização das legislações nacionais e de determinação de objetivos comuns de caráter jurídico, técnico, econômico e social. Ela possui como características a força obrigatória com relação ao resultado a ser atingido e à liberdade quanto à escolha da forma e dos meios para fazê-lo. Há uma direção teleológica exercida pela autoridade comunitária e uma vinculação do Estado-Membro da UE quanto ao resultado estabelecido na diretiva (TCE, art. 249). É de se salientar que a liberdade que o Estado possui na transposição das diretivas para o seu ordenamento jurídico não pode implicar liberdade de aceitar ou não o que determina a diretiva de acordo com as formalidades e conteúdos do direito estatal. Pode o Estado, por exemplo, decidir se vai implementar a diretiva por lei, por emenda à constituição ou por decreto do poder executivo, mas não pode deixar simplesmente de implementá-la (Campos: 2002, p. 315-322; Daintith: 1995, *passim*; Sousa: 1999, *passim*; Domínguez: 2003, *passim*). Contudo, apesar da técnica dirigista, as diretivas não são propriamente parte da "Constituição" européia, mas estariam mais próximas de uma legislação ordinária, ou, na linguagem correntemente utilizada, de um direito comunitário derivado ou secundário.

Em termos conteudísticos, o dirigismo comunitário encontra maiores dificuldades. A maioria absoluta das disposições de conteúdo dos tratados constitutivos e da legislação comunitária em geral possui inspiração política marcadamente liberal ou neoliberal, o que faz com que a crítica em relação ao esvaziamento do Estado social sem a adequada substituição por uma "Comunidade social supraestatal" seja relevante para o aprimoramento da UE em direção a uma "Europa social". Tal como o constitucionalismo estatal que historicamente inicia como desdobramento jurídico da ideologia liberal, o constitucionalismo supra-estatal europeu apresenta-se, até o momento, como um constitucionalismo predominantemente liberal, embora não exclusivamente. Em se tratando de uma integração cujos fundamentos são econômicos, somente com o Tratado de Amsterdã é que se tem uma incorporação dirigista daquilo que já estava anteriormente previsto na Carta Social Européia de 1961 e na Carta Comunitária dos Direitos Sociais Fundamentais dos Trabalhadores de 1989.

No entanto, como destaca Maestro Buelga, as referências do Tratado de Amsterdã, presentes na versão consolidada do TCE, consistem em remissões a textos cujo alcance normativo é discutido no âmbito dos debates comunitários, não possuindo a mesma força normativa dos dispositivos que podem ser considerados como de inspiração liberal. A construção de um direito comunitário social tem sido efetivada mais pela atuação do Tribunal de Justiça e sua jurisprudência do que pelo empenho das autoridades comunitárias e estatais (Buelga: 2000, p. 139ss.). A relativa ineficácia dos direitos sociais em nível comunitário tem feito surgir, além de manifestações políticas, também manifestos teóricos e doutrinários de autores de diversas nacionalidades dos países da UE em favor de uma "Europa social", denunciando o déficit de realização dos mesmos enquanto o papel do Estado neste campo torna-se gradativamente exíguo (Bercusson, Deakin, Koistinen, Kravaritou, Mückenberger, Supiot & Veneziani: 1997, *passim*). Vega García e Ruipérez ainda apontam o papel que o denominado déficit democrático da UE tem no esvaziamento do constitucionalismo social. Como as prioridades comunitárias são estabelecidas por autoridades tecnocráticas, como a Comissão e o Conselho, em detrimento de instâncias democráticas, como o Parlamento, defendem um maior esforço no aprofundamento da democracia comunitária como forma de levar à criação de uma "Comunidade social" (García: 1998, *passim*; Ruipérez: 2003, *passim*).

As dificuldades apontadas não podem olvidar a existência de um gradual deslocamento do conteúdo social das constituições, assim como de algumas técnicas dirigistas, para o direito comunitário. Se recentemente se discutiu e aprovou a criação de uma constituição em moldes codificados, a partir do "Projecto para uma Constituição Européia" apresentado por Valery Giscard d'Estaing ao Conselho Europeu de Salônica em 21 de junho de 2003, também é crescente, como vimos, a preocupação em dotar a UE de características efetivamente constitucionais, o que pode ensejar aos defensores do constitucionalismo social o deslocamento deste para o âmbito supra-estatal europeu. Particularmente, pensamos que é a possibilidade de se assegurar a sobrevivência da constituição social. O deslocamento dos debates para o âmbito comunitário já é sinal do esgotamento teórico do dirigismo se referido exclusivamente ao direito constitucional estatal, mas da sua sobrevivência, e, quem sabe até mesmo fortalecimento, se tiver como referencial o que chamamos aqui de "Comunidade social supraestatal".[110]

9.2. Possíveis construções teóricas em torno das novas indagações feitas por Canotilho

Como observamos acerca do dirigismo constitucional, Gomes Canotilho tem hoje a preocupação com a reformulação de suas próprias idéias, apontando novos caminhos para a teoria da constituição, embora isso não signifique o completo abandono das teses que o consagraram. Além do debate em torno da constituição dirigente, desde a primeira edição do seu *Direito Constitucional e Teoria da Constituição*, em 1998, o Professor de Coimbra tem dedicado a quinta parte desta densa obra à teoria da constituição e seus novos aportes epistemológicos. Embora todas as discussões ali esboçadas sejam importantes para os objetivos deste trabalho, concentrar-nos-emos em apenas quatro:

1) a revisão do papel da constituição com o esvaziamento das pretensões universalistas das teorias clássicas da constituição;
2) a reinvenção do território como espaço constitucional;
3) os antagonismos entre as posturas nacionalistas e europeístas;
4) a teoria da interconstitucionalidade.

9.2.1. Papel da constituição com o esvaziamento das pretensões de universalização da(s) teoria(s) clássica(s) da constituição

A criação de teorias da constituição que vieram a se tornar clássicas tem por pressuposto fundamental a cultura científica racionalista que se caracteriza pelo desenvolvimento do hermetismo teórico. Na linha deste, temos a consagração de uma profunda teoria racionalista da constituição, como a de Kelsen, assim como algumas teorias menos herméticas, como a de Smend, sem, no entanto, abdicar de certezas teóricas. Mesmo Schmitt, cuja *Verfassungslehre* consiste em uma demolição da cultura político-constitucional liberal e preconiza o que afir-

---

[110] Destaquem-se as pertinentes observações de Paz Ferreira:
"Muito provavelmente, um dos poucos campos de acção e de defesa que restam aos partidários da constituição económica e social consiste, justamente, na procura de garantias desses direitos sociais. Só que não será o apego à proclamação constitucional que os garantirá, mas a habilidade política para conseguir os necessários equilíbrios financeiros.
No quadro que ficou traçado não parece, no entanto, demasiado reafirmar que as soluções que venham a ser encontradas têm de privilegiar essencialmente a instância européia.
Nesse contexto, poderá admitir-se que a ideia de Constituição económica, agora a nível europeu, volte a desempenhar a função que já teve noutros momentos de *Kampbegriff*, o que seguramente implicará que a ideia de construção européia deixe de ser encarada numa perspectiva tecnocrática e monetarista" (Ferreira: 1996, p. 412-413; cf. tb. Rifkin: 2004, p. 274).

mamos ser uma cultura constitucional niilista, não abre mão de uma metodologia racionalista para fundamentar suas pretensões teóricas decisionistas, embora em uma linha teórica de justificação racional de um poder que pode ser ilimitado por razões semelhantes àquelas apresentadas por Hobbes séculos antes (Schmitt: 1996, p. 22; Verdú: 1989a, p. 49; Hobbes: 2000, *passim*).[111]

Também a teoria da constituição dirigente se afigura como teoria hermética, embora não tenha tido as mesmas pretensões de universalidade como nos casos das teorias acima referidas. Alguns chegam a fazer a leitura de que o dirigismo constitucional seria uma resposta à teoria da constituição aberta de Häberle, o que reforçaria a perspectiva de se perceber o modelo dirigente-vinculante como algo hermético (cf. Canotilho: 1998b, p. 35-37).

Na análise mais recente do próprio Canotilho, dentre os problemas básicos da teoria da constituição, estão os problemas de universalização. Para ele, a força da teoria da constituição radicava na idéia ordenadora central que se reconduz ao que denomina "Estado-pessoa", ainda quando essa teoria procure captar a força normativa do fático ou da constituição real. As teorias de Schmitt, Smend, Heller e Kelsen procuram erguer-se a categorias universais que assegurem as pretensões de sua própria universalidade e universalização. Nas duas últimas décadas do século XX, a situação muda substancialmente, com a insurgência de universalidades concorrentes com o Estado e a constituição, tais como o mercado, a empresa, os sistemas eleitorais, os sistemas de informação e as tecnologias. Se a constituição procura um alicerce pré-constitutivo, este já não pode ser o do Estado hege-

---

[111] Veja-se em Schmitt: 1996, p. 22 (grifos do autor): "Hay que acentuar que actualmente en Alemania parece faltar la conciencia sistemática, y ya hasta en las colecciones científico-populares (cuya justificación sólo puede consistir en la sistemática más estricta) la Constitución es tratada "en forma de comentario libre", es decir, de notas a los distintos artículos frente a los métodos de comentario y glosa, pero también frente a la dispersión en investigaciones monográficas, quiero dar aquí un marco sistemático. Con ello no se contestan todas las cuestiones del Derecho político, ni todas las cuestiones de la Teoría general del Estado. Pero podría significar un esclarecimiento desde ambos lados, en los principios generales como en algunas cuestiones particulares, para desarollar, en caso de verdadero logro, una Teoría de la Constitución en el sentido que aquí se entiende". Também cf. em Verdú: 1989a, p. 44: "Si considerarmos que un sistema jurídico require una coherencia interna, y externa, adecuada presidida por una lógica intrinseca, inmanente al mismo, entonces no puede hablarse de un sistema en la obra schmittiana. Por el contrario, si admitimos que en Schmitt se trata de un sistema jurídico-político – aparte de que se esté o no de acuerdo total o parcialmente con él – entonces la expresión sistema-asistemático schmittiano cobra sentido". Mais adiante: "El peculiar sistema schmittiano es coherente porque, partiendo de unos postulados voluntaristas (decisionistas), los ya desarrollando en sus diversas obras hasta su proposito final: la debelación del Estado demoliberal. Por eso Schmitt es el más inteligente y penetrante teórico; por tanto, peligrosísimo enemigo de esta forma estatal. Su sistema es dinamico. También lo fue el de Kelsen, pero mientras el de este ultimo se mueve dentro de las coordenadas normativistas configurándolas como una geometría del fenómeno jurídico, ajeno a la vida real, de modo que su dinamica es intranormativa, para situaciones normales, el schmittiano se desenvuelve fuera de los cauces normativos, o por lo menos los relativiza a situaciones vitales, preferentemente las excepcionales".

liano performador, totalizador e integrador das estruturas políticas; enfim, o Estado soberano deixa de ser o referencial constitucional. Com o aparecimento dos ordenamentos jurídicos supra-estatais, em especial o direito comunitário, o Estado e a constituição estão avariados em um princípio discursivo fundamental: o princípio da universalidade. As constituições passam a ser cada vez mais casos de particularizações teóricas, já que a diferença entre os papéis a serem desempenhados por elas implicaria não mais uma teoria geral da constituição, mas teorias da constituição adaptadas a cada realidade específica (Canotilho: 2002a, p. 1332-1333; Coutinho: 2003, p. 32-34).

A universalização teórica pretendida pelas teorias debatidas por Canotilho consiste essencialmente em um teorizar lógico e hermético, não possuindo a necessária abertura à crítica de que tratamos na segunda parte deste trabalho. A racionalidade cognitivo-instrumental de teorias como as de Kelsen e de Schmitt pretendem uma universalização paradigmática fechada em suas categorias epistemológicas. Possuem o mérito de organizar e racionalizar a discussão acerca da constituição, mas não deixam margem à abertura e à crítica necessárias para o seu próprio aperfeiçoamento. Ademais, tendo em vista a sua limitação ao ente político-jurídico estatal, elas terminam por caminhar em direção a um reducionismo inevitável e, diante das mudanças apontadas por Canotilho nas últimas décadas, já obsoleto.

Entendemos, entretanto, que algo da universalização pode e deve ser salvo na teoria da constituição. Não deve se estabelecer mais como um universalismo hermético, mas aberto e crítico, flexível e plural. A teoria da constituição necessita compreender a diferenciação cultural contemporânea e estar aberta ao interculturalismo constitucional, ao diálogo entre as constituições e o que alguns denominam de teorias particulares da constituição.

Na medida em que existem várias universalidades em concorrência, a teoria da constituição não pode mais ser limitada à compreensão da dogmática constitucional. Precisa conhecer também essas outras universalidades. Se a constituição concorre e interage com mais intensidade com esta pluralidade de universalidades, que também não conseguem uma universalização ignorando a constituição, o Estado e os entes jurídicos supra-estatais, a relação dialógica é imprescindível. A teoria da constituição não pode mais ser autista ou reducionista, nem mesmo autopoiética. Precisa ser heterorreferente, ou seja, permitir a referência a sistemas não-estatais ou supra-estatais que cooperam e ao mesmo tempo concorrem com o sistema estatal.

No entanto, a teoria intercultural da constituição não pode responder a esse esvaziamento das pretensões de universalidade das teorias clássicas da constituição, reduzindo a discussão à existência de teorias particulares da constituição e suprimindo a possibilidade de teorias gerais. Como defendemos na segunda parte deste trabalho, apesar das particularidades nacionais, há um conjunto de paradigmas universalistas que encontram aceitação nas diversas culturas constitucionais nacionais e ideológicas no ocidente. Portanto, não seria o caso de teorias para cada realidade, mas de uma teoria geral da constituição suficientemente crítica, aberta, plural e flexível para, partindo de *topoi*, de lugares-comuns interculturais, possa chegar a uma compreensão da situação e das soluções teóricas possíveis aos constitucionalismos particulares e suas vicissitudes.

9.2.2. Território reinventado: o espaço constitucional contemporâneo

Há uma tendência de progressivo fortalecimento do direito comunitário nos países da UE, o que ocasiona inevitavelmente um enfraquecimento do direito constitucional estatal, tendo em vista a delegação crescente de atribuições soberanas para a esfera do direito europeu. Segundo o Mestre de Coimbra, o direito constitucional gradativamente tem se tornado um simples direito regional do Estado, esvaziado de muitas das prerrogativas de soberania. A esta transformação, associa a questão da "perda do território" (Canotilho: 2002a, p. 1334).

Como vimos na primeira parte deste trabalho, o território é o espaço físico sobre o qual o Estado exerce a sua soberania. Em verdade, as organizações políticas de um modo geral sempre necessitam de um território específico para fixarem-se enquanto tais. Conseqüentemente, o território do Estado é o espaço constitucional, ou seja, o espaço físico onde a constituição se estabelece como a principal norma jurídica da sociedade.

Entretanto, o território constitucional está em vias de reinvenção teórica. Também em relação ao espaço físico de exercício da soberania há modificações relevantes decorrentes da ascensão da UE como ente jurídico supra-estatal europeu. Para Canotilho, há uma perda do referencial territorial nos atuais desdobramentos do constitucionalismo na Europa integrada. Afirma o Professor português:

> O território, como vimos ao estudar o aparecimento da categoria política estado, constitui um ponto de referência do agir estatal e, por isso, de grande relevância jurídica e política. Quanto mais o direito estiver "supranacionalizado" ou internacionalizado tanto menos o território constituirá as margens do "mundo jurídico soberano". O velho "direito nas fronteiras" é "dissolvido" pelas quatro liberdades fundamentais do direito comunitário: liberdade de pessoas, liberdade de mercadorias, liberdade de serviços e liberdade de capitais" (Canotilho: 2002a, p. 1334 – grifos do autor).[112]

---

[112] Corroborando com a afirmativa transcrita, veja-se a observação de Habermas: "El Estado nacional defendió sus límites territoriales y sociales de forma enteramente neurótica. Hoy ese Estado se ve desafiado por tendencias globales que transcienden las fronteras de los Estados nacionales y que hace ya mucho tiempo han agujereado los controles que el Estado nacional podía ejercer (Habermas: 2001b, p. 181).

A partir de 1985, a livre circulação de pessoas começa a se tornar realidade nas Comunidades com a assinatura do primeiro Acordo de Schengen pelos países do BENELUX, Alemanha e França. Posteriormente, o art. 18 do TCE, a partir da versão do Tratado de Maastricht, vem a consolidar e a estender a referida liberdade aos cidadãos da UE de maneira geral. As quatro liberdades do mercado comum são hoje uma realidade na UE, embora elas não existam completamente sem restrições. Estas podem ser relativas à ordem, segurança e saúde públicas, mas não são de decisão unilateral dos Estados-Membros e devem submeter-se às normas comunitárias pertinentes, tais como a Diretiva 64/221 e o Regulamento 1612/68, por exemplo (Campos: 2002, p. 539ss.).

A expansão e consolidação dessas liberdades implicam a prática em uma verdadeira supressão de fronteiras. Um dos requisitos históricos básicos para o exercício da soberania estatal tem sido o controle fronteiriço, o que a UE rompe em boa medida, impedindo os Estados de estabelecerem restrições intracomunitárias sem estarem previstas na legislação comunitária. A soberania territorial passa a ser atributo da Comunidade e esta, através dos Estados, é que termina por controlar as fronteiras comunitárias, e não mais estatais, que somente servem como fronteiras regionais sem impedimentos à liberdade de circulação.

O espaço constitucional não é mais o território estatal. Há atualmente um espaço constitucional supra-estatal ao lado do estatal, e a soberania partilhada implica uma repartição de atribuições constitucionais, o que torna o território constitucional variável. A reinvenção do território consiste nessas novas considerações sobre o espaço constitucional, o que ocasiona reformulações nas culturas política e constitucional clássicas em torno da questão territorial e sua importância para o Estado e a constituição. Embora as fronteiras européias ocidentais tenham conhecido, desde o surgimento das Comunidades, o maior período de estabilidade da sua história, elas mudam de função com a "reinvenção" do território (Caramelo: 2002, p. 326).

9.2.3. Nacionalismo versus europeísmo: a Europa das velocidades diferentes

Em termos de evolução do constitucionalismo supra-estatal europeu, as posturas teóricas nacionalistas e europeístas podem ser percebidas já nos primórdios do debate em torno da idéia européia. O Congresso de Haia de 1947 permite a conclusão de que pelo menos duas tendências dividem os partidários da integração européia: a tendência federalista-constitucionalista, cujos defensores reclamam a instituição de uma integração a partir de uma federação política, com a criação dos Estados Unidos da Europa; e a tendência funcionalista-pragmática, tida como mais realista, cujos corifeus defendem a permanência da soberania clássica dos Estados com a aproximação integrativa a ser feita pelos contatos intergovernamentais, alcançando a unificação européia progressivamente a partir da cooperação cada vez mais estreita entre os Estados soberanos. Esta última tendência conta com o método funcional de integração que traz a idéia de promovê-la parcialmente ou por setores, em lugar de uma integração mais global (Quadros: 1991, p. 117-129; Campos: 2002, p. 37-39).

Ao longo dos anos e do desenvolvimento institucional das Comunidades, essas duas posições iniciais passam a caracterizar pré-compreensões da ordem jurídica da UE, intituladas por Canotilho de europeísta (ou europeísta-federalista), que corresponderia à tendência federalista-constitucionalista, e de nacionalista (ou constitucionalista-patriótica), correspondendo à tendência funcionalista-pragmática. A primeira radica em premissas jurídicas e políticas aprioristicamente fixadas por um Tribunal – o TJUE – e em uma "vontade política" tendencialmente "governamentalizada"; a segunda, por sua vez, é assentada nos postulados teóricos clássicos: direito constitucional centrado no Estado e na soberania deste. Para o Mestre de Coimbra, estas pré-compreensões são obscurecedoras da complexidade política, normativa e cultural do direito constitucional europeu (Canotilho: 2002a, p. 1356-1357; Canotilho: 2002b, p. 709-710, 714).

O caráter obscuro salientado implica controvérsias entre ambas as pré-compreensões que repousam em três espécies de reducionismos: constitutivo, explicativo e teórico.

O reducionismo constitutivo está associado à questão do fundamento democrático-constitucional para a construção do direito constitucional europeu. Em que bases de legitimação democrática estaria estabelecida a ordem jurídica da UE? (Fleiner: 1999, p. 3). Apesar de os órgãos comunitários criarem direito europeu vinculante para os Estados-Membros da UE a partir do exercício de poderes soberanos delegados pelos referidos Estados, a UE não é um Estado constitucional soberano. É uma organização supra-estatal fundada em tratados internacionais. A UE possui uma legitimação derivada dos Estados que a compõem, não tendo sido criada a partir de um ato constituinte de expressão da vontade livre dos "cidadãos europeus unidos". Nesta questão legitimista repousa a crítica em relação ao déficit democrático da UE.

As afirmativas do parágrafo anterior reforçam a tese nacionalista. Todavia, esta também não escapa às críticas do reducionismo constitutivo. A referida tendência possui uma limitada compreensão das categorias político-constitucionais, não permitindo o desenvolvimento da idéia de uma constituição evolutiva e materialmente integradora assentada nos paradigmas retirados dos tratados e das instituições comunitárias, assim como nos princípios jurídicos fundamentais, *standards*, costumes, decisões jurisdicionais, constitutivos de um direito comum europeu e de uma cultura jurídica européia (Canotilho: 2002a, p. 1357-1358; Häberle: 1993, *passim*; Wieacker: 1996, *passim*). Outra conseqüência dessa limitação cognitiva é a compreensão de povo como algo adstrito ao Estado e com caracteres de homogeneidade. Tal entendimento acerca do povo não leva em consideração que, mesmo em comunidades estatais, a democracia muitas vezes se constrói a partir de uma comunidade multicultural de cidadãos, como nos EUA e no Canadá, sendo possível, portanto, um entendimento mais ampliado do vocábulo *povo*, possibilitando antever a existência de um "povo europeu"[113] (Canotilho: 2002a, p. 1358-1359; Habermas: 2002, p. 94-97; Weiler: 1995, p. 328ss.; Grimm: 1995, p. 295-297; Tully: 1995, p. 91-98; 145-156; Melossi: 2003, p. 6-9).

O reducionismo explicativo diz respeito à questão da preferência de aplicabilidade do direito comunitário em relação às normas jurídicas internas dos Estados-Membros da UE. Nesta perspectiva, a visão europeísta é desenvolvida pela jurisprudência do TJUE, com a tese de que é exigência existencial do direito comunitário a sua superioridade frente ao direito interno dos Estados, havendo uma autolegitimação daquele, pois a sua força normativa está fundamentada em si mesmo. A tendência nacionalista pode, por sua vez, invocar dois argumentos contrários ao europeísmo jurisprudencial:

1) não existe uma base constitucional comum para afirmar a veracidade da superioridade normativa do ordenamento jurídico da UE;

2) a primazia do direito comunitário (ou a preferência de aplicabilidade) dá como demonstrado algo que é necessário demonstrar: quem possui a "competência das competências" (Canotilho: 2002a, p. 1359).

Segundo Canotilho, isso conduz a um terceiro reducionismo: o teórico. A UE não possui, ao menos explicitamente, poderes para legitimar a sua própria ordem jurídica e para alterar e alargar o seu âmbito de atribuições. Tal constatação leva à conclusão de que a UE não possui a "competência das competências" (*Kompetenz-Kompetenz*), que, resumidamente, significa ter a competência para estabelecer regras vinculantes estendendo (ou mesmo delimitando) suas próprias competências (Hartley: 1999, p. 152-153). Essas normas ainda são normas oriundas dos tratados comunitários que, a seu turno, são celebrados pelos Estados-Membros da UE. Por outro lado, o Estado constitucional nacional se torna, no âmbito da UE, um Estado constitucional cooperativo que, apesar de não deixar de observar os padrões

---

[113] Afirma Canotilho, com fundamento em Habermas, que "as comunidades de emigração como os Estados Unidos e o Canadá, geradoras de uma *autocompreensão multicultural* da 'governação', estão mais próximas do 'povo europeu' do que as categorias históricas do 'povo do estado' ou de 'povos assimilados' pelo 'povo civilizador'" (Canotilho: 2002a, p. 1358-1359 – grifos do autor).

básicos do Estado constitucional, tais como soberania popular, repartição de poderes, primazia da constituição etc., passa a incorporar competências normativas européias (notadamente de execução do ordenamento jurídico europeu). Como defende Canotilho,

> Embora a Comunidade não disponha da competência das competências, ela possui, por força dos actos convencionais e do *acto global de supranacionalidade*, do poder normativo de editar actos jurídicos dotados de eficácia imediata e vinculatividade igual e unitária nos países membros da Comunidade (Canotilho: 2002a, p. 1360 – grifos do autor, cf. tb. Häberle: 2002, p. 283-286).

Diante do desconforto cognitivo por que passa a teoria da constituição nos países-membros da UE e, por que não dizer, também fora dela, há dificuldades teóricas realmente relevantes. Em virtude do fato de que há diferenças entre os posicionamentos defendidos pelos diversos países que compõem a UE em relação ao aprofundamento do processo de integração, podemos afirmar que os embates entre nacionalistas e europeístas têm tido reflexo na postura diferenciada dos Estados da UE, o que torna inevitável o debate em torno da "Europa das velocidades diferentes", utilizando novamente a expressão de Pfetsch (2001, p. 282-284).

As posturas diversas dos Estados em relação à integração européia, ou melhor, à forma como esta deve-se dar, são fundamentadas na diversidade de interesses nacionais em relação ao processo de construção da UE. Há uma convergência em torno da vontade de todos os Estados de terem acesso ao mercado comum europeu. Nenhum dos países quer deixar de participar dessa imensa área de amplas liberdades e potencialidades econômicas. Entretanto, em relação a outras questões da integração européia, os Estados divergem e, a partir do conteúdo das referidas divergências, pode-se dizer que eles adotam posições mais nacionalistas ou mais europeístas. Vejamos.

Os europeístas vêem na UE uma oportunidade de uma integração européia para além do âmbito econômico, defendendo mesmo uma integração política, que implicaria um aprofundamento do processo em curso. Posicionam-se em favor deste aprofundamento Alemanha, Áustria, Espanha, Grécia, Irlanda, Itália, Portugal e os países do BENELUX. Os demais não vêem com a mesma simpatia a referida idéia, tendo casos como o britânico, de rejeição explícita do aprofundamento, em postura tida por nacionalista. Quanto à ampliação, não há a mesma divergência, tendo os quinze Estados-Membros da UE (até abril de 2004) concordado quanto à sua necessidade como uma oportunidade de expansão do mercado (Pfetsch: 2001, p. 282-284). Como resultado de tal concordância, ocorre a ampliação da UE para vinte e cinco países em maio de 2004, como já afirmamos anteriormente.

Em virtude dessas divergências, implicadoras de posições nacionalistas ou europeístas, a depender dos interesses em jogo, o processo europeu de integração tem sido conduzido com especial prudência para acomodar os referidos interesses sem perder de vista os objetivos mais elevados da UE. Para que isso seja possível, a doutrina da integração diferenciada, da "Europa das velocidades diferentes", termina por ser a saída possível. Isso leva países tradicionalmente entusiastas da integração como Alemanha e França a admitir a integração em diferentes níveis, sobretudo para não deixar de fora um país da importância do Reino Unido, que somente se interessa em participar da UE se puder preservar algumas prerrogativas de sua soberania, notadamente no campo da coordenação de sua política econômica e monetária. Daí a ausência dos britânicos na união econômica e monetária (a chamada "zona euro"), permanecendo, juntamente com a Dinamarca e a Suécia, fora dessa união mais aprofundada. Alguns países são contrários a essa forma de integração, tais como os países do BENELUX, Espanha, Grécia, Irlanda e Portugal, mas terminam por ter que aceitá-la, pois os demais se mostram favoráveis, ainda que, por vezes, com algumas ressalvas (Pfetsch: 2001, p. 282-284).

Não se pode olvidar, no entanto, que mesmo países que defendem posições em geral mais europeístas, como a Alemanha, também adotam posturas nacionalistas em determinadas ocasiões. No caso dos alemães, basta recordar a decisão do Tribunal Constitucional Federal acerca do Tratado de Maastricht e da preservação de competências do Estado alemão, da "competência das competências", decisão esta de caráter marcadamente nacionalista (cf. Galindo: 2002a, p. 105-109; Hesse: 1999, p. 99-102; Schwabe: 2000, p. 462; Weiler: 1995, *passim*; Jyränki: 1999, p. 69ss.; Hartley: 1999, p. 152-157). A negativa dos franceses em relação ao referendo da Constituição européia também estaria associada a uma certa medida de nacionalismo.

9.2.4. A interconstitucionalidade como uma proposta em aberto: é plausível um constitucionalismo em rede?

Posições nacionalistas ou europeístas em caráter extremo podem obscurecer um problema que parece ser atualmente fundamental nas relações entre a constituição e a UE: a interconstitucionalidade.

A interconstitucionalidade pressupõe uma adequada correlação entre as diversas constituições, ou seja, as constituições estatais e supra-estatais precisam estar em um processo de "ininterrupta osmose", saindo do seu tradicional isolamento intra-estatal e conectando-se interestatalmente com outras constituições (Pires: 1997, p. 18; Rangel: 2000, p. 142-143).

A teoria da interconstitucionalidade, proposta por Lucas Pires, é vista por Canotilho como a teoria que estuda as relações interconstitucionais, isto é, "a concorrência, convergência, justaposição e conflito de várias constituições e de vários poderes constituintes no mesmo espaço político". Há precedentes deste fenômeno interconstitucional nas relações existentes entre as constituições estaduais e a constituição federal em Estados federais. Entretanto, há algo novo nas atuais propostas de interconstitucionalidade:

1) existência de uma rede de constituições de Estados soberanos;

2) turbulências produzidas na estrutura constitucional dos Estados por outros entes políticos (como as organizações supraestatais);

3) recombinação das dimensões constitucionais clássicas através de "sistemas organizativos de grandeza superior";

4) articulação da coerência constitucional estatal com a diversidade de constituições inseridas na rede de interconstitucionalidade;

5) criação de um esquema jurídico-político caracterizado por um grau suficiente de "confiança condicionada" entre as várias constituições presentes na referida rede e entre a constituição do ente jurídico supraestatal (Canotilho: 2002a, p. 1409).

Entendemos que a interconstitucionalidade, em razão de sua incipiência, assim como da própria instabilidade fenomênica por que passam as relações interconstituconais na UE, encontra-se como uma teoria da constituição em aberto. Em virtude dos caracteres novidadeiros apresentados pelo Mestre de Coimbra, pode a teoria da interconstitucionalidade servir bastante à construção de uma teoria intercultural da constituição, na medida em que o debate interconstitucional (entre constituições) culmina inequivocamente em um debate intercultural constitucional (entre culturas constitucionais). A teoria da interconstitucionalidade implica uma teoria da interculturalidade constitucional.

A essa altura, é desnecessário ressaltar a importância do interculturalismo constitucional, pois já o fizemos na segunda parte deste trabalho. Como afirma o próprio Canotilho,

Os processos de troca entre as várias constituições (com a sua história própria e tradições culturais) produzem uma *cultura constitucional* reconduzível a ideias, valores, acções de indivíduos e de grupos. A interculturalidade começa por ser uma partilha comunicativa destes valores e ideias concretamente traduzida em fórmulas não jurídicas, para, mais tarde, possibilitar uma tendencial normativização (Canotilho: 2002a, p. 1411-1412 – grifos do autor).

No contexto da UE, cada vez mais o autismo constitucional, caracterizado por uma auto-suficiência concreta e uma autodescrição teórica das constituições estatais, é abandonado em favor de um constitucionalismo interativo (a rede de interconstitucionalidade). Não podendo se autolimitar e não tendo mais o controle absoluto de sua dimensão política e normativa, a constituição deixa de ser a parte mais importante do ordenamento jurídico (a norma de maior grau hierárquico, por exemplo) para ser uma das partes importantes em diálogo com outras partes igual ou superiormente relevantes. Há, inequivocamente, uma diminuição da importância da constituição do

Estado ou, ao menos, do papel soberano que a mesma desempenha tradicionalmente.

O constitucionalismo em rede propugnado pela teoria da interconstitucionalidade pressupõe a abertura das diversas constituições estatais aos influxos recíprocos, assim como a abertura da constituição supra-estatal à preservação de caracteres essenciais da constituição do Estado. A formação de um "direito constitucional comum europeu" ou de uma "constituição comum européia" depende da referida abertura à rede interconstitucional, sendo impensável a realização da UE de outra maneira (apesar de não se poder ignorar problemas que comprometem em alguma medida impedem uma integração mais cidadã e menos tecnocrática, como o denominado déficit democrático) (Häberle: 1993, *passim*; Merli: 2001, *passim*).

De um lado, a constituição comum supra-estatal é construída a partir de caracteres oriundos dos dois principais sistemas jurídicos existentes no ocidente: o romano-germânico e o *common law* (Pires: 1997, p. 82). E isso não se dá apenas pelo fato de que o Reino Unido, vinculado ao *common law*, faz parte da UE ao lado de outros Estados vinculados ao romanismo, mas sobretudo pelo fato de que os Estados europeus romano-germânicos que construíram a UE necessitaram trabalhar com inúmeras concessões à força da jurisprudência comunitária e à dispersão da "Constituição Européia" em diversos documentos legislativos (tal como acontece com a dispersa e assistemática Constituição britânica) para que a UE pudesse se consolidar.[114] Ou seja, em primeiro lugar, os predominantes padrões romanistas tiveram que ceder à utilização de técnicas do *common law* para consolidar um direito supra-estatal com certa solidez e diferenciado do direito internacional clássico. Em segundo lugar, há a necessidade inadiável de alcançar interculturalmente conceitos adequados de constituição para possibilitar a rede de interconstitucionalidade necessária ao diálogo constitucional europeu. Essas questões serão vistas com mais acuidade no ponto seguinte. Porém, algumas observações ainda se fazem necessárias.

Para além da integração interestatal européia com a conseqüente construção de uma "Constituição" da UE, a interconstitucionalidade propicia uma rede dialógica entre as constituições dos Estados e seus desdobramentos. As decisões das cortes constitucionais dos Países-Membros da UE, por exemplo, não interessam mais apenas aos estudiosos de direito comparado ou aos doutrinadores analiticamente mais profundos. Na medida em que essas soluções jurisprudenciais implicam interpretações formais ou conteudísticas do próprio direito comunitário, o alcance dessas decisões estabelece-se para além do

---

[114] Sobre o conceito de constituição dispersa, cf. Bulnes: 2003, p. 577.

território do referido Estado, ainda que formalmente só vincule este último. Quem pode negar a dimensão que adquirem as decisões do Tribunal Constitucional Federal alemão e da Suprema Corte dinamarquesa em torno do Tratado de Maastricht, referidas constantemente como uma jurisprudência nacional que influenciam em termos concretos o desenvolvimento do direito comunitário como um todo? (cf. Galindo: 2002a, p. 105-109; Hartley: 1999, p. 152-157; Jyränki: 1999, p. 69ss.; Rasmussen: 1999, *passim*; Weiler: 1995, *passim*; Hesse: 1999, p. 99-102; Melossi: 2003, p. 6-7; Simson & Schwarze: 2001, p. 71ss.; Simon: 2001, p. 841-842).

Portanto, a interconstitucionalidade precisa ser pensada como uma relação dialógica intercultural entre os diversos constitucionalismos estatais entre si, assim como entre estes e o constitucionalismo comunitário europeu. Vejamos como isso é possível no ponto a seguir a partir da proposta da teoria intercultural da constituição.

9.3. A teoria intercultural da constituição como proposta para reduzir a insuficiência teórica dos paradigmas clássicos no caso europeu

Até o momento, detectamos muitas das insuficiências da teoria clássica da constituição, considerando as novas realidades surgidas das relações entre as constituições dos Estados e o direito comunitário da UE. Apontamos também algumas possibilidades de reformulação teórica, notadamente com o objetivo de construir uma teoria com as características que ressaltamos na segunda parte do trabalho. Neste ponto do desenvolvimento do nosso trabalho, chega o momento de estabelecermos alguns pontos cuuluralmente convergentes entre os constitucionalismos em debate para que a interconstitucionalidade conduza a uma teoria intercultural minimamente universalista. Todavia, não podemos descurar das particularidades contextuais que cada um dos Estados possui para participar deste constitucionalismo em rede. A necessidade de construir novos e rigorosos paradigmas cognitivos não pode imunizar a teoria da constituição para as prováveis insuficiências que ela possui e possuirá. A abertura à crítica pluralista é o caminho contra o possível hermetismo teórico que uma teoria pretensamente universalista pode ensejar. Tal idéia passa necessariamente pela demonstração de que nosso objetivo aqui não é solucionar o problema das insuficiências da teoria da constituição. A finalidade deste trabalho é bem mais modesta: contribuir para a redução das referidas insuficiências e apontar algumas saídas teóricas possíveis. Vejamos.

9.3.1. A União Européia como integração interestatal de uma diversidade de culturas constitucionais: dificuldades existentes

Como defendemos em outra parte do presente trabalho, há atualmente nos países que compõem a UE a formação de uma cultura constitucional supra-estatal. Esta cultura se caracteriza como essencialmente eclética, seja do ponto de vista ideológico, seja do sistêmico.[115]

Ideologicamente pode-se afirmar que a integração interestatal levada adiante pela UE tem aspectos predominantemente liberais (Basta: 1999, p. 156). A começar pela formação das Comunidades Européias, não é necessário ir demasiadamente distante para perceber que a suas funções estão associadas ao desenvolvimento do livre-comércio dentro do espaço integrado. Considerando a época em que surgem (década de 50 do século passado), as Comunidades apontam para as liberdades econômicas entre os países que as integram, e as demais liberdades só vêm à tona a partir do momento em que servem aos propósitos do livre-mercado europeu, em contraponto à Europa do leste, ideologicamente associada à esfera de influência soviética. Ou seja, embora a cultura constitucional dos Estados que compõem as Comunidades esteja de um modo geral associada à idéia do constitucionalismo social, os entes jurídicos supra-estatais se caracterizam como ideologicamente liberais. A finalidade para a qual são criadas as Comunidades e seus mecanismos funcionais e procedimentais é a liberdade de iniciativa econômica, aliada a outras liberdades como a de concorrência e de circulação de mercadorias, capitais e serviços, assim como a diminuição do intervencionismo estatal na economia, efetivando a economia de livre-mercado no espaço europeu.

Em conseqüência da prevalência ideológica liberal, as instituições comunitárias se desenvolvem com fundamento em idéias de racionalização e legitimação do poder político.

Em termos de exercício racional do poder, encontramos o desenvolvimento pelo TJUE da doutrina da supremacia do direito comunitário sobre o direito nacional, assim como da existência de graus hierárquicos diversos no primeiro (direito comunitário primário/originário e secundário/derivado). Além do mais, a divisão dos poderes entre Conselho, Comissão, Parlamento e Tribunais, ainda que possua dessemelhanças relevantes para com a repartição do poder político nos Estados, traz a idéia de limitação recíproca dos poderes de cada uma das instituições comunitárias (Hartley: 1999, *passim*; Campos: 2002, *passim*; Díez-Picazo: 2002, *passim*).

No que diz respeito à questão da legitimação, é crescente o debate acerca do déficit democrático da UE, a ainda relativamente pe-

---

[115] Acerca da influência da legislação comunitária, notadamente das diretivas, na conformação da cultura normativa supra-estatal européia, cf. Duina & Breznau: 2002, p. 574; 581-583.

quena aproximação entre ela e os cidadãos comuns, além do pouco poder que possui o único órgão democraticamente escolhido pelos povos europeus, qual seja, o Parlamento, cuja escolha direta somente ocorre a partir de 1979 (cf. Hartley: 1999, p. 18-20; Pfetsch: 2001, p. 150-162).

Curiosamente, a questão dos direitos fundamentais não é contemplada de modo direto pelos tratados constitutivos comunitários, nem mesmo os direitos individuais clássicos de cunho liberal. Apenas os arts. 17 a 22 do TCE tratam da cidadania européia, estabelecendo alguns direitos políticos para os cidadãos dos Estados componentes da UE (e esta característica é importante: só é cidadão da UE se antes for cidadão de um Estado-Membro – cidadania européia como cidadania subsidiária). Isso leva à criação da Carta de Direitos Fundamentais da União Européia, aprovada com o Tratado de Nice, mas sem a força vinculante dos direitos fundamentais garantidos pelas constituições dos Estados ou dos demais tratados comunitários institucionais. A referida Carta é saudada como reafirmadora das tradições constitucionais comuns dos Estados-Membros da UE, assim como dos diversos documentos comunitários, incluídas aí as Cartas sociais e a jurisprudência do TJUE e do Tribunal Europeu de Direitos Humanos, embora este último não seja um órgão comunitário (Bernsdorff: 2004, *passim*; Buelga: 2000, *passim*; Díez-Picazo: 2002, p. 21-42; Baracho: 2002, p. 341; Llorente: 2002, p. 28-29).

A Carta é predominantemente liberal, mas possui alguns direitos sociais, tais como o direito de greve, de acesso ao emprego, de proteção em caso de despedida sem justa causa, o direito a condições de trabalho justas, à segurança social e à assistência social, à saúde, dentre outros (arts. 28 a 31, 34 e 35). Estes já são o reflexo de posições políticas e jurídicas de diversos atores sociais europeus (políticos, governos, juristas, intelectuais, imprensa, entes sindicais etc.) em favor de uma "Europa social", destacando a necessidade da inclusão de aspectos da cultura constitucional social em nível supra-estatal, pois a pobreza não somente persiste no território da UE, como chega a ser agravada estatisticamente com a entrada dos dez novos membros a partir de maio de 2004 (cf. Nicolás: 2002, *passim*). Isso inevitavelmente traz, além da inclusão dos direitos sociais, econômicos e culturais no direito comunitário, o deslocamento de idéias intervencionistas e dirigistas para o plano da UE, na medida em que o Estado se mostra notadamente insuficiente para cumprir com os objetivos políticos que lhes são atribuídos pelas constituições sociais (cf. Rifkin: 2004, p. 274; Buelga: 2000, *passim*; Coutinho: 2003, p. 56; Bercusson, Deakin, Koistinen, Kravaritou, Mückenberger, Supiot & Veneziani: 1997, *passim*). Com a Constituição codificada aprovada pelo Conselho em 2004 e pendente das ratificações, a Carta de Direitos Fundamentais é incorporada ao referido texto com algumas pequenas modificações, mas preservando os seus caracteres fundamentais, incluindo aí os direitos sociais (Bernsdorff: 2004, p. 744; Lenaerts & Nuffel: 2005, p. 70).

Além do aspecto ideológico, também o aspecto sistêmico-cultural merece referência em termos de interculturalismo constitucional no âmbito da UE. Parece que se evidencia no constitucionalismo supra-estatal da UE uma combinação de elementos dos sistemas jurídicos romanista e anglo-americano (*common law*), configurando uma cultura constitucional supra-estatal igualmente eclética e intercultural em termos sistêmicos (cf. Pires: 1997, p. 82).[116]

Em verdade, a simbiose intersistêmica existente na UE é até surpreendente, tendo em vista que a quase totalidade dos países que a integram são vinculados ao sistema jurídico romano-germânico. Porém, notadamente por razões de ordem prática, como a necessidade de estabelecer uma "Europa das velocidades diferentes", a adaptação das peculiaridades dos sistemas jurídicos nacionais ao sistema jurídico comunitário e vice-versa, a definição concreta do que deve ser a UE, tudo isso culmina em inúmeras concessões a técnicas e procedimentos típicos do *common law*, antes mesmo do ingresso do Reino Unido nas Comunidades.

Em primeiro lugar, é de se destacar a ausência, até 2004, de uma constituição codificada na UE. É verdade que esta última não é um Estado, e nem mesmo os federalistas defendem explicitamente que ela o seja. Mas o constitucionalismo, como afirma Menaut, não está necessariamente associado ao Estado e, no caso da UE, é até importante que seu constitucionalismo seja desenvolvido sem torná-la um Estado (Menaut: 2002, *passim*). Igualmente, o fato de que quase todos os Estados-Membros da UE possuam códigos constitucionais não implica que a Comunidade tenha que seguir esse mesmo modelo constitucional. O que vem ocorrendo na UE, em relação à codificação, é semelhante ao que caracteriza o constitucionalismo britânico: a construção de uma tradição comunitária tem sido mais evidente do que a elaboração de um sistema jurídico racional e lógico, como predomina no romanismo. Antes do que pelas grandes elaborações legislativas, os grandes contornos do direito comunitário têm sido dados pela jurisprudência do TJUE que, dentre outras coisas, consolida a aplicabilidade direta do direito comunitário nos Estados, o efeito direto de suas decisões e a primazia do direito comunitário sobre o direito

---

[116] Diz o Professor português, aludindo à UE como Estado pós-moderno: "Tal como este 'Estado', também este 'Direito' tem, de resto, algo de pós-moderno. Além de combinar elementos dos sistemas concorrentes de 'common law' e 'romano-germânico', articula sistemas nacionais, através de técnicas de harmonização e reconhecimento mútuo, podendo pois se considerar intrinsecamente pluralista. A sua efectividade, tanto como a sua criação, dependem mesmo, sob várias formas, de uma 'negociação'. E pode dizer-se que também aqui está presente uma vocação federadora, ao mesmo tempo em que anti-totalizadora".

nacional (cf. Campos: 2002, p. 349ss.; Caiella: 1999, p. 58-60; Fontoura: 1997, p. 60-61; Galindo: 2002a, p. 102-103). Ou seja, as linhas mestras do direito comunitário têm sido construídas mais jurisprudencialmente do que pela legislação supra-estatal.

Por sua vez, até que seja ratificado o texto constitucional aprovado em outubro de 2004, o direito constitucional legislativo da UE é composto de grandes atos legislativos dispersos (os tratados constitutivos: Paris, Roma, Maastricht, Amsterdã e Nice, assim como o Ato Único Europeu) sem reunirem em um único código todos os dispositivos constitucionais, à semelhança dos grandes *Acts* do Reino Unido que compõem o *statute law*, parte integrante do direito constitucional daquele país (cf. Galindo: 2004, p. 308ss.; David: 1998, p. 300; Cunha: 2002, p. 138-139; Dicey: 1982, p. cxlss.; Hartley: 1999, p. 168ss.; Streck: 2002, p. 247).

Outra semelhança com a cultura constitucional do *common law* britânico está no caráter evolutivo do constitucionalismo supra-estatal da UE. Como já demonstramos em outra ocasião, pode-se dizer que um ato legislativo caracteriza, ainda em tempos medievais, o surgimento do constitucionalismo em terras inglesas: a *Magna Charta Libertatum*, de 1215, tido por muitos constitucionalistas como o primeiro ato legislativo verdadeiramente constitucional da História (Galindo: 2004, p. 306-307; David: 1998, p. 285; Canotilho: 1999a, p. 65; Cunha: 2002, p. 130-131). A este famoso documento, unem-se outros posteriormente como o *Bill of Rights*, de 1689, os *Parliament Acts*, de 1911 e 1949, o *European Communities Act*, de 1972, e o *Human Rights Act*, de 1998 (somente para citar alguns). Semelhante processo constitucionalizante é construído na UE: há um primeiro ato constitucional que consiste no Tratado de Paris, fundando a CECA; a ele juntam-se posteriormente os demais tratados constitutivos (Roma, Maastricht, Amsterdã e Nice, assim como o importante Ato Único Europeu), que criam novas Comunidades (CEE e CEEA) e aprofundam-nas, assim como propiciam o seu alargamento, tornando até possível uma analogia com o que ocorre com o Reino Unido, apesar de que os alargamentos britânicos envolvendo os galeses, escoceses e irlandeses não ocorrem a partir dos mesmos critérios do crescimento comunitário. Isso comprova, aliás, que apesar da atuação consistente do TJUE, não é obra apenas dele os processos de constitucionalização da UE (cf. Snyder: 2003, p. 12-13).[117]

---

[117] Segundo o referido autor, os processos constitucionalizantes na UE não são trabalho apenas para os tribunais comunitários. Envolvem também os demais órgãos das Comunidades, assim como os órgãos políticos, administrativos e jurídicos dos Estados-Membros. Também as profissões jurídicas, com a compreensão que devem ter, não somente do direito comunitário, mas dos processos políticos e econômicos que o determinam, devem estar devidamente capacitadas para contribuir no desenvolvimento do constitucionalismo supra-estatal. No original: "Constitutionalising processes in the EU are not only the work of the European courts. They also involve

Por outro lado, as semelhanças com o *common law* se dão muito mais por motivos funcionais e de ordem pragmática do que pela intencionalidade do projeto comunitário. Cumpre lembrar que em praticamente todos os países da UE predomina o sistema jurídico romano-germânico.[118] Isso inevitavelmente conduz a uma permanente angústia em torno do modelo fragmentário adotado, pois os juristas e políticos desses países estão acostumados a trabalhar com padrões sistêmicos culturalmente lógicos e racionais, o que não ocorre em totalidade na UE, haja vista o que expomos anteriormente. A tentativa de racionalização do sistema jurídico comunitário, no caminho da sistematização do tipo romanista, tem sido freqüente na história das Comunidades. Como vimos, desde o início se fala em uma federalização européia. Um modelo federal de Comunidade poderia até ser assemelhado ao *common law* norte-americano, mas estaria distante do britânico. Além disso, o estabelecimento de uma hierarquia dentro do próprio direito comunitário, dividindo-o em direito comunitário originário/primário e derivado/secundário, assim como a hierarquia em relação aos direitos dos Estados, denota as tentativas de utilizar os padrões da cultura constitucional romano-germânica para dar ao direito comunitário uma feição mais assemelhada aos paradigmas desta última, como fazem alguns autores (cf. Öhlinger: 1999, p. 170-171).

Apesar da incerteza e da insegurança do casuísmo existente e da excessiva complexidade de um direito que tem sido organizado muito mais para atender a demandas concretas do que para construir um modelo de organização social, os caracteres culturais romanistas têm gradativamente ascendido na conformação do direito constitucional da UE. Há crescentes tentativas de dar um caráter mais sistemático às normas comunitárias, sendo a mais recente a aprovação pelo Conselho do Projeto de Constituição Européia que cria uma constituição

---

the European Council, the Council and the European Parliament as well as other institutions, such as committees, agencies and policy networks. Nor are they limited to the European Union institutions alone. They also engage courts, parliaments, and administrations of the Member States. In addition, the legal profession is of special importance, though by and its large the role of transnational law firms and groups and the impact of the EU law on local law practices has been neglected by EU constitutional lawyers. In fact, I suggested that we must cast our net much wider. Political and economic processes are likely to be much more importance in the development of the EU constitution than is the law alone" (Snyder: 2003, p. 13).

[118] A variação numérica depende da consideração do alcance do *common law* na Europa. Se acompanhamos David, o *common law* se restringe à Inglaterra e ao País de Gales, não sendo nem mesmo o direito de todo o Reino Unido. Assim como a Escócia e a Irlanda do Norte, também a República da Irlanda estaria de fora do sistema do *common law* (David: 1998, p. 281). Contudo, se seguirmos Gilissen, a Irlanda faz parte da esfera de influência direta do *common law* inglês, embora admita que o direito escocês seja essencialmente romanista e desvinculado do modelo em questão (Gilissen: 2001, p. 216). Do ponto de vista constitucional, parece-nos assistir razão ao primeiro autor, já que as influências do sistema constitucional britânico são rejeitadas em solo irlandês, pois optam pelo modelo codificado de constituição, à semelhança do constitucionalismo continental (embora não se possa ignorar que, pelo domínio que tiveram dos ingleses durante longo período de tempo, aspectos do *common law* sobrevivem no direito irlandês).

codificada para a UE, rompendo com a cinqüentenária tradição comunitária de uma constituição dispersa. É o segundo projeto nesse sentido, mas desta vez os Estados estão mais empenhados em sua aprovação, sobretudo porque, com o alargamento aos dez novos países que a partir de maio de 2004 integram a UE, o direito comunitário pode-se tornar completamente incompreensível, senão mesmo caótico, se não for possível organizá-lo em bases fundamentais de caracteres constitucionais. A existência de uma constituição codificada presta importante auxílio no sentido de uma clarificação das relações jurídicas comunitárias mais relevantes e de uma diminuição das incertezas de um modelo um tanto casuístico para países tradicionalmente vinculados ao romano-germanismo.[119] Daí o projeto codificador, aprovado até mesmo pelo Reino Unido (embora, como já o dissemos, ainda pendente de ratificação pelos Estados-Membros, previstas para ocorrerem até 2006, embora esse prazo deva ser dilatado diante do resultado dos referendos francês e holandês).

9.3.2. A necessidade de uma abertura teórica ao interculturalismo constitucional para a compreensão contemporânea da constituição. Possibilidades e limites da teoria intercultural da constituição no caso da União Européia

No âmbito da UE e diante da interconstitucionalidade existente nas relações entre a "Constituição" comunitária e as constituições nacionais, a compreensão contemporânea da constituição denota uma reformulação teórica bastante substancial. A perspectiva teórica do "autismo constitucional" não mais serve a esta compreensão, estando cada vez mais obsoletas as tentativas da teoria clássica da constituição de tratar epistemologicamente desta como se não existissem outros referenciais para além do Estado e de sua Lei Maior. A abertura teórica ao interculturalismo constitucional afigura-se imprescindível, sendo a grande possibilidade de reformulação da teoria da constituição, saindo da relação dilemática entre os universalismos hegemônicos e os particularismos herméticos.

Uma teoria da constituição construída a partir do interculturalismo constitucional, diante de suas possibilidades e de seus limites, precisa ter em vista duas questões, em se tratando das relações entre constituição e UE:

---

[119] É necessário recordar que os países do leste europeu que ingressam na UE em 2004, antes de serem socialistas, são culturalmente vinculados ao sistema romanista, e a tendência dos seus sistemas jurídicos nacionais tem sido trabalhar a partir desses padrões sistêmicos tradicionais, inclusive com a adoção gradativa, nas duas últimas décadas do século XX, de constituições codificadas (em 1989, Hungria; em 1991, Eslovênia e Letônia; em 1992, Eslováquia, Estônia e Lituânia; em 1993, República Tcheca; e em 1997, Polônia) (cf. Serrano: 1999, *passim*; Nogueras: 1999, *passim*; Basta: 2000, *passim*; Suárez: 2003, *passim*; Sampaio: 2002, p. 39).

1) a configuração e tratamento teórico a ser dado à "Constituição" comunitária, diante de sua heterodoxia e especificidade;

2) como se caracterizam as constituições dos Estados membros da UE diante das rupturas paradigmáticas provocadas pelo advento da integração européia.

9.3.2.1. Teoria intercultural da constituição e a "Constituição" da União Européia: uma constituição supra-estatal sem povo?

Dadas a heterodoxia e a especificidade que caracterizam o direito comunitário, surgem algumas indagações a serem ponderadas pela teoria intercultural da constituição:

1) É possível afirmar a existência de uma "Constituição" da União Européia?

2) Como explicar a existência da referida "Constituição" diante do inequívoco fato de que a UE não é um Estado?

3) É razoável conceber tal "Constituição européia" sem a existência de um povo "europeu"?

Tentemos dar azo às questões propostas.

A primeira indagação não aparenta ser de difícil resposta, notadamente se adotamos uma perspectiva teoricamente aberta de constituição, como propõe a teoria intercultural. Se esta pode ter vários desdobramentos, mesmo dentro da UE, modelos tão diversos como o alemão, o francês e o britânico,[120] apenas para ressalvar os mais importantes, não há por que proceder a objeções relevantes acerca da existência de uma constituição comunitária. Seria o caso de se corrigir os termos do questionamento feito por Dieter Grimm se a Europa necessita de uma constituição (Grimm: 1995, *passim*; Carvalho Neto: 2004, p. 284ss.). Na verdade, ela já possui uma. A adequada indagação seria: a Europa precisa de uma constituição codificada? Seria esta uma melhor constituição do que a que atualmente existe?[121] Este é o cerne do debate em torno do Projeto de Constituição Européia apresentado em 2003 e que resulta, após dificuldades e contratempos, na aprovação deste em 2004, embora as dificuldades de acomodação permaneçam em relação aos referendos ratificatórios (França e Holanda, mais uma vez). Se vier a ser ratificado por todos os Estados-Membros da UE, não subsistirão mais dúvidas acerca da existência de uma Constituição Européia.

---

[120] Sobre esta diferenciação entre o modelo francês e o *common law*, cf. Cohen-Tanugi: 1996, p. 269ss.

[121] Há autores que estabelecem esse questionamento como prioritário, contrapondo-se a Grimm. Argumenta-se que, embora um texto constitucional único para a UE não seja por si só suficiente para fazer avançar a integração, ele pode fazer diferença na ordenação da diversidade existente e na integração social européia, aproximando a UE do cidadão comum. Porém, este processo não é isento de riscos e são necessárias paciência e tolerância para as devidas acomodações. Cf. Frankenberg: 2000, p. 257; 273-276.

Ainda assim, a teoria intercultural da constituição não pode aceitar os conceitos formal e material clássicos de constituição como os únicos possíveis. Se não for ponderada a variabilidade de conceitos de base para o fenômeno constitucional, de fato torna-se árdua e complexa a delimitação de uma teoria intercultural e a aceitação da existência de uma constituição comunitária antes da ratificação do projeto codificador referido.

O conceito material proposto, por exemplo, no art. 16 da Declaração dos Direitos do Homem e do Cidadão de 1789, de que toda sociedade política em que não esteja assegurada a separação de poderes e os direitos e garantias fundamentais não possui constituição não serve nem mesmo para caracterizar todos os casos do constitucionalismo nacional na UE, tendo em vista que a separação de poderes nos países que adotam o sistema de governo parlamentarista (maioria na Europa) não é nítida e pode-se mesmo afirmar que no parlamentarismo os poderes legislativo e executivo se interdependem (aliás, interdependência necessária, tendo em vista a própria natureza político-jurídica desse sistema). Não se olvide recordar que o gabinete necessita da confiança dos parlamentares para subsistir, e estes podem destituir aquele se não houver consonância entre ambos (Bonavides: 2003, p. 324-331).

O conceito formal defendido, sobretudo, pelo positivismo também se mostra inadequado, principalmente diante da questão hierárquica e da codificação, assim como do controle de constitucionalidade. Nos moldes tradicionais, nenhum destes conceitos é aplicável ao caso britânico, em que a noção de hierarquia diz respeito apenas à preponderância da vontade parlamentar, e as demais noções, de um modo geral, sequer são consideradas, como já salientado anteriormente.

Em relação à "Constituição" da UE, ambos os conceitos encontram dificuldades, pois a separação de poderes existente entre os órgãos comunitários é substancialmente desigual, e as funções legislativas do único órgão comunitário legitimado democraticamente são reduzidas, ainda que se perceba, ao longo dos anos, o aumento gradativo das mesmas. Diante dos atuais tratados comunitários, os órgãos executivos são os verdadeiros legisladores; os Estados-Membros exercem o poder constituinte e o poder de reforma; os tratados constitutivos guardam silêncio sobre os direitos fundamentais, e a Carta de Direitos Fundamentais da UE ainda não possui força vinculante como os demais atos comunitários. Como destaca Díez-Picazo, neste último caso, trata-se de uma mera proclamação, uma declaração de índole política que não equivale a nenhum tipo de ato comunitário ou mesmo internacional dotado de eficácia (Díez-Picazo: 2002, p. 39; Medeiros: 2001, p. 230ss.). Também do ponto de vista formal, a subsistência, ainda que restrita, de possibilidades de controle de constitucionalidade de normas comunitárias diante de certas normas constitucionais dos Estados (como nas decisões aludidas sobre Maastricht das Cortes Constitucionais alemã e dinamarquesa) não favorece a construção de um edifício lógico, de um escalonamento normativo "piramidal", como defende Kelsen, no sistema jurídico das Comunidades (Schweitzer: 2000, p. 32-33; Hesse: 1998, p. 99-102; Galindo: 2002a, p. 107-109; Simson & Schwarze: 2001, p. 79-82; Simon: 2001, p. 841-843; Weiler: 1995, *passim*).

Ademais, ambos os conceitos são insuficientes para esclarecerem a segunda indagação: como pensar em uma constituição sem o referencial "Estado nacional"? Como os conceitos clássicos se referem a este último ente, é notadamente problemático o tratamento dado pela teoria da constituição à "Constituição" da UE. É o desconforto teórico de que falamos na primeira parte deste trabalho e que na maior parte das vezes é simplesmente ocultado. A teoria intercultural da constituição precisa ser também uma teoria da constituição supra-estatal. Para tal, é necessária mais uma modificação paradigmática: a aceitação de que a constituição possa estar sedimentada em um ente não-estatal (Ferrajoli: 2003, p. 24-25).

A teoria política contemporânea tem afastado a idéia de que a UE seja um Estado, mesmo incompleto. Os Estados subsistem no espaço europeu, e muitos dos referenciais soberanos permanecem. Apesar disso, é discutida a possibilidade de que a UE possa ser considerada uma federação de Estados ou ainda uma associação de entes estatais, admitindo que tais junções reformulem as idéias federativas e associativas, assumindo estas um alcance mais amplo do que o Estado nacional. Como assevera Lucas Pires, a hipótese "centrista" de uma federação de Estados admite a idéia do "federalismo sem Estado",[122] ou seja, de que o federalismo possa ser aplicado ao ente comunitário supra-estatal (cf. Pires: 1998, p. 88ss.; Pires: 1997, p. 90ss.; Basta: 1999, p. 157; Renoux: 1999, p. 283ss.; Joerges: 1996, p. 110-112).

Até mesmo autores que se posicionam contrariamente à doutrina que defende a existência de uma "Constituição européia" admitem que o vocábulo *constituição* possa ser utilizado em relação a entes não-estatais, embora em um sentido diverso do que é trabalhado em relação aos Estados. Assevera Jorge Miranda que:

[122] Afirma Lucas Pires: "Esta possibilidade (Federação) quadra, aliás, melhor com a estrutura jurídica das Comunidades, que deveria servir de tira-teimas entre as hipóteses em confronto, tipo recurso para os tempos de incerteza, tal como, noutra onda, acontecera já nos anos sessenta, quando o Tribunal de Justiça do Luxemburgo esculpiu os princípios constitucionais dessa ordem normativa. Quando, como actualmente, as ondulações de conjuntura podem reflectir-se mais facilmente sobre a análise politico-teórica, a própria noção de 'constitucionalização' dos Tratados evoca, só por si, uma paralela 'federalização' progressiva, ainda que sem Estado e num longo prazo, sem termo exacto ou meta à vista" (Pires: 1998, p. 93).

Na nossa maneira de ver, embora se possa falar em Direito Constitucional Europeu na segunda acepção (ou seja, no sentido lato em que se fala em Direito Constitucional das Nações Unidas, do Mercosul, da Liga Árabe, da Organização Internacional do Trabalho, etc.), a Constituição europeia não participa da natureza de Constituição no sentido nascido no século XVIII, na Europa e na América. Nem tão pouco se manifestou até hoje um poder constituinte europeu que possa considerar-se da mesma natureza do poder constituinte exercido no interior de cada Estado (Miranda: 2001, p. 22).

Concordamos com o Mestre de Lisboa no que diz respeito ao sentido de a palavra *constituição* não poder ser o mesmo que surge com as revoluções liberais do século XVIII. Contudo, divergimos quanto à possibilidade limitativa em relação à sua utilização como designativo de uma constituição supra-estatal. Os tratados constitutivos se afiguram hierarquicamente superiores aos atos comunitários derivados, como os regulamentos e as diretivas. Por outro lado, também se mostram superiores aos direitos constitucionais dos Estados, não podendo estes últimos, em princípio, obstacular a aplicação do direito comunitário em face de sua constituição nacional. Merece ser citada a lição de Pierre Pescatore, ex-juiz do Tribunal de Luxemburgo, para quem,

> La formación y estructuración de la Comunidad ha lleva a una doble jerarquización del Derecho: premero, en el interior de la Comunidad, dado que los Tratados constitutivos son derivados de las relaciones de los órganos comunitarios; segundo, la primacía incondicional del Derecho Comunitario respecto a las normas de Derecho Constitucional nacional de cada uno de los miembros de la Comunidad y a las leyes nacionales posteriores (*apud* Caiella: 1999, p. 58).

E diga-se que a questão da primazia da "Constituição" supra-estatal não é simples posicionamento doutrinário, mas realidade corrente a partir do entendimento do próprio TJUE a partir do julgamento de casos paradigmáticos como, por exemplo, os Acórdãos Costa/E.N.E.L., de 1964, e Simmenthal, de 1978. Neste último, os juízes se expressam claramente no sentido do primado do direito comunitário:

> um tribunal interno que seja chamado, dentro dos limites da sua jurisdição, a aplicar as normas do Direito Comunitário, tem o dever de garantir a eficácia dessas normas, se necessário, recusando, por sua própria iniciativa, a aplicação de qualquer norma interna conflituante, mesmo que posterior, não sendo necessário que solicite ou aguarde o afastamento prévio de tal norma por meios legislativos ou constitucionais (Escarameia: 1992, p. 259).

É de se recordar que, aliada à tese da primazia da "Constituição européia", há na UE a institucionalização de um verdadeiro "controle de comunitariedade",[123] à semelhança dos diversos tipos de controle de constitucionalidade dos Estados, admitindo a possibilidade de normas constitucionais serem inconstitucionais, embora em um sentido diverso do bachofiano (cf. Bachof: 1994, *passim*). Os arts. 226 e

---

[123] Expressão utilizada em Sampaio: 2002, p. 55-57.

seguintes do TCE estabelecem uma série de procedimentos junto aos tribunais comunitários para que possam fazer valer a legalidade da UE, com destaque para o reenvio prejudicial, com o seu papel de uniformização da interpretação do direito comunitário.[124]

Para além da tese da supremacia constitucional européia, há ainda uma outra dificuldade a ser superada: a (in)existência de um "povo europeu". Algumas reformulações conceituais acerca da noção de povo parecem ser extremamente importantes, diante da necessidade existencial de legitimação popular do poder constituinte europeu. Vejamos.

A existência ou inexistência de um povo europeu remete necessariamente à clássica indagação sobre quem é o povo, transformada em título de obra de famoso jurista alemão (Müller: 1998). As constituições sempre fazem referência a um povo; os constituintes afirmam estarem elaborando a constituição em nome do povo; os poderes do Estado dizem estar agindo a partir da legitimação popular, direta ou indireta. Mas o conceito de povo, tal como o de nação, parece ser algo que todos sabem, desde que "não se faça muitas indagações acerca dele", como diria Bagehot (cf. Bauer: 2000, p. 45-46). De qualquer modo, o conceito de povo está sempre associado ao de democracia, na junção dos vocábulos gregos *demos* (povo) e *kratos* (governo, autoridade) que dá origem à palavra. Conseqüentemente, os entes políticos democráticos se justificam porque, em última análise, o povo estaria governando (Müller: 1998, p. 49).

Do ponto de vista sociológico, pode-se entender por povo, de acordo com Zippelius,

a totalidade de indivíduos que se sente ligada por um sentimento de afinidade nacional, que, por seu turno, está fundada numa pluralidade de factores, p. ex., o parentesco rácico, a cultura comum (especialmente da língua e da religião), e o destino político comum (Zippelius: 1997, p. 94).

Este conceito sociológico praticamente equipara o conceito de povo ao de nação. Para alargar a compreensão, é preciso dimensionar o conceito de povo em sentido político e jurídico. No primeiro sentido, povo seria o conjunto de cidadãos ativos, aptos a participar do sistema representativo de governo. No segundo, para além da cidadania ativa, compreende-se povo por uma ligação formal e material com o Estado de cidadãos que a este estão vinculados pela nacionalidade e possuem direitos e deveres diante do mesmo e da comunidade política (Bonavides: 2003, p. 74-78; Rawls: 2001, p. 30-31).

Jurídica ou politicamente, o conceito de povo aponta para dados objetivamente postos de atribuição de cidadania e de nacionalidade. Porém, atribuir a alguém a capacidade de ser parte do povo não

---

[124] As outras medidas judiciais são: ação por incumprimento, recurso de anulação, exceção de ilegalidade, recurso por omissão e ação de indenização (cf. Campos: 2002, p. 416ss.).

necessariamente vincula o esforço e o empenho desse alguém em favor de si e da comunidade política, daí a importância do sentido sociológico e do vínculo nacional. Por outro lado, são os conceitos político e jurídico que permitem uma abertura suficientemente ampla para afastarmos a idéia de homogeneidade na caracterização do povo e aceitarmos a possibilidade de um povo heterogêneo.

Se o conceito de *demos* está associado ao de legitimação democrática, a idéia de um povo homogêneo parece-nos inadequada. Se verdade que em alguns Estados como França e Portugal a homogeneidade é bem substancial, em outros como Espanha, Itália, Alemanha e Reino Unido, as heterogeneidades são claramente visíveis. Se não há a homogeneidade pretendida pelo conceito sociológico, pode-se afirmar que não há povo espanhol, povo italiano, povo alemão ou povo britânico? A resposta parece ser negativa, pois, apesar de afinidades culturais e étnicas por vezes até reduzidas devido à heterogeneidade aludida, existe a participação política e a cidadania ativa e passiva nos países citados para aqueles que possuem a referida nacionalidade, além dos direitos e deveres para com o Estado e os demais cidadãos.

Além de não ser inteiramente compatível com a realidade a exigência de que os povos sejam homogêneos, a homogeneidade é construída muitas vezes a partir da submissão de culturas a outras hegemônicas, iconizando a referência "povo" no ambiente político da comunidade, sendo um passo para o surgimento de regimes autoritários e esvaziando a legitimação democrática real, substituindo-a por uma pseudolegitimação através da divulgação ostensiva da idéia de que os que exercem o poder o fazem em nome do povo (haja vista as denominadas "democracias populares" e "repúblicas populares" no leste da Europa e em outros quadrantes) (Müller: 1998, p. 65-73).[125]

Se aceitarmos a possibilidade de povos heterogêneos, as possibilidades de considerar a existência de um "povo europeu" parecem razoáveis.

Há algumas objeções a esse entendimento. As principais são:
1) a inexistência de suficiente homogeneidade;

---

[125] Merece transcrição a lição do referido autor acerca do povo como "ícone": "Em termos bem genéricos, a iconização reside por igual também (*nicht zuletzt*) no empenho de unificar em "povo" a população diferenciada, quando não cindida pela diferença segundo o gênero, as classes ou camadas sociais, freqüentemente também segundo a etnia e a língua, a cultura e a religião. No uso ideológico, tudo isso tornaria a função legitimadora precária. Em contrapartida, o holismo santifica, 'o' povo está atrás da nossa praxis do poder-violência e torna-a inatacável. Nesse ideologema, 'o' povo 'outorga' também a forma de organização do nosso poder-violência, a constituição, não importa como ela possa ser posta e mantida em vigor na realidade. Contradições sociais subsistentes apesar dessa constituição ou em conformidade com ela são ao mesmo tempo justificadas 'substancialmente' com o argumento de que 'o' povo assim as quis. A população heterogênea é 'unificada' em benefício dos privilegiados e dos ocupantes do *establishment*, é ungida como 'povo' e fingida – por meio do monopólio da linguagem e da definição nas mãos do(s) grupo(s) dominante(s) – como constituinte e mantenedora da constituição" (Müller: 1998, p. 72 – grifos do autor).

2) a referência, nos tratados constitutivos, aos "povos da Europa" e não a um "povo europeu";

3) a cidadania da UE caracterizada como cidadania secundária e dependente diretamente da atribuição da cidadania por um Estado membro.

A primeira objeção parece já ter sido respondida. A homogeneidade não é suficiente mesmo nos Estados. É possível falar em povo napolitano e em povo siciliano, além de povo italiano, assim como é possível falar em povo escocês e povo galês, além de povo britânico. Alguns autores chegam a afirmar que sequer seria necessário um povo no sentido dado a partir do constitucionalismo liberal do século XVIII. Como defende Menaut,

> Una comunidad política que se base en un pueblo (étnico, histórico, cultural, religioso o todo a la vez) necesitará una constitución. Y otra comunidad política multiétnica y que no tenga en común más que el deseo de vivir bajo un *rule of law* y sin poderes despóticos, también necesitará una constitución (Menaut: 2001, p. 108).

A constituição, portanto, independe da homogeneidade supra-referida.

Em relação à segunda objeção, também se afigura como insuficiente para afastar a possibilidade de existência de um povo europeu. Lembremo-nos de constituições como a alemã que, no seu preâmbulo, afirma que

> Os alemães nos Estados de Baden-Württemberg, Bayern, Berlin, Brandenburg, Bremen, Hamburg, Hessen, Mecklenburg-Vorpommern, Niedersachsen, Nordrhein-Westfalen, Rheinland-Pfalz, Saarland, Sachsen, Sachsen-Anhalt, Schleswig-Holstein e Thüringen em livre e autodeterminação, consumaram a unidade e a liberdade da Alemanha. A presente Lei Fundamental vale assim para todo o povo alemão.

Por sua vez, a Constituição da Bélgica afirma a existência de três comunidades políticas no seu território: francesa, flamenga e alemã (art. 2º). A Carta espanhola reconhece a existência de nacionalidades diversas, admitindo a existência de "povos espanhóis", além do povo espanhol, no singular (art. 2º). O Reino Unido estabelece órgãos parlamentares autônomos para escoceses e norte-irlandeses, considerando serem povos distintos (Hill: 2002, p. 247ss.).

Falar em povos europeus não exclui a idéia de que seja possível um *demos* europeu, desde que a teoria política aceite que povo possa ser considerado como algo heterogêneo, pois, do contrário, poderíamos ter que admitir a inexistência de povos em diversos Estados, notadamente os destacados acima.

A terceira objeção é um pouco mais complexa e merece uma maior atenção. De fato, a partir do Tratado de Maastricht, o art. 17 passa a instituir uma cidadania da UE. É cidadão da UE todo aquele que possua a nacionalidade de um de seus Estados-Membros, sendo a cidadania européia complementar, e não substitutiva da cidadania nacional. Se o povo é o conjunto de cidadãos e se a cidadania é dada pelo Estado, poder-se-ia conceber, a partir dessa análise, que não há povo europeu em virtude da inexistência de uma cidadania européia autônoma.

Não comungamos desse entendimento. Também aqui a perspectiva intercultural precisa ser ponderada para percebermos que o conceito de cidadania também varia no tempo e no espaço. Por vezes, a cidadania está associada à nacionalidade, havendo, inclusive, freqüente confusão entre os dois conceitos. Embora dentro dos Estados a diferenciação muitas vezes não seja relevante do ponto de vista prático, é necessário ponderar que a teoria política considera em geral que a nacionalidade é requisito para o exercício dos direitos do cidadão nas democracias, ou seja, é necessário ser nacional, diante dos critérios do *jus soli*, *jus sangüinis* ou naturalização, para que possa exercer a cidadania ativa (Zippelius: 1997, p. 104). Diante dessa variação de critérios, podem ser considerados cidadãos aqueles que cumprirem os requisitos da nacionalidade, quaisquer que sejam eles, já que variam de Estado para Estado.

Também no tempo há variações, sendo a mais relevante para este trabalho aquela de que a cidadania nem sempre existiu atrelada ao Estado. A *polis* grega e a *civitas* romana já trazem a idéia de cidadania, embora não sejam Estados. O conceito de cidadão está, por exemplo, na *polis* como algo que vai além da questão política, isto é, de participação nos negócios públicos, mas comporta particularidades em termos de estamentos sociais. Isso ocorre também em Roma, assim como na cidade cristã medieval (Preuß: 1995, p. 269).

Se a cidadania não está atrelada ao Estado, é plausível concebermos a cidadania da UE e, conseqüentemente, a existência de um povo da UE que coexiste com os povos dos Estados. Saliente-se que a cidadania européia, embora complementar, implica direitos e deveres para os europeus diversos daqueles estabelecidos nacionalmente, inclusive oponíveis ante outros Estados-Membros. Destaque-se que os cidadãos da UE possuem, enquanto tais, direitos próprios, dentre os quais se destacam:

a) o reconhecimento incondicional de sua nacionalidade (e, conseqüentemente, da cidadania européia) por outro Estado membro que não o seu (Díez-Picazo: 2002, p. 47; Preuß: 1995, p. 267);

b) o direito de livre circulação e residência dentro do território dos Estados membros da UE (TCE, art. 18, 1);

c) o direito de eleger e ser eleito nas eleições municipais e para o Parlamento Europeu no Estado em que reside, nas mesmas condições dos nacionais deste último (TCE, art. 19, 1);

d) o direito de proteção diplomática e consular por parte das autoridades diplomáticas de qualquer dos Estados membros da UE se estiverem em Estados terceiros (que não fazem parte da UE) e seu Estado não se encontrar aí representado (TCE, art. 20).

É verdade que, em termos de legitimação democrática, como vimos, a UE está muito aquém do que deveria. Há uma distância muito grande entre a Comunidade e o cidadão comum, dificultando a insurgência efetiva desta cidadania européia, sentindo-se o europeu contemporâneo muito mais cidadão do seu Estado do que da UE. Contudo, se é possível falar, ainda que complementarmente, em cidadãos europeus, também se pode afirmar, no nosso entender, a existência de um povo europeu coexistindo com os povos nacionais.

Em relação a tudo que foi exposto aqui acerca da "Constituição" européia, a teoria intercultural da constituição aqui defendida propõe as seguintes teses para a compreensão da referida constituição:

1) independentemente da aprovação final pela ratificação popular do Projeto de Constituição Européia, deve ser aceita a existência da Constituição da UE a partir da relativização dos conceitos clássicos em torno do fenômeno constitucional;

2) a Constituição da UE caracteriza-se, até o presente momento, por ser dispersa e sedimentada em tratados internacionais, além da jurisprudência do TJUE, conformadora dos principais caracteres jurídicos das Comunidades;

3) é uma constituição que se refere a um ente não-estatal, saindo do binômio constituição-Estado e conformando-se como hierarquicamente superior em relação aos direitos nacionais (embora isso não valha sem restrições) e diretamente aplicável no território dos Estados membros da UE;

4) é decorrente da gradativa sedimentação de uma cultura constitucional supraestatal, que ainda está em formação (Duina & Breznau: 2002, *passim*);

5) em termos ideológicos, é predominantemente liberal, embora aceite algumas ponderações sociais e a presença de normas com tal conteúdo seja crescente (cf. Habermas: 2001a, p. 127-129; Rifkin: 2004, p. 274);

6) em termos sistêmicos, estabelece-se como uma constituição que mistura técnicas do *common law* e do romanismo, embora o Projeto de Constituição para a Europa aprovado esteja na direção da codificação típica deste último sistema;

7) é oriunda indiretamente das cidadanias nacionais, embora já estabeleça uma cidadania européia e, conseqüentemente, um povo europeu, embora este último ainda não participe tão ativamente de sua feitura e de suas revisões (daí o tão propalado déficit democrático, tanto em relação à Constituição, como em relação ao restante da legislação comunitária, assim como na pouca participação do cidadão europeu no cotidiano da UE).

9.3.2.2. Teoria intercultural da constituição e as constituições dos Estados-Membros da União Européia: constituições sem supremacia hierárquica?

Diante das afirmativas esboçadas no ponto anterior de que a UE possui mesmo uma constituição, independentemente do projeto de codificação ser definitivamente aprovado, um outro problema se mostra relevante para a teoria intercultural: a subsistência das constituições nacionais. Que elas permanecem, isso está fora de dúvidas. Mas a indagação é: qual o papel das mesmas diante da primazia do direito comunitário e da Constituição da UE? Acaba a supremacia hierárquica das constituições dos Estados? É o debate que se afigura importante neste momento.

De um lado, como vimos, há uma permanente afirmação por parte dos órgãos comunitários, notadamente a partir das decisões do TJUE, de que o direito comunitário prevalece sobre o direito interno dos Estados-Membros. E tal afirmação, para além do caráter retórico, tem o condão de ensejar a aplicabilidade direta do ordenamento jurídico da UE, assim como forçar a delegação de prerrogativas soberanas dos Estados para a Comunidade.

Entretanto, essa primazia não vale sem restrições, e há ponderações relevantíssimas a serem consideradas, pois a supremacia hierárquica da Constituição da UE é uma supremacia apenas parcial. A partilha de atribuições soberanas, ainda que em caráter delegativo, faz com que a superioridade da Constituição comunitária seja uma realidade, mas recorde-se que, ao partilhar as prerrogativas, os Estados permanecem com muitas competências soberanas, algumas delas substancialmente importantes. O que ocorre é que com a repartição, é imprescindível a articulação desse constitucionalismo em rede a partir da interconstitucionalidade (Pires: 1997, p. 18; Canotilho: 2002a, p. 1409-1414; Rangel: 2000, p. 137-151). Vejamos quais as possibilidades da teoria intercultural da constituição em termos de respostas plausíveis à questão da supremacia hierárquica. Para isso, propomo-nos a uma breve análise de duas perspectivas constitucionais bem diferenciadas na UE: a alemã, entusiasta da UE, mais ligada à cultura constitucional social e romano-germânica, e a britânica, reticente quanto à Comunidade, de cultura constitucional liberal e ligada ao *common law*.

Como já destacamos, a Alemanha é indubitavelmente um dos Estados mais engajados no processo integracionista europeu. Não só está neste processo desde a "Europa dos Seis", ainda na CECA, como é dos mais favoráveis à ampliação e ao aprofundamento da UE (Pfetsch: 2001, p. 282). Dispensa maiores comentários a importância econômica e estratégia do país, a ponto de o ex-Primeiro Ministro espanhol Felipe González ter associado o sucesso ou o fracasso da UE ao sucesso ou fracasso da Alemanha (Mann: 2000, p. 324). Para além da questão econômica, razões históricas, culturais e geográficas, fazem a liderança alemã ser quase inconteste. Geograficamente, a Alemanha ocupa posição extremamente estratégica, pois está localizada precisamente no centro da Europa. Do ponto de vista histórico-cultural, além de possuir uma das mais ricas culturas do ocidente, foi palco dos principais acontecimentos mundiais do século passado, como as duas grandes guerras e a construção e queda do famoso Muro de Berlin, cujo simbolismo é bastante significativo da tensão da "Guerra Fria" entre capitalismo e comunismo. Por todas essas razões, a Alemanha praticamente ascende naturalmente à liderança comunitária (cf. Galindo: 2002a, p. 106; Galindo: 2005, *passim*).

Com o aprofundamento da integração européia trazido pelo Tratado de Maastricht, os Estados necessitam abdicar com maior intensidade de suas prerrogativas soberanas. Na Alemanha, os parlamentares incumbidos do poder de reforma constitucional promulgam em dezembro de 1992 a 38ª Lei de Modificação da Lei Fundamental (*Gesetz zur Änderung des Grungesetzes*),[126] que adiciona novos textos aos arts. 23, 24 (1a), 28 (1), 45, 52 (3a) e 88 e altera os textos dos arts. 50 e 115-E. Estas modificações visam a adaptar a Constituição alemã ao direito comunitário pós-Maastricht.

O mais relevante deles, para o nosso propósito, é o art. 23, que, no seu novo texto, trata especificamente da UE. O texto anterior fora suprimido por completo, pois dizia respeito às possibilidades de aplicação territorial da Lei Fundamental, tendo em vista a condução da Alemanha dividida à reunificação, o que ocorre em 1990, esgotando as possibilidades de aplicabilidade do referido artigo (Rogeiro: 1996, p. 152-153). Em seu lugar, veio o seguinte teor:

> 1. Para a realização de uma Europa unida, a República Federal da Alemanha colabora no desenvolvimento da União Européia, que está vinculada a princípios democráticos, de Estado de direito, sociais e federativos, bem como ao princípio da subsidiariedade e à garantia de proteção de direitos fundamentais substancialmente comparável a esta Lei Fundamental. A Federação pode, para esse efeito, transferir direitos de soberania, através de lei e com a concordância do Conselho Federal. À instituição da União Européia, assim como às alterações dos seus fundamentos contratuais e regulações comparáveis, através das quais se altere ou complemente o conteúdo desta Lei Fundamental, ou sejam autorizadas essas alterações ou complementações, são válidos os nos. 2 e 3 do art. 79.
>
> 2. Nos assuntos da União Européia, participam o Parlamento Federal (*Bundestag*) e, por meio do Conselho Federal (*Bundesrat*), os Estados (*Länder*). O Governo Federal (*Bundesregierung*) deve informar o Parlamento Federal e o Conselho Federal, pormenorizadamente e com a máxima antecedência possível.
>
> 3. O Governo Federal dá ao Parlamento Federal a oportunidade de tomada de posição antes de sua participação em atos legislativos da União Européia. O Governo Federal leva em consideração as opiniões do Parlamento Federal em relação às negociações. A regulamentação será feita por lei.[127]

Como se percebe, o novo art. 23, 1, trata das possibilidades de transferências de direitos de soberania para a UE. Em verdade, apesar de o termo utilizado pelo poder reformador alemão ser *übertragen*, cujo equivalente no idioma português é "transferir", parece-nos que a idéia fundamental, notadamente a partir da jurisprudência do Tri-

---

[126] Semelhante à nossa Emenda à Constituição (CF, art. 59, I, e 60).

[127] O referido artigo possui mais quatro incisos, mas os consideramos de desnecessária transcrição para a dimensão deste trabalho.

bunal Constitucional Federal (*Bundesverfassungsgericht*), é a da possibilidade de delegação, e não de transferência de prerrogativas ou direitos de soberania (*Hoheitsrechte*). Explique-se: na transferência de prerrogativas ou direitos de soberania, há uma alienação desses da parte de quem até então é – e deixa de ser – seu titular, enquanto na delegação, a titularidade dos poderes delegados conserva-se no órgão titular ou delegante (cf. Dantas: 2000b, p. 20). A titularidade da soberania permanece adstrita ao Estado alemão, embora haja delegação de parte desta soberania à UE, o que faz com que o direito comunitário prepondere em relação ao direito alemão, mas com algumas ressalvas oriundas das relações interconstitucionais entre as cartas alemã e supra-estatal. Observe-se o que afirma Schweitzer,

> O conceito de "transferência" não deve ser interpretado literalmente. Em especial, entende-se que o processo de transferência não é comparável a uma transmissão de propriedade ou a uma cessão. Percebe-se muito mais na regra uma renúncia do exercício dos direitos de soberania transmitidos em favor da nova instituição interestatal estabelecida pela República Federal. Esta tolera – enquanto é parte no Tratado – o exercício do poder soberano pela instituição interestatal" (Schweitzer: 2000, p. 21 – tradução livre).[128]

E também Hesse,

> A validez direta do Direito Comunitário e sua primazia sobre o direito nacional são pressuposto da capacidade funcional da comunidade; essa não pode ser tornada dependente da concordância de seu direito com as normalizações, possivelmente diferentes, do direito nacional dos Estados-membros. Por isso, Direito Comunitário não pode ser, por direito nacional, nem abolido, nem modificado. No caso de uma colisão, ele prevalece, fundamentalmente, ao direito nacional. Para o Direito Constitucional alemão, isso não vale, naturalmente, sem restrição (Hesse: 1998, p. 98).

O próprio texto do art. 23, 1, destaca a necessidade de vinculação aos princípios da democracia, do Estado social de direito, da federação, da subsidiariedade e da garantia de proteção aos direitos fundamentais. E para a finalidade de construir uma Europa unificada com respeito aos princípios aludidos é que o Estado alemão autoriza a delegação/transferência das prerrogativas soberanas, mediante lei aprovada pelo Parlamento Federal (em que têm assento os representantes do povo – equivalente à Câmara dos Deputados brasileira) e com a concordância do Conselho Federal (em que estão os representantes dos Estados alemães – equivalente ao Senado Federal brasileiro). Ademais, o direito comunitário precisa respeitar os limites ao poder de reforma estabelecidos no art. 79, 2 e 3, qual seja, o procedi-

---

[128] No original: "Der Begriff der '*Übertragung*' ist nicht wörtlich zu interpretieren. Insbesondere versteht man darunter nicht einer Übertragungsvorgang, der vergleichbar ist einer Übereignung oder einer Zession. Man sieht darin vielmehr in der Regel einen Verzicht auf die Ausübung der übertragenen Hoheitsrechte zugunsten der neu gegründeten zwischenstaatlichen Einrichtung durch die Bundesrepublik. Diese duldet – solange sie Vertragspartner ist – die Ausübung der Hoheitsgewalt durch die zwischenstaatliche Einrichtung (grifos do autor).

mento de votação parlamentar por maioria qualificada e as cláusulas pétreas do nº 3, que vedam as modificações que afetem o federalismo alemão, assim como a proteção à dignidade humana e aos fundamentos naturais da vida (arts. 1o. e 20 da Lei Fundamental).

Em um primeiro momento, em 1974, o Tribunal Constitucional alemão, preocupado com o relativo desleixo das Comunidades e da jurisprudência do seu Tribunal de Justiça acerca da salvaguarda dos direitos fundamentais no âmbito comunitário, recusa a supremacia absoluta do direito comunitário sobre o direito nacional no Acórdão que fica conhecido como "Enquanto I" (*Solange I*). Na ocasião, o *Bundesverfassungsgericht* se considera competente para declarar inaplicáveis disposições do direito comunitário em face dos direitos fundamentais previstos na Lei Fundamental, assim como em face à estrutura fundamental da Constituição (leia-se: federação – art. 79, 3), "enquanto" as Comunidades não garantissem com segurança razoável este *standard* de direitos fundamentais. Posteriormente reformula a denominada "fórmula-enquanto", no Acórdão *Solange II* (1993), diante do desenvolvimento "intermediário" do referido *standard*. Enquanto a UE garantir uma proteção dos direitos fundamentais eficaz, igualando no essencial a que é propiciada pela LF, face às prerrogativas soberanas comunitárias, o Tribunal Constitucional não mais exercerá sua jurisdição sobre a aplicabilidade do direito comunitário derivado (Hesse: 1998, p. 99-102; Campos: 2002, p. 385-386; Schwabe: 2000, p. 461-462; Maduro: 2003, p. 21; Llorente: 2002, p. 15-16; 25; Medeiros: 2001, p. 230-231; Witte: 1996, p. 504-505).

Em verdade, a preocupação com os direitos fundamentais diminui no TCF na medida em que, desde o Tratado de Maastricht, com reafirmação pelo de Amsterdã, a proteção dos direitos fundamentais é expressamente assegurada pelo TUE, art. 6º, 2:

A União respeitará os direitos fundamentais tal como os garante a Convenção Europeia de Salvaguarda dos Direitos do Homem e das Liberdades Fundamentais, assinada em Roma em 4 de Novembro de 1950, e tal como resultam das tradições constitucionais comuns aos Estados-Membros, enquanto princípios gerais do direito comunitário (cf. tb. Vilaça: 1999, p. 31).

Permanece, entretanto, a preocupação do Tribunal com as competências estratégicas dos órgãos constitucionais alemães. Por isso, na decisão aludida, levantam o desrespeito ao art. 38, que trata da eleição para o Parlamento Federal. A legitimidade democrática conferida a este, consagrando o princípio democrático da LF, pode ser afetada com a expansão indiscriminada das tarefas e competências soberanas para a UE, devendo o *Bundestag* permanecer com tarefas e atribuições de peso substancial (Schwabe: 2000, p. 461; Schweitzer: 2000, p. 32-33). Ademais, preocupa-se com a preservação de suas próprias competências, assegurando a si mesmo a possibilidade de examinar se os atos jurídicos oriundos das instituições e órgãos da UE cumprem os limites estabelecidos na delegação dos direitos de soberania ou se os estão desrespeitando (Schwabe: 2000, p. 462).[129]

Em termos, o TCF estabelece efetivamente a idéia de soberania partilhada entre a UE e a Alemanha, havendo uma coexistência de entes com parcelas distintas de atribuições soberanas.

A classificação proposta por Öhlinger no início do capítulo para a Constituição austríaca, parece ser adequada para caracterizar também as relações entre a LF alemã e o direito comunitário. Em termos hierárquicos, prevalecem os princípios fundamentais da LF, mas o direito comunitário primário (Constituição da UE) e o direito comunitário secundário (regulamentos, diretivas etc.) prevalecem em relação ao restante do direito nacional alemão, incluído aí o direito constitucional. Como assevera Poiares Maduro,

> El Tribunal Constitucional alemán mantiene su jurisdicción sobre el derecho de la UE pero, al tiempo, previene conflictos concretos al abstenerse de ejercer esa jurisdicción mientras el derecho de la UE satisfaga los principios básicos de la Constitución alemana (Maduro: 2003, p. 21).

O caso alemão propicia as seguintes reflexões para a teoria intercultural da constituição:

> 1) parece não ser mais possível falar em uma supremacia hierárquica da constituição nos moldes da *Stufenbautheorie* dos normativistas; conseqüentemente, o escalonamento das normas jurídicas com a constituição no seu ápice, tal como a "pirâmide" de Kelsen, não mais serve para explicar a posição da constituição diante das mudanças provocadas pela Constituição da UE;
>
> 2) a idéia de unidade da constituição parece não mais subsistir; efetivamente a idéia de que a constituição é um todo monolítico encontra seriíssimas contestações de ordem objetiva: parte desta constituição (os princípios básicos) continua superior a todo o ordenamento jurídico (incluído aí o direito comunitário) e parte dela se subordina à legislação comunitária (incluídas aí as normas comunitárias derivadas e não somente a Constituição supraestatal); há na constituição, portanto, uma hierarquia interna explícita, fazendo ruir a idéia de unidade constitucional;
>
> 3) em termos operacionais, além da divisão das atribuições legislativas e executivas, a partilha também se estende ao campo judiciário: o Tribunal Constitucional mantém a competência para analisar a compatibilidade das normas comunitárias com os fundamentos da constituição nacional, exercendo o controle de constitucionalidade do direito comunitário; porém, o TJUE detém a competência para, na interpretação do direito comunitário, declarar incompatível norma nacional, inclusive constitucional, com o referido direito, exercendo um controle de constitucionalidade/comunitariedade a nível supraestatal; há, portanto, uma duplicidade de controles de constitucionalidade;

---

[129] Alguns autores, entretanto, alertam para um certo esvaziamento das competências dos Estados (*Länder*) alemães, devido à sua pequena influência na elaboração das normas comunitárias, vinculantes também para eles (Kokott: 1999, p. 180ss.).

4) a pluralidade constitucional é evidente, causando uma ruptura com as culturas constitucionais clássicas (liberal, social, romanista ou *common law*), todas elas sedimentadas na constituição estatal monolítica;

5) não se trata de afirmar o fim da supremacia hierárquica da constituição, mas de dimensionar que tal supremacia sobrevive no que diz respeito aos princípios fundamentais, mas está obsoleta quanto ao restante da constituição; a supremacia constitucional é atualmente parcial e partilhada no constitucionalismo em rede com a Constituição supraestatal e o seu direito derivado.

As observações acima podem ser ponderadas adaptativamente nos demais casos de países da UE com características aproximadas ao constitucionalismo alemão.

Analisemos agora o caso britânico, cujas substanciais diferenças para com o caso alemão torna-o especialmente relevante para a questão aqui discutida.

Por variadas motivações, o Reino Unido é, historicamente, reticente quanto ao processo de integração européia. Politicamente falando, os britânicos possuem, na década de 50 do século XX, esferas de interesse bastante diversas, o que faz com que a criação das Comunidades (CECA, CEE e CEEA) se dê sem a sua participação. As relações privilegiadas com os EUA e com a *Commonwealth* determinam um certo distanciamento inicial do Reino Unido em relação à Europa continental, o que só é atenuado na década seguinte. Como vimos, somente em 1972 os britânicos adentram as Comunidades. Embora firmem posição favorável ao livre-comércio e ao mercado comum, têm-se mostrado contrários à perspectiva de uma política social européia (dada a cultura constitucional liberal) e ao aprofundamento comunitário (tanto que se encontram ausentes da união econômica e monetária) (Pfetsch: 2001, p. 73-76; 283). Ainda assim, constitui o Reino Unido um gigante econômico e político, cuja presença na UE é vista, regra geral, como importante e vantajosa, ainda que só integre o mercado comum.

Em termos de direito constitucional, no Reino Unido não há a superioridade hierárquica da constituição nos moldes da teoria escalonada do direito, de feição romano-germânica. Ao contrário, a supremacia constitucional é substituída pela supremacia do Parlamento de Westminster. A tradição democrática britânica rejeita a possibilidade de técnicas de superioridade da constituição do tipo *judicial review* por perceber no Parlamento a instância de democracia adequada à limitação dos poderes e à garantia dos direitos fundamentais dos súditos-cidadãos.

A supremacia do Parlamento, de existência tricentenária e considerada pelos autores em geral como a principal característica do sistema constitucional do Reino Unido, preconiza formalmente uma completa independência da Casa parlamentar diante dos demais órgãos estatais, não podendo estes estabelecer qualquer limitação ou revisão às decisões dos parlamentares (Dicey: 1982, p. 3; Barendt: 1998, p. 86-89; Hartley: 1999, p. 168; Weill: 2003, *passim*). Em termos formais, não há supremacia hierárquico-normativa, não há dispositivos imutáveis, não há procedimentos mais rigorosos para a reforma da constituição do que os exigíveis para as reformas das leis em geral, assim como não existe o controle judicial da constitucionalidade dos atos normativos do Parlamento (Galindo: 2004, p. 311-312; Bradley: 2004, p. 33-35).

Entretanto, assim como a idéia de supremacia hierárquica da constituição é mitigada na Alemanha e nos países da UE em geral, na medida em que delegam/transferem direitos de soberania para a Comunidade, também a idéia de supremacia do Parlamento em solo britânico começa a ser relativizada com o Ato das Comunidades Européias (*European Communities Act*) de 1972, que constitucionaliza a adesão do Reino Unido às Comunidades com a conseqüente aceitação das normas presentes nos tratados comunitários, assim como no direito comunitário derivado. Em razão deste Ato o Parlamento de Westminster cede parte de sua supremacia legislativa aos entes comunitários e aceita, como principal órgão decisório de Estado-Membro da UE, a superioridade do direito comunitário em relação ao direito nacional, assim como sua aplicabilidade direta (Hill: 2001, p. 685; Craig: 2004, p. 106ss.).

Em verdade, como assevera Hartley, quando o Reino Unido entra nas Comunidades, não há necessidade de uma reforma constitucional, como ocorre em alguns países; basta a aprovação de um Ato do Parlamento, que é, *in casu*, o *European Communities Act*. Com este passa a ser possível a vigência dos atos normativos comunitários no Reino Unido. A aplicabilidade direta é preconizada pela seção 2 (1) do referido Ato que possui o seguinte teor:

> Todos os direitos, poderes, responsabilidades, obrigações e restrições de tempo em tempo criados ou surgidos através dos ou sob os Tratados, e todos os remédios e procedimentos de tempo em tempo previstos pelos Tratados ou sob os mesmos, de acordo com os Tratados estão, sem a necessidade de promulgação, aptos para terem efeitos legais ou serem utilizados no Reino Unido, sendo reconhecidos e disponibilizados juridicamente, assim como obrigatórios, permitidos e executados, conseqüentemente (Hartley: 1999, p. 169; Hill: 2002, p. 28 – tradução livre).[130]

Com o referido Ato, há a abertura do sistema jurídico britânico ao direito comunitário, com a prevalência deste último. Mas surge um questionamento bastante relevante: admitindo que o Parlamento se obriga voluntariamente a certas condutas que implicam, em termos

---

[130] No original: "All such rights, powers, liabilities, obligations and restrictions from time to time created or arising by or under the Treaties, and all such remedies and procedures form time to time provided for by or under the Treaties, as in accordance with the Treaties are without further enactment to be given legal effect or used in the United Kingdom shall be recognized and available in law, and be enforced, allowed and followed accordingly".

práticos, uma renúncia, ainda que não absoluta, à sua supremacia, poderia um Ato posterior do mesmo Parlamento revogar tais obrigações assumidas pelo Estado britânico (já que o Parlamento é superior aos outros órgãos estatais e não há como modificar a sua vontade)? Algumas notas merecem destaque acerca da problemática.

Segundo o sempre citado Hartley, a tradicional doutrina da soberania do Parlamento pode ser expressa em três proposições simples:

> 1) não há limites legais para as leis que o Parlamento pode aprovar;
>
> 2) como exceção à regra anterior, não pode o Parlamento validamente limitar seus próprios poderes futuros;
>
> 3) na possibilidade de conflito entre dois Atos do Parlamento, o posterior prevalece sobre o anterior (Hartley: 1999, p. 170).

Diante das afirmativas do Professor inglês, a resposta seria positiva, pois se o Parlamento é supremo, pode ele validamente reformar qualquer legislação, incluindo o Ato das Comunidades Européias de 1972. É necessário, no entanto, redimensionar esse entendimento, diante do que têm afirmado as próprias Cortes britânicas.

Não podemos olvidar que, em que pese a supremacia do Parlamento, o *common law* britânico é, concretamente, um direito jurisprudencial, ocasionando que a dimensão efetiva dos próprios *Acts* do Parlamento termine sendo dada pela jurisprudência. Confira-se a afirmativa de René David:

> de fato, as disposições da lei inglesa acabam rapidamente sendo submersas por uma massa de decisões jurisprudenciais, cuja autoridade se substituiu à dos textos legais; o espírito geral da lei arrisca-se a ser esquecido e a finalidade que ela procurava atingir perde-se de vista, no emaranhado das decisões que se destinaram a resolver, cada uma delas, um ponto de pormenor particular (David: 1998, p. 343-344).

Em adendo ao que assevera David, percebe-se que a supremacia do Parlamento, embora não seja negada diretamente por nenhum juiz ou tribunal britânico, termina por ser mitigada na prática interpretativa dos tribunais. Fazendo uso dos processos hermenêuticos, os magistrados ditam sentenças criativas e, em vez de anular leis, interpretam-nas até criarem nova norma, incorporando-a ao ordenamento jurídico do Estado, através da técnica do precedente vinculante. Como destaca Lafuente Balle, é o que faz o *Appellate Committie* da Câmara dos Lordes: acata o princípio da supremacia do Parlamento e reconhece que não pode anular a legislação oriunda deste último, mas interpreta as normas, ditando sentenças corretivas, manipulativas, aditivas, redutivas ou diretivas, enfim, o mesmo tipo de sentenças criativas que os tribunais constitucionais da Europa continental elaboram (*apud* Streck: 2002, p. 246-247).

Se isso se aplica à atuação cotidiana das cortes britânicas, torna-se necessária a observação acerca do que dizem os Lordes Juristas (*Law Lords*) do Ato das Comunidades Européias e suas conseqüências para o constitucionalismo britânico. Vejamos o que defende Lord Bridge, no julgamento do caso *R x Secretary of State for Transport, ex parte Factortame (no. 2)"*, em 1991:

> Sob os termos do Ato das Comunidades Européias de 1972, tem sempre sido claro que é um dever de uma corte do Reino Unido, quando proferindo julgamento final, anular qualquer regra de direito nacional que entenda estar em conflito com qualquer regra diretamente obrigatória de direito comunitário (Hartley: 1999, p. 171; Barendt: 1998, p. 98 – tradução livre).[131]

Como destaca Lord Bridge, o seu entendimento é apenas continuação de entendimento já consolidado no Comitê de Apelação da Câmara dos Lordes de que a supremacia do Parlamento, a partir do *European Communities Act*, é relativizada, e não poderia ser oposta ao direito e à Constituição da UE.[132] Embora em princípio isso seja verdadeiro, as restrições, tal como no caso alemão, também subsistem.

Em virtude da dificuldade que ensejaria a possibilidade de, com a aplicação do princípio da *lex posteriori derogat priori*, qualquer lei implicitamente poder revogar o Ato de 1972, assim como impossibilitar a aplicação dos atos normativos comunitários, os tribunais têm decidido não aplicar os Atos que conflitem com os dispositivos do direito comunitário. Qualquer Ato do Parlamento que possa implicitamente revogar aquela legislação não deve ser aplicado, prevalecendo a supremacia do direito comunitário em lugar da supremacia da Câmara dos Comuns.

Contudo, há diferença entre a revogação implícita e a explícita. No segundo caso, prevalece a supremacia do Parlamento, pois a superioridade hierárquica do direito comunitário somente se verifica com a permanência do Reino Unido na UE. Se este se retira das Comunidades, revogando expressamente, mediante novo Ato do Parlamento, o *European Communities Act*, não caberia aos tribunais britânicos declarar a inconstitucionalidade daquele novo *Act* parlamentar.

O que as cortes britânicas pretendem é conciliar hermeneuticamente a supremacia do Parlamento e a primazia do direito comunitário, sem negar nenhuma delas. Aplicando a ponderação proporcional dos princípios do constitucionalismo britânico e do constitucionalismo europeu, os referidos magistrados chegam a uma posição intermediária: a supremacia do Parlamento subsiste, entre-

---

[131] No original: "Under the terms of the [European Communities Act 1972] it has always been clear that it was the duty of a United Kingdom court, when delivering final judgement, to override any rule of national law found to be in conflict with any directly enforceable rule of Community law".

[132] Tal relativização recebe a partir de 1998 um reforço com o Ato dos Direitos Humanos (*Human Rights Act*) que permite a utilização dos mesmos critérios preferenciais do direito comunitário na aplicação em solo britânico da Convenção Européia para a Salvaguarda dos Direitos Humanos e das Liberdades Fundamentais, de 1950 (cf. O'Neill: 2002, *passim*; Hill: 2002, p. 35; Barendt: 1998, p. 46-48; Galindo: 2004, p. 313).

tanto, relativizada no respeitante ao direito comunitário. Como o próprio Parlamento se autolimita com o Ato das Comunidades, cabe às cortes zelar por essa autolimitação. O Parlamento pode revogar os dispositivos do *European Communities Act*, mas terá que fazê-lo de forma expressa, pois, do contrário, os tribunais estão autorizados a não aplicar o Ato do Parlamento que esteja contrastando com as disposições do direito comunitário (Hill: 2002, p. 28-32).

Conforme destaca Barendt,

> As cortes têm decidido não aplicar estatutos que conflitem com provisões de direito comunitário diretamente aplicáveis. A posição seria, quase certamente, bem diferente se o Parlamento está a promulgar legislação expressamente revogando o Ato das Comunidades Européias de 1972, como uma conseqüência da retirada do Reino Unido da União. As cortes aplicariam, quase certamente, aquela legislação sobre o Tratado de Roma e o direito comunitário. Todavia, essa expectativa não é suficiente para sustentar a visão de que o Parlamento ainda desfrute de supremacia legislativa indiscriminada. Não é assim enquanto o Reino Unido continua um membro da União Européia (...). Lord Bridge enfatizou no caso *Factortame* que o Parlamento tem voluntariamente aceito um limite nos seus poderes legislativos através da vigência do Ato das Comunidades Européias de 1972. O Parlamento tem direcionado as cortes, pelas seções 2 e 3 do Ato, a dar prioridade ao direito comunitário diretamente aplicável (Barendt: 1998, p. 99).[133]

Diante das considerações acima ponderadas, a teoria intercultural da constituição também pode propor as seguintes ponderações:

> 1) a tradicional doutrina da supremacia absoluta do Parlamento encontra-se limitada a partir do Ato das Comunidades Européias de 1972; este estabelece autolimitações para o Parlamento no que diz respeito aos Atos posteriores, fazendo ruir a idéia de que o Parlamento não pode vincular os seus poderes futuros;
>
> 2) há uma abertura da Constituição do Reino Unido para a aceitação dos atos normativos de direito comunitário, tanto originários, como derivados, ainda que esses atos possam não estar regulamentados pelo Parlamento de Westminster, de acordo com as regras clássicas de incorporação de normas de direito internacional (aplicabilidade direta do direito da UE);
>
> 3) há uma supremacia dúplice, de um lado, do Parlamento, e de outro, do direito comunitário, havendo, de uma forma heterodoxa diante da cultura constitucional européia continental (leia-se: romanista), uma repartição de soberania entre o Parlamento e os órgãos comunitários, igualmente dentro das limitações da delegação; aqui

---

[133] No original: "The courts have decided not to apply statutes which conflict with directly effective provisions of Community law. The position would almost certainly be quite different if Parliament were to enact legislation expressly repealing European Communities Act 1972, as a consequence of United Kingdom withdrawal from the Union. The courts would almost certainly apply that legislation over the Treaty of Rome and Community law. However, this expectation is not enough to support the view that Parliament still enjoys unqualified legislative supremacy. It does not while the United Kingdom remains a member of the European Union. (...) Lord Bridge emphasised in Factortame that Parliament had voluntarily accepted a limit on its legislative powers through passage of the European Communities Act 1972. Parliament had directed the courts, in sections 2 and 3 of the Act, to give priority to directly effective Community law".

parece claro que há delegação e não transferência de prerrogativas soberanas à UE, tendo em vista que é explicitamente aceita a possibilidade de revogação do *European Communities Act*;

4) aqui a pluralidade constitucional também mitiga os postulados clássicos da cultura constitucional do *common law* britânico, obrigando os juristas do Reino Unido a reformularem substancialmente suas teorias mais consolidadas acerca do fenômeno constitucional e trabalharem com novas categorias até então estranhas ao seu sistema jurídico, visto que a UE é majoritariamente composta por países vinculados ao romano-germanismo;

5) as dificuldades para o Reino Unido poderão aumentar a partir de uma possível ratificação do Projeto de Constituição Européia, aprovado em 2004; a codificação constitucional da UE poderá conduzir a prováveis dificuldades teóricas que somente uma abordagem intercultural permite uma compreensão mais aproximativa do fenômeno insurgente.

A partir da análise de casos tão díspares, é possível antever algumas conclusões, necessariamente provisórias, em torno da subsistência da supremacia hierárquica das constituições dos Estados-Membros da UE diante do interculturalismo constitucional:

1) a supremacia hierárquica da constituição não é sempre um pressuposto da soberania dos Estados, haja vista que dentre os britânicos a supremacia é atribuída ao Parlamento e não à constituição;

2) conseqüentemente, as constituições subsistem nos Estados membros da UE, ainda que não possuam primazia;

3) a referida primazia, seja da constituição, seja do Parlamento, subsiste em boa medida, mas não pode mais ser pensada em termos de teoria escalonada do ordenamento jurídico, pois a idéia monolítica do hermetismo sistêmico encontra-se em franco declínio diante de uma realidade constitucional cada vez mais intercultural, sendo necessário que a teoria da constituição trabalhe com a categoria de supremacia partilhada para que seja "constitucionalmente adequada" a suprir o déficit cognitivo das teorias clássicas da constituição;

4) a interconstitucionalidade, na medida em que pressupõe o pluralismo constitucional, demonstrado à exaustão, propicia a insurgência dessas novas categorias interculturais, imprescindíveis à epistemologia contemporânea da constituição.

Quarta Parte

Teoria intercultural da constituição e novos entes jurídicos supra-estatais (II): Constituição e integração interestatal no continente americano

10. O Brasil e os modelos de integração no continente americano

> "Soy loco por ti, América,
> Yo voy traer una mujer playera
> Que su nombre sea Marti,
> Que su nombre sea Marti,
> Soy loco por ti de amores,
> Tenga como colores la espuma blanca de Latinoamérica,
> Y el cielo como bandera,
> Y el cielo como bandera.
> Soy loco por ti, América,
> Soy loco por ti de amores.
> Sorriso de quase nuvem,
> Os rios, canções, o medo,
> O corpo cheio de estrelas,
> O corpo cheio de estrelas,
> Como se chama a amante
> Desse país sem nome,
> Esse tango, esse rancho, esse povo,
> Dizei-me, arde o fogo de conhecê-la,
> O fogo de conhecê-la"
> (Gilberto Gil/Capinan: Soy Loco por Ti América).

10.1. Considerações iniciais

Trabalhar a constituição e a integração interestatal no continente americano é lidar com aspectos do interculturalismo constitucional muito diversos dos existentes na Europa. Enquanto as hegemonias no continente europeu tendem sempre a ser mitigadas pela diversidade de padrões culturais razoavelmente solidificados, no caso americano, o processo tem sido diverso. A idéia de integração no continente americano padece de dificuldades históricas de implementação prática, pois as disparidades entre os países que se localizam na América são muitíssimo superiores às existentes em solo europeu. Um processo de integração entre Estados com realidades socioeconômicas tão diferentes, tais como EUA, Canadá, Honduras e Paraguai, por exemplo, enfrenta desafios muito maiores do que o mero diálogo intercultural entre constituições. A perspectiva da imposição de modelos hegemônicos, diante de tais disparidades, implica uma incorporação forçada desses países a interesses que na maioria das vezes não são os seus, mas, com a ausência de alternativas, aparecem como um mal menor do que o sofrimento de sanções de ordem econômica, como ocorre em Estados que, de algum modo, optam pelo enfrentamento direto com o hegemonismo, como no caso de Cuba diante dos norte-americanos.

Apesar disso, a idéia de integração americana não é tão recente. Pode-se referir à possibilidade de unidade da América hispânica em princípio do século XIX com os movimentos de libertação colonial, capitaneados pelo líder independentista Simón Bolívar. A estratégia das guerras de independência se dá em um espaço continental, sem limitações de ordem nacional, o que faz avançar a idéia integracionista bolivariana, chegando a constituir a Grande Colômbia, integrando Bolívia, Colômbia, Equador, Panamá, Peru e Venezuela. A mais ambiciosa das tentativas institucionais termina por ser o Congresso do Panamá, de 1826, com a idéia de uma Confederação envolvendo Grande Colômbia, México, Chile e Buenos Aires. A experiência não tem êxito, visto que o Tratado proposto só é ratificado pela Grande Colômbia. Nacionalismos insurgentes e a estratégia de potências da época, como EUA e Reino Unido, conduzem a um fracasso dessa primeira tentativa integracionista, assim como posteriormente acontece com os Congressos de Lima (1847-48 e 1864) e de Santiago (1856) (Viadel: 1994, p. 93-97; Ekmekdjian: 1996, p. 106-109).

A estratégia dos norte-americanos com a idéia de panamericanismo é outro fator de importância relevante para delinear os contornos da integração no continente americano. A famosa Doutrina Monroe ("A América para os americanos"), a partir da Declaração do Presidente estadunidense James Monroe, em 1823, condiciona a política no continente, com a defesa da autonomia da América, o que ocasiona, devido ao estrondoso crescimento político e econômico dos EUA, a supremacia hegemônica deste último país em relação aos insurgentes Estados latino-americanos. A Doutrina Monroe enseja múltiplas intervenções dos EUA no continente, determinando uma supremacia que fica nítida em maior medida naqueles que posteriormente são denominados "Estados clientes", que são países da América Central que, até a terceira década do século XX, entregam aos EUA a administração de sua alfândega, do seu exército e de outros serviços públicos pertencentes com exclusividade ao Estado soberano (Mello: 1997, p. 357; Viadel: 1994, p. 99-100).

A hegemonia norte-americana não se dá, entretanto, sem resistências, e os projetos de integração continuam a ser debatidos no século XX, porém, na maior parte das vezes ainda sem êxito. Comunidade Andina, Caricom, ALALC, ALADI e Mercosul são tentativas de projetos alternativos de integração para, de um lado, propiciar um maior desenvolvimento das relações comerciais entre os países da América Latina, e, por outro, inevitavelmente, diminuir a dependência em relação ao poderio estadunidense (Dermizak P.: 2004, p. 837-838; Galarza: 2004, p. 960-962; Baracho: 2004, p. 557). As idéias em torno da integração interestatal ganham tamanho vulto que os próprios EUA passam a propor acordos integracionistas, construindo o NAFTA[134] (Acordo Norte-Americano de Livre Comércio, envolvendo, além dos EUA, Canadá e México) e negociando incisivamente a ALCA (Área de Livre Comércio das Américas).

Como a nossa análise recai sobre a integração interestatal a partir de sua inserção nas constituições, para que seja possível o debate intercultural, nossos esforços analíticos concentrar-se-ão nos entes supra-estatais dos quais o Brasil participa. Daí nossa opção por verificar os processos de integração na Associação Latino-Americana de Integração (ALADI), no Mercado Comum do Sul (Mercosul) e na incipiente Área de Livre Comércio das Américas (ALCA).

10.2. Associação Latino-Americana de Integração (ALADI)

A mais antiga das organizações de integração ainda em atividade de que o Brasil faz parte é a Associação Latino-Americana de Integração, cuja perspectiva é, se considerarmos o teor literal do art. 4°, parágrafo único, da nossa Carta, a que mais se enquadra na idéia ali esboçada de formação de uma "comunidade latino-americana de nações" a partir da "integração econômica, política, social e cultural dos povos da América Latina".

A ALADI tem sua origem em outra organização, a Associação Latino-Americana de Livre Comércio (ALALC). Estudos realizados pela Comissão Econômica para a América Latina e Caribe (CEPAL) nas décadas de 40 e 50 do século XX difundem a idéia de que a promoção da integração econômica da região alavancaria o seu crescimento, assim como a aceleração de sua industrialização. A ALALC surge precisamente desses esforços da CEPAL, com a celebração do Tratado de Montevidéu, em 1960 (Drumond: 1997, p. 15; Ventura: 2003, p. 566-567).

---
[134] A sigla NAFTA decorre das iniciais da expressão em idioma inglês: *North America Free Trade Agreement* (em vernáculo: Acordo de Livre Comércio da América do Norte).

A ALALC surge como um fórum destinado a traçar um regulamento de liberdade de comércio continental e com a finalidade de, em um prazo mínimo de doze anos, criar uma zona de livre-comércio entre seus membros (Mello: 1997, p. 691; San Martino: 2002, p. 163; Ekmekdjian: 1996, p. 119). Mesmo com pretensões limitadas, não chega a funcionar efetivamente por várias razões. Gomes e Rota Chiarelli assinalam os choques entre os países-membros, surgidos ao serem aprofundados certos aspectos de competência como dificuldades relevantes. Jaime Lipovetzky, a seu turno, destaca que a dificuldade maior da ALALC é, em verdade, a falta de capacidade financeira dos Estados-membros que confiavam em obtê-la dos EUA através do Banco Interamericano de Desenvolvimento (BID), sem considerar que a política dos norte-americanos, por meio da denominada "Aliança para o Progresso", capitaneada por John Kennedy, promove seus objetivos específicos através de relações bilaterais, de maneira que o governo dos EUA possa estabelecer vínculos e obrigações diretamente com o Estado destinatário do auxílio recebido (cf. Lipovetzky & Lipovetzky: 1994, p. 46-47). Além disso, a partir dos anos 60, a instabilidade política se mostra mais freqüente na América Latina, propiciando inúmeros golpes de Estado e o surgimento de ditaduras militares de retórica nacionalista prejudicial à idéia de integração (Ventura: 2003, p. 569).

Apesar das dificuldades, um novo tratado celebrado em Montevidéu, desta feita em 1980, estabelece uma organização substitutiva da ALALC e com objetivos bem menos modestos. O referido Tratado estabelece, no seu art. 1º, o objetivo em longo prazo e de forma gradual e progressiva de construção de um mercado comum latino-americano.[135] Em sede de princípios, o art. 3º estabelece que, na aplicação do Tratado e na evolução em direção ao mercado comum, os Estados-Membros deverão levar em consideração os seguintes princípios:

a) Pluralismo, sustentado na vontade dos países-membros para sua integração, acima da diversidade que em matéria política e econômica possa existir na região;

b) Convergência, que se traduz na multilateralização progressiva dos acordos de alcance parcial, através de negociações periódicas entre os países-membros, em função do estabelecimento do mercado comum latino-americano;

c) Flexibilidade, caracterizada pela capacidade para permitir a celebração de acordos de alcance parcial, regulada de forma compatível com a consecução progressiva de sua convergência e pelo fortalecimento dos vínculos de integração;

---

[135] Segundo Deisy Ventura, com fundamento em Rubens Barbosa, Feuer e Cassan, apesar de alguns autores perceberem um objetivo mais ambicioso para a ALADI do que no caso da ALALC, isso seria muito mais artifício retórico do que realidade objetiva. Nas palavras da Professora gaúcha, "sem data final e sem calendário preciso de desgravamento tarifário destinado a programar as diferentes etapas, o objetivo indicado é ilusório. Na década de 1980, a América Latina caminha no sentido contrário da história: enquanto várias regiões do globo buscam mecanismos integracionistas, os latino-americanos a eles renunciam em favor do passado" (Ventura: 2003, p. 571; cf. tb. Madrid: 2003, p. 251-252).

d) Tratamentos diferenciais, estabelecidos na forma que em cada caso se determine, tanto nos mecanismos de alcance regional como nos de alcance parcial, com base em três categorias de países, que se integrarão levando em conta suas características econômico-estruturais. Esses tratamentos serão aplicados em determinada magnitude aos países de desenvolvimento médio e de maneira mais favorável aos países de menor desenvolvimento econômico relativo; e

e) Múltiplo (*sic*), para possibilitar distintas formas de ajustes entre os países-membros, em harmonia com os objetivos e funções do processo de integração, utilizando todos os instrumentos capazes de dinamizar e ampliar os mercados a nível regional.

O Tratado está aberto à adesão de qualquer país latino-americano (TM, art. 58), tanto que, em agosto de 1999, a República de Cuba torna-se o 12º Estado-Membro da ALADI, constituída atualmente por: Argentina, Bolívia, Brasil, Chile, Colômbia, Cuba, Equador, México, Paraguai, Peru, Uruguai e Venezuela, ou seja, os onze países que compunham a ALALC mais Cuba.

O Tratado constitutivo da ALADI é considerado um "tratado-quadro",[136] ou seja, necessita ser preenchido por legislação posterior e, juridicamente, ao assiná-lo, os Estados autorizam seus representantes a legislar através dos acordos sobre os mais importantes temas econômicos de interesse para os Estados.

Em termos de estrutura institucional, a ALADI possui, de acordo com os arts. 28 e 29, três órgãos políticos: Conselho de Ministros das Relações Exteriores, Conferência de Avaliação e Convergência e Comitê de Representantes. Conta ainda com um órgão técnico-administrativo: a Secretaria-Geral. O Conselho é o órgão supremo, convocado pelo Comitê, e tem como funções estabelecer normas gerais, aceitar a adesão de outros Estados e designar o Secretário-Geral. A Conferência reúne-se a cada três anos e pode ter sessão extraordinária quando convocada pelo Comitê, tendo por função examinar os aspectos do processo de integração e avaliar os resultados obtidos. O Comitê, por sua vez, é o órgão permanente, tendo cada Estado um representante, e promove as funções executivas da ALADI, incluindo a regulamentação do Tratado de Montevidéu e a representação ante terceiros países (TM, arts. 28 a 38; Ekmedjian: 1996, p. 136-139).

Apesar de os resultados estarem muito distantes dos almejados, a ALADI tem comportado, em sua esfera de atuação, os mais diferentes acordos sub-regionais, bilaterais e multilaterais, tendo em vista a possibilidade de, dentro da ALADI, Estados-Membros com condicionamentos socioculturais e econômicos mais próximos possam celebrar acordos de integração de alcance parcial, não necessitando envolver

---

[136] Segundo Perez Otermin, podem assim ser considerados aqueles acordos que "estabelecem orientações, princípios, enunciados programáticos ou objetivos precisos, que as partes se comprometem a atingir por meio de acordos posteriores formulados no âmbito da estrutura da organização ou segundo os mecanismos estabelecidos pelo acordo original" (*apud* Ventura: 2003, p. 17).

todos os países da ALADI. Segundo o próprio TM, arts. 6º e 7º, os acordos de alcance regional são aqueles dos quais participam todos os Estados-Membros, ao passo que os acordos de alcance parcial são aqueles de cuja celebração não participam todos os países da ALADI, mas que "propenderão a criar as condições necessárias para aprofundar o processo de integração regional, através de sua progressiva multilateralização". Cabe à ALADI apoiar e fomentar os esforços empreendidos de Estados-Membros que efetuem acordos de alcance parcial nesse sentido e é neste contexto que surge o Mercado Comum do Sul (Mercosul), adiante trabalhado.

10.3. Mercado Comum do Sul (Mercosul)

A ALADI propicia o surgimento de outro ente supra-estatal que, apesar de todas as dificuldades, afigura-se como a organização de integração com maiores potencialidades de avanço, depois da UE e, em certa medida, da Comunidade Andina.[137]

No desdobramento dos acordos de alcance parcial da ALADI, os presidentes do Brasil e da Argentina assinam, em 1985, a Declaração de Iguaçu, optando por iniciarem um processo bilateral de integração. Segue-se a instituição do Programa de Integração e Cooperação Econômica (PICE) em 1986 e a assinatura do Tratado de Integração, Cooperação e Desenvolvimento em 1988. Em julho de 1990, os dois países firmam a Ata de Buenos Aires, estabelecendo a data de 31 de dezembro de 1994 para a instituição definitiva de um mercado comum entre ambos. Em setembro de 1990, Paraguai e Uruguai buscam agregar-se ao referido processo integracionista, participando o Presidente uruguaio como observador nas negociações entre Brasil e Argentina. Em 1991, paraguaios e uruguaios unem-se a argentinos e brasileiros, celebrando entre si o Tratado de Assunção, instituindo o Mercosul (Drumond: 1997, p. 15-16; San Martino: 2002, p. 169).

Como afirmamos em outra oportunidade, o Mercosul, a partir do que é afirmado pelo art. 1º do TA, é teleologicamente um mercado comum. Estabelecendo um plano bastante ambicioso de constituir o mercado comum até dezembro de 1994, o TA estabelece que o Mercosul implica:

---

[137] É importante ressaltar que a Comunidade Andina de Nações é o ente de integração mais avançado depois da UE, se considerarmos o seu desenho institucional muito próximo ao direito comunitário europeu. A CAN é formada por cinco países: Bolívia, Colômbia, Equador, Peru e Venezuela. Criada em 1969 pelo Acordo de Cartagena, a partir de 1979, passou a contar com um Parlamento supra-estatal e, em 1984, iniciaram as atividades do Tribunal de Justiça da Comunidade. Embora ainda permaneça distante da abrangência do direito comunitário da UE, e os países da região andina ainda passem por freqüentes instabilidades políticas, a CAN possui instituições formalmente mais adequadas ao avanço de um processo de integração do que o nosso Mercosul (cf. Gomes: 2004, p. 301-303; Toledo: 2004, *passim*; Galarza: 2004, *passim*).

a) a livre circulação de bens e serviços e fatores produtivos entre os países, por meio, entre outros, da eliminação dos direitos alfandegários, restrições não tarifárias à circulação de mercado e de qualquer outra medida de efeito equivalente;

b) o estabelecimento de uma tarifa externa comum e a adoção de uma política comercial comum em relação a terceiros Estados ou agrupamentos de Estados e a coordenação de posições em foros econômico-comerciais regionais e internacionais;

c) a coordenação de políticas macroeconômicas e setoriais entre os Estados partes – de comércio exterior, agrícola, industrial, fiscal, monetária, cambial e de capitais, de serviços, alfandegária, de transportes e comunicações e outras que se acordem –, a fim de assegurar condições adequadas de concorrência;

d) o compromisso dos Estados partes de harmonizarem suas legislações, nas áreas pertinentes, para lograr o fortalecimento do processo de integração (Galindo: 2002a, p. 97; Galindo: 2004b, p. 121).

O TA inicia o denominado processo de transição em que os quatro países-membros do Mercosul buscam criar condições para o cumprimento do prazo estabelecido no art. 1º. Para tal objetivo, destaque-se a existência dos seguintes preceitos do TA:

a) art. 4º – estabelece objetivos de eqüitatividade nas relações comerciais entre os Estados partes e países terceiros, aplicando os primeiros as suas legislações nacionais para inibirem importações com preços subsidiados e coordenando suas respectivas políticas nacionais para estabelecerem normas comuns sobre concorrência comercial;

b) art. 7º – estabelece isonomia de tratamento tributário em relação aos produtos dos Estados partes;

c) art. 9º – cria órgãos de administração e execução do TA e dos acordos e decisões no âmbito da legislação do Mercosul: o Conselho do Mercado Comum e o Grupo Mercado Comum;

d) art. 17 – institui os idiomas espanhol e português como oficiais do Mercosul;

e) art. 20 – estabelece a possibilidade de adesão, no espírito do TM de 1980, dos demais países da ALADI mediante negociações;

f) art. 24 – cria a Comissão Parlamentar Conjunta, objetivando facilitar a implementação do ordenamento jurídico do Mercosul junto aos parlamentos nacionais.

Em dezembro de 1991, é assinado o Protocolo de Brasília para a Solução de Controvérsias. Diferentemente da UE e da Comunidade Andina, os Estados do Mercosul optam por não criarem um tribunal jurisdicional do tipo TJUE, preferindo um sistema combinado de negociações diretas (arts. 2º e 3º), intervenção do Grupo Mercado Comum (arts. 4º a 6º) e arbitragem (arts. 7º ss.). Esta é detalhadamente descrita no referido Protocolo, sendo estabelecidas a forma de designação dos membros do Tribunal Arbitral, a qualificação dos árbitros, as represálias dos Estados-Partes ao não-cumprimento dos laudos arbitrais e a forma de reclamação dos particulares (pessoas físicas e jurídicas). Para alguns, a falta de uma corte supra-estatal nos moldes europeus seria um dos pontos de dificuldades de implementação das normas do Mercosul (cf. Klor & Arroyo: 2004, p. 322-326; 339-340; D'Angelis: 2004, p. 388; Paulilo: 2000, p. 135-136; Beneti: 2000, p. 221-223).

Em dezembro de 1994, é assinado o Protocolo de Ouro Preto, completando o primeiro ciclo do processo integracionista e findando o período denominado de transição. O POP estabelece uma estrutura institucional mais duradoura para o Mercosul. Esta institucionalização não significa, na ocasião, a implementação do mercado comum, tal como almejado no TA. Isso é perceptível com a leitura do preâmbulo do POP, com a afirmação de que os Estados-Membros estariam "conscientes da importância dos avanços alcançados e da implementação da união aduaneira como etapa para a construção do Mercado Comum".

O POP mantém os três órgãos criados pelo TA e cria mais três: a Comissão de Comércio, o Foro Consultivo Econômico-Social e a Secretaria Administrativa, estabelecendo assim uma estrutura institucional básica para o Mercosul, sem, entretanto, vedar a criação de outros órgãos auxiliares necessários à consecução dos objetivos do processo de integração (POP, art. 1º, parágrafo único).

A partir de Ouro Preto, assim fica a estrutura institucional mercosulina:

1) Conselho do Mercado Comum – órgão superior do Mercosul, composto pelos ministros das relações exteriores e da economia/fazenda dos Estados partes, e incumbido de conduzir politicamente o processo de integração e de tomar as decisões assecuratórias do cumprimento dos objetivos estabelecidos no TA (POP, arts. 3º e 4º);

2) Grupo Mercado Comum – órgão executivo do Mercosul, com representantes designados pelos governos (quatro por país), representantes estes oriundos dos ministérios acima referidos e dos bancos centrais (art. 11);

3) Comissão de Comércio – órgão encarregado de assistir o Grupo Mercado Comum, competindo-lhe velar pela aplicabilidade dos instrumentos de política comercial comum acordados pelos Estados para o funcionamento da união aduaneira, bem como acompanhar e revisar os temas e matérias relacionadas com as políticas comerciais comuns, com o comércio intra-Mercosul e com terceiros países (art. 16);

4) Comissão Parlamentar Conjunta – órgão de representação dos parlamentos dos Estados, sendo integrada por igual número de parlamentares representantes, de acordo com os procedimentos internos de cada parlamento nacional (arts. 22 a 24);

5) Foro Consultivo Econômico-Social – órgão de representação dos setores econômicos e sociais dos Estados partes, também com igual número de representantes por Estado. Possui funções consultivas, manifestando-se através de recomendações ao Grupo Mercado Comum (arts. 28 e 29);

6) Secretaria Administrativa – órgão de apoio operacional, responsável pela prestação de serviços aos demais órgãos do Mercosul, tendo por sede permanente a cidade de Montevidéu/Uruguai (art. 31).

Apesar de os objetivos mercosulinos serem modestos em comparação com os da UE, o Mercosul ainda não conseguiu atingir o almejado mercado comum, sendo encarado por vezes como um projeto de mercado comum, ora como uma união aduaneira imperfeita (respectivamente, Rodrigues: 2000, p. 45; e Salomoni: 1999, p. 139; cf. ainda Winter: 2004, p. 428). As diferentes denominações denotam a existência de dificuldades consideráveis no avanço do processo de integração rumo ao mercado comum.

Pode-se afirmar que o Mercosul, a partir da sua criação até os dias atuais, tem um primeiro momento de avanços significativos nos primeiros seis ou sete anos de sua existência e a partir de 1999 passa por um período de séria retração. Enquanto os anos anteriores parecem ser de delineamento jurídico e avanços institucionais, ainda que com estrutura frágil, o início de 1999 traz novidades não muito bem recebidas pelos Estados que compõem o Mercosul. Além da desaceleração da economia mundial, a desvalorização da moeda brasileira, o real, e a conseqüente introdução do regime de flutuação cambial geram grave crise política e comercial, bem como de credibilidade externa, em meio às árduas negociações para definição de um regime automotivo comum entre os países e a liberalização do setor açucareiro. As referidas crises terminam por gerar ranhuras no relacionamento entre os dois maiores Estados-Partes do Mercosul, ocasionando reações dos industriais argentinos ao chamado "efeito Brasil", defendendo junto ao Ministro da Economia a adoção de políticas protecionistas em relação a alguns produtos brasileiros (têxteis, avícolas, siderúrgicos, calçados, papel, reforço das barreiras sanitárias), o que, obviamente, não é bem recebido pelo governo brasileiro (Bandeira: 2003, p. 526-527; Lima: 2000, p. 161-165; Fontoura: 2003, p. 220; Ventura: 2003, p. 520; Madrid: 2003, p. 282-286).

Contudo, não somente os argentinos defendem medidas unilaterais. Sob o pretexto de combate à inflação, o governo brasileiro ameaça a redução das alíquotas de importação para pressionar o empresariado nacional, medida que fere os acordos em torno da tarifa externa comum e não pode ser, em princípio, tomada de modo unilateral (Lima: 2000, p. 169). Não obstante, o Brasil tem sido o país que mais opõe dificuldades à formação de uma estrutura institucional mais sólida para o Mercosul, seja no nível das decisões judiciais, seja na seara legislativa e constitucional (cf. Klor & Arroyo: 2004, *passim*; D'Angelis: 2004, *passim*).

Mais recentemente, com o início da recuperação econômica da Argentina a partir da ascensão à Presidência de Nestor Kirchner, assim como a mudança na orientação da política externa brasileira a partir do governo Lula, no Brasil, parece estar ocorrendo uma nova fase na história do Mercosul, haja vista que para ambos os governos, o Mercado Comum do Sul volta a ser uma alternativa plausível, sobretudo diante da tentativa norte-americana de implantação da Área de Livre Comércio das Américas (ALCA).[138] Não se sabe ainda quais os resultados, mas a considerar correta a afirmativa do Embaixador brasileiro Rubens Barbosa de que "para enfrentar a crise do Mercosul, é preciso mais Mercosul", podem o Brasil e o Cone Sul retornar a um projeto de integração bem-sucedido (Lima: 2000, p. 174; Madrid: 2003, p. 324-327; Markwald: 2003, *passim*).[139] Afinal, no âmbito das relações internacionais, negociar em bloco aumenta as possibilidades de sucesso em relação às negociações isoladas (cf. Arroyo: 2000, p. 122-123).

Também é de se notar mudanças institucionais importantes. Em fevereiro de 2002, é aprovado pelo Conselho do Mercado Comum o Protocolo de Olivos, modificando o sistema de solução de controvérsias do Protocolo de Brasília, assim como revogando este último. A inovação mais importante trazida pelo Protocolo de Olivos é a criação do Tribunal Permanente de Revisão (arts. 17 e seguintes), instalado e em funcionamento a partir de agosto de 2004, na cidade de Assunción/Paraguai. É a primeira vez que se estabelece uma justiça permanente no Mercosul, ainda que subsistam os tribunais arbitrais *ad hoc* como uma espécie de primeira instância na jurisdição mercosulina. Não é um tribunal como o europeu, mas poderá permitir uma maior uniformidade decisória e mesmo a formação de uma jurisprudência integracionista no Mercosul, diminuindo conseqüentemente a excessiva informalidade das questões da integração sul-americana, embora seja ainda cedo para qualquer conclusão neste sentido (Klor & Arroyo: 2004, p. 328-329; Accioly: 2004, *passim*; Klor: 2003, p. 43-50; Loianno: 2003, p. 224-226).

10.4. Área de Livre Comércio das Américas (ALCA)

A partir da denominada Cúpula das Américas, que reúne em Miami, no ano de 1994, os chefes de Estado e de governo de trinta e

---

[138] Diga-se, entretanto, que esse processo não se dá em ranhuras, posto que algumas posições brasileiras ao nível de sua política internacional, como, por exemplo, a busca quase desesperada de um assento permanente no Conselho de Segurança da ONU, despertam certa desconfiança nos vizinhos mercosulinos, notadamente nos argentinos, temerosos de algum tipo de hegemonismo futuro por parte do Brasil.

[139] Segundo Costa Lima, "Guardando-se todas as especificidades, e são muitas (em termos de número de países a coordenar, dimensão econômica e de Mercado entre outras), entre o processo de consolidação do MERCOSUL e da União Européia, nunca é demais assinalar o período de 'europessimismo' vivido pela Europa entre 1973 e 1983, fazendo com que os Estados-Membros se voltassem para dentro, renunciando aventurar-se em projetos supranacionais, por entenderem que os problemas se resolvem de forma mais fácil pelo isolamento. O exemplo europeu, que tem sido uma inspiração para o MERCOSUL, corrobora no sentido de que o processo de integração entre o Brasil e seus parceiros tem que ser aprofundado. Os avanços já alcançados e o *spillover* obtido ao aproximar o Chile, a Bolívia, a Comunidade Andina e o tão pouco divulgado com o Mercado Comum Centro Americano (MCCA), são elementos afirmativos deste processo" (grifos do autor).

quatro países americanos, com a exceção de Cuba, para discutir o fortalecimento das relações interamericanas como forma de solução dos problemas comuns, é proposta a zona de livre-comércio em questão. Na referida reunião, é firmada uma Declaração de Princípios, estabelecendo objetivos de expansão da prosperidade nas Américas, através da integração econômica e do livre-comércio, da erradicação da pobreza e da discriminação, a garantia do desenvolvimento sustentável e a proteção ambiental. Além desta Declaração, é traçado um Plano de Ação, contemplando, dentre outras coisas, o fortalecimento da democracia e do sistema de direitos humanos, bem como a criação da Área de Livre-Comércio das Américas (ALCA), segundo a qual as barreiras ao comércio e aos investimentos devem ser eliminadas (Romero: 1999, p. 140ss.; Lampréia: 2004, p. 95-96).

A partir de 1995, as reuniões ministeriais com vistas a desenvolver o processo de formação da ALCA passam a preparar as negociações com o objetivo de, no mais tardar em 2005, consolidar esta área de livre-comércio. Não pretende mais do que ser uma zona de livre-comércio, utilizando as classificações estabelecidas na terceira parte deste trabalho.

Recentemente, ganha vulto o debate em torno da ALCA, tendo em vista a proximidade da data inicialmente estabelecida para sua conformação. A política externa estadunidense, bastante agressiva e unilateral após a ascensão de George Walker Bush à Presidência e, sobretudo, após os ataques terroristas de 11 de setembro de 2001, tem conduzido a uma forte pressão da diplomacia dos EUA para uma rápida e abrangente implementação da ALCA, contrapondo-se, inclusive, a outros processos de integração como o Mercosul. Este é visto, aliás, como entrave a essa integração, hemisférica, e a resistência brasileira a integrar-se à ALCA é percebida como crescente pelos norte-americanos diante da opção preferencial atual pelo Mercosul.

Em verdade, a resistência do Brasil não é desprovida de razão. De início, pode-se questionar a possibilidade de integração de economias tão díspares em uma só zona de livre-comércio, notadamente pela hegemonia estadunidense. Distintamente da UE, não há previsão, nas negociações políticas em torno da ALCA (haja vista que juridicamente a ALCA ainda não é realidade – cf. Borges: 2005, p. 667), de qualquer forma de transferência de recursos dos países desenvolvidos para os países mais pobres, como se fez e fazem relação aos fundos europeus de desenvolvimento. A ausência de instituições desta natureza para reduzir as assimetrias entre os Estados tende a provocar assimetrias ainda maiores, já que com uma simples liberdade de comércio, os Estados dotados de um aparato produtivo mais eficiente, com mão-de-obra melhor qualificada e tecnologia superior, dispondo de capitais abundantes, melhor gerido em nível empresarial e administrativo público, e com unidades produtivas bem dimensionadas e treinadas na concorrência internacional, aqueles Estados conseguiriam, sem grandes dificuldades, em um mercado aberto, impor sua superioridade a parceiros menos evoluídos (Campos: 2002, p. 638). E diante de disparidades tão substanciais na região da ALCA, muito maiores do que as existentes na Europa, a zona de livre-comércio americana pode ser de fato bastante prejudicial a países americanos pobres. Merece transcrição, pela objetividade de suas palavras, o entendimento de Ha-Joon Chang, Professor da Universidade de Cambridge/Reino Unido:

> O único método capaz de pôr em correto funcionamento uma zona de comércio livre entre países com níveis de desenvolvimento muito diferentes é uma integração como a da União Européia, que implica mecanismos de transferência dos mais ricos para os mais pobres, bem como fluxos de mão-de-obra destes últimos para zonas mais desenvolvidas. Isso só é realmente possível no caso de as economias pobres serem de pequena dimensão e pouco numerosas relativamente às economias ricas. Se assim não acontecer, para os ricos o acordo revelar-se-á excessivamente dispendioso; é por isso que o alargamento da União Européia poderá parar nas fronteiras da Turquia e da Ucrânia (Chang: 2003a, p. 25).

Ademais, o histórico protecionismo dos EUA em relação a setores de sua economia que interessam diretamente ao Brasil também dificulta as negociações (Veiga & Castilho: 2003, *passim*). Ainda no governo do Presidente Fernando Henrique Cardoso, o Brasil dá mostras de que teria dificuldades em adentrar na ALCA. Em 2001, em Seminário promovido pelo Conselho Federal da OAB, o então Presidente declarara que era mais fácil, ideológica e politicamente, negociar acordos comerciais com a UE do que com os EUA. Reconhecera que as negociações com a UE apresentam-se muito menos arriscadas para a soberania brasileira do que as realizadas para a construção da ALCA, pautadas pelos interesses dos países mais ricos, como EUA e Canadá. Parece correta a percepção de Cardoso, sobretudo se tivermos em vista que, em dezembro do mesmo ano, a Câmara dos Deputados dos EUA (*House of Representatives*) aprova o *fast track* (então denominado *Trade Power Authority – TPA*), excluindo das negociações da ALCA cerca de 293 produtos considerados sensíveis, dentre os quais uma centena de produtos agrícolas. Recorde-se que a questão dos subsídios agrícolas aos produtores norte-americanos e as regras antidumping que os EUA não desejam discutir no âmbito da ALCA são temas centrais para o Brasil, a ponto de Donizeti Beraldo, chefe do departamento de comércio exterior da Confederação Nacional da Agricultura, defender que "A ALCA só tem sentido para o Brasil se tivermos acesso ao mercado americano no setor agrícola, no qual somos mais competitivos do que eles" (Bandeira: 2003, p. 604-607; Borges: 2005, p. 669-671). Também nos setores de investimentos, serviços e propriedade intelectual, Brasil e EUA possuem divergências relevantes (Veiga & Castilho: 2003, *passim*).

Adicione-se a isso o estudo publicado pela ALADI que comprova que a ALCA pode representar mais perigos que oportunidades para o Brasil. Segundo o referido estudo, o país sofre a ameaça de perder mercado em 176 produtos exportados por empresas nacionais para os mercados do hemisfério, o que representa 10% do comércio brasileiro com os países vizinhos, notadamente em virtude da concorrência dos produtos oriundos dos EUA e do Canadá (cf. Silva: 2002, p. 181). Acrescente-se a isso a possível destruição do parque industrial, ocorrida em países como a Argentina, como outro perigo à abertura propiciada pela ALCA à inserção descontrolada de produtos industrializados dos países aludidos, alerta feito por Ha-Joon Chang e Moniz Bandeira (Chang: 2003b, p. A12; Bandeira: 2003, p. 644). Mais recentemente, estudo publicado pelo Instituto de Pesquisa Econômica Aplicada (IPEA) reforça a perspectiva de dificuldades na negociação da ALCA, pois os pesquisadores do referido Instituto chegam à conclusão de que, com a adoção da ALCA, o crescimento das importações de produtos estadunidenses pelo Brasil superaria em US$ 1 bilhão o aumento das vendas externas brasileiras para os EUA.[140]

Diante deste quadro complexo da integração no continente americano, o pensamento intercultural necessita ser ponderado frente às necessidades de abertura das constituições aos influxos interculturais, prejudicados por uma hegemonia de cunho totalizante, cujo unilateralismo político e cultural enseja uma razoável destruição das perspectivas interculturais. Aqui o interculturalismo constitucional, aliado a perspectivas interculturais mais amplas, pode ser o bastião de uma resistência efetivamente democrática e necessária. É o que vamos debater no capítulo que se segue.

---

[140] Folha de São Paulo, 07/01/2005, Caderno Folha Dinheiro, p. B1. Mais dados cf. Goyos Jr.: 2004, p. 146ss.

11. Teoria intercultural da constituição e integração americana

> "Permitir que o mecanismo de mercado seja o único diretor do destino dos seres humanos e de seu ambiente natural, e até mesmo da quantidade e do uso do poder de compra, resultará na demolição da sociedade. (...) Roubados da cobertura protetora das instituições culturais, os seres humanos pereceriam com o efeito da vulnerabilização social; morreriam como vítimas de deslocamento social agudo pelo vício, pela perversão, pelo crime e pela fome. A natureza seria reduzida a seus elementos, bairros e paisagens seriam contaminados, os rios poluídos, a segurança militar ameaçada, o poder de produzir alimento e matéria-prima destruído" (Karl Polanyi, in Leys: 2004, p. 17).

11.1. Integração interestatal na América: abertura ao interculturalismo constitucional?

O quadro da integração interestatal americana é bastante complexo e variável. No capítulo precedente, percebemos tal complexidade nos entes de integração dos quais o Brasil participa ou poderá vir a participar (neste último caso, a ALCA). Ao mesmo tempo, são processos de integração extremamente frágeis se comparados com a solidez do processo europeu. A hegemonia política e econômica estadunidense no continente tem propiciado, em relação aos países da América Latina, diferenças muito substanciais para que se possa falar de uma efetiva integração americana. Vejamos.

Os EUA, Estado-Membro mais importante do NAFTA e principal interessado na consolidação da ALCA, são a maior potência política, econômica e bélica, não somente da América, mas do mundo. Possuem um Produto Interno Bruto em torno de onze trilhões de dólares (praticamente o PIB de toda a UE, que é também de aproximadamente onze trilhões), com gastos superiores a trezentos milhões somente nas forças armadas, cujo efetivo supera a marca de um milhão e duzentos mil. Com população de cerca de trezentos milhões de cidadãos e território superior aos nove milhões de quilômetros quadrados, os

EUA ainda possuem uma hegemonia cultural fortíssima oriunda das manifestações ideológicas, tecnológicas, científicas e artísticas norte-americanas, notadamente a partir do período posterior à Segunda Guerra, devido ao fato de que as perdas que os EUA tiveram com o conflito foram infinitamente menores do que as dos demais envolvidos (o que, aliás, leva os estadunidenses a financiarem a reconstrução da Europa ocidental através do Plano Marshall), além de terem os EUA acolhido boa parte da comunidade científica européia foragida do referido conflito (Bandeira: 2003, *passim*; Rifkin: 2004, p. 86ss.).

Por outro lado, a América Latina encontra-se a uma distância abissal dos EUA em relação a todos os aspectos levantados. A ALADI, que consiste no processo de integração mais abrangente, possui um PIB de menos de dois trilhões de dólares. Apenas dois países, Brasil e México, possuem Produtos Nacionais Brutos superiores a quinhentos bilhões. Os problemas de desigualdade social, aliados à falta de instituições democráticas sólidas e de economias robustas e desenvolvidas, dificultam ainda mais a consolidação de uma integração americana inclusiva. O desequilíbrio de poder é excessivamente intenso entre os EUA e o restante da América Latina, o que pode propiciar uma verdadeira anexação dos Estados latino-americanos através da ALCA, como assevera Pinheiro Guimarães, com efeitos deletérios especialmente para países como o Brasil (Prefácio em Bandeira: 2003, p. 27).

Em uma perspectiva cultural, os EUA procuram estabelecer sua hegemonia, independentemente da aceitação de suas instituições. Somente assim é possível a compreensão de que uma das mais consolidadas democracias mundiais tenha patrocinado e financiado regimes políticos autocráticos na América Latina (assim como em outras partes do mundo), com o intento de fortalecer os seus próprios interesses, e não de impor sua cultura institucional.

Os EUA possuem a primeira constituição codificada do mundo. Criam, via jurisprudência, um sistema de controle de constitucionalidade dos atos normativos infraconstitucionais pela Suprema Corte do país. Levam mais adiante a teoria da separação de poderes montesquiana, ao construírem um sistema presidencialista de governo, no qual os três poderes são consideravelmente independentes entre si, e todos devem obediência à constituição, não se podendo falar, ao menos teoricamente, em superioridade de qualquer dos poderes, mas em supremacia da constituição. Possuem uma cultura jurídica geral associada ao *common law*, com atuação marcante dos tribunais, autoridade dos precedentes judiciais, mas em termos de cultura constitucional, pode-se dizer que se distancia bastante do modelo britânico, aproximando-se da cultura constitucional da Europa continental, aceitando vários dos postulados que esta última desenvolve em padrões racionalistas (supremacia da constituição, controle de constitucionalidade, direitos fundamentais, separação de poderes, eletividade dos cargos políticos etc.), embora tenham os EUA antecipado a prática destes postulados constitucionalistas em termos concretos. Para alguns, trata-se de uma cultura constitucional em alguma medida eclética (cf. Soares: 1999, p. 58ss.; Tribe: 2000, *passim*; Ackerman: 1998, *passim*).

Todavia, a política externa norte-americana não tem por direção a aceitação da cultura política, institucional ou constitucional dos EUA por parte dos Estados latino-americanos. O interesse de manter uma hegemonia política e econômica continental prevalece em relação à exportação de paradigmas político-institucionais. Embora preguem o livre-comércio, os EUA possuem políticas protecionistas veementes para resguardarem seu mercado interno (cf. Grau: 1995, p. 64-71). Embora preguem a democracia e os direitos humanos, apoiaram regimes autocráticos na América Latina, desde que estes garantissem o respeito aos interesses estadunidenses. Embora defendam as soluções constitucionais para crises, não hesitam em apoiar iniciativas de ruptura com as constituições, também no sentido de proteção de seus interesses, como ocorreu recentemente na Venezuela, com a tentativa de golpe de Estado em abril de 2002 (Bandeira: 2003, p. 608-618).

Em virtude de uma tradição política latino-americana de autoritarismo e de excessiva concentração de poderes nas mãos dos chefes de Estado e de governo, as instituições democráticas possuem maior dificuldade de afirmação cultural na região. Apenas na década de 90 do século passado, pode-se afirmar que a maior parte da América Latina passa a adotar regimes democráticos (ao menos do ponto de vista formal). Assim como ocorrera com Grécia, Espanha e Portugal na Europa, os países latino-americanos abandonam seus regimes autocráticos e intentam se tornar democracias (Guinot: 1993, p. 111-113; 131-134; Díaz: 2003, p. 1-2). Somente com a abertura democrática, a integração interestatal se torna possível, pois a própria postura teórica das ditaduras, essencialmente nacional-soberanista, impedia a discussão de uma efetiva integração latino-americana.

Veja-se que o debate sobre a ALCA só passa a ter sentido na década referida. Brasil e Argentina, por sua vez, só iniciam as negociações para a construção de um mercado comum após o retorno à democracia em ambos os países. Recorde-se que a Declaração de Iguaçu é assinada pelos Presidentes José Sarney, do Brasil, e Raúl Alfonsín, da Argentina, primeiros chefes de Estado das democracias recém-constituídas (ou reconstituídas).

Entretanto, a adesão ao denominado Consenso de Washington, com as diretrizes estabelecidas pelo Banco Mundial, Fundo Monetário Internacional (FMI) e Banco Interamericano de Desenvolvimento (BID), faz com que as constituições democráticas dos Estados da América Latina tenham que se adaptar às referidas diretrizes, independentemente das vertentes ideológicas ou partidárias das forças políticas que ascendem ao poder governamental e parlamentar (Dantas: 1999b, p. 133).[141] O neoliberalismo defendido pelo referido Consenso busca estabelecer os paradigmas normativos do novo arquétipo estatal: não mais uma estrutura político-institucional assentada na centralidade e exclusividade da produção da legislação e na separação de poderes, ou mesmo no Estado intervencionista com o dirigismo constitucional, voltado à realização e à consecução de um projeto social e econômico definido. O Estado assume uma dimensão organizacional mais reduzida e enxuta, desconstitucionalizando e desjuridificando as relações sociais e econômicas, passando estas a serem condicionadas pelo mercado e pelos seus atores dominantes, tais como conglomerados empresariais transnacionais, instituições financeiras internacionais, organismos supra-estatais, entidades classistas, câmaras de comércio, associações de consumidores, corporações profissionais, institutos públicos, semipúblicos e privados etc. Como afirma Faria, "No âmbito do Estado *neoliberal*, em outras palavras, é a economia que, efetivamente, calibra, baliza e pauta tanto a agenda quanto as decisões políticas e jurídicas" (Faria: 2002, p. 177-178 – grifos do autor -; Canotilho: 2002a, p. 1331-1333; Bercovici: 2003, p. 280; Neves: 1994, p. 128-129, 144-147 e 160). Ou seja, o pluralismo normativo global é uma realidade, e o constitucionalismo tem dificuldades em lidar com ele, já que o Estado perde sua perspectiva de centralidade político-jurídica e passa a concorrer com outras esferas de produção normativa (Snyder: 1999, p. 339ss.; Canotilho: 2002a, p. 1331-1333).

---

141 O Consenso de Washington traduz as principais orientações em matéria de política econômica, monetária, cambial, fiscal e comercial provenientes dos organismos multilaterais, das principais instituições financeiras privadas e dos países desenvolvidos. No plano teórico, é formulado a partir da convergência de autores como Friedrich Hayek, Milton Friedmann, James Buchanan e Mancur Olson Jr., consistindo, em termos mais pragmáticos, na opinião partilhada pelo Departamento do Tesouro, pelo *Federal Reserve* e pelo Departamento de Estado dos EUA, pelos ministérios das finanças dos demais países do G7 (Grupo dos sete países mais ricos do mundo: Alemanha, Canadá, EUA, França, Itália, Japão e Reino Unido) e pelos presidentes dos vinte maiores bancos internacionais permanentemente ouvidos por organismos multilaterais, como o FMI, o BIRD, a OMC etc. Segundo o referido Consenso, os problemas na América Latina decorrem da estratégia de desenvolvimento adotada entre as décadas de 40 e 70 do século XX, baseada no modelo de industrialização acelerada via substituição de importações; ela teria resultado em um padrão de crescimento "voltado para dentro", em más alocações de recursos, em escassez de poupanças disponíveis para o setor privado, em protecionismo e perda de competitividade externa, em inflação e corporativismo. Para combater estes problemas, o Consenso de Washington propõe dez reformas básicas: 1) disciplina fiscal para eliminação do déficit público; 2) mudança das prioridades em relação às despesas públicas, com a superação de subsídios; 3) reforma tributária, mediante a universalização dos contribuintes e o aumento de impostos; 4) adoção de taxas de juros positivas; 5) determinação da taxa de câmbio pelo próprio mercado; 6) liberalização do comércio exterior; 7) extinção de restrições para os investimentos diretos; 8) privatização das empresas públicas; 9) desregulação das atividades produtivas; e 10) ampliação da segurança patrimonial, por meio do fortalecimento do direito de propriedade (cf. Faria: 2002, p. 165).

O referido pluralismo normativo, no entanto, não implica permanência do pluralismo ideológico. Há um esvaziamento das perspectivas de contraposição ideológica, próprias da democracia ocidental, e um advento do que Ruipérez denomina de "neoliberalismo tecnocrático", transferindo as decisões políticas da esfera política democrática para a esfera das organizações tecnocráticas, distanciadas das instâncias legitimatórias (Ruipérez: 2003, p. 146ss.).

Na América Latina, isso conduz a um paradoxo: justamente quando o continente vê ganhar força sua democracia formal e institucional, o centro democrático de decisões se debilita em termos de possibilidades normativas, já que estas passam a ser determinadas materialmente pelas outras esferas de produção normativa, geralmente tecnocráticas. Isso conduz à implementação de um constitucionalismo neoliberal unívoco, transformando a agenda constitucional em uma subsidiária da política econômica respectiva. Tal agenda é, como destaca Faria, monotemática. As reformas constitucionais latino-americanas da década de 90 do século XX são pautadas pelas mesmas diretrizes: estabilidade monetária como premissa da gestão governamental, promoção de ampla abertura comercial, revogação dos monopólios públicos, privatização dos serviços essenciais, institucionalização da responsabilidade fiscal e implementação de projetos desconstitucionalizadores de direitos (Faria: 2003, p. 1).[142]

Obviamente que se a orientação ideológica para a delimitação do âmbito e alcance das normas constitucionais é fundamentalmente a mesma, embora isso não seja deliberadamente opção democrática das populações desses países, busca-se criar uma univocidade em termos de cultura constitucional sem a observância da abertura intercultural necessária. As realidades políticas e constitucionais dos Estados latino-americanos são distintas, não sendo adequado um receituário político institucional unívoco. A pluralidade intercultural, aliada à abertura às diferenciações interestatais, devem ser parâmetros para os constitucionalismos desses países na necessidade de se adaptarem às novas perspectivas jurídico-constitucionais sem, no entanto, perderem de vista os particularismos de cada um desses Estados, o que pode acarretar na necessidade de manutenção ou de modificação de

---

[142] Como salienta o Professor da Universidade de São Paulo, "Com base na denúncia das conseqüências sociais dessas medidas, no Brasil a oposição ganhou a primeira eleição presidencial da primeira década do século 21. Mas, ao assumir o poder, não apresentou uma política econômica alternativa, conforme prometera na campanha. Pelo contrário, sob o argumento de que a vulnerabilidade do país num mundo globalizado impede alterações de curto prazo no modelo econômico vigente, o novo governo manteve intocada a agenda do governo anterior e se curvou à premissa da estabilidade monetária que antes tanto criticara, aprofundando-a por meio do aumento do superávit primário, da disciplina fiscal e das tentativas de revogação de direitos constitucionalmente 'adquiridos' do funcionalismo público e de taxação de atos pretéritos".

paradigmas constitucionais clássicos, a depender da situação concreta de cada um deles.

11.2. A inevitável subsistência de paradigmas constitucionalistas do Estado nacional clássico e o afastamento teórico dos modelos constitucionais europeus da atualidade: permanência das raízes européias de "outrora"?

A teoria intercultural da constituição é uma teoria essencialmente aberta, porém crítica e contrária a qualquer tipo de fundamentalismo teórico ou ideológico. Portanto, é corolário lógico do desdobramento da referida teoria a rejeição da perspectiva neoliberal como única possibilidade plausível diante do "desencanto com a modernidade". O apregoado "fim das ideologias", defendido por Daniel Bell, em verdade, traduz uma pretensão de univocidade ideológica, pois há de se indagar acerca do que não é ideológico no direito e, conseqüentemente, em uma constituição (Ruipérez: 2003, p. 149-150; Dantas: 1999b, p. 107). Mesmo as normas consideradas técnicas traduzem opções ideológicas de priorizar determinados procedimentos idealizados como mais adequados em detrimento dos inadequados.

Considerando os aspectos contemporâneos do constitucionalismo latino-americano, e mais detidamente dos constitucionalismos brasileiro e argentino, que compõem o Mercosul, o título desta parte do trabalho parece apropriado. Não se pode falar, apesar de uma aceitação generalizada do postulado neoliberal como única opção ideológica razoável na década passada, em um constitucionalismo pós-nacional, a exemplo dos países que compõem atualmente a UE. O referencial básico das constituições da América Latina ainda é o Estado nacional, tendo em vista o pouco desenvolvimento que os processos americanos de integração alcançam até o momento. Vejamos.

As culturas constitucionais clássicas liberal e social possuem, como vimos, diversos paradigmas norteadores do constitucionalismo ocidental: direitos fundamentais (individuais, sociais, econômicos, difusos), separação de poderes, eletividade dos membros do legislativo e do executivo, democracia, inclusividade social, respeito à diversidade cultural, dentre outros. Nos países considerados desenvolvidos, tanto na Europa, como na América do Norte, a realização dos conteúdos paradigmáticos referidos é uma realidade objetiva, apesar da variabilidade da gradação de como tal processo se verifica. A discussão acerca da liberalização dos mercados em solos europeu e norte-americano tem conseqüências bastante diversas do debate ocorrido na América Latina. Enquanto nos EUA e na UE se administram em geral os excessos, em Estados menos desenvolvidos, como os latino-americanos, a pobreza e a desigualdade social são quase crônicas, e as chamadas "promessas da modernidade" efetivamente não se realizaram, nem mesmo minimamente. Daí parecer assistir razão a Streck quando afirma existir no Brasil um "simulacro de modernidade", no qual existem dois tipos de pessoas: o sobreintegrado ou sobrecidadão, que dispõe do sistema, mas a ele não se subordina, e o subintegrado ou subcidadão, que depende do sistema, mas a ele não tem acesso (Streck: 2000, p. 25-29; Neves: 1996, p. 110; Coutinho: 2003, p. 32-33).

Diante da perspectiva neoliberal unívoca, as constituições passam a um papel de subordinação às demandas da política econômica igualmente unívoca, em vez de conformarem esta e os governantes e legisladores. Estes se comportam mais tendencialmente como gestores de interesses de atores político-econômicos transnacionais do que como representantes legitimamente eleitos para legislarem e dirigirem politicamente o Estado com a finalidade de favorecer o bem-estar social. Do ponto de vista teórico, tratar-se-ia de algo próximo ao que Gardner denomina de uma transferência de um modelo jurídico por infusão (*apud* Yazbek: 2001, p. 546-547).[143]

Para a superação da univocidade neoliberal, de efeitos bastante inquietantes na vida social latino-americana, a solução passa por uma manutenção de muitas das categorias clássicas do constitucionalismo liberal e social, haja vista que diante de tanto tempo subordinados a regimes autoritários, mesmo o constitucionalismo liberal não se mostra realizado nos Estados do continente (cf. Bonavides: 2001, p. 61). A demanda por direitos sociais e econômicos, por sua vez, é imensa e torna necessária a sobrevivência de muitos paradigmas do *welfare state* até que a referida demanda seja minimamente satisfeita. Na América Latina, o constitucionalismo "aspiracional", na expressão de García-Villegas, permanece necessário, em virtude da não-realização das "promessas da modernidade" (García-Villegas: 2003, p. 3, ss.).[144] Daí a necessidade de que boa parte do legado do Estado nacional europeu, assimilado ideologicamente pelos Estados latino-americanos, subsista. Veja-se a lúcida observação de Canotilho:

---

[143] Para aquele autor, as transferências de modelos jurídicos por infusão não ocorrem por iniciativa da sociedade receptora, não decorrendo, por outro lado, da imposição estrangeira. A transferência por infusão diz respeito à transferência, cuja iniciativa e esforço parte da sociedade transmitente, ou de alguns de seus setores, ocorrendo, entretanto, nesse processo de transferência, uma ativa participação de setores da sociedade receptora.

[144] O autor colombiano utiliza o termo "constitucionalismo aspiracional" para designar as experiências de constituição prospectiva, inauguradas teoricamente com Rousseau e com a tradição da Revolução Francesa. As constituições aspiracionais correspondem em boa medida às sociais, visto que no conceito de García-Villegas, se existem situações de grande inconformismo com a situação social e a previsão maximizante de objetivos estatais para a transformação do *status quo*, mais do que a preocupação de conservação deste último, pode-se dizer que seria o caso de uma constituição aspiracional (García-Villegas: 2003, p. 3-6).

quando alguns atacam o estado social e a ideia de socialidade do estado, muitas vezes não sabem do que falam. Quando atacam estas premissas da socialidade em nome de maior eficácia, de maior eficiência, estão a pôr em causa uma outra luta, a luta contra essa outra violência que é a pobreza. Eu tenho afirmado aí no Brasil que o problema da pobreza se coloca sobretudo com grande acuidade nestas situações, em que milhões de pessoas são pobres e não têm culpa de terem nascido pobres. Ora os esquemas neo-liberais parecem desconhecer esta questão, ou seja, desconhecem que a socialidade implica ainda uma positividade do poder, uma positividade do Estado, um compromisso do Estado que não pode ser facilmente substituído por esquemas difusos, por esquemas outros que podem já ser operacionais em determinados contextos culturais, mas dificilmente o são noutras formas de evolução (cf. Coutinho: 2003, p. 30).[145]

Ademais, não estamos em um processo de integração como o europeu. O Mercosul, um dos entes de integração americano mais avançados do ponto de vista do estágio da integração, ainda está distante de ser um mercado comum, de acordo com os conceitos observados. Não há no Mercosul as denominadas "quatro liberdades": de circulação de mercadorias, pessoas, serviços e capitais. A própria união aduaneira tem sido prejudicada por atos unilaterais dos Estados mercosulinos nos últimos anos. Em termos de organização institucional, também não se encontra o Mercosul em um estágio avançado: não há Parlamento supra-estatal, visto que a Comissão Parlamentar Conjunta é apenas órgão de representação dos parlamentos de cada Estado;[146] o órgão executivo do Mercosul, o Grupo Mercado Comum, está longe de ter a independência que possui a Comissão Européia na administração comunitária, pela razão de estarem vinculados à coordenação dos ministérios das relações exteriores de cada um dos países; não há corte de justiça mercosulina, tendo os Estados do Mercosul feito opção por soluções de controvérsias através das negociações diretas, intervenção do Grupo Mercado Comum e arbitragem, apesar do aparente avanço com a recente criação do Tribunal Permanente de Revisão (Accioly: 2004, *passim*; Fontoura: 2004, p. 359; Ventura: 2003, *passim*; Klor: 2003, p. 43ss.).

---

[145] Afirma Canotilho em outra oportunidade: "Quando se tornou claro que, em algumas situações históricas e específicos momentos de desenvolvimento social, não devia ser cruelmente imputada às pessoas a responsabilidade por sua própria pobreza, as instituições políticas estatais não puderam eximir-se a um compromisso activo para a solução e controlo da nova forma de violência – a pobreza. O combate à pobreza foi um dos fins, e deve continuar a sê-lo, do Estado social. Numa palavra: a *socialidade* é, ainda hoje, uma dimensão intrínseca da estatalidade" (Canotilho: 2002b, p. 710).

[146] Fontoura: 2003, p. 222 (grifos do autor): "A criação de uma instituição de natureza legislativa, na estrutura formal do Mercosul, com maiores atribuições do que aquelas concernentes à atual Comissão Parlamentar, pressupõe ingentes mudanças em nossos países, não somente de direito constitucional material, mas, sobretudo, de cultura política e, conseqüentemente, de cultura jurídica. Elaborar uma reforma no bojo do Mercosul-legislativo, com alguma substância, implica árduo trabalho prévio de adequação constitucional, permitindo *insights* de supranacionalidade. Isso quer significar a adoção de tratamento constitucional receptivo à possibilidade de cessão de soberania a órgãos supranacionais, o que não deve ser tomado como heresia, pois se trata de delegação concedida 'se e quando' o Estado desejar".

Como se percebe, não há a assunção de praticamente nenhuma das tarefas do Estado por parte do Mercosul. A maior parte dos doutrinadores observa que o Mercosul não é um ente supra-estatal comunitário, mas uma organização de integração típica do direito internacional clássico (Finkelstein, Brindeiro, Basso & Husek: 1998, *passim*). O seu ordenamento jurídico, embora seja direito da integração, não é considerado direito comunitário, mas direito da cooperação, ou, na denominação de Midón, "direito da integração primário/inferior" (Midón: 1998, p. 52; Rodrigues: 2000, p. 48-49; Caro: 2003, p. 204).[147] Este não possui as características de superioridade hierárquica e auto-aplicabilidade de suas normas em relação ao direito interno dos Estados. Está presente nas relações derivadas da integração, mas ainda pertencentes ao direito internacional clássico, sendo, não um direito superior hierarquicamente e auto-aplicável, mas tão-somente um direito uniforme entre os Estados participantes do processo de integração (Midón: 1998, p. 31-32; 50-54; Rodrigues: 2000, p. 48-49; Galindo: 2002a, p. 96).

Se as atribuições fundamentais de preservação (perspectiva liberal) e realização (perspectiva social) dos direitos fundamentais são dos Estados, não há que se falar, na América Latina, em supra-estatalidade a partir dos paradigmas europeus contemporâneos. A abertura das constituições européias ao direito da UE é necessária para a consolidação desta última, consistindo em uma renúncia parcial à soberania para que o ente supra-estatal possa desempenhar atribuições que os Estados não conseguem mais realizar de forma adequada. Ainda assim, é de bom alvitre recordar que um dos princípios básicos da UE é o da subsidiariedade que, segundo Borba Casella, comporta duas vertentes: por um lado, permite que a UE intervenha na solução de problemas de caráter supra-estatal que não possam ser solucionados no nível da atuação individual dos Estados, observando os objetivos comunitários; por outro, pretende manter a competência dos Estados nos domínios que a intervenção comunitária não permite regulamentar melhor. Ainda segundo o autor, a inclusão deste princípio nos tratados constitutivos permite que a tomada das decisões se dê, na Comunidade, ao nível mais próximo possível dos cidadãos (Casella: 2002, p. 318-319).[148]

---

[147] Esse posicionamento doutrinário acerca da terminologia não é pacífico. Há autores que preferem utilizar a denominação "direito comunitário" também para nomear os processos latino-americanos de integração, notadamente nos casos da Comunidade Andina e do Mercosul, sendo um direito comunitário "incipiente" (cf. Dermizaky P.: 2004, p. 837ss.; Ekmekdjian: 1996, p. 67ss.; Borges: 2005, *passim*).

[148] Adverte, entretanto, o autor que "O princípio da subsidiariedade é apenas aplicável a domínios que sejam partilhados pela Comunidade e pelos Estados-membros. Assim sendo, não se aplica às competências exclusivamente comunitárias, nem às competências exclusivamente nacionais".

É conclusivo, portanto, que os modelos constitucionais da Europa atual não guardam correspondência com a realidade latino-americana, assim como com outras realidades constitucionais, como a norte-americana e a japonesa. Como defende Mann, ao analisar a sobrevivência do Estado nacional nestes dois últimos casos,

> o discurso europeu sobre a morte do Estado nacional há de soar estranho nas outras duas principais regiões capitalistas. É provável que as novas euro-instituições não sejam um padrão para o futuro. É difícil conceber por que os Estados Unidos ou o Japão haveriam de entrar em grandes consórcios de soberania ou renúncias à soberania com outros Estados ou entidades políticas. Eles continuarão a negociar com seus vizinhos e com a Europa como grandes potências isoladas (Mann: 2000, p. 329).

Mais uma vez parece que o interculturalismo constitucional é a saída para a aceitação da sobrevivência de um constitucionalismo moderno em países desenvolvidos como os referidos acima, assim como em países subdesenvolvidos que precisam de instrumentos constitucionais emancipatórios para garantir o acesso de suas populações a patamares minimamente aceitáveis de direitos sociais e econômicos. Por isso, a necessidade, em países como o Brasil, da sobrevivência de institutos e idéias como o dirigismo constitucional, assim como a permanência do caráter constitucional dos direitos aludidos e da vinculação do Estado a obrigações de prestação positiva para garantir e realizar estes últimos, já que o Estado permanece sendo o único ente político apto a fazê-lo, suprindo a demanda da sociedade periférica. E diga-se que não há nada de anacrônico na afirmativa defendida, pois os países desenvolvidos que permitem uma atual abertura de suas constituições, nem sempre o fizeram. A abertura das constituições dos Estados europeus se dá de forma gradativa e cautelosa, haja vista as decisões de alguns tribunais constitucionais, como o alemão e o dinamarquês, assim como a *House of Lords* britânica, não permitindo a abertura completa e irrestrita. Os EUA, a seu turno, permanecem constitucionalmente herméticos, não aceitando a idéia de constituição aberta, nem mesmo para a promoção do tão apregoado livre-comércio. É de se recordar que a abertura constitucional é *conditio sine qua non* para a efetivação deste último, o que não é feito pelos países desenvolvidos, haja vista que o próprio patamar econômico que atingem é calcado historicamente por medidas protecionistas de fechamento constitucional e dirigismo econômico, só abrindo mão destas apenas parcial e muito tardiamente (Chang: 2003a, p. 24-25).[149]

---

[149] Afirma Chang que "Os partidários do comércio livre pensam agir no sentido da História, sustentando que esta política está na origem da riqueza dos países desenvolvidos; daí a crítica que fazem aos países em desenvolvimento que se recusam a adoptar uma tão comprovada receita. Ora a verdade é que isso está muito longe da realidade. Os factos históricos são incontestáveis: quando os países actualmente desenvolvidos se encontravam ainda em desenvolvi-

Por outro lado, é de se aceitar que, na realidade européia, os paradigmas que sobrevivem fora do continente (as raízes européias de "outrora") sejam relativizados, pois todas as atividades políticas, econômicas e jurídicas nos países da UE possuem alguma relação com o direito comunitário que, por sua vez, é concorrente dos direitos internos dos Estados. Não há como, no âmbito da UE, ser possível a sobrevivência intacta dos paradigmas tradicionais, ainda presentes em outros quadrantes.

11.3. Os caminhos da integração americana: inclusividade ou incorporação?

O filósofo alemão Jürgen Habermas tem debatido no ambiente europeu a questão da inclusividade multicultural. O tratamento do tema pelo filósofo se dá a partir da compreensão dos tipos de inclusão aos quais o mesmo se refere: a inclusão por incorporação ou a inclusão por integração (Habermas: 2002, p. 107-135). Aqui faremos uma inversão da terminologia utilizada pelo pensador de Frankfurt para alcançar os objetivos deste ponto: consideramos dois tipos de integração, uma delas por inclusividade e a outra por incorporação. Estas não se referem aos entes integracionistas, mas ao modo como a integração interestatal se dá. A compreensão de ambas as categorias afigura-se fundamental para delineamento da teoria intercultural da constituição no caso americano.

A integração por inclusividade se dá quando ocorre a inclusão intercultural dos Estados e dos povos em torno de um ente supra-estatal de integração, em que, embora possa haver a renúncia e a delegação de parcela de soberania para este último, tais atitudes estão associadas à busca de um maior equilíbrio econômico e social entre os Estados e os povos que se integram, fazendo com que os ganhos com a competitividade e o desenvolvimento econômico sejam estendidos ao âmbito social, sem a destruição da identidade cultural de cada povo e sem a submissão de um povo a outro. É o modelo integracionista preconizado pela UE no qual, apesar das consideráveis diferenças socioeconômicas, tem havido a preocupação inclusivista em cada avanço comunitário. Até mesmo a redistribuição de riquezas é feita a partir dos fundos europeus em que Estados economicamente mais desenvolvidos como Alemanha e França contribuem mais substan-

---

mento, não levavam a cabo praticamente nenhuma das política que preconizam. E os casos em que a diferença entre mito e realidade se apresenta mais flagrante são, curiosamente, os da Grã-Bretanha e dos Estados Unidos".

cialmente, ao passo que Estados mais pobres, como Grécia e Portugal, se beneficiam deles com maior freqüência (Campos: 2002, p. 128ss.; Bideleux: 2002, p. 142-143; Porto: 2002, p. 379-382).[150]

Por sua vez, a integração por incorporação se dá quando não há o diálogo intercultural acerca da forma como deva se dar a integração, ou quando aquele diálogo é mitigado em favor de imposições unilaterais dos Estados mais poderosos que devem ser aceitas sem maiores questionamentos por parte dos Estados com menor poder político e econômico. Não se trata de uma renúncia coletiva a parcela da soberania por parte dos Estados que compõem o ente de integração, mas de uma aceitação e, conseqüentemente, abertura política e constitucional aos desígnios estabelecidos pelo Estado (ou Estados) que detêm maiores poderes.

Este segundo tipo de integração é aquele proposto para os Estados da América Latina no modelo da ALCA. A agenda monotemática do Consenso de Washington obrigou os Estados a reformarem as suas constituições para adaptarem as mesmas às diretrizes impostas. Após a abertura que tais constituições passam a possuir, consubstanciada na redução da participação do Estado na economia, quebra dos monopólios públicos e flexibilização da administração pública e da previdência social, tanto no sentido do equilíbrio orçamentário, como da participação da iniciativa privada na gestão e na realização dos serviços públicos, o caminho para uma área de livre-comércio envolvendo quase todos os países americanos parece estar, ao menos parcialmente, desobstruído.

Como é perceptível, neste tipo de integração, não se trata de incluir de modo emancipatório povos e Estados menos desenvolvidos em um mercado comum que possibilite efetivamente o acesso a mercados de países desenvolvidos com maior potencial de compra e investimento, trazendo desenvolvimento econômico e social para os países mais pobres. Antes, pelo contrário, as desigualdades tendem até mesmo ao agravamento, visto que a abertura desregulamentada e indiscriminada dos mercados dos Estados latino-americanos ao poder econômico e político dos EUA possibilita a inserção de empresas norte-americanas poderosíssimas na concorrência com as empresas desses Estados em igualdade formal de condições, quando a desigualdade fática é, em certos casos, extrema, e pode acarretar na destruição

---

[150] Ainda é de se ressaltar que na UE, os critérios políticos e jurídicos algumas vezes preponderaram sobre os econômicos, como na chamada "quarta onda" de ampliação das então Comunidades Européias, envolvendo Grécia, Espanha e Portugal, em que estes países, ainda candidatos, não conseguiram cumprir integralmente os requisitos formais da política econômica comum, mas ainda assim foram aceitos no mercado comum, justamente por satisfazerem os critérios político-jurídicos (cf. Diz: 2003, p. 43).

completa de setores econômicos inteiros, notadamente em países como o Brasil.[151]

Destaque-se igualmente que na integração incorporativa preconizada pelo modelo da ALCA não há espaço para discussão dos graves problemas sociais e econômicos que atingem praticamente todos os países latino-americanos. Considerando que o Produto Interno Bruto somado de toda a América Latina não chega a vinte por cento do PIB dos EUA, a presença de fundos sociais geridos supra-estatalmente para amenizar o déficit de realização dos direitos sociais e econômicos nesses países seria fundamental. Mas nos doze grupos de trabalho da ALCA, não há qualquer referência a tal possibilidade, ou mesmo a questões sociais em geral.[152] Trata-se mesmo de uma integração incorporativa, sem espaço para interculturalismo de qualquer espécie.

Por outro lado, acreditamos ser possível a integração inclusiva no âmbito latino-americano. A partir de uma maior igualdade fática e da intenção de superação de problemas comuns relativos ao desenvolvimento econômico e social dessa região, a inclusão por meio da integração desses povos e Estados pode ser mais viável e possível. E o modelo americano que tende a uma maior aproximação com esta idéia de integração inclusiva é, indubitavelmente, o Mercosul. Concordamos com Pinheiro Guimarães quando afirma que

> Para a América do Sul, mas muito em especial para o Brasil, o momento atual é decisivo, mas o dilema é sempre o mesmo: enfrentar o desafio de realizar o potencial da sociedade brasileira, superando suas extraordinárias disparidades e vulnerabilidades através da execução árdua e persistente de um projeto nacional consistente, em um contexto de formação de um pólo sul-americano não hegemônico, em estreita aliança com a Argentina, ou se incorporar de forma subordinada ao sistema econômico e político americano, confiando em que o livre jogo das forças de mercado no seio da ALCA venha a ser capaz de superar os desafios e realizar o potencial da sociedade

---

[151] Em entrevista ao jornal Folha de São Paulo, Douglass North, Prêmio Nobel de Economia e liberal convicto, afirma, corroborando com a opinião anteriormente comentada de Chang: "Numa área de livre comércio, você só consegue importar boas instituições de outros países caso se trate de uma situação em que todos têm nível parecido de desenvolvimento" (North: 2003, p. B11). Cf. tb. Ventura: 2003, p. 584: "As negociações com os Estados Unidos comportam um risco para o Brasil: como detentor de um sistema industrial diversificado, mas claramente menos competitivo que os Estados Unidos em várias áreas. Um confronto poderia significar uma restrição significativa de sua margem de manobra interna e acarretar efeitos prejudiciais graves em vários setores". Veja-se também o ocorrido com o México na integração com o NAFTA, segundo Goyos Jr. (2004, p. 137): "O México, por exemplo, dentro do Acordo de Livre Comércio da América do Norte (NAFTA), tornou-se um exportador de pobreza. A renda do trabalhador industrial mexicano decresceu 50% desde a instituição da área de livre comércio e 80% da população vive abaixo do nível de pobreza".

[152] Grupos de trabalho da ALCA: 1) acesso a mercados; 2) procedimentos aduaneiros e regras de origem; 3) investimentos; 4) normas e barreiras técnicas ao comércio; 5) medidas sanitárias e fitossanitárias; 6) subsídios; 7) antidumping; 8) medidas compensatórias e economias menores; 9) compras governamentais; 10) direitos de propriedade intelectual; 11) serviços e políticas de concorrência; 12) solução de controvérsias (Silva: 2002, p. 182).

brasileira e sul-americana. O primeiro caminho é extraordinariamente árduo, mas apresenta a perspectiva de construir um Brasil e uma América do Sul dignos de seus povos. O segundo é o caminho da submissão política, do atraso econômico e do caos social (Prefácio em Bandeira: 2003, p. 27).

11.4. O Mercosul como integração inclusiva

Do ponto de vista das potencialidades, o Mercosul é, dos entes de integração existentes, o que reúne melhores condições para uma integração inclusiva. Não há fortes hostilidades históricas provenientes de guerras entre seus membros, como ocorre na Europa.[153] Há muito mais homogeneidade cultural e, sobretudo, lingüística do que na UE. Enquanto as tradições culturais européias são muito distintas entre si, assim como os idiomas, os países do Mercosul possuem tradições muito mais próximas e apenas dois idiomas – espanhol e português – muito semelhantes um do outro (cf. Nogueira: 2000, p. 17-20).

Em termos interculturais, o diálogo constitucional também se afigura muito mais possível e aberto. Todos os Estados do Mercosul são vinculados à cultura jurídica romanista. Todos possuem constituição codificada, forma republicana e sistema presidencialista de governo. Em maior ou menor grau, todos enfrentam problemas sociais e econômicos endêmicos, assim como passaram por períodos políticos autoritários e tentam firmar suas democracias em nível interno, embora o sucesso democrático também sofra variações relevantes. Destaque-se que, nesse particular, o Mercosul contribuiu decisivamente para a manutenção do regime político democrático no Paraguai em 1998, com a pressão política de argentinos, brasileiros e uruguaios para que fosse preservada a cláusula democrática prevista no Protocolo de Ushuaia (cf. Bandeira: 2003, p. 552-554; Fontoura: 2004, p. 356).

Todavia, não se pode olvidar a existência de dificuldades igualmente importantes. Do ponto de vista econômico e geoestratégico, o Brasil possui maior PIB, extensão territorial e população que seus três parceiros mercosulinos juntos. A UE, exemplo mais bem-sucedido de integração inclusiva até o momento, não possui tal disparidade, pois, apesar das diferenças, nenhum dos Estados possui isoladamente superioridade em relação a todos os outros em nenhum dos critérios

---

[153] É bem verdade que a América do Sul não é totalmente desprovida de confrontos entre os seus países, bastando recordar a sangrenta Guerra do Paraguai, na qual este país foi completamente arrasado pela Tríplice Aliança entre Argentina, Brasil e Uruguai (curiosamente os quatro Estados-Membros do Mercosul atual). Contudo, são episódios esparsos no continente, sobretudo se considerarmos os confrontos e as hostilidades milenares já ocorridos entre os povos da Europa.

apontados. A supremacia brasileira é um indicador de dificuldade, tanto que as instituições do Mercosul estão estruturadas a partir da idéia de igualdade entre os Estados, já que do contrário estaria estabelecida a hegemonia brasileira.

Um outro problema relevante é a estrutura institucional do Mercosul. Dentre outras coisas, um dos principais motivos do sucesso da integração européia é a sua capacidade de resolver querelas jurídicas através da atuação do TJUE e das demais instituições comunitárias, que atuam com certa independência em relação aos Estados-Membros da UE e com vistas a consolidar e resguardar o direito comunitário. A solução de controvérsias é o principal instrumento de concretização deste último na UE.

No Mercosul, não há instituições independentes, nem tribunal judicial supra-estatal. As negociações diretas e a arbitragem permanecem sendo os instrumentos básicos de solução de controvérsias, tal como previsto pelo Protocolo de Brasília e continuado pelo Protocolo de Olivos. Diga-se que nem mesmo existe uma corte permanente de arbitragem em primeira instância, sendo o caso de constituir tribunais arbitrais *ad hoc*. Conforme Deisy Ventura, são três as principais características deste sistema de solução de controvérsias do Mercosul:

1) o sistema se fundamenta mais na ação diplomática do que em princípios jurídicos;

2) o campo de aplicação do Protocolo de Brasília limita-se à interpretação e aplicação de normas comuns, ou à sanção ao desrespeito dessas regras, em relação aos Estados mercosulinos. Os atos das instituições do Mercosul ou das pessoas físicas e jurídicas ficam excluídos desse controle;

3) os indivíduos não possuem acesso direto ao sistema, embora o particular possa invocar o PB junto a um Estado membro. Se este decidir endossar a pretensão do particular, se torna então autor da demanda, ficando a continuidade do processo integralmente a seu cargo (Ventura: 2003, p. 227).

Tal sistema tem sido veementemente criticado pelos doutrinadores, notadamente no que diz respeito à sua incapacidade de garantir soluções rápidas e adequadas para as contendas intramercosulinas, pois as arbitragens casuísticas previstas pelo PB, ainda que até agora tenham tido suas decisões respeitadas pelos Estados-Membros do Mercosul, provocam uma profunda insegurança jurídica em relação à necessidade de uniformidade interpretativa das normas do Mercado Comum. Daí o debate e o advento de uma nova legislação, o Protocolo de Olivos, que, substituindo o antigo texto de Brasília, cria um órgão permanente de apelação das decisões arbitrais, o já referido Tribunal Permanente de Revisão, tribunal arbitral de segunda instância (Ventura: 2003, p. 305-317; Klor: 2003, p. 43-50; Loianno: 2003, p. 224-226; Accioly: 2004, *passim*).

11.5. Mercosul e constituição: o debate nos direitos constitucionais argentino e brasileiro

Um outro problema relevante é a questão da transposição da legislação do Mercosul para o direito interno dos Estados-Membros. Diferentemente do que ocorre nos Estados da UE, onde a aplicabilidade direta e imediata (à exceção das diretivas neste segundo caso) da legislação comunitária é a regra, não há semelhante previsão nesse sentido no Mercosul. Os próprios Estados-Membros nem sempre têm preparado seus respectivos regimes constitucionais para possibilitar a recepção dos atos normativos supra-estatais e, nesse caso, o sistema presidencialista de governo mais atrapalha que ajuda, posto que a independência entre os poderes executivo e legislativo é maior, obstaculando por vezes um diálogo mais frutífero e produtivo (em sentido ligeiramente diverso, cf. Winter: 2004, p. 422-423; 436-437). Em relação à questão constitucional, podemos perceber um constitucionalismo integracionista nas Cartas argentina e paraguaia, ao passo que nas Cartas brasileira e uruguaia, predomina a postura nacionalista. Identifiquemos de forma exemplificativa os casos da Argentina e do Brasil.

A Constituição da Argentina data de 1853, mas passa por algumas reformas desde então (1866, 1898, 1957 e 1994, além de parte do texto originário ser de 1860), sendo de se destacar, para os limites do presente trabalho, a de 1994. Até então, a lei maior argentina não continha nenhuma referência ao direito da integração ou mesmo ao direito das organizações internacionais. O art. 36 limitava-se a afirmar que a Constituição, as leis oriundas do Congresso e os tratados consistem na "lei suprema da Nação", e que as autoridades provinciais eram obrigadas a conformar-se a ela. De acordo com o art. 27, os tratados deveriam ser concluídos em conformidade com os princípios constitucionais de direito público (Campos: 2004, p. 211-215; Ventura: 2003, p. 172; Dalla Vía: 2004, p. 279-281; Mensaque: 2003, p. 284-285; D'Angelis: 2004, p. 397).

Em razão disso, a doutrina majoritária considera que a Constituição consagrava a paridade entre os tratados e a lei interna, sendo aplicável o *lex posteriori derogat priori*. Porém, houve variação jurisprudencial até o Acórdão Ekmekdjian x Sofovich, de 1992, no qual a Corte Suprema de Justiça estabelece o reconhecimento da primazia da legislação internacional sobre o direito interno em razão da ratificação da Convenção de Viena sobre o Direito dos Tratados, de 1969, pela Argentina, destacando que, de acordo com o art. 27 da referida Convenção, uma parte não pode invocar disposições de seu direito interno para justificar o não-cumprimento de um tratado (Mensaque: 2003, p. 286; Dalla Vía: 2004, p. 282; Midón: 1998, p. 364-365; Caiella: 1999,

p. 67-68; Ventura: 2003, p. 172-173; Fontoura: 2000, p. 56; 58; D'Angelis: 2004, p. 399-400).

A reforma constitucional de 1994 vai claramente na tendência da jurisprudência da Suprema Corte argentina. Os termos do art. 75, inc. 22, positiva, a partir desta reforma, a supremacia dos tratados em relação ao ordenamento jurídico interno, dando aos tratados internacionais um lugar superior ao das leis na hierarquia das normas jurídicas. Mas, mais do que isso, o referido dispositivo outorga a alguns tratados sobre direitos fundamentais o valor de norma constitucional, embora os tratados em questão não possam revogar nenhum dispositivo da primeira parte da Constituição e sejam complementares aos direitos e garantias previstos na mesma.[154]

Entretanto, a grande inovação da reforma de 1994 diz respeito ao reconhecimento da especificidade do direito da integração em relação ao direito internacional em geral. O texto do art. 75, inc. 24, afirma caber ao Congresso argentino

> Aprobar tratados de integración que deleguen competencias y jurisdicción a organizaciones supraestatales en condiciones de reciprocidad e igualdad, y que respeten el orden democrático y los derechos humanos. Las normas dictadas en su consecuencia tienen jerarquía superior a las leyes.
>
> La aprobación de estos tratados con Estados de Latinoamérica requerirá la mayoría absoluta de la totalidad de los miembros de cada Câmara. En el caso de tratados con otros Estados el Congreso de la Nación, con la mayoría de los miembros presentes de cada Câmara, declarará la conveniencia de la aprobación del tratado y sólo podrá ser aprobado con el voto de la mayoría absoluta de la totalidad de los miembros de cada Câmara, después de ciento veinte dias del acto declarativo.
>
> La denuncia de los tratados referidos a este inciso, exigirá la previa aprobación de la mayoría absoluta de la totalidad de los miembros de cada Câmara.

Além de criar um dispositivo específico para possibilitar a primazia do direito da integração em relação ao direito interno, o poder reformador argentino estabelece processo interno de aprovação mais célere e facilitado para os tratados de integração com Estados da América Latina, o que, obviamente, inclui os tratados mercosulinos.

Admite, portanto, a Carta argentina a existência de uma fonte exógena de direito em relação à ordem jurídica interna, desde que presentes três requisitos: reciprocidade, igualdade e respeito à democracia e aos direitos humanos. Deste modo, a Constituição deixa esta-

---

[154] São eles: Declaração Americana dos Direitos e Deveres do Homem; Declaração Universal dos Direitos Humanos; Convenção Americana sobre Direitos Humanos; Pacto Internacional de Direitos Econômicos, Sociais e Culturais; Pacto Internacional de Direitos Civis e Políticos e seu Protocolo Facultativo; Convenção sobre a Prevenção e Sanção do Crime de Genocídio; Convenção Internacional para a Eliminação de Todas as Formas de Discriminação Racial; Convenção para a Eliminação de Todas as Formas de Discriminação contra a Mulher; Convenção contra a Tortura e outros Tratamentos ou Penas Cruéis, Desumanas ou Degradantes; Convenção dos Direitos da Criança (art. 75, 22).

belecida também uma hierarquia entre o direito interno e o direito derivado de uma futura ordem supra-estatal, reconhecendo que este último teria primazia em relação ao primeiro, ficando as normas supra-estatais em uma posição inferior à Constituição e aos tratados internacionais, mas superior às leis da Argentina. No entanto, é de se lembrar que a legislação mercosulina ainda não configura direito derivado de ente supra-estatal, visto que o Mercosul não é, até o momento, organização de integração que atenda plenamente os requisitos do referido dispositivo constitucional argentino, notadamente na questão da reciprocidade (Ventura: 2003, p. 177-181).

Portanto, de acordo com a nova sistemática constitucional, extremamente aberta e receptiva ao direito internacional em geral e também ao direito da integração, a hierarquia normativa no ordenamento jurídico argentino pode ser concebida esquematicamente assim, conforme proposta de autores como Horacio Lavopa, Juan Carlos Vega, Maria Adriana Graham, Zarza Mensaque e Alberto Dalla Via (Dalla Vía: 2004, p. 281ss.; Ventura: 2003, p. 180-181; San Martino: 2002, p. 85-86):

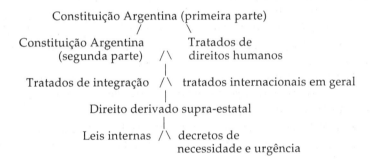

Embora a situação política e econômica extremamente instável da Argentina tenha prejudicado a integração via Mercosul, em termos constitucionais, os argentinos propiciam uma abertura de sua constituição que fornece todos os elementos necessários para o avanço do processo de integração, não havendo empecilhos constitucionais para tal (Fontoura: 2000, *passim*; Ventura: 2003, p. 182).

O mesmo, contudo, não se dá com o Brasil. Vejamos.

A Constituição de 1988 é considerada bastante nacionalista no que diz respeito à dificuldade estabelecida para a vigência e aplicação dos tratados internacionais no Brasil. O texto constitucional brasileiro é lacônico e evasivo em relação ao direito internacional e ao direito da integração. O único dispositivo específico é o art. 4º, que dispõe sobre a observância de certos princípios nas relações internacionais brasileiras, sendo de interesse direto para este trabalho o parágrafo único, que afirma que "A República Federativa do Brasil buscará a integração econômica, política, social e cultural dos povos da América Latina, visando à formação de uma comunidade latino-americana de nações". Com estes dizeres, é perceptível que o objetivo oficialmente proposto pelo constituinte é ousado, tratando de uma integração ampla (para além do aspecto econômico) entre os Estados da América Latina.

Todavia, como afirmamos em outra oportunidade, a ousadia no objetivo limita-se a essa declaração genérica e abstrata do referido dispositivo, já que os mecanismos e procedimentos jurídicos para a concretização do objetivo pretendido não são estabelecidos pela Carta de 1988 (Galindo: 2002a, p. 110).

Ao contrário, a Constituição brasileira não faz referência ao Mercosul, assim como não estabelece hierarquia entre as normas de origem internacional e de origem interna. Em caso de conflito de normas, as normas mercosulinas não encontram na Lei Maior qualquer regra específica ou geral que reconheça a sua primazia. O silêncio constitucional acerca da hierarquia normativa dá lugar a uma jurisprudência bastante incômoda para as relações internacionais do Brasil, tendo em vista a posição hermético-nacionalista do Supremo Tribunal Federal (Ventura: 2003, p. 190; Klor & Arroyo: 2004, *passim*; Pagliarini: 2004, p. 153ss.; D'Angelis: 2004, p. 404ss.; Magalhães: 2000, p. 57ss.; Casella: 2000, p. 75-76).

No respeitante à vigência interna dos tratados internacionais no Brasil, ela só ocorre após complexo processo de incorporação ao direito interno que compreende:

a) a celebração do ato com a assinatura pelo Presidente da República;

b) a discussão e aprovação pelo Congresso Nacional, declarada oficialmente por decreto legislativo;

c) a ratificação pelo Presidente da República;

d) a troca ou depósito do instrumento próprio;

e) a promulgação e publicação do decreto presidencial no Diário Oficial da União.

Em termos textuais, não há distinções constitucionais entre este processo e os de incorporação dos atos jurídicos provenientes do Mercosul, visto que a CF não diferencia os atos internacionais para efeito de validação interna.

Mesmo os reformadores da Constituição de 1988, após dezessete anos e cinqüenta e nove modificações no texto constitucional (sendo cinqüenta e três por Emendas à CF e seis através da Revisão Constitucional de 1993-1994, fora as PECs em tramitação), não estabelecem nenhuma mudança no sentido de facilitar a vigência interna do direito do Mercosul ou de qualquer outro ente supra-estatal ou internacional. O que ainda pode propiciar alguma força ao direito mercosulino é, por um lado, o art. 38 do POP que determina que os Estados do Mercosul se comprometem a adotar todas as medidas necessárias para assegurar internamente o cumprimento das normas emanadas dos órgãos do Mercosul. E por outro, o parágrafo único do art. 4º da CF, que produz interpretações por parte da doutrina que defendem a hierarquia entre as normas mercosulinas e as normas internas. Veja-se a posição de Wanderley Rodrigues:

> esse dispositivo integrante do título que traz os princípios fundamentais da ordem constitucional brasileira, em especial no que se refere às suas relações internacionais, deve ser visto como diretiva no sentido de, nos conflitos entre normas do MERCOSUL, quando já internalizadas pelo Brasil, e outras normas internas, impor a aplicação das primeiras (Rodrigues: 2000, p. 52).

Porém, tais posições doutrinárias não permitiram uma renovação da jurisprudência constitucional em torno do assunto. De acordo com o STF, os atos internacionais, mesmo os do Mercosul, entram em vigor no Brasil como hierarquicamente equivalentes à lei ordinária federal. Sendo assim, tanto o tratado pode revogar lei com ele incompatível, como a lei pode revogar tratado com ela incompatível, desde que se observe o critério da especialidade/generalidade e o critério temporal do *lex posteriori derogat priori*. Tal posição do STF é estabelecida inicialmente na década de 70 do século passado, ainda na vigência da Carta de 1967, com a decisão no Recurso Extraordinário nº 80004, decidido em 1977, acerca da validade do Decreto-Lei nº 427/1969, conflitante com a Lei Uniforme sobre Letras de Câmbio e Notas Promissórias, aprovadas pela Convenção de Genebra (Magalhães: 2000, p. 57-58; D'Angelis: 2004, p. 411). Apesar de tal acórdão referir-se ao regime constitucional anterior à Carta atual, as decisões pós-1988 do Tribunal Supremo têm-se determinado no mesmo sentido, salientando inclusive a inferioridade da posição hierárquica do tratado frente à lei complementar (Ventura: 2003, p. 195-196).

Diante da anomia textual e da jurisprudência do STF, a hierarquia normativa do ordenamento jurídico brasileiro organiza-se de forma diversa da Argentina, igualando hierarquicamente a lei e o tratado. Recentemente, a Emenda Constitucional nº 45/2004 atenua a infraconstitucionalidade dos tratados em relação aos que versem sobre direitos humanos, acrescentando um terceiro parágrafo ao art. 5º da CF, com o seguinte teor: "Os tratados e convenções internacionais sobre direitos humanos que forem aprovados, em cada Casa do Congresso Nacional, em dois turnos, por três quintos dos votos dos respectivos membros, serão equivalentes às emendas constitucionais". De modo esquemático, pode ser assim disposta a referida hierarquia:

A alteração feita é um considerável avanço internacionalista, tornando a CF brasileira mais aberta ao direito internacional no que diz respeito aos tratados de direitos humanos. Não obstante, perdeu-se na referida Emenda oportunidade histórica de um avanço ainda maior que seria propiciar aos tratados de integração superioridade hierárquica em relação às leis, ainda que não lhes concedesse valor constitucional.

Aliado a esses fatos, há dispositivos constitucionais que também consistem em óbices procedimentais a uma maior efetivação das normas do Mercosul, sendo de se destacar o revogado art. 102, I, h. Este atribuía ao STF a competência para a homologação das sentenças estrangeiras e a execução das cartas rogatórias. Para autores como Nogueira da Silva, este dispositivo inibe a autoridade e a certeza das decisões judiciais dos parceiros brasileiros do Mercosul, além de ser obstáculo a sentenças de um possível tribunal supra-estatal a ser estabelecido posteriormente (Silva: 2000, p. 32-33). Deisy Ventura ainda chama a atenção para o caso Livramento-Rivera, em que cidades uruguaias na fronteira com o Brasil necessitavam acionar o STF para obter o *exequatur* de sentenças do juiz uruguaio (cuja execução darse-ia na cidade vizinha) de acordo com o texto da CF e da jurisprudência do próprio STF (Ventura: 2003, p. 209-210). Saliente-se que, embora o referido dispositivo tenha sido revogado pela EC nº 45/2004, o que esta última faz, concretamente, é deslocar a competência para homologação das sentenças estrangeiras e a concessão do *exequatur* às cartas rogatórias para o Superior Tribunal de Justiça, o que não altera praticamente em nada a dificuldade de execução no Brasil das sentenças provenientes de países mercosulinos. As dificuldades permanecem diante da interpretação tradicionalmente nacionalista dada pelo STF. Vejamos.

Em junho de 1992, foi assinado o Protocolo de Las Leñas de Cooperação e Assistência Jurisdicional em Matéria Civil, Comercial, Trabalhista e Administrativa, promulgado no Brasil pelo Decreto nº 2067, de 12 de novembro de 1996. Este Protocolo tem por objetivo primordial intensificar a cooperação judicial entre os países do Mercosul, o que certamente influi no progresso da integração, e um dos efeitos práticos propugnados por este Protocolo é a chamada extraterritorialidade das sentenças e laudos arbitrais das autoridades jurisdicionais dos Estados mercosulinos, desde que atendidas as condições impostas pelo art. 20, o que dispensaria a homologação pelo STF, e atualmente, pelo STJ (cf. Magalhães: 2000, p. 105ss.). Não foi esse, entretanto, o entendimento da nossa Corte Suprema, como se pode aferir da leitura de parte do Acórdão da Carta Rogatória n° 7618, proveniente da República da Argentina, e assim redigido, em abril de 1997:

> O Protocolo de Las Leñas ("*Protocolo de Cooperação e Assistência Jurisdicional em Matéria Civil, Comercial, Trabalhista e Administrativa*" entre os países do Mercosul) não afetou a exigência de que qualquer sentença estrangeira – à qual é de equiparar-se a decisão interlocutória concessiva de medida cautelar – para tornar-se exeqüível no Brasil, há de ser previamente submetida à homologação do Supremo Tribunal Federal, o que obsta a admissão de seu reconhecimento incidente, no foro brasileiro, pelo juízo a que se requeira a execução; inovou, entretanto, a convenção internacional referida, ao prescrever, no art. 19, que a homologação (dita reconhecimento) de sentença provinda de Estados partes se faça mediante rogatória, o que importa admitir a iniciativa da autoridade judiciária competente do foro de origem e que o *exequatur* se defira independentemente da citação do requerido, sem prejuízo de posterior manifestação do requerido, por meio de agravo à decisão concessiva ou de embargos ao seu cumprimento (disponível em www.stf.gov.br/jurisprudencia – acórdãos-inteiro teor: acesso em 07/01/2005).

Como afirmamos em outra oportunidade, a única modificação no texto constitucional que propicia algum avanço na incorporação do direito do Mercosul ao direito brasileiro parece ter sido a revogação do art. 171 da CF pela EC n° 6/1995. O referido artigo estabelecia discriminação entre a empresa brasileira de capital nacional e as demais, privilegiando a primeira. Com a sua supressão, pode-se afirmar que houve facilitação da liberdade de investimentos e de circulação de capitais. Ainda assim, não foi uma modificação para adaptação ao direito do Mercosul, mas atendendo a exigências da globalização econômica com a tendência estabelecida pelo Consenso de Washington de abertura do mercado e da economia brasileira ao capital estrangeiro (Galindo: 2002a, p. 111).

Inevitavelmente, a evolução do Mercosul implicará modificações substanciais na Constituição em relação a estabelecer uma maior abertura constitucional à semelhança do que faz a Constituição da Argentina. Para um modelo de integração inclusiva, parece ser aceitável a relativização da soberania, uma vez que não será propriamente uma perda de soberania, mas uma partilha que pode acarretar inclusive na sua ampliação para o espaço integrado. Na linha do que defende Nogueira da Silva,

> trata-se de uma questão de compreensão e de cultura: uma entidade como o Mercosul importa, não propriamente no abandono ou renúncia a uma parcela de soberania nacional pelos seus membros; ao contrário, a cessão parcial significa uma ampliação

espacial da soberania pela aglutinação jurídica de todos em uma só unidade, com preservação das características e prerrogativas de cada um (Silva: 2000, p. 34).

A integração inclusiva proposta pelo Mercosul pode ser extremamente favorável ao interculturalismo constitucional, tendo em vista as diferenças entre as culturas constitucionais sul-americanas serem relativamente pequenas, sendo mais relevantes apenas na questão integracionismo (CF argentina) *versus* nacionalismo (CF brasileira), de superação não tão problemática.

11.6. Possibilidades e limites de uma teoria intercultural da constituição no caso americano

As possibilidades e os limites da teoria intercultural da constituição no caso americano necessitam de uma compreensão bidirecional a partir das duas principais propostas integracionistas para o continente. Ao se falar de interculturalismo constitucional, é necessário ponderar a proposta de uma integração geograficamente alargada, porém pouco aprofundada, a ser feita entre países profundamente desiguais econômica, política e culturalmente, como é o caso da ALCA, e, por outro lado, verificar a perspectiva de uma integração territorialmente menos abrangente, contudo mais aprofundada, a ser feita entre países menos desiguais nas suas economias, políticas e culturas, como no caso do Mercosul e da própria ALADI.

No primeiro caso, as possibilidades de um interculturalismo constitucional são relativamente pequenas, pois aquele necessita de um espaço dialógico para sua efetiva existência. As disparidades são uma realidade, mas no caso delas serem extremadas, o diálogo intercultural dá lugar à univocidade cultural permeada pelos limites impostos pelo unilateralismo do Estado mais poderoso que passa praticamente a estabelecer sua hegemonia e determinar a conformação dos Estados menos poderosos à sua cultura social, econômica e institucional ou, ao menos, aos seus interesses.

É o que tende a acontecer em integrações incorporativas do tipo ALCA. O caráter extremo das disparidades salta aos olhos dos observadores mais desatentos. Em relação à economia, à política, à cultura ou ao aparato bélico, os EUA são a potência hegemônica da América e do mundo. Rivaliza com a Europa e alguns Estados asiáticos, como China e Japão, mas na América não há país ou grupo de países que lhe possa fazer frente. Apesar de pautar sua atuação internacional mais pela defesa dos seus interesses nacionais do que pela exportação de seus modelos institucionais, estes terminam por serem importados pelos Estados latino-americanos, diante da admiração despertada ao longo de mais de dois séculos nestes últimos em relação ao desenvolvimento institucional dos EUA. E nesta questão institucional, configura-se a importação constitucional por países como Argentina e Brasil da forma federal de Estado e da república presidencialista, assim como, no que diz respeito mais ao aspecto técnico-procedimental, do controle difuso de constitucionalidade.

Apesar de os EUA serem vinculados à cultura jurídica do *common law*, algumas de suas instituições constitucionais são adotadas por países tradicionalmente vinculados ao romano-germanismo, como os latino-americanos em geral, e Brasil e Argentina em particular. O modelo federal de organização estatal prevalece nos países de maior dimensão territorial na América Latina. Na Argentina, é consagrado na Constituição de 1853, atendendo à pretensão das Províncias, desejosas de "união sem unidade" e contrariando os grupos intelectuais de Buenos Aires e suas tendências centralizadoras e unitaristas (Baracho: 1986, p. 209). No Brasil, de forma ainda mais explícita a partir da influência de Rui Barbosa, cujo pensamento é nitidamente entusiasta do modelo federalista norte-americano, a federação é instituída com a república na Constituição de 1891 (Bonavides & Andrade: 2002, p. 219).[155]

Ambos também adotam o sistema de governo presidencialista, com a aplicação da teoria montesquiana da separação de poderes de modo mais rigoroso e com uma prevalência concreta do poder executivo em detrimento dos demais, bastando para isso verificar o histórico de autoritarismo presente tanto no Brasil, como na Argentina, ocasionando no primeiro caso mudanças freqüentes de constituições (seis somente na República: 1891, 1934, 1937, 1946, 1967 e 1988 – sem contar a famosa EC nº 1/1969 e as mais de cinqüenta emendas à atual Carta) e no segundo, freqüentes períodos de suspensão da vigência de seus enunciados constitucionais (períodos de "exceção" – cf. Ventura: 2003, p. 171; sobre o histórico de autoritarismo, cf. Klaveren: 1986, *passim*). A questão do autoritarismo presidencial é tão freqüente que termina por ocasionar tentativas de adoção de técnicas parlamentaristas ou do próprio parlamentarismo como alternativas ao superdimensionamento dos poderes presidenciais: no Brasil, as tentativas de adoção do parlamentarismo como sistema de governo na constituinte de 1987-1988 e no plebiscito de 1993, ambas fracassadas; na Argentina, a implantação, com a Reforma de 1994, da Chefia do Gabinete de Ministros como órgão de "limitação das atribuições presidenciais", o que efetivamente não acontece, visto que o Chefe do Gabinete de Ministros é livremente nomeado e removido pelo Presi-

---

[155] Afirmam os autores: "Pelo artigo Segundo, as ex-províncias do Império reunidas agora pelo laço de federação, entravam a constituir os Estados Unidos do Brasil, uma designação servil, imitação do direito constitucional americano; lastimavelmente introduzida por Rui Barbosa e que durante mais de meio século batizou oficialmente o nosso país".

dente da República, sendo uma simples desconcentração de funções, e não uma verdadeira descentralização do poder executivo em outro órgão que guarde certa independência e autonomia (Haro: 1999,p. 258-261).[156]

O controle difuso de constitucionalidade, criado pela jurisprudência da Suprema Corte dos EUA, também é transposto para as constituições argentina e brasileira, sendo o controle concentrado algo tardio nesta última, visto que só surge com a EC nº 16/1965 à CF de 1946 e é efetivamente importante somente com a atual Carta (1988). Nesse ponto específico, o sistema brasileiro tem-se assemelhado mais ao modelo europeu de Tribunal Constitucional, com a tendencial concentração do controle em Corte suprema ou especificamente constitucional (cf. Sampaio: 2002, *passim*; Streck: 2002, *passim*; Mancuso: 1999, *passim*).

Entretanto, a importação de instituições constitucionais norte-americanas para Brasil e Argentina é algo secundário nas relações entre estes e os EUA. Na medida em que as suas constituições, assim como as dos demais países latino-americanos, se mostrem adequadas à implementação dos postulados do Consenso de Washington, a exportação dos paradigmas institucionais norte-americanos não se torna tão relevante. Em verdade, as reformas constitucionais levadas adiante naqueles países têm modificado o arquétipo estatal, flexibilizando a administração pública, reorganizando o sistema de previdência social, redefinindo o conceito de empresa nacional, permitindo o fim dos monopólios estatais e assegurando um amplo processo de privatização em todas as esferas federativas (Vieira: 1999, p. 41-42). E isso não resultou em transferência de modelo jurídico dos EUA, mas de paradigma ideológico neoliberal, esvaziando notavelmente o constitucionalismo dirigente desses países e substituindo-o por um direito constitucional "reflexivo", correspondendo a uma nova estruturação do Estado (Faria: 2002, p. 281ss.; Canotilho: 1995a, *passim*; Canotilho: 2002b, *passim*). Diante desta última, propiciada pelas reformas constitucionais da década de 90 do século XX, os países em questão encontram-se constitucionalmente abertos a uma integração do tipo ALCA, a nosso ver, incorporativa, pois não permite real liberdade de comércio com tão exasperada discrepância entre seus membros.

---

[156] Sobre a Chefia do Gabinete de Ministros, afirma o Professor argentino: "O que aqui surge é que, evidentemente, do ponto de vista normativo: a) não existe uma descentralização do poder presidencial em outro órgão diferente e autônomo; b) por outro lado, o que existe sim é uma troca na conformação interna do acionamento do PE, consistente numa *desconcentração* de funções, do tipo 'gerencial' que, mais do que limitar o presidente, é um colaborador que o alivia e agiliza o trâmite de muitas tarefas, que a CN confere ao 'homem de confiança' do Presidente. Desta forma, não parece arbitrário dizer que a reforma de 1994 criou um 'presidencialismo gerencial'" (Haro: 1999, p. 259-260 – grifos do autor).

O segundo caso, a opção pelo Mercosul, mostra-se mais viável econômica, política e culturalmente aos Estados envolvidos. Embora menos abrangente, a meta do Mercosul é ser uma integração mais aprofundada entre países que não possuem o nível de disparidade existente entre os integrantes da ALCA. Brasil, Argentina, Uruguai e Paraguai, em que pese as diferenças, sofrem de problemas semelhantes: todos são países periféricos, tiveram problemas com o autoritarismo até recentemente, estão construindo aos poucos instituições efetivamente democráticas, estão buscando saídas ao subdesenvolvimento. A semelhança entre os sistemas de governo e as formas de Estado, assim como a vinculação a um mesmo sistema jurídico romanista, são também pontos em comum, como vimos.

Diante disso e do que já apontamos ao longo deste capítulo, a teoria intercultural da constituição encontra menores limitações e maiores possibilidades na integração preconizada pelo Mercosul do que na proposta da ALCA. No âmbito do Mercosul, torna-se muito mais plausível falar de um interculturalismo constitucional, visto que as constituições podem estar mais abertas à participação no diálogo intercultural, fazendo com que tal abertura implique concretamente um debate entre possibilidades avençadas, com caráter de maior inclusão social, econômica e cultural, e não uma pura e simples incorporação de modelos preestabelecidos em outros quadrantes.

Os limites dizem respeito ainda a uma certa discrepância entre o Brasil e os demais membros. Embora não seja razoável falar de hegemonia brasileira como se fala da norte-americana, o fato é que o Brasil, isoladamente, possui maior PIB, território e população do que todos os outros membros do Mercosul juntos. Isso impossibilitaria, por exemplo, a formação de um parlamento mercosulino nos moldes do europeu, visto que a predominância do Brasil seria absoluta. Há também o risco de o Brasil, estabelecendo-se como líder natural do Bloco, poder agir hegemonicamente em algumas ocasiões, acarretando prejuízo ao diálogo intercultural aberto e plural (embora, diga-se, medidas unilaterais têm sido tomadas no âmbito do Mercosul também pelos demais participantes).

Todavia, as possibilidades são bem mais relevantes. O fato de os quatro países pertencerem a um mesmo sistema jurídico já facilita bastante. Também há, como vimos, quatro Estados com forma republicana e sistema presidencialista de governo (embora em relação a este, seja questionável se ajuda ou atrapalha). Os dois maiores, até por razões territoriais, adotam a mesma forma federativa de Estado. A troca de experiências institucionais também é um fator facilitado, haja vista a semelhança da maioria dos problemas. Medidas concretas, como o crescimento geográfico do Mercosul, envolvendo Estados associados como Chile, Bolívia e Peru, assim como certa renúncia brasileira a pretensões hegemônicas, podem ser implementadas como solução para muitas das questões institucionais apontadas anteriormente como dificuldades.

Do ponto de vista estritamente constitucional, urge uma reforma nas constituições brasileira e uruguaia no sentido da abertura jurídica ao Mercosul, tal como fazem a Carta argentina e também a paraguaia. A constituição aberta à integração mercosulina é necessária para que esta seja aprofundada. Neste ponto, o exemplo argentino precisa ser ponderado, ainda que não se pretenda construir uma constituição codificada do Mercosul. O avanço de um processo de integração, tal como se dá na UE, parece estar intrinsecamente associado à abertura do constitucionalismo do Estado à legislação integracionista.

Em termos de síntese conclusiva, pode-se afirmar que uma teoria intercultural da constituição no caso da integração americana deve ponderar as seguintes concepções:

1) não há no caso americano, qualquer que seja o ente supraestatal de integração (ALADI, ALCA, Mercosul ou outros), nenhuma possibilidade atual de alusão a um constitucionalismo supraestatal, tal como se debate na Europa;

2) em termos de soberania formal do Estado, as constituições do continente permanecem mais associadas ao conceito tradicional de constituição e à concepção kelseniana e normativista de constituição como a norma suprema do Estado e hierarquicamente superior a todas as demais, sobrevivendo também a "pirâmide" do escalonamento da ordem jurídica;

3) há uma modificação na estrutura ideológica do constitucionalismo latino-americano; com a derrocada do socialismo no mundo, o neoliberalismo encontra solo fértil nas constituições da América Latina, impondo-se como cultura constitucional niilista de desencanto com a constituição e com o seu papel social e dirigente;

4) com isso, há substancial modificação do conteúdo e do papel da constituição nesses países; a temática monolítica das reformas constitucionais brasileira e argentina demonstram esse deslocamento conteudístico da constituição para um papel menos relevante na sociedade;

5) conseqüentemente, as constituições passam a estarem mais abertas institucionalmente a imposições ideológicas de entes internacionais da economia mundial, tais como o Fundo Monetário Internacional e o Banco Mundial, considerando os objetivos do Consenso de Washington para a economia e a política da América Latina;

6) curiosamente, tal abertura não implica em desenvolvimento do interculturalismo constitucional, pois não há verdadeira discussão dialógica das necessidades de cada um dos Estados em relação às suas constituições;

7) há, conseqüentemente, necessidade de propor alternativas à integração meramente incorporativa preconizada pela ALCA, passando pela predileção inevitável por integrações do tipo inclusiva, como parece ser o caminho do Mercosul, visto que não existe um modelo unívoco de constituição e de integração, como aparenta preconizar o Consenso de Washington, ao lado de instituições financeiras internacionais, como o Banco Mundial e o Fundo Monetário Internacional (Maus: 1999, p. 54-55);

8) a abertura constitucional ao interculturalismo precisa ser fortalecida pela modificação dos preceitos constitucionais pertinentes à integração inclusiva do Mercosul; o

exemplo argentino deve ser seguido pelos demais neste particular, devendo as constituições reivindicar para si um papel de viabilizadoras de uma integração realmente inclusiva;

9) enquanto a abertura do item anterior não se efetiva e não se delega ou transfere ao ente supraestatal prerrogativa de realização da demanda existente nas sociedades dos países mercosulinos por direitos sociais e econômicos, é necessária a permanência de atribuições de tal natureza para o Estado, ou seja, deve sobreviver o postulado do constitucionalismo estatal social e dirigente, seguindo a lição de Canotilho ao defender que "as constituições dirigentes existirão enquanto forem historicamente necessárias" (Coutinho: 2003, p. 40).

Referências

1. Livros e artigos

ACCIOLY, Elizabeth. "O NAFTA sob a perspectiva do MERCOSUL", in: *Processos de Integração Regional – O Político, o Econômico e o Jurídico nas Relações Internacionais.* Curitiba: Juruá, 2000, p. 13-40.

———. "Co-Relações entre Direito Internacional Público e Direito Comunitário", in: *Advogado: Desafios e Perspectivas no Contexto das Relações Internacionais.* Brasília: Conselho Federal da OAB, 37-52, 1997.

———. "O Atual Mecanismo de Solução de Controvérsias no Mercosul: o Protocolo de Olivos", in: *O Direito Internacional e o Direito Brasileiro – Homenagem a José Francisco Rezek.* Ijuí: Unijuí, 2004, p. 361-384.

ACCIOLY, Hildebrando; SILVA, Geraldo Eulálio do Nascimento e. *Manual de Direito Internacional Público.* São Paulo: Saraiva, 2002.

ACKERMAN, Bruce. *La Justicia Social en el Estado Liberal*, trad. Carlos Rosenkrantz. Madrid: Centro de Estudios Constitucionales, 1993.

———. *We The People – Transformations.* Cambridge/Massachusetts: Belknap/Harvard, 1998

ADDA, Jacques. *As Origens da Globalização da Economia*, trad. André Villalobos. Barueri: Manole, 2004.

ADEODATO, João Maurício. *Filosofia do Direito – Uma Crítica à Verdade na Ética e na Ciência.* São Paulo: Saraiva, 1996.

———. *O Problema da Legitimidade no Rastro do Pensamento de Hannah Arendt.* Rio de Janeiro: Forense Universitária, 1989.

AGRA, Walber de Moura. *Manual de Direito Constitucional.* São Paulo: Revista dos Tribunais, 2002.

———. *Fraudes à Constituição – Um Atentado ao Poder Reformador.* Porto Alegre: Sergio Fabris, 2000.

AKEHURST, Michael. *Introdução ao Direito Internacional*, trad. Fernando Ruivo. Coimbra: Almedina, 1985.

ALEXY, Robert. *Teoría de la Argumentación Jurídica*, trad. Manuel Atienza & Isabel Espejo. Madrid: Centro de Estudios Constitucionales, 1997a.

———. *Teoria de los Derechos Fundamentales*, trad. Ernesto Garzón Valdés. Madrid: Centro de Estudios Constitucionales, 1997b.

ANDRÉ, João Maria. "Interculturalidade, Comunicação e Educação para a Diferença", in: *Identidade Europeia e Multiculturalismo.* Coimbra: Quarteto, 2002, p. 255-276.

ARAÚJO, Antonio. "Schmitt e o Nazismo – Apresentação a *Ex Captivitate Salus*", in: *Estado & Direito*, nº 15-16. Lisboa: Fundação Luso-Americana para o Desenvolvimento, 1995, p. 79-109.

ARAÚJO, Luís Ivani de Amorim. *Curso de Direito Internacional Público.* 9ª ed. Rio de Janeiro: Forense, 1999.

ARAÚJO, Luiz Alberto David; NUNES JR., Vidal Serrano. *Curso de Direito Constitucional.* 7ª ed. São Paulo: Saraiva, 2003.

ARISTÓTELES. *A Política*, trad. Roberto Leal Ferreira. 2ª ed. São Paulo: Martins Fontes, 1998.

———. *A Constituição de Atenas*, trad. Francisco Murari Pires. São Paulo: Hucitec, 1995.

ARIZA, Santiago Sastre. "La Ciencia Jurídica Ante el Constitucionalismo", in: *Neoconstitucionalismo(s).* Madrid: Trotta, 2003, p. 239-258.

ARMENTEROS, Juan Gay. "Algunos Problemas sobre la Identidad Europea", in: *Identidade Europeia e Multiculturalismo.* Coimbra: Quarteto, 2002, p. 73-88.

ARNAUD, André-Jean. *O Direito entre Modernidade e Globalização – Lições de Filosofia do Direito e do Estado*. Rio de Janeiro: Renovar, 1999.

ARROYO, Diego P. Fernandez. "Argentina entre la Globalización y la Integración: Urgencia de una Estratégia", in: *Revista de la Facultad de Derecho y Ciencias Sociales da Universidad Nacional de Córdoba*, vol. 7, n° 1-2. Córdoba: Marcos Lerner, 2000, p. 111-127.

ASSMANN, Selvino José. "Marxismo e Liberalismo: Utopias Revisitadas", in: *Direito e Democracia*. Florianópolis: Letras Contemporâneas, 1996, p. 25-38.

AZEVEDO, Sérgio de; ANDRADE, Luiz Aureliano G. de. "A Reforma do Estado e a Questão Federalista: Reflexões sobre a Proposta Bresser Pereira", in: *Reforma do Estado e Democracia no Brasil*. Brasília: UnB, 1997, p. 55-82.

BACHOF, Otto. *Normas Constitucionais Inconstitucionais?*, trad. José Manuel M. Cardoso da Costa. Coimbra: Almedina, 1994.

BALASSA, Bela. "Hacia una Teoria de la Integración Económica", in: *Integración de América Latina – Experiencias y Perspectivas*. México: Fondo de Cultura Económica, 1964, p. 3-14.

BALDI, César Augusto. "As Múltiplas Faces do Sofrimento Humano: Os Direitos Humanos em Perspectiva Intercultural", in: *Direitos Humanos na Sociedade Cosmopolita*. Rio de Janeiro: Renovar, 2004, p. 33-44.

BANDEIRA, Luiz Alberto Moniz. *Conflito e Integração na América do Sul – Brasil, Argentina e Estados Unidos – Da Tríplice Aliança ao Mercosul -1870-2003*. Rio de Janeiro: Revan, 2003.

———. *A Reunificação da Alemanha – Do Ideal Socialista ao Socialismo Real*. 2ª ed. Brasília/São Paulo: UnB/Global, 2001.

BAPTISTA, Luiz Olavo. "Impacto do Mercosul sobre o Sistema Legislativo Brasileiro", in: *Mercosul – Das Negociações à Implantação*. São Paulo: LTR, 11-25, 1994.

BARACHO, José Alfredo de Oliveira. "Direitos e Garantias Fundamentais (Parte Geral)", in: *Revista da Faculdade de Direito da UFMG*, n° 33. Belo Horizonte: Universitária, 1991, p. 275-318.

———. "Teoria Geral do Direito Constitucional Comum Europeu", in: *Os Novos Conceitos do Novo Direito Internacional: Cidadania, Democracia e Direitos Humanos*. Rio de Janeiro: América Jurídica, 2002, p. 319-342.

———. *Teoria da Constituição*. São Paulo: Resenha Universitária, 1979.

———. *Teoria Geral do Federalismo*. Rio de Janeiro: Forense, 1986.

———. *O Princípio da Subsidiariedade – Conceito e Evolução*. Rio de Janeiro: Forense, 1996.

———. "O Direito Constitucional Internacional", in: *O Brasil e os Novos Desafios do Direito Internacional*. Rio de Janeiro: Forense, 2004, p. 525-568.

———. "As Transformações Ocorridas no Constitucionalismo. Genealogia das Constituições Modernas. Inovações Contemporâneas no Direito Constitucional Comparado", in: *Anuário dos Cursos de Pós-Graduação em Direito*, n° 11. Recife: Universitária/UFPE, 2000, p. 209-240.

BARBERIS, Mauro. "Neoconstitucionalismo, Democracia e Imperialismo de la Moral", in: *Neoconstitucionalismo (s)*. Madrid: Trotta, 2003, p. 259-278.

BARENDT, Eric. *An Introduction to Constitutional Law*. Oxford: University Press, 1998.

BARNETT, Randy E. *Restoring the Lost Constitution – The Presumption of Liberty*. Princeton: University Press, 2004.

BARRETO, Vicente de Paulo: "Multiculturalismo e Direitos Humanos: Um Conflito Insolúvel?", in: *Direitos Humanos na Sociedade Cosmopolita*. Rio de Janeiro: Renovar, 279-308.

BASTA, Lidija R. "The Nation-State Federalism and European Integration – Two Different Strategies of Diversities Accomodation?", in: *National Constitutions in the Era of Integration*. Londres: Kluwer Law International, 1999, p. 151-162.

———. "El Papel de la Constitución en las Transiciones de Europa Central y Oriental – De la "politique constitutionelle politisée" a la "politique constitutionelle politisante"", in: *Cuadernos Constitucionales de la Cátedra Fadrique Furió Ceriol*, n° 32. Valencia: Universidad, 2000, p. 47-62.

BASTERRA, Marcela I. "Los Derechos Fundamentales y el Estado. Multiculturalismo, Minorías y Grupos Étnicos", in: *Defensa de la Constitución: Garantismo y Controles – Libro en Reconocimiento al Doctor Germán J. Bidart Campos*. Buenos Aires: Ediar, 2003, p. 345-362.

BASTOS, Celso Ribeiro. *Curso de Direito Constitucional*. São Paulo: Celso Bastos, 2002.

BATISTA, Vanessa Oliveira. "Elementos de teoria da Constituição: de Carl Schmitt aos dias de hoje", in: *Revista de Direito Comparado*, vol. 3. Belo Horizonte: Mandamentos, 1999, p. 165-202.

BAUER, Otto. "A Nação", trad. Vera Ribeiro, in: *Um Mapa da Questão Nacional*. Rio de Janeiro: Contraponto, 2000, p. 45-84.

BENETI, Sidnei Agostinho. "Processo Civil Supranacional, União Européia e Mercosul", in: *Direito Comunitário e Jurisdição Supranacional – O Papel do Juiz no Processo de Integração Regional*. São Paulo: Juarez de Oliveira, 2000, p. 213-224.

BERCOVICI, Gilberto. *Desigualdades Regionais, Estado e Constituição*. São Paulo: Max Limonad, 2003.

——. "Teoria do Estado e Teoria da Constituição na Periferia do Capitalismo : Breves Indagações Críticas", in: *Diálogos Constitucionais: Brasil/Portugal*. Rio de Janeiro: Renovar, 2004, p. 263-290.

BERCUSSON, Brian; DEAKIN, Simon; KOISTINEN, Pertti; KRAVARITOU, Yota; MÜCKENBERGER, Ulrich; SUPIOT, Alain; VENEZIANI, Bruno. "A Manifesto for Social Europe", in: *European Law Journal*, vol. 3, n° 2. Oxford: Blackwell, 1997, p. 189-205.

BERNSDORFF, Norbert. "La Carta de los Derechos Fundamentales de la Unión Europea", in: *Anuario de Derecho Constitucional Latinoamericano*, tomo II. Montevideo: Konrad Adenauer Stiftung, 2004, p. 735-760.

BIDELEUX, Robert. "Extending the European Union's Cosmopolitan Supranational Legal Order Eastwards: the Main Significance of the Forthcoming 'Eastward Enlargement' of the European Union", in: *Identidade Europeia e Multiculturalismo*. Coimbra: Quarteto, 2002, p. 129-164.

BITTAR, Eduardo C. B.; ALMEIDA, Guilherme Assis de. *Curso de Filosofia do Direito*. 3ª ed. São Paulo: Atlas, 2004

BOBBIO, Norberto. *As Ideologias e o Poder em Crise*, trad. João Ferreira. 4ª ed. Brasília: UnB, 1999a.

——. *Ni Con Marx Ni Contra Marx*, trad. Lia Cabbib Levi & Isidro Rosas Alvarado. México: Fondo de Cultura Econômica, 1999b.

——. *A Teoria das Formas de Governo*, trad. Sérgio Bath. 10ª ed. Brasília: UnB, 1998.

——. *O Positivismo Jurídico – Lições de Filosofia do Direito*, trad. Mário Pugliesi. São Paulo: Ícone, 1995.

——. *Estado, Governo, Sociedade – Para uma Teoria Geral da Política*, trad. Marco Aurélio Nogueira. 10ª ed. Rio de Janeiro: Paz e Terra, 2003.

BONAVIDES, Paulo. *Do Estado Liberal ao Estado Social*. 6ª ed. São Paulo: Malheiros, 1996.

——. *Curso de Direito Constitucional*. 7ª ed. São Paulo: Malheiros, 1997.

——. *Ciência Política*. 10ª ed. São Paulo: Malheiros, 2003.

——. *Teoria do Estado*. 3ª ed. São Paulo: Malheiros, 1995.

——. *Reflexões: Política e Direito*. 3ª ed. São Paulo: Malheiros, 1998.

——. *Teoria Constitucional da Democracia Participativa*. São Paulo: Malheiros, 2001.

——; ANDRADE, Paes de. *História Constitucional do Brasil*. Brasília: OAB, 2002.

BONEU, Mercedes Samaniego. "Multiculturalismo Hoy: Una Visión desde España", in: *Identidade Europeia e Multiculturalismo*. Coimbra: Quarteto, 2002, p. 195-210.

BORGES, José Souto Maior. *Curso de Direito Comunitário*. São Paulo: Saraiva, 2005.

BRADLEY, Anthony. "The Sovereignty of Parliament – Form or Substance?", in: *The Changing Constitution*. 5ª ed. Oxford: University Press, 2004, p. 26-61.

BRITTO, Carlos Ayres. *Teoria da Constituição*. Rio de Janeiro: Forense, 2003.

BROWNLIE, Ian. *Princípios de Direito Internacional Público*, trad. Maria Manuela Farrajota, Maria João Santos, Victor Richard Stockinger, Patrícia Galvão Teles. Lisboa: Calouste Gulbenkian, 1997.

BUELGA, Gonzalo Maestro. "Constitución Económica y Derechos Sociales em la Unión Europea", in: *Revista de Derecho Comunitario Europeo*, n° 7. Madrid: Centro de Estudios Políticos y Constitucionales, 2000, p. 123-153.

BULNES, Mar Jimeno. "El Control Jurisdiccional de la "Constitución" Europea", in: *Defensa de la Constitución: Garantismo y Controles – Libro en Reconocimiento al Doctor Germán J. Bidart Campos*. Buenos Aires: Ediar, 2003, p. 575-594.

CAIELLA, Pascual. "Problemas Relativos a la Compatibilización de los Derechos Constitucionales y el Derecho Comunitario", in: *Direito Global*. São Paulo: Max Limonad, 1999, p. 49-76.

CAMPOS, German J. Bidart. *La Constitución Que Dura 1853-2003, 1994-2004*. Buenos Aires: Ediar, 2004.

CAMPOS, João Mota de. *Manual de Direito Comunitário*. 3ª ed Lisboa: Calouste Gulbekian, 2002.

CANOTILHO, José Joaquim Gomes. *Direito Constitucional e Teoria da Constituição*. 3ª ed. Coimbra: Almedina, 1999a.

——. *Direito Constitucional e Teoria da Constituição*. 6ª ed Coimbra: Almedina, 2002a.

——. *Constituição Dirigente e Vinculação do Legislador – Contributo para a Compreensão das Normas Constitucionais Programáticas*. Coimbra: Coimbra Editora, 1994.

—— *Direito Constitucional*. 6ª ed. Coimbra: Almedina, 1996.

—— *Revisões e Reformas Constitucionais – Para uma Teoria da Crítica Constitucional*. Aracaju: Mimeo, 1998a.

——. *Estado de Direito*. Lisboa: Gradiva, 1999b.

——. "Revisar la/o Romper con la Constitución Dirigente? Defensa de un Constitucionalismo Moralmente Reflexivo", trad. Francisco Caamaño, in: *Revista Española de Derecho Constitucional*, nº 43. Madrid: Centro de Estudios Constitucionales, 1995ª, p. 9-23.

——. "O Direito Constitucional Passa: o Direito Administrativo Passa Também", in: *Estudos em Homenagem ao Prof. Doutor Rogério Soares*. Coimbra: Coimbra Editora, 2002b, p. 705-722.

——. "Nova Ordem Mundial e Ingerência Humanitária (Claros-Escuros de um Novo Paradigma Internacional", in: *Boletim da Faculdade de Direito da Universidade de Coimbra*, vol. LXXI, 1-26, 1995b.

——. "El Derecho Constitucional como un Compromiso Permanentemente Renovado" (Entrevista a Eloy García), in: *Anuario de Derecho Constitucional y Parlamentario*, nº 10. Murcia: Asamblea Regional/Universidad, 7-61, 1998b.

——. "A Constituição Européia Entre o Programa e a Norma", in: *Diálogos Constitucionais: Brasil/Portugal*. Rio de Janeiro: Renovar, 2004, p. 15-22.

——. "OAB – Sociedade e Estado", in: *Antologia Luso-Brasileira de Direito Constitucional*. Brasília: Brasília Jurídica, 1992, p. 195-206.

CARAMELO, Sérgio. "Fronteiras e Regiões Fronteiriças na União Européia: Processos, Dinâmicas e Singularidades do Caso Luso-espanhol, in: *Identidade Europeia e Multiculturalismo*. Coimbra: Quarteto, 2002, p. 323-348.

CARO, Ernesto J. Rey. "Consideraciones sobre las Fuentes del Derecho en un Marco de Integración. El Caso del Mercosur", in: *Defensa de la Constitución: Garantismo y Controles – Libro en Reconocimiento al Doctor Germán J. Bidart Campos*. Buenos Aires: Ediar, 2003, p. 203-214.

CARRASCO, Ricardo-Miguel Llopis. "Las "Cláusulas Unión Europea" en las Constituciones de los Estados como Control de Constitucionalidad de la Integración Europea: "Seguridad Jurídica vs. Cheque en Blanco", in: *Cuadernos Constitucionales de la Cátedra Fadrique Furió Ceriol*, nº 30/31. Valencia: Universidad, 2000, p. 49-63.

CARTABIA, Marta. "Riflessioni sulla Convenzione di Laeken: come se si trattasse di um processo costituente", in: *Quaderni costituzionali – Rivista Italiana di Diritto Costituzionale*, ano XXII, nº 3. Bologna: Mulino, 2002, p. 439-447.

CARVALHO, Kildare Gonçalves. *Direito Constitucional Didático*. 8ª ed. Belo Horizonte: Del Rey, 2002.

CARVALHO NETO, Menelick de. "A Constituição da Europa", in: *Crise e Desafios da Constituição*. Belo Horizonte: Del Rey, 2004, p. 281-289.

CASELLA, Paulo Borba. *Direito Internacional: Vertente Jurídica da Globalização*. Porto Alegre: Síntese, 2000.

——. *União Européia e seu Ordenamento Jurídico*. São Paulo: LTr, 2002.

CASSEN, Bernard. "Europa, uma Convenção para Nada", in: *Le Monde Diplomatique – Edição Portuguesa*, nº 52. Lisboa: Campo da Comunicação, 7, 2003.

CASSESE, Sabino. "La Costituzione europea: elogio della precarietà", in: *Quaderni costituzionali – Rivista Italiana di Diritto Costituzionale*, ano XXII, nº 3. Bologna: Mulino, 2002, p. 469-478.

CASTRO, José Luis Cascajo. "Apuntes sobre Transición Política y Cultura Constitucional: El Caso Español", in: *Defensa de la Constitución: Garantismo y Controles – Libro en Reconocimiento al Doctor Germán J. Bidart Campos*. Buenos Aires: Ediar, 2003, p. 967-978.

CHANG, Ha-Joon. "Do Proteccionismo ao Comércio Livre, uma Conversão Oportunista", in: *Le Monde Diplomatique – Edição Portuguesa*, nº 51. Lisboa: Campo da Comunicação, 2003ª, p. 24-25.

——. "Entrevista da 2a.". in: *Folha de São Paulo*, 17 de novembro, A12, 2003b.

CHIMENTI, Ricardo Cunha; CAPEZ, Fernando; ROSA, Márcio F. Elias; SANTOS, Marisa F. *Curso de Direito Constitucional*. São Paulo: Saraiva, 2004.

CÍCERO, Marco Túlio. *As Catilinárias*, trad. Sebastião Tavares de Pinho. Lisboa: Edições 70, 1989.
COHEN-TANUGI, Laurent. "The Law without the State", in: *European Legal Cultures*. Hampshire: Dartmouth, 1996, p. 269-274.
COLE, David. "The New McCarthyism: Repeating History in the War on Terrorism", in: *Harvard Civil Rights – Civil Liberties Law Review*, vol. 38, n° 1. Harvard Law School, 2003, p. 1-30.
COMANDUCCI, Paolo. "Formas de (Neo) Constitucionalismo: Un Análisis Metateórico", trad. Miguel Carbonell, in: *Neoconstitucionalismo (s)*. Madrid: Trotta, 2003, p. 75-98.
COOLEY, Thomas M. *Princípios Gerais de Direito Constitucional nos Estados Unidos da América*, trad. Ricardo Rodrigues Gama. Campinas: Russell, 2002.
CORNHILL, Lord Bingham of. "Dicey Revisited", in: *Public Law*. London: Sweet; Maxwell, 2002, p. 39-51.
COUTINHO, Jacinto Nelson de Miranda (organizador). *Canotilho e a Constituição Dirigente*. Rio de Janeiro: Renovar, 2002.
CRAIG, Paul. "Constitutions, Constitutionalism and the European Union", in: *European Law Journal*, vol. 7, n° 2. Oxford: Blackwell, 2001, p. 125-150.
———. "Britain in the European Union", in: *The Changing Constitution*. 5ª ed. Oxford: University Press, 2004, p. 88-116.
CUNHA, Paulo de Pitta e. *Integração Européia – Estudos de Economia, Política e Direito Comunitários*. Lisboa: Imprensa Nacional/Casa da Moeda, 1993.
CUNHA, Paulo Ferreira da. *Teoria da Constituição I – Mitos, Memórias, Conceitos*. Lisboa: Editorial Verbo, 2002.
DAINTITH, Terence. "European Community Law and the Redistribution of Regulatory Power in the United Kingdom", in: *European Law Journal*, vol. 1, n° 2. Oxford: Blackwell, 1995, p. 134-156.
DALLA VIA, Alberto Ricardo. *Manual de Derecho Constitucional*. Buenos Aires: Lexis Nexis, 2004.
D'ANGELIS, Wagner Rocha. "O Instituto da Supranacionalidade na Estrutura Definitiva do Mercosul", in: *O Direito Internacional e o Direito Brasileiro – Homenagem a José Francisco Rezek*. Ijuí: Unijuí, 2004, p. 385-421.
DANTAS, Ivo. *Poder Constituinte e Revolução*. Bauru: Jalovi, 1985.
———. *Instituições de Direito Constitucional Brasileiro*, vol. I. Curitiba: Juruá, 1999a.
———. *Direito Constitucional Econômico – Globalização & Constitucionalismo*. Curitiba: Juruá, 1999b.
———. *Direito Constitucional Comparado – Introdução, Teoria e Metodologia*. Rio de Janeiro: Renovar, 2000a.
———. *Constitucionalismo & Globalização: Regionalização, Mercosul e Integração*. Recife: Mimeo, 2000b.
———. *O Valor da Constituição – Do Controle de Constitucionalidade como Garantia da Supralegalidade Constitucional*. Rio de Janeiro: Renovar, 1996.
———. *Constituição & Processo – Introdução ao Direito Processual Constitucional (vol. I)*. Curitiba: Juruá, 2003.
DANTAS, Virgínia, SANTOS, Arethusa, BENÍCIO JR., Edinaldo, MATOS, Fernanda; COSTA, Isabel. "A Constituição da União Européia", in: *Revista da Faculdade de Direito de Caruaru – Caderno de Pesquisa Discente*. Caruaru: Associação Caruaruense de Ensino Superior, 2005, p. 141-150.
D'ARCY, François. *União Européia – Instituições, Políticas e Desafios*. Rio de Janeiro: Konrad Adenauer Stiftung, 2002.
DAVID, René. *O Direito Inglês*, trad. Eduardo Brandão. São Paulo: Martins Fontes, 1997.
———. *Os Grandes Sistemas do Direito Contemporâneo*, trad. Hermínio A. Carvalho. 3ª ed. São Paulo: Martins Fontes, 1998.
DAVUTOGLU, Ahmet. "Cultura Global *versus* Pluralismo Cultural: Hegemonia Civilizacional ou Diálogo e Interação entre Civilizações", trad. Roberto Cataldo Costa, in: *Direitos Humanos na Sociedade Cosmopolita*. Rio de Janeiro: Renovar, 2004, p. 101-138.
DEL'OLMO, Florisbal de Souza. *Curso de Direito Internacional Público*. Rio de Janeiro: Forense, 2002.
DERMIZAK P., Pablo. "Derecho Constitucional, Derecho Internacional y Derecho Comunitario", in: *Anuario de Derecho Constitucional Latinoamericano*, tomo II. Montevideo: Konrad Adenauer Stiftung, 2004, p. 831-844.

DÍAZ, Carlos Gavíria. "La Defensa de la Autonomía en un País Heterónomo", in: *Anais do Colóquio Internacional Direito e Justiça no Século XXI*. Coimbra: Mimeo, 2003.

DICEY, Albert V. *Introduction to the Study of the Law of the Constitution*. Indianápolis: Liberty Fund, 1982.

DÍEZ-PICAZO, Luis Maria. *Constitucionalismo de la Unión Europea*. Madrid: Civitas, 2002.

DINH, Nguyen Quoc; DAILLIER, Patrick; PELLET, Alain. *Direito Internacional Público*, trad. Vítor Marques Coelho. Lisboa: Calouste Gulbenkian, 1999.

DIZ, Jamile Bergamaschine Mata. "Análise da Financiação da Europa com a Entrada dos Países da Europa Central e do Leste: Repercussões Jurídicas e Econômicas com a Ampliação da União Européia", in: *Integração e Ampliação da União Européia*. Curitiba: Juruá, 2003, p. 35-82.

DOMÍNGUEZ, Enrique Manuel Puerta. "Considerações sobre o Papel dos Parlamentos dos Estados-membros na Formação da União Européia: uma Síntese da Experiência Européia como Referência para os Processos de Integração Latino-americanos", in: *Integração e Ampliação da União Européia*. Curitiba: Juruá, 2003, p. 121-152.

DRUMOND, Maria Cláudia. "Criação, Consolidação e Desdobramentos do Mercosul", in: *Advogado: Desafios e Perspectivas no Contexto das Relações Internacionais*. Brasília: Conselho Federal da OAB, 1997, p. 13-26.

DUINA, Francesco & BREZNAU, Nathan. "Constructing Common Cultures: The Ontological and Normative Dimensions of Law in the European Union and Mercosur", in: *European Law Journal*, vol. 8, nº 4. Oxford: Blackwell, 2002, p. 574-595.

DUVERGER, Maurice. *Europa – O Estado da União*, trad. Gonçalo Praça. Lisboa: Editorial Notícias, 1996.

EAGLETON, Terry. *La Idea de Cultura – Una Mirada Política sobre los Conflictos Culturales*, trad. Ramón José del Castillo. Barcelona: Paidós, 2001.

EBERHARD, Christoph. "Direitos Humanos e Diálogo Intercultural: Uma Perspectiva Antropológica", in: *Direitos Humanos na Sociedade Cosmopolita*. Rio de Janeiro: Renovar, 159-204, p. 2004.

ECHAVARRÍA, Juan José Solozábal. "Constitución y Orden Constitucional en la Unión Europea", in: *Revista de Estudios Políticos*, nº 119. Madrid: Centro de Estudios Políticos y Constitucionales, 2003, p. 57-79.

EKMEKDJIAN, Miguel Angel. *Introducción al Derecho Comunitario Latinoamericano – Con Especial Referencia al Mercosur*. 2ª ed. Buenos Aires: Depalma, 1996.

ETZIONI, Amitai. *Political Unification Revisited – On Building Supranational Communities*. Boston: Lexington, 2001.

FARALDO, José M. "La Escritura Simbólica de la Realidad Social: El Ejemplo de la Constitución Estalinista de 1936", in: *Cuadernos Constitucionales de la Cátedra Fadrique Furió Ceriol*, nº 36/37. Valência: Universidad, 2001, p. 133-160.

FARIA, José Eduardo. "Direito e Justiça no Século XXI: A Crise da Justiça no Brasil", in: *Anais do Colóquio Internacional Direito e Justiça no Século XXI*. Coimbra: Mimeo, 2003.

——. *O Direito na Economia Globalizada*. São Paulo: Malheiros, 2002.

FAVOREU, Louis. *As Cortes Constitucionais*, trad. Dunia Marinho Silva. São Paulo: Landy, 2004.

FAYT, Carlos S. *Nuevas Fronteras del Derecho Constitucional – La Dimensión Politico-Institucional de la Corte Suprema de la Nación*. Buenos Aires: La Ley, 1995.

FEITOSA, Raymundo Juliano. "O "Fetichismo" como Limite às Possibilidades de Concretização da Constituição Federal de 1988", in: *Constitucionalizando Direitos – 15 Anos da Constituição Brasileira de 1988*. Rio de Janeiro: Renovar, 2003.

FELDMAN, David. "The Internationalization of Public Law and Its Impact on the United Kingdom", in: *The Changing Constitution*. 5ª ed. Oxford: University Press, 2004, p. 117-143.

FERRAJOLI, Luigi. "O Direito como Sistema de Garantias", trad. Eduardo Maia Costa, in: *O Novo em Direito e Política*. Porto Alegre: Livraria do Advogado, 1997, p. 89-109.

——. "Pasado y Futuro del Estado de Derecho", trad. Pilar Allegue, in: *Neoconstitucionalismo (s)*. Madrid: Trotta, 2003, p. 13-30.

FERRAZ, Anna Cândida da Cunha. *Processos Informais de Mudança da Constituição*. São Paulo: Max Limonad, 1986.

FERRAZ JR., Tércio Sampaio. *Introdução ao Estudo do Direito – Técnica, Decisão, Dominação*. 3ª ed. São Paulo: Atlas, 2001.

——. *Direito, Retórica e Comunicação*. 2ª ed. São Paulo: Saraiva, 1997.

——. *A Ciência do Direito*. 2ª ed. São Paulo: Atlas, 1980.
FERREIRA, Eduardo Paz. "A Constituição Económica de 1976: "Que Reste-t-il de nos Amours?", in: *Perspectivas Constitucionais nos 20 Anos da Constituição de 1976*, vol. I. Coimbra: Coimbra Editora, 1996, p. 383-413.
FERREIRA FILHO, Manoel Gonçalves. *Curso de Direito Constitucional*. 31ª ed São Paulo: Saraiva, 2005.
FERREYRA, Raúl Gustavo. "Sobre el Termino "Derecho Constitucional"", in: *Defensa de la Constitución: Garantismo y Controles – Libro en Reconocimiento al Doctor Germán J. Bidart Campos*. Buenos Aires: Ediar, 2003, p. 51-66.
FIGUEROA, Alfonso García. "La Teoría del Derecho en Tiempos del Constitucionalismo", in: *Neoconstitucionalismo(s)*. Madrid: Trotta, 2003, p. 159-186.
FINKELSTEIN, Cláudio; BRINDEIRO, Geraldo; BASSO, Maristela; HUSEK, Carlos Alberto. "O Direito Comunitário e o Destino das Soberanias. Evolução do Mercosul. Harmonização e Integração com os Direitos Públicos Nacionais", in: *10 Anos de Constituição – Uma Análise*. São Paulo: Instituto Brasileiro de Direito Constitucional/Celso Bastos, 1998, p. 203-222.
FIORAVANTI, Maurizio. *Constitución – de la Antigüedad a Nuestros Dias*, trad. Manuel Martínez Neira. Madrid: Trotta, 2001.
FLEINER, Thomas. "Introduction", in: *National Constitutions in the Era of Integration*. Londres: Kluwer Law International, 1999, p. 1-5.
FONTOURA, Jorge. "O Avanço Constitucional Argentino e o Brasil", in: *Revista de Informação Legislativa*, nº 146. Brasilia: Senado Federal, 2000, p. 55-59.
——. "A Construção Jurisprudencial do Direito Comunitário Europeu", in: *Advogado: Desafios e Perspectivas no Contexto das Relações Internacionais*. Brasilia: Conselho Federal da OAB, 1997, p. 53-66.
——. "Limites Constitucionais a Parlamentos Regionais e à Supranacionalidade: O Dilema dos Blocos Econômicos Intergovernamentais", in: *Revista de Informação Legislativa*, nº 159. Brasilia: Senado Federal, 2003, p. 219-224.
——. "Uma Perspectiva do Protocolo de Brasilia à Luz das Inovações Contidas no Protocolo de Olivos", in: *O Direito Internacional e o Direito Brasileiro – Homenagem a José Francisco Rezek*. Ijuí: Unijuí, 2004, p. 354-360.
FRANKENBERG, Günther. "The Return of the Contract: Problems and Pitfalls of European Constitutionalism", in: *European Law Journal*, vol. 6, nº 3. Oxford: Blackwell, 2000, p. 257-276.
GALARZA, Ricardo Vigil. "Constitución Ecuatoriana e Integración Andina: La Situación del Poder Tributario del Estado", in: *Anuario de Derecho Constitucional Latinoamericano*, tomo II. Montevideo: Konrad Adenauer Stiftung, 2004, p. 949-994.
GALINDO, Bruno. *Direitos Fundamentais – Análise de sua Concretização Constitucional*. Curitiba: Juruá, 2003.
——. "A Teoria da Constituição no *Common Law*: Reflexões Teóricas sobre o Peculiar Constitucionalismo Britânico", in: *Revista de Informação Legislativa*, nº 164, Brasília: Senado Federal, 2004a, p. 303-316.
——. "As Mudanças Constitucionais no Brasil e na Alemanha em Virtude da Adaptação ao Direito da Integração", in: *Revista de Informação Legislativa*, nº 154. Brasilia: Senado Federal, 2002a, p. 93-114.
——. "O Estado do Século XXI: Coexistência ou Substituição pelas Insurgentes Organizações Políticas?", in: *Revista da ESMAPE*, vol. 6, nº 14. Recife: ESMAPE, 2001, p. 103-151.
——. "Comunitarismo e Constitucionalismo – Perspectivas para a Teoria Constitucional do Século XXI", in: *Revista da Faculdade de Direito de Caruaru*, nº 24. Caruaru: Associação Caruaruense de Ensino Superior, 2002b, 93-134.
——. "O Brasil e os Modelos de Integração no Continente Americano: Uma Perspectiva Intercultural", in: *Revista da Faculdade de Direito de Caruaru*, vol. 35. Caruaru: Associação Caruaruense de Ensino Superior, 2004b, p. 115-132.
——. "Entre os Sonhos de Rosa Luxemburg e a Realidade de Erich Honecker – Para Não Esquecer as Lições da Antita República Democrática Alemã", in: *Revista da Faculdade de Direito de Caruaru*, vol. 36. Caruaru: Associação Caruaruense de Ensino Superior, 2005, p. 81-108.
GARCÍA, Pedro de Vega. "Mundialización y Derecho Constitucional: La Crisis del Principio Democrático en el Constitucionalismo Actual", in: *Revista de Estudios Políticos*, nº 100. Madrid: Centro de Estudios Políticos y Constitucionales, 1998, p. 13-56.

GARCÍA-PELAYO, Manuel. *Derecho Constitucional Comparado*. Madrid: Alianza, 1999.

GARCÍA-VILLEGAS, Mauricio. "Law as Hope – Constitutions, Courts and Social Change in Latin America", in: *Anais do Colóquio Internacional Direito e Justiça no Século XXI*. Coimbra: Mimeo, 2003.

GERSTENBERGER, Oliver. "Expanding the Constitution Beyond the Court: The Case of Euro-Constitutionalism", in: *European Law Journal*, vol. 8, n° 1. Oxford: Blackwell, 2002, p. 172-192.

GESSNER, Volkmar. "The Transformation of European Legal Cultures", in: *European Legal Cultures*. Hampshire: Dartmouth, 1996, p. 513-517.

GILISSEN, John. *Introdução Histórica ao Direito*, trad. António Manuel Hespanha; Manuel Macaísta Malheiros. 3ª ed. Lisboa: Calouste Gulbenkian, 2001.

GODOY, Arnaldo Moraes. "Globalização e Direito: A Mundialização do Capital e Seus Efeitos no Modelo Normativo Brasileiro", in: *Revista da Faculdade de Direito de Caruaru*, vol. 35, n° 1. Caruaru: Associação Caruaruense de Ensino Superior, 2004, p. 87-114.

GOMES, Eduardo Biacchi. "Políticas Externas e Integração Hemisférica: A Inserção dos Países Sul-Americanos no Contexto da Globalização – Algumas Questões Pontuais", in: *O Direito Internacional e o Direito Brasileiro – Homenagem a José Francisco Rezek*. Ijuí: Unijuí, 2004, p. 297-317.

GONÇALVES, Joanisval Brito. *Tribunal de Nuremberg 1945-1946 – A Gênese de uma Nova Ordem no Direito Internacional*. Rio de Janeiro: Renovar, 2001.

GOSZTONYI, Kriztina. "A Reforma Institucional da União Européia", in: *Integração e Ampliação da União Européia*. Curitiba: Juruá, 2003, p. 173-214.

GOYARD-FABRE, Simone. *Os Princípios Filosóficos do Direito Político Moderno*, trad. Irene A. Paternot. São Paulo: Martins Fontes, 2002.

GOYOS JR., Durval de Noronha. "O Mercosul, a Área de Livre Comércio das Américas (ALCA) e a Organização Mundial do Comércio (OMC)", in: *O Brasil e os Novos Desafios do Direito Internacional*. Rio de Janeiro: Forense, 2004, p. 127-152.

GRAU, Eros Roberto. "O Discurso Neoliberal e a Teoria da Regulação", in: *Desenvolvimento Econômico e Intervenção do Estado na Ordem Constitucional*. Porto Alegre: Sergio Fabris, 1995, p. 59-75.

GRIMM, Dieter. "Does Europe Need a Constitution?", trad. Iain L. Fraser, in: *European Law Journal*, vol. 1, n° 3. Oxford: Blackwell, 1995, p. 282-301.

GUILHOU, Dardo Pérez. "La Enseñanza del Derecho Constitucional en la Primera Mitad del Siglo XX. Aporte a la Historia de las Ideas Jurídico-Politicas", in: *Defensa de la Constitución: Garantismo y Controles – Libro en Reconocimiento al Doctor Germán J. Bidart Campos*. Buenos Aires: Ediar, 2003, p. 33-50.

GUINOT, Carmen Ninou. "Transición y Consolidación Democrática en la América Latina", in: *Revista de Estudios Políticos*, n° 82. Madrid: Centro de Estudios Constitucionales, 1993, p. 107-135.

HABERFELD, Sérgio. "Introdução", in: *ALCA – Riscos e Oportunidades*. Barueri: Manole, 2003, p. 1-17.

HÄBERLE, Peter. *Retos Actuales del Estado Constitucional*, trad. Xabier Arzoz Santiesteban. Madrid: Instituto Vasco de Administración Pública, 1996a.

——. *Teoría de la Constitución como Ciencia de la Cultura*, trad. Emilio Mikunda. Madrid: Tecnos, 2000.

——. *Pluralismo y Constitución – Estudios de Teoría Constitucional de la Sociedad Abierta*, trad. Emilio Mikunda. Madrid: Tecnos, 2002.

—— *Europäisches Rechtskultur – Versuch einer Annäherung in zwölf Schriften*. Baden-Baden: Nomos Verlagsgesellschaft, 1994.

—— "La Multifuncionalida de los Textos Constitucionales a Luz de una Comprensión "Mixta" de la Constitución", in: *Cuadernos Constitucionales de la Cátedra Fadrique Furió Ceriol*, n° 17. Valência: Universidad, 1996b, p. 5-13.

——. "Un Jurista Europeo Nacido en Alemania" (Entrevista a Francisco Balaguer Callejón), in: *Anuario de Derecho Constitucional y Parlamentario*, n° 9. Murcia: Asamblea Regional/Universidad, 1997, p. 9-49.

——. "Derecho Constitucional Común Europeo", in: *Revista de Estudios Políticos*, n° 79. Madrid: Centro de Estudios Constitucionales, 1993, p. 7-46.

HABERMAS, Jürgen. "Realizações e Limites do Estado Nacional Europeu", trad. Vera Ribeiro, in: *Um Mapa da Questão Nacional*. Rio de Janeiro: Contraponto, 2000, p. 297-310.

——— *La Constelación Posnacional – Ensayos Políticos*, trad. Pere Fabra Abat, Daniel Gamper Sachse & Luiz Pérez Díaz. Barcelona: Paidós, 2001a.

———. *La Inclusión del Outro – Estudios de Teoría Política*, trad. Juan Carlos Velasco Arroyo; Gerard Vilar Roca. Barcelona: Paidós, 2002.

———. *Mas Allá del Estado Nacional*, trad. Manuel Jiménez Redondo. 3ª ed. Madrid: Trotta, 2001b.

———. *Pensamento Pós-Metafísico – Estudos Filosóficos*, trad. Flávio Beno Siebeneichler. Rio de Janeiro: Tempo Brasileiro, 1990.

———. *Direito e Democracia – Entre Facticidade e Validade*, vol. I, trad. Flávio Beno Siebeneichler. Rio de Janeiro: Tempo Brasileiro, 1997a.

———. *Direito e Democracia – Entre Facticidade e Validade*, vol. II, trad. Flávio Beno Siebeneichler. Rio de Janeiro: Tempo Brasileiro, 1997b.

———. *Passado como Futuro*, trad. Flávio Beno Siebeneichler. Rio de Janeiro: Tempo Brasileiro, 1993.

HADFIELD, Brigid. "Devolution in the United Kingdom and the English and Welsh Questions", in: *The Changing Constitution*. 5ª ed. Oxford: University Press, 2004, p. 237-255.

HAMILTON, Alexander, MADISON, James; JAY, John. *O Federalista*, trad. Viriato Soromenho-Marques; João C. S. Duarte. Lisboa: Colibri, 2003.

HARO, Ricardo. "Presidencialismo e Controle no Novo Desenho Constitucional Argentino de 1994", in: *Direito Constitucional – Estudos em Homenagem a Manoel Gonçalves Ferreira Filho*. São Paulo: Dialética, 1999, p. 251-262.

———. "El Control de Constitucionalidad Comparado y El Rol Paradigmático de las Cortes y Tribunales Constitucionales", in: *Anuario de Derecho Constitucional Latinoamericano*, tomo I. 10ª ed. Montevideo: Konrad Adenauer Stiftung, 2004, p. 41-74.

HART, Herbert. "Positivism and the Separation of Law and Morals", in: *The Philosophy of Law*. Oxford: University Press, 1977, p. 17-37.

HARTLEY, Trevor C. "International Law and the Law of the European Union – A Reassessment", in: *The British Year Book of International Law 2001*. Oxford: Clarendon Press, 2001, p. 1-35.

——— *Constitutional Problems of the European Union*. Oxford/Portland: Hart, 1999.

HASEBE, Yasuo. "Why We Should Not Take Sovereignty Too Seriously", in: *National Constitutions in the Era of Integration*. Londres: Kluwer Law International, 1999, p. 113-126.

HEGEL, Georg Wilhelm Friedrich. *Princípios da Filosofia do Direito*, trad. Orlando Vitorino. São Paulo: Martins Fontes, 1997.

HELLER, Hermann. *Teoría del Estado*, trad. Luis Tobio. 2ª ed. México: Fondo de Cultura Econômica, 1998.

HÉRITIER, Adrienne. "Welfare-state Intervention in International Perspective: Comparing the Federal Republic of Germany and Great Britain. Labour Protection as an Illustration of Regulatory Social Policy", in: *European Legal Cultures*. Hampshire: Dartmouth, 1996, p. 289-298.

HESSE, Konrad. "Constitución y Derecho Constitucional", trad. Antonio López Pina, in: *Manual de Derecho Constitucional*. 2ª ed. Madrid: Marcial Pons, 2001, p. 1-15.

———. *Elementos de Direito Constitucional da República Federal da Alemanha*, trad. (da 20ª ed.) Luís Afonso Heck. Porto Alegre: Sergio Fabris, 1999.

———. *A Força Normativa da Constituição*, trad. Gilmar Ferreira Mendes. Porto Alegre: Sergio Fabris, 1991.

HILL, Jeffrey. *AS and A2 Level Constitutional Law Textbook*. London: Old Bailey Press, 2002.

HILL, Lord Lester of Herne. "Developing Constitutional Principles of Public Law", in: *Public Law*. London: Sweet & Maxwell, 2001, p. 684-694.

HOBBES, Thomas. *Do Cidadão*, trad. Renato Janine Ribeiro. 2ª ed. São Paulo: Martins Fontes, 1998.

———. *Leviatã ou a Matéria, Forma e Poder de um Estado Eclesiástico e Civil*, trad. Rosina D'Angina. São Paulo: Ícone, 2000.

HOBSBAWM, Eric. "Etnia e Nacionalismo na Europa de Hoje", trad. Vera Ribeiro, in: *Um Mapa da Questão Nacional*. Rio de Janeiro: Contraponto, 2000a, p. 271-282.

―――. *O Novo Século (Entrevista a Antonio Polito)*, trad. Allan Cameron; Cláudio Marcondes. São Paulo: Companhia das Letras, 2000b.
―――. *Era dos Extremos – O breve século XX: 1914-1991*, trad. Marcos Santarrita. São Paulo: Companhia das Letras, 1997.
HÖFFE, Otfried. *Derecho Intercultural*, trad. Rafael Sevilla. Barcelona: Gedisa, 2000.
HORTA, Raul Machado. *Direito Constitucional*. 2ª ed. Belo Horizonte: Del Rey, 1999.
JELLINEK, Georg. *Teoría General del Estado*, trad. Fernando de los Rios. México: Fondo de Cultura Económica, 2000.
JO, Hee Moon. *Introdução ao Direito Internacional*. São Paulo: LTR, 2000.
JOERGES, Christian. "Taking the Law Seriously: On Political Science and the Role of Law in the Process and European Integration", in: *European Law Journal*, vol. 2, n° 2. Oxford: Blackwell, 1996, p. 105-135.
JULIOS-CAMPUZANO, Alfonso de. "Globalización y Modernidad. La Vía del Constitucionalismo Cosmopolita", in: *Anuario de Filosofía del Derecho*, tomo XIX. Madrid: Ministerio de Justicia/Ministerio de la Presidencia, 2002, p. 13-36.
JUNJI, Annen. "Constitutionalism as a Political Culture", trad. Lee H. Rousso, in: *Pacific Rim – Law & Policy Journal*, vol. 11, n° 3. Washington: University, 2002, p. 561-576.
JYRÄNKI, Antero. "Transfering Powers of a Nation-State to International Organisations: The Doctrine of Sovereignty Revisited", in: *National Constitutions in the Era of Integration*. Londres: Kluwer Law International, 1999, p. 61-86.
KANT, Immanuel. *A Paz Perpétua e Outros Opúsculos*, trad. Artur Mourão. Lisboa: Edições 70, 1995a.
―――. *Fundamentação da Metafísica dos Costumes*, trad. Paulo Quintela. Lisboa: Edições 70, 1995b.
KAUFMANN, Arthur. "Filosofía del Derecho, Teoría del Derecho, Dogmática Jurídica", trad. Gregorio Robles, in: *El Pensamiento Jurídico Contemporáneo*. Madrid: Editorial Debate, 1992, p. 27-46.
KEGEL, Patrícia Luíza. "Relações Externas, Competência Internacional e Natureza Jurídica da Comunidade Européia", in: *Integração e Ampliação da União Européia*. Curitiba: Juruá, 2003, p. 255-276.
KELSEN, Hans. *Teoria Geral do Direito e do Estado*, trad. Luís Carlos Borges. 3ª ed. São Paulo: Martins Fontes, 1998.
―――. *Teoria Pura do Direito*, trad. João Baptista Machado. 6ª ed. Coimbra: Armenio Amado, 1984.
―――. *Teoria Geral das Normas*, trad. José Florentino Duarte. Porto Alegre: Sergio Fabris, 1986.
―――. *A Democracia*, trad. Ivone Castilho Benedetti, Jefferson Luiz Camargo, Marcelo Brandão Cipolla; Vera Barkow. São Paulo: Martins Fontes, 1993.
―――. *Jurisdição Constitucional*, trad. Alexandre Krug, Eduardo Brandão e Maria Ermantina Galvão. São Paulo: Martins Fontes, 2003a.
―――. *Quien Debe Ser el Defensor de la Constitución?*, trad. Roberto J. Brie. 2ª ed. Madrid: Tecnos, 2002a.
―――. *Teoría General del Estado*, trad. Luiz Legaz Lacambra. Granada: Comares, 2002b.
―――. *La Paz por Medio del Derecho*, trad. Luis Echávarri. Madrid: Trotta, 2003b.
―――. *O Estado como Integração – Um Confronto de Princípios*, trad. Plínio Fernandes Toledo. São Paulo: Martins Fontes, 2003c.
―――; CAMPAGNOLO, Umberto. *Direito Internacional e Estado Soberano*, trad. Marcela Varejão. São Paulo: Martins Fontes, 2002.
KIESEWETTER, Hubert. "Fundamentos Éticos da Filosofia de Popper", trad. Luiz Paulo Rouanet, in: *Karl Popper: Filosofia e Problemas*. São Paulo: UNESP, 1997, p. 325-340.
KIRSCH, Martin. "Conceitos Centrais da Análise Histórico-constitucional dos Estados de Transição Europeus por Volta de 1800", in: *Themis – Revista da Faculdade de Direito da Universidade Nova de Lisboa*, n° 5, 2002, p. 189-219.
KLAVEREN, Alberto Van. "Enfoques Alternativos para el Estudio del Autoritarismo en América Latina", *Revista de Estudios Políticos*, n° 51. Madrid: Centro de Estudios Constitucionales, 1986, p. 23-52.
KLEIN, Claude. "A Propos Constituent Power: Some General Views in a Modern Context", in: *National Constitutions in the Era of Integration*. Londres: Kluwer Law International, 1999, p. 31-41.

KLOR, Adriana Dreyzin de. "El Protocolo de Olivos", in: *Curso de Direito Internacional Contemporâneo – Estudos em Homenagem ao Prof. Dr. Luís Ivani de Amorim Araújo pelo seu 80o. Aniversário*. Rio de Janeiro: Forense, 2003, p. 9-50.

———; ARROYO, Diego P. Fernández. "O Brasil Diante da Institucionalização e ao Direito do Mercosul", in: *O Direito Internacional e o Direito Brasileiro – Homenagem a José Francisco Rezek*. Ijuí: Unijuí, 2004, p. 318-353.

KOKOTT, Juliane. "Federal States in Federal Europe: The German *Länder* and Problems of European Integration", in: *National Constitutions in the Era of Integration*. Londres: Kluwer Law International, 1999, p. 175-204.

KRAMER, Larry. "Understanding Federalism", in: *National Constitutions in the Era of Integration*. Londres: Kluwer Law International, 1999, p. 127-150.

———. *The People Themselves – Popular Constitutionalism and Judicial Review*. New York: Oxford University Press, 2004.

KRELL, Andreas. *Direitos Sociais e Controle Judicial no Brasil e na Alemanha – Os (Des)Caminhos de um Direito Constitucional Comparado*. Porto Alegre: Sergio Fabris, 2002.

———. "Controle Judicial dos Serviços Públicos Básicos na Base dos Direitos Fundamentais Sociais", in: *A Constituição Concretizada – Construindo Pontes com o Público e o Privado*. Porto Alegre: Livraria do Advogado, 2000, p. 25-60.

KURZ, Robert. "A Nova Simultaneidade Histórica", in: *Folha de São Paulo – Mais!*. 25 de janeiro, 2004, p. 14-15.

LAMPRÉIA, Luiz Felipe. "ALCA – Realidade e Perspectivas", in: *O Brasil e os Novos Desafios do Direito Internacional*. Rio de Janeiro: Forense, 2004, p. 95-102.

LAPORTA, Francisco J. "El Ámbito de la Constitución", in: *Doxa – Cuadernos de Filosofía del Derecho*, n° 24. Alicante: Universidad, 2001, p. 459-484.

LASSALLE, Ferdinand. *A Essência da Constituição*, trad. Walter Stönner. 4ª ed. Rio de Janeiro: Lumen Juris, 1998.

LEIBHOLZ, Gerhard. "La Soberanía de los Estados y la Integración Europea", in: *Revista de Estudios Políticos*, n° 124. Madrid: Instituto de Estudios Políticos, 1962, p. 5-23.

LEITÃO, Augusto Rogério. "O Tratado de Nice: Preliminares de uma Europa-potência", in: *Identidade Europeia e Multiculturalismo*. Coimbra: Quarteto, 2002, p. 53-374.

LENAERTS, Koen; NUFFEL, Piet Van. *Constitutional Law of the European Union*. 2ª ed. London: Thomson, Sweet & Maxwell, 2005.

LEYS, Colin. *A Política a Serviço do Mercado – Democracia Neoliberal e Interesse Público*, trad. Maria Beatriz de Medina. Rio de Janeiro: Record, 2004.

LIMA, Marcos Costa. "Mercosul: a Frágil Consistência de um Bloco Regional Emergente e a Necessidade de Aprofundar a Integração", in: *Processos de Integração Regional – O Político, o Econômico e o Jurídico nas Relações Internacionais*. Curitiba: Juruá, 2000, p. 161-194.

LIMA, Martônio Mont'Alverne Barreto. "Judicialização da Política e Comissões Parlamentares de Inquérito: Um Problema da Teoria Constitucional da Democracia", in: *Constitucionalizando Direitos – 15 Anos da Constituição Brasileira de 1988*. Rio de Janeiro: Renovar, 2003, p. 217-240.

LIPOVETZKY, Jaime César; LIPOVETZKY, Daniel Andrés. *Mercosul: Estratégias para a Integração – Mercado Comum ou Zona de Livre Comércio? Análises e Perspectivas do Tratado de Assunção*. São Paulo: LTR, 1994.

LIUDVIK, Caio. "Dialética Trágica Marca Obra de Ésquilo" (Entrevista), in: *Folha de São Paulo – Mais!*. 16 de janeiro, 6, 2005.

LLORENTE, Francisco Rubio. "Estado e Democracia na Construção da Europa", in: *Direito Constitucional – Estudos em Homenagem a Manoel Gonçalves Ferreira Filho*. São Paulo: Dialética, 1999, p. 113-150.

———. "Mostrar los Derechos sin Destruir la Unión (Consideraciones sobre la Carta de Derechos Fundamentales de la Unión Europea)", in: *Revista Española de Derecho Constitucional*, n° 64. Madrid: Centro de Estudios Políticos y Constitucionales, 2002, p. 13-52.

LOCKE, John. *Dois Tratados sobre o Governo*, trad. Júlio Fischer. São Paulo: Martins Fontes, 1998.

LOEWENSTEIN, Karl. *Teoria de la Constitución*, trad. Alfredo Gallego Anabitarte. Barcelona: Ariel, 1964.

LOIANNO, Adelina. "El Protocolo de Olivos y Su Significado en la Evolución del Sistema de Solución de Controversias del Mercosur. Hacia la Institucionalización de un Tribunal Permanente de Justicia", in: *Defensa de la Constitución: Garantismo y Controles – Libro en Reconocimiento al Doctor Germán J. Bidart Campos*. Buenos Aires: Ediar, 2003, p. 215-230.

LÓPEZ, Enrique Guillén. "Los Parlamentos y el Tiempo. El Ejemplo Inglês Hasta la 'Revolución Gloriosa'", in: *Cuadernos Constitucionales de la Cátedra Fadriqve Furió Ceriol*, nos. 36/37.Valencia: Universidad, 2001, p. 161-194.

MADRID, Eduardo. *Argentina Brasil – La Suma del Sur*. Mendoza: Caviar Bleu & Universidad de Congreso, 2003.

MADURO, Miguel Poiares. "Las Formas del Poder Constitucional de la Unión Europea", trad. Álvaro de Elera, in: *Revista de Estudios Políticos*, nº 119. Madrid: Centro de Estudios Políticos y Constitucionales, 2003, p. 11-55.

——. "Europa: O Momento Constituinte", in: *Brotéria – Cristianismo e Cultura*, vol. 154. Lisboa: Brotéria, 2002, p. 57-82.

MAGALHÃES, José Carlos de. *O Supremo Tribunal Federal e o Direito Internacional – Uma Análise Crítica*. Porto Alegre: Livraria do Advogado, 2000.

MAGEE, Bryan. "Qual a Utilidade de Popper para um Político?", trad. Luiz Paulo Roaunet, in: *Karl Popper: Filosofia e Problemas*. São Paulo: UNESP, 1997, p. 307-324.

MAIA, Alexandre da. *Ontologia Jurídica – O Problema de sua Fixação Teórica (Com Relação ao Garantismo Jurídico)*. Porto Alegre: Livraria do Advogado, 2000.

MALBERG, R. Carré de. *Teoría General del Estado*, trad. José Lión Depetre. México: Facultad de Derecho-UNAM/Fondo de Cultura Econômica, 1998.

MANCUSO, Rodolfo de Camargo. *Divergencia Jurisprudencial e Súmula Vinculante*. São Paulo: Revista dos Tribunais, 1999.

MANN, Michael. "Estados Nacionais na Europa e noutros Continentes: Diversificar, Desenvolver, Não Morrer", trad. Vera Ribeiro, in: *Um Mapa da Questão Nacional*. Rio de Janeiro: Contraponto, 2000, p. 311-334.

MANZELLA, Andrea. "Lo Stato "comunitario"", in: *Quaderni Costituzionali – Rivista Italiana di Diritto Costituzionali*, nº 2. Bologna: Il Mulino, 2003, p. 273-294.

MAQUIAVEL, Nicolau. *O Príncipe*, trad. Torrieri Guimarães. 11ª ed. São Paulo: Hemus, 1977.

MARKWALD, Ricardo A. "2003: Novo Mercosul?", in: *Governo Lula – Novas Prioridades e Desenvolvimento Sustentado*. Rio de Janeiro: José Olympio, 2003, p. 373-387.

MARTINS, Afonso D'Oliveira. "Estado, Constituição e Poder Constituinte no Pensamento de Hegel", in: *Estado & Direito*, nº 11. Lisboa: Fundação Luso-Americana para o Desenvolvimento, 1993, p. 75-84.

MARTINS, Estevão de Rezende. "Consciência Histórica e Construção de Identidade. Elementos Comparativos entre a Experiência Européia e a Latino-americana", in: *Identidade Europeia e Multiculturalismo*. Coimbra: Quarteto, 2002, p. 211-254.

MATURANA, Humberto. *Cognição, Ciência e Vida Cotidiana*, trad. Cristina Magro & Victor Paredes. Belo Horizonte: UFMG, 2001.

MAUÉS, Antonio Gomes Moreira; LEITÃO, Anelice F. Belém. "Dimensões da Judicialização da Política no Brasil – As ADIn's dos Partidos Políticos", in: *Constitucionalizando Direitos – 15 Anos da Constituição Brasileira de 1988*. Rio de Janeiro: Renovar, 2003, p. 3-40.

MAUS, Didier. "The Influence of Contemporary International Law on the Exercise of the Constituent Power", in: *National Constitutions in the Era of Integration*. Londres: Kluwer Law International, 1999, p. 45-60.

McCRUDDEN, Christopher "Northern Ireland, the Belfast Agreement and the British Constitution", in: *The Changing Constitution*. 5ª ed. Oxford: University Press, 2004, 195-236.

MEDEIROS, Marcelo de Almeida. "Estratégias, Atores e Estrutura Institucional da União Européia", in: *Processos de Integração Regional – O Político, o Econômico e o Jurídico nas Relações Internacionais*. Curitiba: Juruá, 2000, p. 133-160.

MEDEIROS, Rui. "A Carta dos Direitos Fundamentais na União Européia, a Convenção Européia dos Direitos do Homem e o Estado Português", in: *Nos 25 Anos da Constituição da República Portuguesa de 1976 – Evolução Constitucional e Perspectivas Futuras*. Lisboa: Associação Acadêmica da Faculdade de Direito, 2001, p. 227-294.

MELLO, Celso D'Albuquerque. *Curso de Direito Internacional Público*, vols I e II. 11ª ed. Rio de Janeiro: Renovar, 1997.

MELOSSI, Dario. "Security, Migration and "Social Control" in the Context of the "Constitution" of the EU", in: *Anais do Colóquio Internacional Direito e Justiça no Século XXI*. Coimbra: Mimeo, 2003.

MENAUT, António-Carlos Pereira. "Crecer en Constitucionalismo sin Crecer en Estatismo – Una Propuesta de Arquitectura Constitucional para la UE", in: *Temas de Integração – A União Européia: Os Caminhos Depois de Nice*, nos. 12/13. Coimbra: Almedina, 2002, p. 105-129.

MENSAQUE, Alberto R. Zarza "La Reforma Constitucional de 1994 y el Regímen de los Tratados Internacionales", in: *Defensa de la Constitución: Garantismo y Controles – Libro en Reconocimiento al Doctor Germán J. Bidart Campos*. Buenos Aires: Ediar, 2003, p. 283-296.

MERCADANTE, Aloízio. "A ALCA como Desafio para o Próximo Governo", in: *ALCA – Riscos e Oportunidades*. Barueri: Manole, 2003, p. 33-38.

MERLI, Franz. "Hacia una Constitución Común Europea", in: *Revista de Derecho Comunitario Europeo*, nº 9. Madrid: Centro de Estudios Políticos y Constitucionales, 2001, p. 241-258.

MIDÓN, Mario A. R. *Derecho de la Integración – Aspectos Institucionales del Mercosur*. Buenos Aires: Rubinzal-Culzoni, 1998.

MIGUEL, Carlos Ruiz. "Multiculturalismo y Constitución", in: *Cuadernos Constitucionales de la Cátedra Fadriqve Furió Ceriol*, nos. 36/37.Valencia: Universidad, 2001, p. 5-22.

MIRANDA, Jorge. "O Direito Constitucional Português da Integração Européia – Alguns Aspectos", in: *Nos 25 Anos da Constituição da República Portuguesa de 1976 – Evolução Constitucional e Perspectivas Futuras*. Lisboa: Associação Acadêmica da Faculdade de Direito, 2001, p. 15-62.

——. *Teoria do Estado e da Constituição*. Rio de Janeiro: Forense, 2002.

——. *Manual de Direito Constitucional – tomo I – Preliminares. O Estado e os Sistemas Constitucionais.* 6ª ed .Coimbra: Coimbra Editora, 1997.

——. *Manual de Direito Constitucional – tomo III – Estrutura Constitucional do Estado*. 4ª ed. Coimbra: Coimbra Editora, 1998.

——. "O Ensino do Direito Constitucional em Portugal", in: *Direito Constitucional – Estudos em Homenagem a Manoel Gonçalves Ferreira Filho*. São Paulo: Dialética, 1999, p. 179-190.

MONEDERO, Juan Carlos. "El Fin de una Dictadura: El Colapso de la República Democrática Alemana", in: *Cuadernos Constitucionales de la Cátedra Fadrique Furió Ceriol*, nº 28/29. Valencia: Universidad, 1999, p. 229-256.

MONTANI, Guido. "One Market, One Money: The Political Economy of Supranational Integration", in: *The European Union Review*, vol. 7, nº 2. Pavia: Centro Studi sulle Comunità Europee, 2002, p. 43-59.

MONTESQUIEU. *O Espírito das Leis*, trad. Cristina Murachco. São Paulo: Martins Fontes, 1996.

MORAES, Alexandre de. *Direito Constitucional*. 17ª ed. São Paulo: Atlas, 2005.

MOREIRA, Vital. "O Futuro da Constituição", in: *Direito Constitucional – Estudos em Homenagem a Paulo Bonavides*. São Paulo: Malheiros, 2001, p. 313-336.

MORTATI, Costantino. *La Costituzione in Senso Materiale*. Milano: Giuffrè, 1998.

MÜLLER, Friedrich. *Quem é o Povo? A Questão Fundamental da Democracia*, trad. Peter Naumann. São Paulo: Max Limonad, 1998.

——. *Fragmento (sobre) o Poder Constituinte do Povo*, trad. Peter Naumann. São Paulo: Revista dos Tribunais, 2004.

NASSIF, Luís. "Política Macroeconômica e Ajuste Fiscal", in: *A Era FHC – Um Balanço*. São Paulo: Cultura, 2002, p. 39-70.

NEUMANN, Franz. *Estado Democrático e Estado Autoritário*, trad. Luiz Corção. Rio de Janeiro: Zahar, 1969.

NEVES, Marcelo. *A Constitucionalização Simbólica*. São Paulo: Acadêmica, 1994.

——. "Teoria do Direito na Modernidade Tardia", in: *Direito e Democracia*. Florianópolis: Letras Contemporâneas, 1996, p. 103-114.

NEWTON-SMITH, W. H. "Popper, Ciência e Racionalidade", trad. Luiz Paulo Rouanet, in: *Karl Popper: Filosofia e Problemas*. São Paulo: UNESP, 1997, p. 21-40.

NICOLÁS, Cristina Garcia. "Paz y Desenrollo en el Marco de la Unión Europea", in: *Identidad Europeia e Multiculturalismo*. Coimbra: Quarteto, 2002, p. 305-322.

NOGUEIRA, Ataliba. "Perecimento do Estado", in: *Revista da Faculdade de Direito da USP*, vol. LXVI, 1971a, p. 25-44.

——. "A Nação", in: *Revista da Faculdade de Direito da USP*, vol. LXVI, 1971b, p. 77-96.

NOGUERAS, Carlos de Cueto. "El Intrusismo del Proyecto Integrador Europeo", in: *Cuadernos Constitucionales de la Cátedra Fadrique Furió Ceriol*, n° 28/29. Valencia: Universidad, 1999, p. 167-187.

NORTH, Douglass. "Livre Comércio Pode Prejudicar os Pobres" – Entrevista a Érica Fraga, in: *Folha de São Paulo – Caderno Dinheiro – 12 de dezembro*, B11, 2003.

NUNES, António José Avelãs. "Notas sobre o Chamado *Modelo Económico-Social Europeu*", in: *Diálogos Constitucionais: Brasil/Portugal*. Rio de Janeiro: Renovar, 2004, p. 1-14.

NUNES, Gonçalo Avelãs. "Estado Social e Impostor Directos na União Europeia", in: *Diálogos Constitucionais: Brasil/Portugal*. Rio de Janeiro: Renovar, 2004, p. 89-118.

NUNES, João Arriscado. "Teoria Crítica, Cultura e Ciencia: O(s) Espaço(s) e o(s) Conhecimento(s) da Globalização", in: *Globalização – Fatalidade ou Utopia?* Porto: Afrontamento, 2002, p. 297-338.

OCAÑA, Irene Ramos. "La Efectiva Aplicación de un Principio Integrador del Ordenamiento Juridico Comunitario", in: *Integração e Ampliação da União Européia*. Curitiba: Juruá, 2003, p. 153-172.

ÖHLINGER, Theo. "Unity of the Legal System or Legal Pluralism: The *Stufenbau* Doctrine in Present-Day Europe", in: *National Constitutions in the Era of Integration*. Londres: Kluwer Law International, 1999, p. 163-174.

O'NEILL, Aidan. "Fundamental Rights and the Supremacy of Community Law in the United Kingdom After Devolution and the Human Rights Act", in: *Public Law*. London: Sweet & Maxwell, 2002, p. 724-742.

PAGLIARINI, Alexandre Coutinho. *Constituição e Direito Internacional – Cedências Possíveis no Brasil e no Mundo Globalizado*. Rio de Janeiro: Forense, 2004.

PANIKKAR, Raimundo. "Seria a Noção de Directos Humanos uma Concepção Occidental?", in: *Direitos Humanos na Sociedade Cosmopolita*. Rio de Janeiro: Renovar, 2004, p. 205-238.

PANSIERI, Flávio. "Direito e Economia: A Crise Paradigmática e a Teoria Constitucional Brasileira", in: *Diálogos Constitucionais: Brasil/Portugal*. Rio de Janeiro: Renovar, 2004, p. 439-446.

PAULILO, Antonio José Silveira. "O *Renvoi Préjudiciel*", in: *Direito Comunitário e Jurisdição Supranacional – O Papel do Juiz no Processo de Integração Regional*. São Paulo: Juarez de Oliveira, 2000, p. 129-136.

PEDRO, Jesús Prieto de. *Cultura, Culturas y Constitución*. Madrid: Centro de Estudios Constitucionales, 1995.

PELLET, Alain. "As Novas Tendências do Direito Internacional: Aspectos 'Macrojurídicos'", in: *O Brasil e os Novos Desafios do Direito Internacional*. Rio de Janeiro: Forense, 2004, p. 3-26.

PEREIRA, André Gonçalves; QUADROS, Fausto de. *Manual de Direito Internacional Público*. 3ª ed. Coimbra: Almedina, 1997.

PEREIRA, Caio Mário da Silva. "Universalização da Ciência Jurídica", in: *Revista da Faculdade de Direito da UFMG*. Belo Horizonte: Nova Fase, 1953, p. 7-17.

PFETSCH, Frank R. *A União Européia – História, Instituições, Processos*, trad. Estêvão C. de Rezende Martins. Brasília: UnB, 2001.

PIRES, Francisco Lucas. *Introdução ao Direito Constitucional Europeu*. Coimbra: Almedina, 1997.

——. *Introdução à Ciência Política*. Porto: Universidade Católica Portuguesa, 1998.

POPPER, Karl R. (2001a): *A Vida é Aprendizagem – Epistemologia Evolutiva e Sociedade Aberta*, trad. Paula Taipas. Lisboa: Edições 70.

——. *Unended Quest*. Londres: Routledge, 2002.

——. *A Sociedade Aberta e seus Inimigos*, tomo I, trad. Milton Amado. Belo Horizonte/São Paulo: Itatiaia/USP, 1987a.

——. *A Sociedade Aberta e seus Inimigos*, tomo II, trad. Milton Amado. Belo Horizonte/São Paulo: Itatiaia/USP, 1987b.

——. *A Lógica da Pesquisa Científica*, trad. Leônidas Hegenberg & Octanny Silveira da Mota. 9ª ed. São Paulo: Cultrix, 2001b.

PORTO, Manuel Carlos Lopes. *Teoria da Integração e Políticas Comunitárias*. 3ª ed. Coimbra: Almedina, 2001.

——. "Small States and European Integration", in: *Identidade Europeia e Multiculturalismo*. Coimbra: Quarteto, 2002, p. 375-404.

POZO, Carlos Francisco Molina Del. "La Cooperación Reforzada en la Unión Europea *versus* la Integración Reforzada", in: *Integração e Ampliação da União Européia*. Curitiba: Juruá, 2003, p. 11-34.

PREUß, Ulrich K. "Problems of a Concept of European Citizen", in: *European Law Journal*, vol. 1, n° 3. Oxford: Blackwell, 1995, p. 267-281.

QUADROS, Fausto de. *Direito das Comunidades Européias e Direito Internacional Público – Contributo para o estudo da natureza jurídica do Direito Comunitário Europeu*. Lisboa: Almedina, 1991.

RAMOS, Rui Manuel Moura. "O Tratado de Nice e a Reforma do Sistema Jurisdicional Comunitário", in: *Curso de Direito Internacional Contemporâneo – Estudos em Homenagem ao Prof. Dr. Luís Ivani de Amorim Araújo pelo seu 80o. Aniversário*. Rio de Janeiro: Forense, 2003, p. 609-636.

RANGEL, Paulo Castro. "Uma Teoria da "Interconstitucionalidade" (Pluralismo e Constituição no Pensamento de Francisco Lucas Pires)", in: *Themis – Revista da Faculdade de Direito da Universidade Nova de Lisboa*, ano I, n° 2. Lisboa: Almedina, 2000, p. 127-151.

RASMUSSEN, Hjalte. "Denmark's Maastricht Ratification Case: The Constitutional Dimension", in: *National Constitutions in the Era of Integration*. Londres: Kluwer Law International, 1999, p. 87-112.

RAWLS, John. *O Direito dos Povos*, trad. Luís Carlos Borges. São Paulo: Martins Fontes, 2001.

——. *El Liberalismo Político*, trad. Antoni Domènech. Barcelona: Crítica, 2004.

REALE, Giovanni; ANTISERI, Dario. *História da Filosofia*, vol. III. 3ª ed. São Paulo: Paulus, 1991.

REALE, Miguel. *Teoria Tridimensional do Direito – Situação Atual*. São Paulo: Saraiva, 1994.

——. *O Estado Democrático de Direito e o Conflito das Ideologias*. 2ª ed. São Paulo: Saraiva, 1999.

——. *Experiência e Cultura*. 2ª ed. Campinas: Bookseller, 2000.

RÉGIS, André; MAIA, Luciano Mariz. *Direitos Humanos, Impeachment e Outras Questões Constitucionais*. Recife/João Pessoa: Base/Universitária (UFPB), 2004.

REGLA, Josep Aguiló. "Sobre la Constitución del Estado Constitucional", in: *Doxa – Cuadernos de Filosofía del Derecho*, n° 24. Alicante: Universidad, 2001, p. 429-457.

RENOUX, Thierry S. "O Federalismo e a União Européia. A Natureza da Comunidade: uma Evolução na Direção de um Estado Federal? Um Federalismo sem Federação", in: *Direito Constitucional – Estudos em Homenagem a Manoel Gonçalves Ferreira Filho*. São Paulo: Dialética, 1999, p. 263-287.

REPOSO, Antonio. "Sul presente assetto istituzionale dell'Unione europea", in: *Quaderni costituzionali – Rivista Italiana di Diritto Costituzionale*, ano XXII, n° 3. Bologna: Mulino, 2002, p. 479-497.

REZEK, José Francisco. *Direito Internacional Público – Curso Elementar*. 10ª ed. São Paulo: Saraiva, 2005.

RIBEIRO, Maria Manuela Tavares. "Multiculturalismo ou Coabitação Cultural?", in: *Identidade Europeia e Multiculturalismo*. Coimbra: Quarteto, 2002, p. 277-296.

RIECHENBERG, Kurt. "El Proceso Prejudicial en la Unión Europea", in: *Anuario de Derecho Constitucional Latinoamericano*, tomo II. Montevideo: Konrad Adenauer Stiftung, 2004, p. 1011-1024.

RIFKIN, Jeremy. *El Sueño Europeo – Cómo la Visión Europea del Futuro está Eclipsando el Sueño Americano*, trad. Ramón Vilá, Tomás Fernández Aúz & Beatriz Eguibar. Buenos Aires: Paidós, 2004.

RIGAUX, François. *A Lei dos Juízes*, trad. Edmir Missio. São Paulo: Martins Fontes, 2000.

RODRIGUES, Horácio Wanderley. "Interpretação e aplicação das normas do MERCOSUL", in: *Processos de Integração Regional – O Político, o Econômico e o Jurídico nas Relações Internacionais*. Curitiba: Juruá, 2000, p. 41-54.

ROGEIRO, Nuno. *A Lei Fundamental da República Federal da Alemanha*. Coimbra: Coimbra Editora, 1996.

ROMERO, Carlos A. "Los EE. UU., el Alca y la Comunidad Andina", in: *Revista Portuguesa de Instituições Internacionais e Comunitárias*, n° 3. Lisboa: Almedina, 1999, p. 133-158.

ROUSSEAU, Jean-Jacques. *O Contrato Social e Outros Escritos*, trad. Rolando Roque da Silva. São Paulo: Cultrix, 1995.

RUIPÉREZ, Javier. "¿La Constitución en Crisis? El Estado Constitucional Democrático y Social en los Tiempos del Neoliberalismo Tecnocrático", in: *Revista de Estudios Políticos*, n° 120. Madrid: Centro de Estudios Políticos y Constitucionales, 2003, p. 127-171.

RUSSOMANO, Rosah. "Constitucionalismo e Direito Constitucional", in: *Antologia Luso-Brasileira de Direito Constitucional*. Brasília: Brasília Jurídica, 1992, p. 356-363.

SÁ, Alexandre Franco de. "Do Decisionismo à Teologia Política: Carl Schmitt e o Conceito de Soberania", in: *Revista Portuguesa de Filosofia*, vol. 59, fascículo 1. Braga: Universidade Católica Portuguesa, 2003, p. 89-111.

SALDANHA, Nelson. *Formação da Teoria Constitucional*. 2ª ed. Rio de Janeiro: Renovar, 2000.

SALOMONI, Jorge Luis. "Reforma del Estado y Mercosur: Hacia la Construcción de un Derecho Público Comunitario", in: *Direito Global*. São Paulo: Max Limonad, 1999, p. 127-156.

SAMPAIO, José Adércio Leite. *A Constituição Reinventada pela Jurisdição Constitucional*. Belo Horizonte: Del Rey, 2002.

——. "Teorias Constitucionais em Perspectiva – Em Busca de uma Constituição Pluridimensional", in: *Crise e Desafios da Constituição*. Belo Horizonte: Del Rey, 2004, p. 1-54.

SAN MARTINO, Laura Dormí. *Derecho Constitucional de la Integración*. Madrid/Buenos Aires: Marcial Pons/Ciudad Argentina, 2002.

SÁNCHEZ, José Acosta (1998): "Transformaciones de la Constitución en el Siglo XX", in: *Revista de Estudios Políticos*, nº 100. Madrid: Centro de Estudios Políticos y Constitucionales, 57-100.

SANTOS, Boaventura de Sousa. *Towards a New Legal Common Sense – Law, Globalization and Emancipation*. 2ª ed. Londres: Butterworths Lexis Nexis, 2002a.

——. "Os Processos da Globalização", in: *Globalização – Fatalidade ou Utopia?*. Porto: Afrontamento, 2002b, p. 31-106.

——. *A Crítica da Razão Indolente: Contra o Desperdício da Experiência*, vol.1. 4ª ed. São Paulo: Cortez, 2002c.

——. "Por uma Concepção Multicultural de Direitos Humanos", in: *Reconhecer para Libertar – Os Caminhos do Cosmopolitismo Multicultural*. Rio de Janeiro: Civilização Brasileira, 2003, p. 427-462.

——; NUNES, João Arriscado. "Introdução: Para Ampliar o Cânone do Reconhecimento, da Diferença e da Igualdade", in: *Reconhecer para Libertar – Os Caminhos do Cosmopolitismo Multicultural*. Rio de Janeiro: Civilização Brasileira, 2003, p. 25-68.

SANTOS FILHO, Onofre dos. "Violencia, Morte e Terrorismo ou a Espada de Damocles e a Síndrome de Raskolhnikov", in: *Terrorismo e Direito – Os Impactos do Terrorismo na Comunidade Internacional e no Brasil: Perspectivas Político-jurídicas*. Rio de Janeiro: Forense, 2003, p. 373-408.

SARLET, Ingo Wolfgang. *A Eficácia dos Direitos Fundamentais*. Porto Alegre: Livraria do Advogado, 1998.

SCHAMBECK, Herbert. "Aspectos Jurídicos e Políticos da Evolução da Integração Européia no Limiar do Século XXI", in: *Revista da Faculdade de Direito da Universidade de Lisboa*, vol. XXXVI, 1995, p. 427-443.

SCHMITT, Carl. *Teoría de la Constitución*, trad. Francisco Ayala. Madrid: Alianza, 1996.

——. *El Concepto de lo Político*, trad. Rafael Agapito. Madrid: Alianza, 2002.

——. *La Defensa de la Constitución*, trad. Manuel Sanchez Sarto. 2ª ed. Madrid: Tecnos, 1998.

——. "La Tiranía de los Valores", in: *Revista de Estudios Políticos*, nº 115. Madrid: Instituto de Estudios Políticos, 1961, p. 65-81.

——. "La Revolución Legal Mundial – Plusvalía Política como Prima sobre Legalidad Jurídica y Superlegalidad", in: *Revista de Estudios Políticos*, nº 10. Madrid: Centro de Estudios Constitucionales, 1979, p. 5-24.

——. *Romanticismo Político*, trad. Luis A. Rossi & Silvia Schwarzböck. Quilmes: Universidad Nacional, 2001.

——. *Catolicismo y Forma Política*, trad. Carlos Ruiz Miguel. Madrid: Tecnos, 2000.

SCHWEITZER, Michael. *Staatsrecht III – Staatsrecht, Völkerrecht, Europarecht*. 7ª ed. Heidelberg: C. F. Müller, 2000.

SEGADO, Francisco Fernández. "El Federalismo en America Latina", in: *Defensa de la Constitución: Garantismo y Controles – Libro en Reconocimiento al Doctor Germán J. Bidart Campos*. Buenos Aires: Ediar, 2003, p. 1167-1186.

SEITENFUS, Ricardo. *Manual das Organizações Internacionais*. 3ª ed. Porto Alegre: Livraria do Advogado, 2003.

——; VENTURA, Deisy. *Introdução ao Direito Internacional Público*. 3ª ed Porto Alegre: Livraria do Advogado, 2003.

SERRANO, Samuel Barco. "La Separación Checo-eslovaca, el Ingreso en la Unión Europea y la Variable Nacionalista", in: *Cuadernos Constitucionales de la Cátedra Fadrique Furió Ceriol*, nº 28/29. Valencia: Universidad, 1999, p. 143-166.

SIDAK, J. Gregory. "The Price of Experience: The Constitution After September 11, 2001", in: *Constitutional Commentary*, vol. 19, nº 1. University of Minnesota Law School, 2002, p. 37-61.

SIEYÈS, Emmanuel Joseph. *A Constituinte Burguesa – Qu'est-ce que le Tiers État?*, trad. Norma Azeredo. 3ª ed. Rio de Janeiro: Lumen Juris, 1997.

SILVA, Elaine Ramos da. "A Área de Livre Comércio das Américas (ALCA): Relações com Outros Tratados de Integração Regional e de Comércio Internacional", in: *Estudos Jurídicos*, vol. 35, nº 94. São Leopoldo: UNISINOS, 2002, p. 179-196.

SILVA, José Afonso da. *Aplicabilidade das Normas Constitucionais*. 3ª ed. São Paulo: Malheiros, 1999.

——. *Curso de Direito Constitucional Positivo*. 22ª ed. São Paulo: Malheiros, 2003.

SILVA, Paulo Napoleão Nogueira da. *Direito Constitucional do Mercosul*. Rio de Janeiro: Forense, 2000.

——. *Princípio Democrático e Estado Legal*. Rio de Janeiro: Forense, 2001.

SILVA, Pedro Luiz Barros. "A Natureza do Conflito Federativo no Brasil", in: *Reforma do Estado e Democracia no Brasil*. Brasília: UnB, 1997, p. 351-364.

SIMON, Helmut. "La Jurisdicción Constitucional", trad. Antonio López Pina, in: *Manual de Derecho Constitucional*. Madrid: Marcial Pons, 2ª ed., 2001, p. 823-860.

SIMSON, Werner Von; SCHWARZE, Jorge. "Integración Europea y Ley Fundamental. Mastrique y sus Consecuencias para el Derecho Constitucional Alemán", trad. Antonio López Pina, in: *Manual de Derecho Constitucional*. 2ª ed. Madrid: Marcial Pons, 2001, p. 17-82.

SINGER, Paul. "Direito, Economia e Mudança Social", in: *Direito e Democracia*. Florianópolis: Letras Contemporâneas, 1996, p. 79-92.

SMEND, Rudolf. *Constitución y Derecho Constitucional*, trad. José Maria Beneyto Pérez. Madrid: Centro de Estudios Constitucionales, 1985.

SNYDER, Francis. "The Unfinished Constitution of the European Union: Principles, Processes and Culture", in: *Anais do Colóquio Internacional Direito e Justiça no Século XXI*. Coimbra: Mimeo, 2003.

——. "Governing Economic Globalisation: Global Legal Pluralism and European Law", in: *European Law Journal*, vol. 5, nº 4. Oxford: Blackwell, 1999, p. 334-374.

SOARES, Guido Fernando Silva. *Curso de Direito Internacional Público*, vol. 1. São Paulo: Atlas, 2002.

——. *Common Law – Introdução ao Direito dos EUA*. São Paulo: Revista dos Tribunais, 1999.

SOARES, Mário Lúcio Quintão. *Direitos Fundamentais e Direito Comunitário – Por uma metódica de direitos fundamentais aplicada às normas comunitárias*. Belo Horizonte: Del Rey, 2000.

SOROS, George. *Globalização*, trad. Maria Filomena Duarte. Lisboa: Temas & Debates, 2003.

——. *A Crise do Capitalismo Global*, trad. Cristiana Serra. Rio de Janeiro: Campus, 2001.

SOUSA, Marcelo Rebelo de. "A Transposição das Directivas Comunitárias na Ordem Jurídica Portuguesa", in: *O Direito Comunitário e a Construção Européia*. Coimbra: Coimbra Editora, 1999, p. 65-82.

STERN, Brigitte. *O Contencioso dos Investimentos Internacionais*, trad. Maria Eugênia Chiampi Cortez. Barueri: Manole, 2003.

STRECK, Lenio Luiz. *Jurisdição Constitucional e Hermenêutica – Uma Nova Crítica do Direito*. Porto Alegre: Livraria do Advogado, 2002.

——. *Hermenêutica Jurídica e(m) Crise – Uma Exploração Hermenêutica da Construção do Direito*. 2ª ed. Porto Alegre: Livraria do Advogado, 2000.

——. "A Concretização de Direitos e a Validade da Tese da Constituição Dirigente em Países de Modernidade Tardia", in: *Diálogos Constitucionais: Brasil/Portugal*. Rio de Janeiro: Renovar, 2004a, p. 301-372.

——. "As Súmulas Vinculantes e o Controle *Panóptico* da Justiça Brasileira", Disponível em: www.leniostreck.com.br. Acesso em 06/12/2004 (11p.)

SUÁREZ, Maria Valvidares. "Breve Aproximación a la Constitución de la República Checa", in: *Revista Española de Derecho Constitucional*, nº 67. Madrid: Centro de Estudios Políticos y Constitucionales, 2003, p. 159-170.

TAVARES, André Ramos. *Curso de Direito Constitucional*. São Paulo: Saraiva, 2003.
TOCQUEVILLE, Alexis de. *A Democracia na América – Livro I – Leis e Costumes*, trad. Eduardo Brandão. São Paulo: Martins Fontes, 1998.
TOLEDO, Ricardo Vigil. "La Consulta Prejudicial en el Tribunal de Justicia de la Comunidad Andina", in: *Anuario de Derecho Constitucional Latinoamericano*, tomo II. Montevideo: Konrad Adenauer Stiftung, 2004, p. 939-948.
TORRES, Miguel Ayuso. "Una Introducción a la Postmodernidad Jurídico-política desde el Derecho Constitucional", in: *Cuadernos Constitucionales de la Cátedra Fadrique Furió Ceriol*, nº 18/19. Valência: Universidad, 1997, p. 5-19.
TRIBE, Laurence H. *American Constitutional Law*, vol. I. 3ª ed. New York: New York Foudation Press, 2000.
TULLY, James. *Strange Multiplicity – Constitutionalism in an Age of Diversity*. Cambridge: University Press, 1995.
VEIGA, Pedro da Motta; CASTILHO, Marta Reis. "As Relações Comerciais Brasil-Estados Unidos e a Alca", in: *Governo Lula – Novas Prioridades e Desenvolvimento Sustentado*. Rio de Janeiro: José Olympio, 2003, p. 389-419.
VENTER, François. "Constitutional Making and the Legitimacy of the Constitution", in: *National Constitutions in the Era of Integration*. Londres: Kluwer Law International, 1999, p. 9-30.
VENTURA, Deisy. *As Assimetrias entre o Mercosul e a União Européia – Os Desafios de uma Associação Inter-regional*. Barueri: Manole, 2003.
VERDÚ, Pablo Lucas. *Curso de Derecho Político*. Madrid: Editorial Technos, 1998.
──. *La Constitución Abierta y sus "Enemigos"*. Madrid: Universidad Complutense/Beramar, 1993a.
──. "La Constitución en la Encrucijada (paligenesia iuris politici) (I)", in: *Estado & Direito*, nº 11. Lisboa: Fundação Luso-Americana para o Desenvolvimento, 1993b, p. 7-40.
──. "La Constitución em la Encrucijada (paligenesia iuris politici) (II)", in: *Estado & Direito*, nº 15-16. Lisboa: Fundação Luso-Americana para o Desenvolvimento, 1995, p. 9-60.
──. "Reflexiones en Torno y Dentro del Concepto de Constitución. La Constitución como Norma y como Integración Política", in: *Revista de Estudios Políticos*, nº 83. Madrid: Centro de Estudios Constitucionales, 1994, p. 9-28.
──. "Conciencia y Sentimiento Constitucionales (Examen de los Factores Psicopolíticos como Integradores de la Convivencia Política)", in: *Anuario de Derecho Constitucional y Parlamentario*, no.9. Murcia: Asamblea Regional/Universidad, 1997, p. 53-70.
──. "Carl Schmitt, Intérprete Singular y Máximo Debelador de la Cultura Político-Constitucional Demoliberal", in: *Revista de Estudios Políticos*, nº 64. Madrid: Centro de Estudios Constitucionales, 1989a, p. 25-92.
──. "La Teoría Escalonada del Ordenamiento Jurídico de Hans Kelsen como Hipótesis Cultural, Comparada con la Tesis de Paul Schrecker sobre "la Estructura de la Civilización", in: *Revista de Estudios Políticos*, nº 66. Madrid: Centro de Estudios Constitucionales, 1989b, p. 7-65.
──. "El Orden Normativista Puro (Supuestos Culturales y Políticos en la Obra de Hans Kelsen)", in: *Revista de Estudios Políticos*, nº 68. Madrid: Centro de Estudios Constitucionales, 1990, p. 7-93.
──. "Los Derechos Humanos como "Religión Civil". Derechos Humanos y Concepción del Mundo y de la Vida. Sus Desafíos Presentes", in: *Direito Constitucional – Estudos em Homenagem a Paulo Bonavides*. São Paulo: Malheiros, 2001, p. 516-539.
──. *O Sentimento Constitucional – Aproximação ao Estudo do Sentir Constitucional como Modo de Integração Política*, trad. Agassiz Almeida Filho. Rio de Janeiro: Forense, 2004.
──. "La Imaginación Constitucional como Creación Política", in: *Defensa de la Constitución: Garantismo y Controles – Libro en Reconocimiento al Doctor Germán J. Bidart Campos*. Buenos Aires: Ediar, 2003, p. 21-32.
VIADEL, Antonio Colomer. "Soberanía e Integración em Iberoamérica: Una Perspectiva Histórica y Jurídica", in: *Cuadernos Constitucionales de la Cátedra Fadrique Furió Ceriol*, nº 7. Valencia: Universidad, 1994, p. 93-104.
VIEHWEG, Theodor. *Tópica e Jurisprudencia*, trad. Tércio Sampaio Ferraz Jr. Brasilia: UnB, 1979.
VIEIRA, Oscar Vilhena. *Supremo Tribunal Federal – Jurisprudência Política*. 2ª ed. São Paulo: Malheiros, 2002.

——. "Realinhamento Constitucional", in: *Direito Global*. São Paulo: Max Limonad, 1999, p. 15-48.
VILAÇA, José Luís da Cruz. "A Evolução do Sistema Jurisdicional Comunitário: antes e depois de Maastricht", in: *O Direito Comunitário e a Construção Européia*. Coimbra: Coimbra Editora, 1999, p. 15-50.
VILANOVA, Lourival. "A Crise do Estado sob o Ponto de Vista da Teoria do Estado", in: *Jhering e o Direito no Brasil*. Recife: Universitária, 1996, p. 142-155.
——. *Escritos Jurídicos e Filosóficos*, vol. 1. São Paulo: Axis Mundi/IBET, 2003a.
——. *Escritos Jurídicos e Filosóficos*, vol. 2. São Paulo: Axis Mundi/IBET, 2003b.
WÄCHTERSHÄUSER, Günter "Os Usos de Karl Popper", trad. Luiz Paulo Rouanet, in: *Karl Popper: Filosofia e Problemas*. São Paulo: UNESP, 1997, p. 211-226.
WALKER, Neil. "Constitutionalising Enlargement, Enlarging Constitutionalism", in: *European Law Journal*, vol. 9, n° 3. Oxford: Blackwell, 2003, p. 365-385.
WALLERSTEIN, Immanuel. "O Fim das Certezas e os Intelectuais Comprometidos", in: *Combates e Utopias – Os Intelectuais num Mundo em Crise*. Rio de Janeiro: Record, 2004, p. 51-54.
WALTER, Christian. "Constitutionalizing (Inter)national Governance – Possibilities for and Limits to the Development of an International Constitutional Law", in: *German Yearbook of International Law*, vol. 44. Berlin: Duncker & Humblot, 2001, p. 170-201.
WARAT, Luis Alberto. *Introdução Geral ao Direito II – A Epistemología Jurídica da Modernidade*. Porto Alegre: Sergio Fabris, 1995.
WEILER, Joseph H. H. "Does Europe Need a Constitution? Demos, Telos and the German Maastricht Decision", in: *European Law Journal*, vol. 1, n° 3. Oxford: Blackwell, 1995, p. 219-257.
WEILL, Rivka. "Dicey was not Diceyan", in: *Cambridge Law Journal*, n° 62 (2). Cambridge: University Press, 2003, p. 474-494.
WIEACKER, Franz. "Foundations of European Legal Culture", in: *European Legal Cultures*. Hampshire: Dartmouth, 1996, p. 48-63.
WINETROBE, Barry K. "Scottish Devolution: Aspirations and Reality in Multi-layer Governance", in: *The Changing Constitution*. 5ª ed. Oxford: University Press, 2004, p. 173-194.
WINTER, Luís Alexandre Carta. "A Integração Econômica, o Mercosul, a Comissão Européia e o Presidencialismo", in: *O Direito Internacional e o Direito Brasileiro – Homenagem a José Francisco Rezek*. Ijuí: Unijuí, 2004, p. 422-439.
WITTE, Bruno De. "Il processo semi-permanente di revisione dei trattati", trad. Giulio Vigevani, in: *Quaderni costituzionali – Rivista Italiana di Diritto Costituzionale*, ano XXII, n° 3. Bologna: Mulino, 2002, p. 499-519.
——. "Community Law and National Constitutional Values", in: *European Legal Cultures*. Hampshire: Dartmouth, 1996, p. 503-506.
WORRAL, John. "'Revolução Permanente: Popper e a Mudança de Teorias na Ciencia", trad. Luiz Paulo Rouanet, in: *Kart Popper: Filosofia e Problemas*. São Paulo: UNESP, 1997, p. 91-124.
WRONG, Dennis H. "Cultural Relativism as Ideology", in: *Critical Review II*, n° 2. New Haven: Critical Review Foundation, 1997, p. 291-300.
YAZBEK, Otávio. "Considerações sobre a Circulação e Transferência dos Modelos Jurídicos", in: *Direito Constitucional – Estudos em Homenagem a Paulo Bonavides*. São Paulo: Malheiros, 2001, p. 540-557.
ZAMAGNI, Stefano. "Migrations, Multi-culturality and Politics of Identity", in: *The European Union Review*, vol. 7, n° 2. Pavia: Centro Studi sulle Comunità Europee, 2002, p. 7-42.
ZIPPELIUS, Reinhold. *Teoria Geral do Estado*, trad. Karin Praefke-Aires Coutinho. Lisboa: Calouste Gulbenkian, 1997.

2. Legislação e jurisprudência

ATANÁSIO, João (organizador) *Textos Comunitários*. Lisboa: ISLA, 2003.
CANOTILHO, José Joaquim Gomes; MOREIRA, Vital (organizadores). *Constituição da República Portuguesa/Lei do Tribunal Constitucional*. Coimbra: Coimbra Editora, 1998.
Constituição da República Federativa do Brasil. 30ª ed. São Paulo: Saraiva, 2003.

ESCARAMEIA, Paula V. C. *Colectânea de Jurisprudência de Direito Internacional.* Coimbra: Almedina, 1992.
GOUVEIA, Jorge Bacelar. *As Constituições dos Estados da União Européia.* Lisboa: Vislis, 2000.
Grundgesetz für die Bundesrepublik Deutschland. München: Beck, 1999.
MIRANDA, Jorge (organizador/tradutor). *Textos Históricos do Directo Constitucional.* Lisboa: Imprensa Nacional/Casa da Moeda, 1990.
RANGEL, Vicente Marotta. *Direito e Relações Internacionais.* 7ª ed. São Paulo: Revista dos Tribunais, 2002.
SCHWABE, Jürgen. *Entscheidungen des Bundesverfassungsgerichts.* 7ª ed. Hamburg: Studienauswahl, 2000.

3. Internet (sites consultados)

www.aladi.org: site oficial da Associação Latino Americana de Integração.
www.europa.eu.int: site oficial da União Européia.
www.ftaa-alca.org: site oficial da Área de Livre Comércio das Américas.
www.la-ley.com.ar: site jurídico argentino.
www.mercosur.org.uy: site oficial do Mercosul.
www.pjn.gov.arg: site oficial do poder judiciário argentino.
www.stf.gov.br: site oficial do Supremo Tribunal Federal (Brasil).